Datenschutz-Compliance zukunftssicher gestalten:
Compliance-Erfolg mit TOLERANT Software

Über den Autor:

Der Naturwissenschaftler Dipl.-Math. Klaus-Dieter Sedlacek lebt seit seiner Kindheit in Stuttgart. Er studierte neben Mathematik und Informatik auch Physik. Nach dem Studienabschluss und einigen Jahren Berufspraxis gründete er eine eigene Firma, die sich mit der Entwicklung von Anwendungssoftware beschäftigte. Zwischenzeitlich widmet er sich seinen privaten Interessen zu denen auch das Schreiben und Veröffentlichen von Büchern gehört.

Über das Buch:

In der digitalisierten Welt von heute sind Daten das neue Gold und der Datenschutz das Rüstzeug, um dieses kostbare Gut zu schützen. „Datenschutz-Compliance zukunftssicher gestalten" bietet einen umfassenden Leitfaden für Unternehmen jeder Größe, um sich in der komplexen Landschaft des Datenschutzes nicht nur zu orientieren, sondern auch zu excelieren.

Erfahren Sie, wie Sie mit Hilfe von TOLERANT Software die Herausforderungen moderner Datenschutzbestimmungen meistern und Ihre Unternehmensstrategien nachhaltig stärken können. Von der Optimierung Ihrer Datenschutzstrategien über die effektive Datenverwaltung bis hin zur Minimierung von Compliance-Risiken – dieses Buch deckt alle Aspekte ab, die Sie benötigen, um Ihr Unternehmen sicher und erfolgreich in die Zukunft zu führen.

Mit praxisnahen Tipps und detaillierten Fallstudien zeigt dieses Buch, wie Sie durch den Einsatz fortschrittlicher Technologien Ihre Datenqualität verbessern, Ihre Marktstellung stärken und gleichzeitig die gesetzlichen Anforderungen übertreffen. Dabei werden zukünftige technologische Entwicklungen ebenso beleuchtet wie praktische Schritte zur Implementierung einer effektiven Datenschutzstrategie.

„Datenschutz-Compliance zukunftssicher gestalten" ist mehr als nur ein Fachbuch – es ist ein unverzichtbarer Begleiter für alle, die in einer datengetriebenen Welt führend bleiben wollen. Machen Sie Ihr Unternehmen fit für die Zukunft und setzen Sie neue Standards im Datenschutz.

Datenschutz-Compliance zukunftssicher gestalten

Compliance-Erfolg mit TOLERANT Software

Von
Klaus-Dieter Sedlacek

TOLERANT Software

TOLERANT Software Fachbuch Bd. 6

Inhaltsverzeichnis

KAPITEL 1: EINFÜHRUNG

1.1 Definition von Datenschutz und Compliance

Einen dramatischen Wendepunkt in der Auseinandersetzung mit der digitalen Privatsphäre bildete ein kürzlich ergangenes Urteil des Europäischen Gerichtshofs, welches strenge Regeln für den internationalen Datenaustausch festlegte. In seiner wegweisenden Entscheidung betonte der Gerichtshof die Notwendigkeit, persönliche Informationen von EU-Bürgern vor dem Zugriff durch fremde Regierungen und Unternehmen zu schützen.

Dieses Urteil wirft ein grelles Licht auf die essentielle Bedeutung des Datenschutzes und der Compliance in unserer zunehmend vernetzten Welt. Datenschutz ist nicht nur eine Frage der technischen Sicherheitsmaßnahmen, sondern auch ein wesentlicher Bestandteil der gesellschaftlichen und ethischen Normen, die in der digitalen Ära neu definiert werden müssen.

Compliance, also die Einhaltung dieser Normen und Gesetze, stellt Unternehmen und Organisationen vor immer größere Herausforderungen, da sie mit einer Flut von Daten umgehen, die schnell und sicher verarbeitet werden müssen, ohne die Privatsphäre der Individuen zu verletzen.

Datenschutz und Compliance sind zentrale Säulen in der Architektur moderner Informationstechnologie und Unternehmensführung. Beginnen wir mit einer klaren Definition dieser Begriffe, um ihre Bedeutung und Tragweite zu verstehen.

Datenschutz bezieht sich auf den Schutz personenbezogener Daten vor unbefugtem Zugriff, Verarbeitung oder Offenlegung. Dies umfasst Maßnahmen sowohl technischer als auch organisatorischer Natur, die sicherstellen, dass persönliche Informationen sicher sind und die Privatsphäre der Menschen gewahrt bleibt. Im Kern geht es beim Datenschutz darum, Individuen die Kontrolle über ihre eigenen Daten zu geben. Dies beinhaltet das Recht zu wissen, welche Daten gesammelt werden, wie sie verwendet werden und mit wem sie geteilt werden.

Compliance in diesem Kontext bezieht sich auf die Einhaltung gesetzlicher und regulativer Anforderungen bezüglich der Datensicherheit und des Datenschutzes. Unternehmen und Organisationen müssen sicherstellen, dass ihre Datenverarbeitungspraktiken in Einklang mit den nationalen und internationalen Gesetzen stehen, wie beispielsweise der Europäischen Datenschutz-Grundverordnung (DSGVO) oder dem California Consumer Privacy Act (CCPA) in den USA.

Diese Gesetze sind nicht nur Rahmenbedingungen, sondern sie stellen auch sicher, dass Organisationen die Bedeutung des Datenschutzes ernst nehmen. Verstöße gegen Datenschutzvorschriften können zu erheblichen Geldstrafen führen, ganz zu schweigen von dem Schaden, der einem Unternehmen durch den Vertrauensverlust seitens der Kunden entstehen kann. Compliance ist daher auch ein zentraler Aspekt des Risikomanagements in modernen Unternehmen.

Die Implementierung von Datenschutz und Compliance ist jedoch mit Herausforderungen verbunden. Technologische Entwicklungen, wie die zunehmende Verbreitung von Cloud-Computing und künstlicher Intelligenz, erzeugen komplexe Szenarien für die Datensicherheit. Zudem erfordert die Globalisierung der Märkte eine Auseinandersetzung mit einer Vielzahl unterschiedlicher Datenschutzgesetze und -standards.

Insgesamt bildet das Zusammenspiel von Datenschutz und Compliance eine grundlegende Achse, um die Integrität und Sicherheit personenbezogener Daten in der digitalen Welt zu gewährleisten.

1.2 Überblick über die TOLERANT Software-Produkte

1.2.1 Datenvalidierungstools

Die TOLERANT Software bietet eine Reihe von Datenvalidierungstools, die darauf ausgerichtet sind, die Richtigkeit und Integrität von Stammdaten zu gewährleisten. Diese Tools sind speziell entwickelt worden, um die Herausforderungen im Umgang mit verschiedenen Datentypen wie Adressen, Namen und Bankinformationen effizient und effektiv zu bewältigen.

TOLERANT Post ist ein fortgeschrittenes Tool zur Adressprüfung und -bereinigung. Es stellt sicher, dass Adressdaten nicht nur korrekt und aktuell sind, sondern auch den postalischen Normen entsprechen. Dieses Tool ist unerlässlich für Unternehmen, die eine hohe Anzahl an Kundenkontakten verwalten, wie z.B. Versandhändler oder Finanzinstitute. TOLERANT Post überprüft und korrigiert Adressen in Echtzeit, verbessert die Zustellbarkeit von Postsendungen und reduziert die Kosten, die durch unzustellbare Sendungen entstehen können.

TOLERANT Name ist darauf spezialisiert, Namen zu prüfen und zu strukturieren. Das Tool erkennt und korrigiert Fehler in Kundendatenbanken, wie falsch zugeordnete Titel oder inkonsistente Namensschreibweisen. Es strukturiert Namen in ihre Bestandteile, sodass eine korrekte und persönliche Ansprache gewährleistet ist. Dies steigert nicht nur die Kundenzufriedenheit, sondern auch die Effizienz von Marketingkampagnen.

TOLERANT Bank schließlich ist ein essentielles Werkzeug zur Überprüfung von Bankdaten. Es validiert Bankverbindungsdaten wie IBAN und BIC, um sicherzustellen, dass Zahlungsaufträge korrekt ausgeführt werden können. Dies ist besonders wichtig in einer Zeit, in der elektronische Transaktionen dominieren und Fehler zu signifikanten finanziellen Verlusten führen können. TOLERANT Bank reduziert das Risiko von Zahlungsabweisungen durch die Überprüfung der Gültigkeit von Bankdaten bereits bei der Eingabe.

Zusammenfassend bieten die Datenvalidierungstools von TOLERANT Software leistungsstarke Lösungen zur Sicherstellung der Datenqualität. Indem sie Fehler in kritischen Datenbeständen minimieren, tragen sie dazu bei, operative Risiken zu reduzieren, die Kundenzufriedenheit zu erhöhen und letztlich die Compliance zu sichern.

1.2.2 Compliance- und Risikomanagement

In der Rubrik Compliance- und Risikomanagement bieten die TOLERANT Software-Produkte spezialisierte Lösungen an, die Unternehmen dabei unterstützen, regulatorische Anforderungen zu erfüllen und finanzielle sowie reputative Risiken zu minimieren. Im Folgenden werden drei Schlüsselwerkzeuge vorgestellt, die in diesem Bereich eine zentrale Rolle spielen.

TOLERANT Sanction ist ein hochentwickeltes Tool zur Überprüfung von Sanktionslisten. In einer globalisierten Wirtschaft, in der Unternehmen international operieren, ist es von entscheidender Bedeutung, sicherzustellen, dass keine Geschäftsbeziehungen mit sanktionierten oder blockierten Einheiten unterhalten werden. TOLERANT Sanction ermöglicht es Unternehmen, ihre Kundendatenbanken schnell und effizient mit internationalen Sanktionslisten abzugleichen, um potenzielle Rechtsverstöße und damit verbundene Strafen zu vermeiden. Dieses Tool ist besonders wichtig für Finanzinstitutionen und Exportunternehmen, die strenge internationale Compliance-Anforderungen erfüllen müssen.

TOLERANT PEP konzentriert sich auf die Identifikation und Überprüfung politisch exponierter Personen (PEPs). Aufgrund ihres Status und ihrer Einflussmöglichkeiten sind PEPs einem höheren Risiko von Korruption und Geldwäsche ausgesetzt, was besondere Sorgfaltspflichten erfordert. TOLERANT PEP nutzt fortschrittliche Algorithmen und Datenbanktechnologien, um PEPs zuverlässig zu identifizieren und relevante Informationen bereitzustellen. Dies hilft Unternehmen, sich vor rechtlichen Konsequenzen zu schützen und die Integrität ihrer Geschäftsbeziehungen zu wahren.

TOLERANT Index ist ein umfassendes Werkzeug zur Zentralisierung und Standardisierung von Compliance-Daten. In vielen Organisationen sind relevante Daten über verschiedene Systeme und Plattformen verstreut, was das Risikomanagement erschwert. TOLERANT Index schafft eine zentrale, standardisierte Datenbasis, die eine effiziente Überwachung und Analyse ermöglicht. Durch die Zentralisierung der Daten verbessert dieses Tool die Transparenz und Zugänglichkeit wichtiger Compliance-Informationen, erleichtert die Berichterstattung und stärkt die Compliance-Strukturen des Unternehmens.

Zusammengefasst bieten diese drei Produkte von TOLERANT Software robuste Lösungen, die es Unternehmen ermöglichen, in einer zunehmend regulierten Welt proaktiv und konform zu handeln. Durch die Integration dieser Tools in ihre Compliance-Strategien können Unternehmen ihre Risikoexposition signifikant reduzieren und gleichzeitig die Effizienz ihrer Compliance-Prozesse steigern.

1.2.3 Kundeninteraktion und Marketing

In dem Bereich der Kundeninteraktion und des Marketings bieten die TOLERANT Software-Produkte fortschrittliche Werkzeuge zur Optimierung der Kommunikation und Datenverwaltung. Diese Tools unterstützen Unternehmen dabei, effektiv und regelkonform mit ihren Kunden zu interagieren und gleichzeitig die Qualität der Kundenbeziehungen zu steigern. Die folgenden Abschnitte beleuchten zwei zentrale Produkte dieser Kategorie: TOLERANT MPM und TOLERANT Match.

TOLERANT MPM (Marketing Permission Management) ist eine innovative Lösung für das Einwilligungsmanagement im Marketing. In einer Ära, in der die Einhaltung der Datenschutzgesetzgebung wie der DSGVO unerlässlich ist, bietet TOLERANT MPM Unternehmen die Möglichkeit, die Zustimmungen ihrer Kunden für verschiedene Marketingaktivitäten präzise zu verwalten und zu dokumentieren. Das Tool sichert die Verwaltung von Einwilligungen über multiple Kanäle und Formate hinweg und stellt sicher, dass alle Marketingaktionen auf einer legalen Basis stehen. Durch die zentrale Erfassung und Verwaltung der Kundeneinwilligungen hilft TOLERANT MPM Unternehmen, ihre Marketingstrategien effizient und konform zu gestalten, das Risiko von Compliance-Verstößen zu reduzieren und das Vertrauen der Kunden zu stärken.

TOLERANT Match hingegen konzentriert sich auf das Matching und den Abgleich von Kundendaten. Diese Plattform bietet fortschrittliche Algorithmen und Methoden, um Dubletten zu identifizieren und zu eliminieren sowie fehlerhafte oder unvollständige Datensätze zu korrigieren. TOLERANT Match unterstützt Unternehmen dabei, eine einheitliche und akkurate Kundenansicht zu gewährleisten, was für effektives Marketing und Kundenservice entscheidend ist. Das Tool ermöglicht es, Kundeninformationen über verschiedene Systeme und Datenbanken hinweg zu synchronisieren, was zu verbesserten Kundenprofilen führt und somit zielgerichtete Marketingaktionen und personalisierte Kundenansprachen ermöglicht.

Zusammenfassend bieten TOLERANT MPM und TOLERANT Match leistungsstarke Lösungen für moderne Herausforderungen im Bereich der Kundeninteraktion und des datenschutzkonformen Marketings. Während TOLERANT MPM sicherstellt, dass Kundenkommunikation auf einer klaren rechtlichen Grundlage steht, optimiert TOLERANT Match die Datenqualität und -konsistenz, um präzise und effektive Marketingstrategien zu unterstützen. Beide Tools spielen eine zentrale Rolle dabei, die Interaktionen mit den Kunden zu verbessern und gleichzeitig die Einhaltung von Datenschutzbestimmungen zu gewährleisten.

1.2.4 Datenschutz und Sicherheitsfeatures

Im Kontext von Datenschutz und Sicherheitsfeatures stellt die TOLERANT Software spezialisierte Lösungen bereit, die Unternehmen dabei unterstützen, ihre Daten effektiv zu schützen und gleichzeitig die Implementierung dieser Systeme durch Fachberatung zu erleichtern. Die folgenden Abschnitte werfen ein Licht auf zwei Schlüsselprodukte in diesem Bereich: TOLERANT Consulting und TOLERANT Secure.

TOLERANT Consulting bietet umfassende Unterstützung und Beratung zur Produktimplementierung. In der komplexen Landschaft der IT-Sicherheit und des Datenschutzes ist die korrekte Implementierung von Softwarelösungen entscheidend für den Erfolg und die Einhaltung gesetzlicher Vorschriften. TOLERANT Consulting hilft Unternehmen, die TOLERANT Softwareprodukte optimal zu nutzen, indem es individuell zugeschnittene Beratung und Unterstützung anbietet. Dies umfasst die Planung der Systemarchitektur, die Integration in bestehende IT-Landschaften, die Anpassung der

Software an spezifische Geschäftsbedürfnisse und die Schulung der Mitarbeiter, um eine sichere und effiziente Nutzung zu gewährleisten. Die Experten von TOLERANT Consulting bringen tiefgreifende Kenntnisse der Produkte und der besten Datenschutzpraktiken mit, um sicherzustellen, dass die Implementierung den höchsten Sicherheits- und Compliance-Anforderungen entspricht.

TOLERANT Secure hingegen bietet fortschrittliche Sicherheitslösungen zur Datenverschlüsselung und zum Schutz sensibler Informationen. In einer Zeit, in der Datensicherheitsverletzungen immer häufiger vorkommen und die regulatorischen Anforderungen stetig steigen, bietet TOLERANT Secure robuste Verschlüsselungstechnologien, die sicherstellen, dass Daten sowohl bei der Übertragung als auch bei der Speicherung geschützt sind. Diese Lösung umfasst Funktionen wie die Ende-zu-Ende-Verschlüsselung, sichere Authentifizierungsmechanismen und die Möglichkeit zur Einrichtung von Zugriffskontrollen, die nur autorisierten Personen Zugang zu sensiblen Daten gewähren. TOLERANT Secure trägt dazu bei, die Integrität und Vertraulichkeit der Unternehmensdaten zu wahren und unterstützt Unternehmen dabei, Compliance-Anforderungen wie die DSGVO oder HIPAA zu erfüllen.

Zusammenfassend bilden TOLERANT Consulting und TOLERANT Secure eine starke Grundlage für Unternehmen, um ihre Datenschutz- und Sicherheitsstrategien effektiv umzusetzen. Während TOLERANT Consulting sicherstellt, dass die Softwarelösungen effektiv und gemäß den besten Praktiken implementiert werden, bietet TOLERANT Secure die notwendigen Tools, um Daten vor den zunehmenden Bedrohungen der Cyberwelt zu schützen. Beide Produkte sind unverzichtbar für moderne Unternehmen, die ihre Datenressourcen in einer zunehmend digitalisierten Welt sicher verwalten möchten.

1.2.5 Technische Integration und Support

Im Bereich der technischen Integration und des Supports stellt die TOLERANT Software wesentliche Strukturen und Funktionen bereit, die Unternehmen in der nahtlosen Implementierung und effizienten Nutzung ihrer Produkte unterstützen. Dieses Kapitel beleuchtet die Supportstrukturen und die Flexibilität der Software hinsichtlich Integration und Skalierbarkeit.

Supportstrukturen: TOLERANT Software bietet umfassende Supportstrukturen, die darauf ausgelegt sind, den Kunden bei allen technischen Fragen zur Seite zu stehen. Die Erreichbarkeit des Supports ist durch verschiedene Kanäle wie Telefon, E-Mail und ein Online-Support-Portal gewährleistet, wodurch Kunden weltweit und zu jeder Zeit Unterstützung erhalten können. Dieser Support umfasst nicht nur die Behebung von Problemen und Störungen, sondern auch Hilfestellungen bei der täglichen Nutzung der Produkte. Zusätzlich bietet TOLERANT regelmäßige Updates und Wartungen an, um die Software stets auf dem neuesten Stand der Technik zu halten und neue Sicherheitsfeatures schnell zu implementieren. Die regelmäßigen Updates sichern nicht nur die Funktionalität und Effizienz der Produkte, sondern auch deren Kompatibilität mit sich ändernden gesetzlichen Anforderungen und neuen Technologien.

Integration und Skalierbarkeit: Ein weiterer kritischer Aspekt der TOLERANT Software ist ihre hohe Anpassungsfähigkeit an unterschiedliche IT-Umgebungen. Die Produkte sind so konzipiert, dass sie sich nahtlos in bestehende Systeme integrieren lassen, sei es durch standardisierte Schnittstellen oder durch spezifische Anpassungen, die im Rahmen des TOLERANT Consulting angeboten werden. Die Flexibilität der Softwarelösungen ermöglicht es Unternehmen, die Produkte entsprechend ihrem spezifischen Bedarf und ihrer IT-Infrastruktur zu skalieren. Dies ist besonders wichtig für wachsende Unternehmen, die eine Software benötigen, die mit ihrem Geschäft mitwachsen kann. TOLERANT Software bietet hierfür skalierbare Lösungen, die sich von kleinen Installationen bis hin zu unternehmensweiten Systemen erstrecken können. Die leichte Anpassbarkeit und Integration fördern eine schnelle Implementierung und minimieren Unterbrechungen im Betriebsablauf, was die Betriebskosten signifikant reduziert und die Effizienz steigert.

Zusammenfassend bilden die Supportstrukturen und die flexible Integration der TOLERANT Produkte eine solide Basis für Unternehmen, um technologische Herausforderungen zu meistern und die Effektivität ihrer IT-Systeme zu maximieren. Durch die Bereitstellung von zuverlässigem Support und anpassungsfähigen, skalierbaren Lösungen unterstützt TOLERANT Software Unternehmen dabei, ihre Technologieinvestitionen optimal zu nutzen und sich auf ihr Kerngeschäft zu konzentrieren.

1.3 Wichtige gesetzliche Rahmenbedingungen (DSGVO, AML etc.)

1.3.1 Datenschutzbestimmungen

Im Zuge der globalen Digitalisierung sind rechtliche Rahmenbedingungen für den Umgang mit personenbezogenen Daten immer wichtiger geworden. Dieses Kapitel behandelt entscheidende gesetzliche Regelungen, die Unternehmen in ihrer Datenverarbeitungspraxis berücksichtigen müssen, insbesondere die EU-Datenschutzgrundverordnung (DSGVO) und das Bundesdatenschutzgesetz (BDSG).

EU-Datenschutzgrundverordnung (DSGVO): Die DSGVO ist eine umfassende Regulation, die darauf abzielt, die Datenschutzrechte von Individuen innerhalb der Europäischen Union zu stärken und zu vereinheitlichen. Sie setzt strenge Auflagen für die Verarbeitung personenbezogener Daten durch Unternehmen und Organisationen.

- **Rechte der betroffenen Personen:** Zu den grundlegenden Rechten, die die DSGVO den betroffenen Personen einräumt, gehören das Recht auf Auskunft, das Recht auf Berichtigung, das Recht auf Löschung („Recht auf Vergessenwerden"), das Recht auf Einschränkung der Verarbeitung, das Recht auf Datenübertragbarkeit und das Widerspruchsrecht. Diese Rechte ermöglichen es Individuen, eine größere Kontrolle über ihre persönlichen Daten zu haben.

- **Pflichten der Datenverarbeiter:** Die DSGVO verpflichtet Datenverarbeiter zu Transparenz in der Datenverarbeitung, zur Implementierung von datenschutzfreundlichen Voreinstellungen (Privacy by Design) und erweiterten Sicherheitsmaßnahmen zum Schutz personenbezogener Daten. Zudem müssen Unternehmen sicherstellen, dass personenbezogene Daten nur so lange aufbewahrt werden, wie es für die jeweiligen Verarbeitungszwecke notwendig ist.

- **Sanktionen und Strafen:** Verstöße gegen die DSGVO können zu erheblichen finanziellen Strafen führen, die bis zu 4% des weltweiten Jahresumsatzes eines Unternehmens oder bis zu 20 Millionen Euro betragen können. Diese strengen Strafen unterstreichen die Bedeutung der Einhaltung der Datenschutzvorschriften.

Bundesdatenschutzgesetz (BDSG): Das BDSG ergänzt und spezifiziert die DSGVO in Deutschland und bietet einen Rahmen für den Datenschutz auf nationaler Ebene.

- **Anwendungsbereich des BDSG:** Das BDSG gilt für die Verarbeitung personenbezogener Daten durch öffentliche Stellen und nicht-öffentliche Stellen, die ihren Sitz in Deutschland haben. Es regelt spezifische Situationen, die durch die DSGVO nicht vollständig abgedeckt sind, und stellt sicher, dass der Datenschutz den deutschen rechtlichen und sozialen Normen entspricht.

- **Besondere Kategorien personenbezogener Daten:** Das BDSG setzt strengere Regeln für die Verarbeitung besonderer Kategorien personenbezogener Daten fest, wie Daten, die die rassische oder ethnische Herkunft, politische Meinungen, religiöse oder weltanschauliche Überzeugungen offenbaren.

- **Datenschutzbeauftragter:** Das BDSG fordert, dass bestimmte Arten von Organisationen einen Datenschutzbeauftragten ernennen müssen, dessen Aufgabe es ist, die Einhaltung der Datenschutzgesetze zu überwachen und als Anlaufstelle für datenschutzrechtliche Anfragen zu dienen.

Diese gesetzlichen Rahmenbedingungen sind entscheidend für Unternehmen, die in der digitalen Wirtschaft agieren, da sie nicht nur die Einhaltung der Gesetze sicherstellen, sondern auch das Vertrauen der Kunden und der Öffentlichkeit stärken.

1.3.2 Anti-Geldwäsche-Vorschriften (AML)

Die Bekämpfung von Geldwäsche ist ein zentrales Anliegen globaler Wirtschafts- und Rechtsräume. Dieses Kapitel beleuchtet die Anti-Geldwäsche-Vorschriften (AML), die in der Europäischen Union und den Vereinigten Staaten von Amerika etabliert sind, und erörtert die spezifischen Anforderungen und Prozesse, die Unternehmen implementieren müssen, um Konformität zu gewährleisten.

EU-Geldwäscherichtlinie: Die EU-Geldwäscherichtlinie setzt einen umfassenden rechtlichen Rahmen zur Verhinderung der Geldwäsche und der Terrorismusfinanzierung. Sie verpflichtet Finanz- und andere risikobehaftete Institutionen zu strengen Kontrollmaßnahmen.

- **Kundenidentifikation und Due Diligence:** Die Richtlinie fordert, dass Unternehmen die Identität ihrer Kunden überprüfen, bevor Geschäftsbeziehungen aufgenommen werden. Dies schließt die Verifikation der Kundenidentität und das Verständnis der Art der Geschäftsbeziehung ein. Due Diligence ist besonders wichtig, um die Quellen des Vermögens und der Transaktionen zu verstehen und um sicherzustellen, dass die Geschäftsaktivitäten legitim sind.

- **Meldung verdächtiger Transaktionen:** Unternehmen sind verpflichtet, verdächtige Transaktionen, die auf Geldwäsche oder Terrorismusfinanzierung hindeuten könnten, den zuständigen Behörden zu melden. Dies erfordert effektive interne Prozesse zur Erkennung und Meldung solcher Aktivitäten.

- **Sanktionslisten und PEP-Prüfungen:** Die Überprüfung von Personen auf Sanktionslisten und die Identifikation politisch exponierter Personen (PEP) sind wesentliche Bestandteile der Geldwäschepräventionsmaßnahmen. Unternehmen müssen sicherstellen, dass sie keine Geschäftsbeziehungen mit sanktionierten Individuen oder Entitäten unterhalten und bei PEPs erhöhte Sorgfalt walten lassen.

US-AML-Gesetzgebung (Patriot Act, Bank Secrecy Act): In den USA werden die Anti-Geldwäsche Bestimmungen primär durch den Patriot Act und den Bank Secrecy Act geregelt, welche umfassende Anforderungen an die finanziellen Institutionen stellen.

- **Spezifische Anforderungen und Auswirkungen auf internationale Geschäfte:** Diese Gesetze erfordern von Banken und anderen finanziellen Institutionen, detaillierte Aufzeichnungen über Kunden und Transaktionen zu führen und verdächtige Aktivitäten zu melden. Die Regelungen haben weitreichende Auswirkungen auf internationale Geschäfte, einschließlich der Notwendigkeit, die AML-Konformität über Grenzen hinweg zu gewährleisten.

- **Überwachung und Reporting:** Die Überwachung und das Reporting sind in der US-Gesetzgebung besonders streng. Finanzinstitutionen müssen spezielle Überwachungssysteme implementieren, um ungewöhnliche Muster in Kundenaktivitäten zu erkennen und diese effektiv den Behörden zu melden.

Zusammenfassend erfordern die Anti-Geldwäsche-Vorschriften in der EU und den USA von Unternehmen ein hohes Maß an Wachsamkeit und die Implementierung fortgeschrittener Systeme zur Datenverarbeitung und -analyse, um illegale Aktivitäten effektiv zu erkennen und zu bekämpfen. Diese Gesetze sind entscheidend, um die Integrität des globalen Finanzsystems zu schützen und die Finanzierung krimineller und terroristischer Aktivitäten zu unterbinden.

1.3.3 Weitere relevante Compliance-Anforderungen

Compliance-Anforderungen sind vielfältig und komplex. Neben Datenschutz und Anti-Geldwäsche sind Unternehmen ebenfalls mit der Einhaltung von Korruptionsbekämpfungsgesetzen sowie Exportkontrollen und Handelsembargos konfrontiert. Diese Gesetze und Regelungen sind entscheidend für die Aufrechterhaltung ethischer Standards und die Sicherstellung rechtmäßiger Geschäftspraktiken.

Korruptionsbekämpfungsgesetze: Korruption stellt ein bedeutendes Risiko für Unternehmen weltweit dar, und die Einhaltung der Korruptionsbekämpfungsgesetze ist essentiell für die Legitimität und das öffentliche Ansehen eines Unternehmens.

- **FCPA (Foreign Corrupt Practices Act):** Der FCPA ist ein US-amerikanisches Gesetz, das die Bestechung ausländischer Amtsträger verbietet und von US-Unternehmen und deren Tochtergesellschaften sowie von ausländischen Firmen, die auf US-Märkten handeln, strikte Buchführungsvorschriften und interne Kontrollmaßnahmen verlangt. Unternehmen müssen sicherstellen, dass ihre Geschäftspraktiken und die ihrer globalen Partner den Vorschriften des FCPA entsprechen, um schwere Strafen und Reputationsschäden zu vermeiden.

- **UK Bribery Act:** Der UK Bribery Act gilt als einer der strengsten Antikorruptionsgesetze weltweit. Er unterscheidet sich vom FCPA durch seine Reichweite, da er sowohl öffentliche als auch private Korruption umfasst und keine Bagatellgrenzen kennt. Der Act verlangt von Unternehmen, adäquate Verfahren zur Verhinderung von Bestechung zu implementieren, und macht Unternehmen strafbar, wenn sie es versäumen, Bestechung durch Angestellte oder Vertreter zu verhindern, selbst wenn das Unternehmen von der Bestechung keine Kenntnis hatte.

Exportkontrollen und Handelsembargos: Exportkontrollen und Handelsembargos sind kritische Aspekte des internationalen Handels, die sicherstellen, dass Waren, Technologien und Dienstleistungen nicht zur Bedrohung für die nationale Sicherheit oder die internationale Stabilität werden.

- **EU-Exportkontrollverordnung:** Die EU-Exportkontrollverordnung regelt den Export von Dual-Use-Gütern, also Gütern, die sowohl zivil als auch militärisch genutzt werden können, sowie von Waffen und militärischen Ausrüstungen aus den EU-Mitgliedstaaten. Diese Verordnung erfordert von Exporteuren die Einholung von Genehmigungen und die Einhaltung strikter Kontrollverfahren, um sicherzustellen, dass ihre Produkte nicht in falsche Hände gelangen.

- **US-Exportverwaltungsvorschriften (EAR):** Die US-Exportverwaltungsvorschriften regulieren die Ausfuhr und Wiederausfuhr von Waren, Software und Technologie aus den USA. Sie umfassen eine Liste von Ländern, Organisationen und Personen, mit denen bestimmte Geschäfte ohne entsprechende Genehmigungen nicht getätigt werden dürfen. Unternehmen müssen sich dieser Vorschriften bewusst sein und entsprechende Compliance-Programme implementieren, um sicherzustellen, dass sie nicht unbeabsichtigt gegen Exportkontrollgesetze verstoßen.

Diese Gesetze und Regelungen erfordern von Unternehmen eine kontinuierliche Überwachung und Anpassung ihrer Compliance-Strategien, um rechtliche Risiken zu minimieren und ethisch einwandfrei zu handeln. Die Implementierung effektiver Compliance-Programme und die Schulung der Mitarbeiter in diesen Bereichen sind daher unerlässlich für den langfristigen Erfolg und die Integrität eines jeden global agierenden Unternehmens.

1.3.4 Regionale Datenschutz- und Compliance-Gesetze

Unternehmen müssen nicht nur internationale, sondern auch regionale Datenschutz- und Compliance-Gesetze beachten. Diese regionalen Vorschriften können erheblich variieren und stellen Unternehmen vor die Herausforderung, ihre Geschäftspraktiken entsprechend anzupassen. Im Folgenden betrachten wir wichtige Datenschutzgesetze in Asien und Lateinamerika, die für global agierende Unternehmen von Bedeutung sind.

Asien: In Asien hat die Entwicklung von Datenschutzgesetzen in den letzten Jahren erheblich zugenommen, wobei Länder wie Japan und China führend in der Implementierung strenger Datenschutzrichtlinien sind.

- **Japanisches Datenschutzgesetz (APPI):** Das japanische Datenschutzgesetz, bekannt als Act on the Protection of Personal Information (APPI), wurde umfassend überarbeitet, um den Schutz personenbezogener Daten zu stärken. Es schreibt vor, dass Unternehmen die Einwilligung der Nutzer einholen müssen, bevor sie persönliche Daten sammeln oder weitergeben. Das APPI gilt als eines der strengsten Datenschutzgesetze in Asien und beeinflusst maßgeblich, wie Unternehmen in Japan und mit japanischen Kunden umgehen müssen.

- **China Cybersecurity Law:** Chinas Cybersecurity Law ist ein weiteres bedeutendes Regelwerk, das strenge Anforderungen an die Datensicherheit und den Datenschutz innerhalb Chinas stellt. Das Gesetz fordert von Unternehmen, kritische Daten lokal zu speichern und bei der Übertragung ins Ausland besondere Genehmigungen einzuholen. Dieses Gesetz beeinflusst nicht nur lokale chinesische Unternehmen, sondern auch internationale Firmen, die in China tätig sind.

Lateinamerika: Auch in Lateinamerika haben Datenschutzgesetze in den letzten Jahren an Bedeutung gewonnen, insbesondere in Ländern wie Brasilien und Mexiko.

- **Brasilianisches LGPD (Lei Geral de Proteção de Dados):** Das brasilianische Datenschutzgesetz, LGPD, ähnelt in vielerlei Hinsicht der europäischen DSGVO. Es schreibt vor, dass Unternehmen, die Daten von in Brasilien ansässigen Personen verarbeiten, klare Zustimmungen einholen und den Betroffenen umfassende Rechte an ihren Daten gewähren müssen. Das LGPD hat bedeutende Implikationen für die Art und Weise, wie Unternehmen in Brasilien und solche, die brasilianische Daten verarbeiten, operieren müssen.

- **Mexikanisches Datenschutzgesetz (LFPDPPP):** Das mexikanische Bundesgesetz zum Schutz personenbezogener Daten, gehalten von Privatpersonen (LFPDPPP), schützt personenbezogene Daten und regelt deren legitime Verarbeitung durch private Unternehmen. Es legt fest, dass Personen über die Verwendung ihrer Daten informiert werden müssen und das Recht haben, auf ihre Daten zuzugreifen, sie zu korrigieren und ihre Löschung zu verlangen.

Diese regionalen Gesetze verdeutlichen die Notwendigkeit für Unternehmen, eine flexible und gut informierte Compliance-Strategie zu entwickeln, die in der Lage ist, auf die verschiedenen Anforderungen der Länder einzugehen, in denen sie operieren. Die Kenntnis und Einhaltung dieser Gesetze ist entscheidend, um rechtliche Risiken zu minimieren und das Vertrauen der Kunden weltweit zu erhalten.

KAPITEL 2: GRUNDLAGEN DER DATENSCHUTZ-COMPLIANCE

Kürzlich sorgte ein Vorfall in einem international tätigen Konzern für Schlagzeilen, als aufgrund von unzureichenden Datenschutzmaßnahmen sensible Kundendaten im Darknet auftauchten. Der daraus resultierende Imageschaden und die erheblichen finanziellen Einbußen machten einmal mehr deutlich, wie kritisch die Einhaltung von Datenschutzbestimmungen ist.

Dieser Vorfall führt uns direkt in die Welt der Datenschutz-Compliance und unterstreicht die Notwendigkeit einer soliden Grundlage in diesem Bereich. Kapitel 2 widmet sich genau diesem Thema: Wie können Unternehmen sicherstellen, dass sie nicht nur nationalen, sondern auch internationalen Datenschutzstandards gerecht werden? Wie können sie sich vor derartigen Datenschutzverletzungen schützen und gleichzeitig das Vertrauen ihrer Kunden bewahren? Dieses Kapitel zielt darauf ab, ein umfassendes Verständnis der rechtlichen Rahmenbedingungen zu vermitteln und zeigt auf, wie essentiell eine strategische Herangehensweise an Datenschutz-Compliance ist.

2.1 Anforderungen der EU-Datenschutzgrundverordnung (DSGVO)

2.1.1 Grundsätze der Datenverarbeitung

Im Zentrum der EU-Datenschutzgrundverordnung (DSGVO) stehen die Grundsätze der Datenverarbeitung, die festlegen, wie personenbezogene Daten gesammelt, genutzt und verarbeitet werden dürfen. Diese Grundsätze sind entscheidend, um das Vertrauen der Öffentlichkeit in die Verarbeitung ihrer Daten zu stärken und die Integrität sowie Verantwortlichkeit von Unternehmen zu sichern.

RECHTMÄßIGKEIT, VERARBEITUNG NACH TREU UND GLAUBEN, TRANSPARENZ

- **Rechtmäßigkeit**: Die Rechtmäßigkeit der Datenverarbeitung bildet das Fundament der DSGVO. Daten dürfen nur verarbeitet werden, wenn mindestens eine der in der Verordnung aufgeführten Bedingungen erfüllt ist. Dazu zählt insbesondere die Einwilligung der betroffenen Person. Eine Verarbeitung ist auch rechtmäßig, wenn sie zur Erfüllung eines Vertrags, zur Erfüllung einer rechtlichen Verpflichtung, zum Schutz lebenswichtiger Interessen, zur Wahrnehmung einer Aufgabe, die im öffentlichen Interesse liegt, oder zur Wahrung berechtigter Interessen des Verarbeiters oder eines Dritten erforderlich ist.

- **Verarbeitung nach Treu und Glauben**: Dieser Grundsatz betont die Notwendigkeit, dass die Datenverarbeitung in einer Weise erfolgen muss, die gegenüber den betroffenen Personen fair ist. Dies bedeutet, dass Unternehmen klare und verständliche Informationen darüber bereitstellen müssen, wie und warum ihre Daten verarbeitet werden. Die Verarbeitung sollte keine unerwarteten oder nachteiligen Auswirkungen für die betroffenen Personen haben.

- **Transparenz**: Transparenz ist ein Schlüsselaspekt der DSGVO. Datenverarbeiter müssen sicherstellen, dass sämtliche Informationen und Mitteilungen in Bezug auf die Verarbeitung personenbezogener Daten leicht zugänglich und in klarer und einfacher Sprache verfasst sind. Dies schließt Informationen bei der Erhebung der Daten sowie jede Kommunikation von Rechten der betroffenen Personen, wie das Recht auf Datenzugriff und das Recht auf Berichtigung oder Löschung ihrer Daten, mit ein.

Diese Grundsätze sind nicht nur rechtliche Anforderungen, sondern sie fördern auch das Vertrauen und die Sicherheit der Personen, deren Daten verarbeitet werden. Unternehmen, die diese Grundsätze befolgen, können nicht nur die Einhaltung der Gesetze sicherstellen, sondern auch ihre Beziehung zu Kunden und Partnern stärken.

Zweckbindung

Der Grundsatz der Zweckbindung ist ein weiterer zentraler Pfeiler der EU-Datenschutzgrundverordnung (DSGVO). Dieser Grundsatz stellt sicher, dass personenbezogene Daten nur für festgelegte, eindeutige und legitime Zwecke erhoben und nicht in einer Weise weiterverarbeitet werden, die mit diesen ursprünglichen Zwecken unvereinbar ist. Die Zweckbindung dient dem Schutz der betroffenen Personen und gewährleistet, dass ihre Daten nicht für Aufgaben verwendet werden, die ihre Rechte und Freiheiten gefährden könnten.

Kernaspekte der Zweckbindung

- **Festlegung des Verarbeitungszwecks**: Vor der Datenerhebung müssen Unternehmen den genauen Zweck der Datenverarbeitung klar definieren. Diese Zweckfestlegung muss spezifisch sein und darf nicht zu allgemein formuliert werden. Dies hilft, den Umfang der Datenverarbeitung auf das Notwendige zu beschränken und stellt sicher, dass die erhobenen Daten direkt für die Erreichung des festgelegten Ziels relevant und angemessen sind.

- **Kommunikation des Verarbeitungszwecks**: Die betroffenen Personen müssen über den Zweck der Datenverarbeitung informiert werden. Diese Information muss bereits zum Zeitpunkt der Datenerhebung klar und verständlich kommuniziert werden. Eine transparente Kommunikation hilft, Vertrauen zu schaffen und gibt den Personen die Möglichkeit, ihre Rechte, wie das Recht auf Widerspruch, effektiv auszuüben.

- **Begrenzung der Zweckänderung**: Nachdem die Daten für den festgelegten Zweck erhoben wurden, beschränkt der Grundsatz der Zweckbindung die Möglichkeiten, diese Daten für andere Zwecke zu verwenden. Sollte ein Unternehmen die Daten für einen neuen Zweck verwenden wollen, der nicht mit dem ursprünglich kommunizierten Zweck vereinbar ist, muss eine neue rechtliche Grundlage für diese Verarbeitung geschaffen und die betroffenen Personen müssen erneut informiert werden.

Implementierung der Zweckbindung

Die Implementierung der Zweckbindung erfordert eine sorgfältige Planung und häufig auch technische sowie organisatorische Maßnahmen innerhalb der Unternehmen. Dazu gehören die Entwicklung und Anwendung interner Richtlinien und Verfahren zur Datenverwaltung, die sicherstellen, dass jeder Schritt der Datenverarbeitung den festgelegten Zwecken entspricht. Weiterhin ist es wichtig, regelmäßige Überprüfungen durchzuführen, um die Einhaltung dieser Richtlinien sicherzustellen.

Unternehmen müssen diese Anforderungen ernst nehmen, da die Nichteinhaltung der Zweckbindungsregeln zu schwerwiegenden Konsequenzen führen kann, einschließlich hoher Bußgelder und eines Verlusts des öffentlichen Vertrauens. Die strikte Befolgung der

Zweckbindung trägt daher nicht nur zur Compliance bei, sondern stärkt auch die Integrität und das Ansehen eines Unternehmens im Umgang mit personenbezogenen Daten.

DATENMINIMIERUNG

Der Grundsatz der Datenminimierung ist ein fundamentaler Bestandteil der EU-Datenschutzgrundverordnung (DSGVO) und spielt eine entscheidende Rolle in der Strategie jedes Unternehmens zur Einhaltung der Datenschutzbestimmungen. Datenminimierung fordert, dass nur die personenbezogenen Daten erhoben und verarbeitet werden, die unbedingt notwendig sind, um die spezifischen und legitimen Ziele zu erreichen, für die sie bestimmt sind. Dieser Grundsatz zielt darauf ab, den Umfang der Datensammlung auf das absolut Notwendige zu beschränken und sicherzustellen, dass personenbezogene Daten nicht über das erforderliche Maß hinaus verwendet oder gespeichert werden.

Kernaspekte der Datenminimierung

- **Begrenzung der Datenerhebung**: Unternehmen müssen sicherstellen, dass sie nur jene personenbezogenen Daten erheben, die direkt für die Erfüllung ihrer definierten Zwecke relevant sind. Dies verhindert die Sammlung unnötiger Daten und reduziert das Risiko von Datenschutzverletzungen, da weniger Daten für potenzielle Missbräuche zur Verfügung stehen.

- **Begrenzung der Datenverarbeitung**: Die Datenverarbeitung sollte sich auf die notwendigen Prozesse beschränken, die zur Erreichung der festgelegten Zwecke erforderlich sind. Jede Verarbeitung, die diesen Zwecken nicht dient, sollte vermieden werden. Dies beinhaltet auch die Beschränkung der Zugriffsmöglichkeiten auf die Daten auf diejenigen Mitarbeiter und Dritte, die sie für die Ausführung ihrer Aufgaben tatsächlich benötigen.

- **Begrenzung der Datenspeicherung**: Die Speicherdauer von personenbezogenen Daten sollte auf den Zeitraum beschränkt werden, der zur Erfüllung der spezifischen Zwecke notwendig ist. Nach Ablauf dieser Zeit sollten die Daten gelöscht oder anonymisiert werden, sofern keine gesetzlichen Aufbewahrungspflichten bestehen.

Implementierung der Datenminimierung

Die Umsetzung der Datenminimierung erfordert eine sorgfältige Planung und oft auch eine Anpassung der bestehenden Geschäftsprozesse und IT-Systeme. Unternehmen sollten bereits bei der Gestaltung von Systemen und Prozessen („Privacy by Design") Datenschutzprinzipien, einschließlich der Datenminimierung, berücksichtigen. Dies kann durch die Implementierung von Technologien erfolgen, die eine automatische Löschung oder Anonymisierung von Daten nach einem bestimmten Zeitraum ermöglichen, oder durch die Entwicklung von Richtlinien, die genau definieren, welche Daten erhoben und wie sie verarbeitet werden dürfen.

Die Einhaltung des Grundsatzes der Datenminimierung bietet nicht nur Schutz gegen Datenschutzrisiken, sondern stärkt auch das Vertrauen der Kunden und Geschäftspartner in die Integrität eines Unternehmens. Durch die Beschränkung der Datenerhebung und -verarbeitung auf das Nötigste demonstrieren Unternehmen ihre Verpflichtung zum Schutz der Privatsphäre und zur verantwortungsvollen Datenverwaltung.

RICHTIGKEIT

Der Grundsatz der Richtigkeit ist ein wesentlicher Bestandteil der EU-Datenschutzgrundverordnung (DSGVO) und spielt eine zentrale Rolle in der Verarbeitung personenbezogener Daten. Er verpflichtet Unternehmen, sicherzustellen, dass die von ihnen verarbeiteten personenbezogenen Daten genau, aktuell und auf dem neuesten Stand sind. Die Einhaltung dieses Grundsatzes ist entscheidend, um die Rechte der betroffenen Personen zu schützen und die Vertrauenswürdigkeit sowie die Effektivität der Datenverarbeitung zu gewährleisten.

Kernaspekte der Richtigkeit

- **Genauigkeit der Daten**: Unternehmen müssen Maßnahmen ergreifen, um sicherzustellen, dass die personenbezogenen Daten, die sie verarbeiten, korrekt und, wenn nötig, auf dem neuesten Stand gehalten werden. Fehlerhafte Daten können zu falschen Entscheidungen führen, die möglicherweise erhebliche negative Auswirkungen auf die betroffenen Personen haben können.

- **Aktualisierung der Daten**: Die Daten sollten regelmäßig überprüft und aktualisiert werden, besonders wenn sie für langfristige Zwecke verwendet werden. Es ist wichtig, dass Unternehmen Prozesse und Systeme implementieren, die es ermöglichen, veraltete oder ungenaue Daten leicht zu identifizieren und zu korrigieren.

- **Berichtigung von Daten**: Die DSGVO gibt betroffenen Personen das Recht, die Berichtigung unrichtiger Daten zu verlangen, die sie betreffen. Unternehmen sind verpflichtet, solche Anfragen ohne unangemessene Verzögerung zu bearbeiten. Dies stellt sicher, dass Entscheidungen, die die Lebensumstände der betroffenen Personen beeinflussen können, auf der Grundlage von präzisen und aktualisierten Daten getroffen werden.

Implementierung der Richtigkeit

Die Umsetzung des Grundsatzes der Richtigkeit erfordert von Unternehmen, dass sie geeignete technische und organisatorische Maßnahmen implementieren, um die Genauigkeit der Daten zu gewährleisten. Dies kann unter anderem durch die Nutzung von Technologien erfolgen, die die Datenpflege und -aktualisierung unterstützen, wie Datenvalidierungstools und automatisierte Systeme zur Datenbereinigung.

Weiterhin sollten Mitarbeiter geschult werden, um die Bedeutung der Datengenauigkeit zu verstehen und Verfahren für die regelmäßige Überprüfung und Aktualisierung von Daten einzuhalten. Die Implementierung einer effektiven Feedbackschleife, die es den betroffenen Personen ermöglicht, Unstimmigkeiten in ihren Daten leicht zu melden, ist ebenfalls ein wichtiger Schritt zur Sicherstellung der Datenrichtigkeit.

Indem Unternehmen den Grundsatz der Richtigkeit ernst nehmen und aktiv umsetzen, minimieren sie das Risiko von Fehlern und deren potenziell kostspieligen Folgen. Dies stärkt nicht nur die Compliance und schützt vor rechtlichen Konsequenzen, sondern verbessert auch das Vertrauen der Kunden und der Öffentlichkeit in die Integrität der datenverarbeitenden Prozesse des Unternehmens.

SPEICHERBEGRENZUNG

Der Grundsatz der Speicherbegrenzung, festgelegt in der EU-Datenschutzgrundverordnung (DSGVO), ist entscheidend für die Verwaltung personenbezogener Daten. Er besagt, dass personenbezogene Daten in einer Form gespeichert werden sollen, die die Identifizierung der betroffenen Personen nur so lange ermöglicht, wie es für die Zwecke notwendig ist, für die die personenbezogenen Daten verarbeitet werden. Dieser Grundsatz zielt darauf ab, sicherzustellen, dass personenbezogene Daten nicht länger als nötig aufbewahrt werden, um die Risiken von Datenschutzverletzungen zu minimieren und die Privatsphäre der Individuen zu schützen.

Kernaspekte der Speicherbegrenzung

- **Begrenzung der Speicherdauer**: Unternehmen müssen im Voraus festlegen, wie lange personenbezogene Daten gespeichert werden. Die Festlegung dieser Dauer sollte sich nach dem Zweck der Datenerhebung richten. Sobald der Zweck erfüllt ist oder die Daten nicht mehr benötigt werden, sollten sie gelöscht oder anonymisiert werden.

- **Regelmäßige Überprüfung**: Es ist wichtig, dass Unternehmen regelmäßige Überprüfungen durchführen, um sicherzustellen, dass die gespeicherten Daten noch immer notwendig sind für die Zwecke, für die sie erhoben wurden. Solche Überprüfungen helfen auch dabei, zu bestimmen, ob die Daten sicher gelöscht werden können.

- **Lösch- und Anonymisierungsprozesse**: Um die Einhaltung der Speicherbegrenzung zu gewährleisten, sollten Unternehmen effektive Lösch- und Anonymisierungsverfahren implementieren. Diese Verfahren müssen sicherstellen, dass Daten vollständig und unwiederbringlich entfernt werden, wenn sie nicht mehr benötigt werden.

Implementierung der Speicherbegrenzung

Die Implementierung der Speicherbegrenzung erfordert sorgfältige Planung und oft technische Lösungen, um den Prozess der Datenlöschung zu automatisieren. Dies kann durch Einstellungen in Datenbanksystemen erreicht werden, die automatische Löschvorgänge nach einem bestimmten Zeitraum durchführen. Ebenso kann die Einrichtung von Datenlebenszyklus-Management-Systemen helfen, die Einhaltung dieser Vorschriften zu überwachen und zu steuern.

Darüber hinaus sollten Datenschutzrichtlinien und -verfahren dokumentiert und regelmäßig aktualisiert werden, um sicherzustellen, dass alle Mitarbeiter die Wichtigkeit der Speicherbegrenzung verstehen und die festgelegten Richtlinien einhalten. Schulungen zum richtigen Umgang mit personenbezogenen Daten und zur Bedeutung der Speicherbegrenzung sind ebenfalls wesentlich, um das Bewusstsein und die Compliance aufrechtzuerhalten.

Durch die Einhaltung des Grundsatzes der Speicherbegrenzung schützen Unternehmen nicht nur die personenbezogenen Daten und die Privatsphäre der Individuen, sondern stärken auch das Vertrauen der Öffentlichkeit und Kunden in ihre Datenverarbeitungspraktiken. Dies ist ein unerlässlicher Schritt in Richtung einer verantwortungsbewussten und sicheren Datenverwaltung.

INTEGRITÄT UND VERTRAULICHKEIT

Der Grundsatz der Integrität und Vertraulichkeit, verankert in der EU-Datenschutzgrundverordnung (DSGVO), ist von entscheidender Bedeutung für die Sicherheit personenbezogener Daten. Dieser Grundsatz fordert, dass personenbezogene Daten sicher verarbeitet werden, um ihre Genauigkeit und Vertraulichkeit zu gewährleisten und sie vor unbefugtem oder unrechtmäßigem Zugriff sowie vor versehentlicher oder unrechtmäßiger Zerstörung, Verlust oder Veränderung zu schützen.

Kernaspekte von Integrität und Vertraulichkeit

- **Sicherheit der Datenverarbeitung**: Unternehmen müssen geeignete technische und organisatorische Maßnahmen ergreifen, um sicherzustellen, dass personenbezogene Daten während der gesamten Verarbeitung sicher und geschützt bleiben. Dies umfasst den Schutz der Daten vor unbefugtem Zugriff, Datenschutzverletzungen und anderen potenziellen Sicherheitsrisiken.

- **Vertraulichkeit der Daten**: Die Vertraulichkeit personenbezogener Daten muss durch Zugriffskontrollen und -berechtigungen gewährleistet sein. Nur befugte Personen, die für die Datenverarbeitungszwecke notwendig sind, dürfen Zugang zu den Daten haben. Diese Zugriffsbeschränkungen sind entscheidend, um sicherzustellen, dass Informationen nicht von Personen eingesehen oder verwendet werden können, die dazu nicht autorisiert sind.

- **Integrität der Daten**: Die Integrität der Daten bezieht sich auf die Genauigkeit und Vollständigkeit der personenbezogenen Daten. Mechanismen müssen implementiert werden, um sicherzustellen, dass die Daten während der Verarbeitung nicht unrechtmäßig oder versehentlich verändert werden. Regelmäßige Überprüfungen und Validierungen der Daten sind erforderlich, um deren Korrektheit zu erhalten.

Implementierung von Integrität und Vertraulichkeit

Um den Grundsatz der Integrität und Vertraulichkeit umzusetzen, sollten Unternehmen folgende Maßnahmen in Betracht ziehen:

- **Technologische Sicherheitsmaßnahmen**: Die Implementierung von Verschlüsselungstechnologien, Firewalls, Intrusion-Detection-Systemen und anderen Sicherheitstechnologien ist unerlässlich, um die Daten vor externen Angriffen und internen Sicherheitsverletzungen zu schützen.

- **Organisatorische Maßnahmen**: Dies beinhaltet die Entwicklung von Sicherheitsrichtlinien und -verfahren, die regelmäßige Schulung von Mitarbeitern über Datenschutzpraktiken und die Durchführung von Sicherheitsaudits und -überprüfungen, um die Wirksamkeit der Sicherheitsmaßnahmen zu bewerten.

- **Datenschutz durch Design und Voreinstellung**: Die Einbindung von Datenschutzprinzipien in die Entwicklung neuer Produkte, Dienstleistungen und IT-Systeme von Anfang an gewährleistet, dass Datenschutzmaßnahmen integraler Bestandteil der Unternehmensprozesse werden.

Die Einhaltung des Grundsatzes der Integrität und Vertraulichkeit ist nicht nur eine gesetzliche Anforderung, sondern auch ein wesentlicher Faktor, um das Vertrauen der Kunden und Nutzer zu stärken. Indem Unternehmen effektive Maßnahmen zur Sicherung der personenbezogenen Daten ergreifen, können sie das Risiko von Datenschutzverletzungen minimieren und ihre Reputation als vertrauenswürdige Organisationen festigen.

RECHENSCHAFTSPFLICHT

Die Rechenschaftspflicht im Rahmen der Datenschutz-Grundverordnung (DSGVO) ist ein wesentliches Element, das Organisationen zwingt, ihre Praktiken bei der Verarbeitung personenbezogener Daten transparent zu gestalten. Kern dieser Pflicht ist der Nachweis, dass die Verarbeitung dieser Daten in Übereinstimmung mit der Verordnung erfolgt. Unternehmen müssen dokumentieren können, dass sie geeignete technische und organisatorische Maßnahmen getroffen haben, um die Einhaltung der DSGVO zu gewährleisten. Dies umfasst unter anderem die Sicherstellung, dass Daten auf legale Weise erhoben und verwendet, korrekt gespeichert und ordnungsgemäß gelöscht werden, sobald sie für die ursprünglichen Zwecke nicht mehr benötigt werden.

Zusätzlich müssen die betroffenen Personen über ihre Rechte informiert werden, und Unternehmen müssen in der Lage sein, Anfragen nach Datenzugriff, Berichtigung oder Löschung effizient zu bearbeiten. Im Falle eines Datenlecks sind Unternehmen zudem verpflichtet, sowohl die Datenschutzbehörden als auch die betroffenen Personen unter bestimmten Umständen zu benachrichtigen.

Die Einhaltung dieser Verpflichtungen erfordert oft erhebliche Investitionen in IT-Infrastruktur und interne Prozesse, die gewährleisten, dass alle Anforderungen systematisch erfüllt werden. Die Überwachung und regelmäßige Überprüfung dieser Prozesse ist ebenfalls ein Teil der Rechenschaftspflicht, um sicherzustellen, dass die getroffenen Maßnahmen auch weiterhin angemessen und wirksam sind. Dadurch entsteht ein fortlaufender Zyklus von Bewertung, Anpassung und Verbesserung, der zur kontinuierlichen Einhaltung der Datenschutzstandards beiträgt.

2.1.2 Rechte der betroffenen Personen

In der Datenschutz-Grundverordnung (DSGVO) sind die Rechte der betroffenen Personen umfassend festgelegt, um sicherzustellen, dass Individuen mehr Kontrolle über ihre personenbezogenen Daten erhalten. Diese Rechte sind ein kritischer Bestandteil der Verordnung und stärken die Position des Einzelnen im digitalen Zeitalter beträchtlich.

Auskunftsrecht: Jede betroffene Person hat das Recht zu erfahren, ob und welche ihrer personenbezogenen Daten von einem Unternehmen oder einer Organisation verarbeitet werden. Dies umfasst Informationen darüber, welche Daten gesammelt werden, zu welchem Zweck sie verarbeitet werden, und ob diese Daten an Dritte, auch in Drittländer, weitergegeben werden. Die Organisation muss auch eine Kopie der verarbeiteten Daten kostenlos zur Verfügung stellen, wenn dies verlangt wird.

Recht auf Berichtigung: Fehlerhafte oder unvollständige Daten können erhebliche Konsequenzen haben, besonders wenn sie die Grundlage für weitere Entscheidungen sind. Das Recht auf Berichtigung ermöglicht es Personen, die Korrektur falscher Daten, die sie betreffen, zu verlangen. Unternehmen sind verpflichtet, diese Korrekturen ohne unangemessene Verzögerung vorzunehmen.

Recht auf Löschung („Recht auf Vergessenwerden"): Dieses Recht ermöglicht es Individuen, die Löschung ihrer Daten zu fordern, wenn die Speicherung der Daten nicht mehr notwendig ist, die Daten unrechtmäßig verarbeitet wurden, oder wenn sie ihre Einwilligung zur Datenverarbeitung widerrufen und keine andere Rechtsgrundlage für die Verarbeitung besteht. Es ist ein zentrales Element der DSGVO, das darauf abzielt, den Datenschutz zu stärken und die Autonomie der Einzelpersonen zu unterstützen.

Recht auf Einschränkung der Verarbeitung: Unter bestimmten Umständen können betroffene Personen verlangen, dass die Verarbeitung ihrer Daten eingeschränkt wird. Dies ist der Fall, wenn die Richtigkeit der Daten von der betroffenen Person bestritten wird, die Verarbeitung unrechtmäßig ist, die Daten für die Zwecke der Verarbeitung nicht länger benötigt werden, oder der betroffenen Person Widerspruch gegen die Verarbeitung eingelegt hat.

Recht auf Datenübertragbarkeit: Dieses Recht gewährt Individuen die Möglichkeit, ihre Daten von einem Dienstleister zu einem anderen in einem strukturierten, gängigen und maschinenlesbaren Format zu übertragen. Es fördert den Wettbewerb und die Wahlfreiheit für Verbraucher in digitalen Märkten, indem es leichter wird, zu neuen Anbietern zu wechseln, ohne die eigenen Daten zu verlieren.

Widerspruchsrecht: Personen haben das Recht, jederzeit gegen die Verarbeitung ihrer personenbezogenen Daten Widerspruch einzulegen, besonders wenn diese Daten für Direktmarketingzwecke verarbeitet werden. Nach einem solchen Widerspruch darf die betreffende Organisation die personenbezogenen Daten nicht mehr für diese Zwecke verarbeiten.

Die klare Definition und Umsetzung dieser Rechte ist nicht nur eine rechtliche Notwendigkeit, sondern auch ein Zeichen für den Respekt und die Wertschätzung der Privatsphäre und der persönlichen Daten der Menschen. Unternehmen und Organisationen sind verpflichtet, effektive Mechanismen zu implementieren, um diese Rechte zu garantieren und ihre Einhaltung nachzuweisen.

RECHTE IN BEZUG AUF AUTOMATISIERTE ENTSCHEIDUNGSFINDUNG EINSCHLIESSLICH PROFILING

Das Recht in Bezug auf automatisierte Entscheidungsfindung einschließlich Profiling ist eines der bedeutendsten Rechte, das durch die Datenschutz-Grundverordnung (DSGVO) eingeführt wurde. Es adressiert die wachsenden Bedenken gegenüber den potenziell tiefgreifenden Auswirkungen von Algorithmen, maschinellem Lernen und künstlicher Intelligenz auf die Privatsphäre und die persönlichen Freiheiten der Individuen.

Grundlage des Rechts: Dieses Recht ermöglicht es Personen, nicht ausschließlich auf der Grundlage einer automatisierten Verarbeitung getroffenen Entscheidungen unterworfen zu werden, die ihnen gegenüber rechtliche Wirkung entfalten oder sie in ähnlicher Weise erheblich beeinträchtigen. Dies bezieht sich insbesondere auf Prozesse wie Profiling, das oft verwendet wird, um Aspekte der persönlichen Präferenzen, Verhaltensweisen oder Standorte vorherzusagen oder zu bewerten.

Anwendungsbereiche: In der Praxis kann dies Entscheidungen betreffen, die von Kreditwürdigkeitsprüfungen über personalisierte Werbung bis hin zu automatisierten Auswahlentscheidungen bei Bewerbungsverfahren reichen. Besonders kritisch sind solche automatisierten Entscheidungsprozesse, wenn sie zu Diskriminierungen führen oder andere negative Konsequenzen für die betroffene Person haben können.

Ausnahmen: Die Verordnung lässt automatisierte Entscheidungen zu, wenn diese für den Abschluss oder die Erfüllung eines Vertrags zwischen der betroffenen Person und einer Daten verarbeitenden Stelle notwendig sind, auf ausdrücklicher gesetzlicher Grundlage beruhen, oder die betroffene Person ausdrücklich ihre Einwilligung gegeben hat. Auch in diesen Fällen müssen angemessene Maßnahmen getroffen werden, um die Rechte und Freiheiten der betroffenen Person zu schützen.

Schutzmaßnahmen: Zu den Schutzmaßnahmen gehören das Recht auf menschliches Eingreifen aufseiten des Verantwortlichen, das Recht, den eigenen Standpunkt darzulegen, und das Recht, die Entscheidung anzufechten. Diese Maßnahmen sollen sicherstellen, dass die betroffene Person die Logik hinter der Entscheidung verstehen und gegebenenfalls Widerspruch einlegen kann.

Transparenz: Die Transparenz der Informationsverarbeitung spielt eine entscheidende Rolle. Verantwortliche müssen klare Informationen darüber bereitstellen, wie Entscheidungen getroffen werden, einschließlich der Bedeutung und der erwarteten Folgen solcher Prozesse für die betroffene Person.

Durch das Recht auf Nichtunterwerfung unter eine ausschließlich auf automatisierter Verarbeitung basierende Entscheidung wird das Bewusstsein für die Bedeutung ethischer Überlegungen im Umgang mit Technologien gestärkt und ein gerechterer Rahmen für den Einsatz dieser Technologien gefördert. Es ist ein entscheidender Schritt hin zu einer verantwortungsbewussten und menschenzentrierten Anwendung neuer Technologien in einer zunehmend digitalisierten Welt.

2.1.3 Pflichten der Verantwortlichen und Auftragsverarbeiter

DATENSCHUTZ DURCH TECHNIKGESTALTUNG UND DURCH DATENSCHUTZFREUNDLICHE VOREINSTELLUNGEN

Das Prinzip des „Datenschutzes durch Technikgestaltung und durch datenschutzfreundliche Voreinstellungen", bekannt unter dem Begriff „Privacy by Design" und „Privacy by Default", ist ein fundamentaler Aspekt der Datenschutz-Grundverordnung (DSGVO), der von Verantwortlichen und Auftragsverarbeitern umfassende Maßnahmen verlangt.

Datenschutz durch Technikgestaltung (Privacy by Design): Dieser Ansatz fordert, dass Datenschutz bereits bei der Entwicklung von Produkten und Systemen berücksichtigt wird. Anstatt Datenschutzmaßnahmen als nachträgliche Ergänzungen zu behandeln, sollen sie integraler Bestandteil der Konzeption und Architektur von IT-Systemen und Geschäftsprozessen sein. Dies umfasst die sichere Datenverarbeitung von Beginn an, wie die Verschlüsselung personenbezogener Daten, die Minimierung der Datenerhebung und -speicherung sowie die Integration von End-to-End-Sicherheit und ständiger Bewertung der Risiken.

Datenschutzfreundliche Voreinstellungen (Privacy by Default): Bei diesem Prinzip geht es darum, dass Systeme und Anwendungen so gestaltet werden müssen, dass sie ohne Eingriff des Nutzers ein hohes Maß an Datenschutz bieten. Standardmäßig sollten nur die personenbezogenen Daten verarbeitet werden, die für den jeweiligen vorgesehenen Zweck unbedingt erforderlich sind. Die Voreinstellungen sollen sicherstellen, dass ohne aktive Entscheidungen des Nutzers nicht mehr Daten als nötig erhoben werden. Zudem sollten die Daten nur so lange gespeichert werden, wie es notwendig ist, um die vorgesehenen Zwecke zu erfüllen.

Diese Pflichten implizieren nicht nur technische, sondern auch organisatorische Maßnahmen, die darauf abzielen, den Datenschutz systematisch in die täglichen Prozesse eines Unternehmens zu integrieren. Verantwortliche und Auftragsverarbeiter müssen regelmäßig überprüfen, ob ihre Datenschutzpraktiken noch dem aktuellen Stand der Technik entsprechen und ob sie effektiv genug sind, um die Rechte der betroffenen Personen zu schützen.

Verantwortlichkeit und Nachweisbarkeit: Ein weiterer kritischer Aspekt dieser Pflichten ist die Forderung der DSGVO, dass Verantwortliche und Auftragsverarbeiter nachweisen können müssen, dass sie die Grundsätze der Verordnung, einschließlich „Privacy by Design" und „Privacy by Default", einhalten. Dies erfordert detaillierte Dokumentationen, wie Entscheidungen über die Datenverarbeitung getroffen werden und welche Maßnahmen implementiert wurden, um die Einhaltung des Datenschutzes zu gewährleisten.

Die Einführung dieser Pflichten stellt sicher, dass Datenschutz eine proaktive und präventive Maßnahme ist, die von Beginn an in die Technologie und Geschäftsprozesse eingebettet ist. Dadurch wird der Schutz personenbezogener Daten nicht nur als rechtliche Notwendigkeit, sondern als ethische Priorität und integraler Bestandteil der Produktentwicklung und des Serviceangebots betrachtet.

Im Rahmen der Datenschutz-Grundverordnung (DSGVO) sind zwei weitere wesentliche Pflichten für Verantwortliche und Auftragsverarbeiter definiert, die die Transparenz und Verantwortlichkeit in der Verarbeitung personenbezogener Daten stärken sollen. Diese umfassen die Führung eines Verzeichnisses von Verarbeitungstätigkeiten sowie die Durchführung einer Datenschutz-Folgenabschätzung bei bestimmten Typen der Datenverarbeitung.

FÜHRUNG EINES VERZEICHNISSES VON VERARBEITUNGSTÄTIGKEITEN:

Diese Vorgabe fordert von Verantwortlichen und Auftragsverarbeitern, detaillierte Aufzeichnungen über alle Arten von Datenverarbeitungsaktivitäten zu führen. Diese Verzeichnisse dienen nicht nur als internes Werkzeug zur Überwachung und Überprüfung der Einhaltung der Datenschutzpraktiken, sondern auch als Nachweis gegenüber den Aufsichtsbehörden, dass die Organisation die Datenschutzbestimmungen einhält. Die Verzeichnisse müssen umfassende Informationen enthalten, einschließlich der Zwecke der Verarbeitung, der Kategorien betroffener Personen und der Daten, der Fristen für die Löschung der verschiedenen Datenkategorien und gegebenenfalls der Datenempfänger.

Diese Dokumentation hilft Organisationen, einen klaren Überblick über ihre Datenverarbeitungstätigkeiten zu behalten, was insbesondere bei großen Unternehmen oder bei Unternehmen, die eine Vielzahl von Datenverarbeitungsprozessen haben, von entscheidender Bedeutung ist. Die Führung solcher Verzeichnisse fördert eine strukturierte Herangehensweise an den Datenschutz und erleichtert die Compliance-Prüfungen durch Aufsichtsbehörden.

DATENSCHUTZ-FOLGENABSCHÄTZUNG (DSFA):

Bei bestimmten Arten der Datenverarbeitung, die voraussichtlich ein hohes Risiko für die Rechte und Freiheiten natürlicher Personen zur Folge haben, verlangt die DSGVO, dass eine Datenschutz-Folgenabschätzung durchgeführt wird. Dies ist besonders der Fall, wenn neue Technologien eingesetzt werden, oder bei einer Verarbeitung, die eine umfangreiche Überwachung, Bewertung oder Bewertung personenbezogener Aspekte betroffener Personen erforderlich macht.

Die DSFA ist ein Prozess, der dazu dient, die spezifischen Risiken, die mit den Verarbeitungstätigkeiten verbunden sind, zu identifizieren und zu minimieren. In diesem Prozess müssen die Verantwortlichen die Notwendigkeit und die Verhältnismäßigkeit der Verarbeitungstätigkeiten bewerten, die Risiken für die Rechte und Freiheiten der Personen bewerten und Maßnahmen und Strategien zur Bewältigung dieser Risiken festlegen. Die Durchführung einer DSFA fördert nicht nur die Compliance mit dem Datenschutzrecht, sondern erhöht auch das Bewusstsein innerhalb der Organisation für Datenschutzrisiken und fördert datenschutzfreundliche Praktiken.

Diese beiden Vorgaben der DSGVO – das Führen eines Verzeichnisses von Verarbeitungstätigkeiten und die Durchführung einer Datenschutz-Folgenabschätzung – sind zentrale Elemente im Rahmen der Rechenschaftspflicht und Transparenz, die Unternehmen verpflichten, proaktive Maßnahmen im Bereich Datenschutz zu ergreifen und so das Vertrauen der Öffentlichkeit in ihre Verarbeitungspraktiken zu stärken.

Die Datenschutz-Grundverordnung (DSGVO) setzt nicht nur auf präventive Maßnahmen zur Sicherung der Rechte der Betroffenen und zur Datenschutzkontrolle, sondern regelt auch das erforderliche Vorgehen im Falle von Datenschutzverletzungen. Zentrale Elemente dieser Regelungen sind die Bestellung eines Datenschutzbeauftragten sowie die Pflichten zur Meldung von Datenschutzverletzungen an die zuständige Aufsichtsbehörde und zur Benachrichtigung der betroffenen Personen.

BESTELLUNG EINES DATENSCHUTZBEAUFTRAGTEN:

Viele Organisationen sind verpflichtet, einen Datenschutzbeauftragten (DSB) zu bestellen. Diese Verpflichtung besteht insbesondere dann, wenn die Kerntätigkeiten der Organisation die umfangreiche Verarbeitung von sensiblen personenbezogenen Daten oder die umfangreiche und systematische Überwachung von betroffenen Personen umfassen. Der Datenschutzbeauftragte dient als interner Überwacher für alle Fragen des Datenschutzes innerhalb der Organisation. Er oder sie berät das Unternehmen bezüglich seiner Pflichten unter der DSGVO, überwacht die Einhaltung der Vorschriften, ist Ansprechpartner für die Aufsichtsbehörden und arbeitet als Vermittler zwischen den betroffenen Personen und der Organisation.

Kriterien, unter denen eine Organisation verpflichtet ist, einen Datenschutzbeauftragten zu ernennen:

1. **Öffentliche Behörden und Körperschaften**: Alle öffentlichen Einrichtungen, ausgenommen Gerichte in ihrer justiziellen Tätigkeit, müssen einen Datenschutzbeauftragten bestellen.

2. **Kernaktivitäten erfordern umfangreiche Überwachung**: Organisationen, deren Kernaktivitäten die regelmäßige und systematische Überwachung von betroffenen Personen in großem Umfang erforderlich machen, sind zur Bestellung eines DSB verpflichtet. Dies kann beispielsweise bei Überwachungsdiensten, Online-Tracking oder umfangreichen Profiling-Aktivitäten der Fall sein.

3. **Umfangreiche Verarbeitung besonderer Kategorien personenbezogener Daten**: Organisationen, die in großem Umfang besondere Kategorien personenbezogener Daten verarbeiten, müssen ebenfalls einen DSB ernennen. Zu diesen besonderen Kategorien gehören Daten, die Rückschlüsse auf rassische oder ethnische Herkunft, politische Meinungen, religiöse oder weltanschauliche Überzeugungen, Gewerkschaftszugehörigkeit, genetische Daten, biometrische Daten zur eindeutigen Identifizierung einer natürlichen Person, Gesundheitsdaten oder Daten zum Sexualleben oder der sexuellen Orientierung einer Person zulassen.

Die Entscheidung, ob ein Datenschutzbeauftragter notwendig ist, hängt von der Art der Verarbeitungstätigkeiten ab, die im Kerngeschäft der Organisation durchgeführt werden. Die Bestellung eines Datenschutzbeauftragten trägt zur Einhaltung der DSGVO bei, indem sie sicherstellt, dass die Datenschutzpraktiken kontinuierlich überwacht und bewertet werden, und dass die Organisation in der Lage ist, effektiv auf Datenschutzanfragen von betroffenen Personen und Aufsichtsbehörden zu reagieren.

MELDUNG VON DATENSCHUTZVERLETZUNGEN AN DIE AUFSICHTSBEHÖRDE:

Sollte es zu einer Verletzung des Schutzes personenbezogener Daten kommen, ist dies gemäß DSGVO innerhalb von 72 Stunden nach Bekanntwerden der Datenschutzverletzung der zuständigen Aufsichtsbehörde zu melden, sofern die Verletzung voraussichtlich ein Risiko für die Rechte und Freiheiten natürlicher Personen darstellt. Die Meldung muss detaillierte Informationen über die Art der Verletzung, die betroffenen Daten, die voraussichtlichen Folgen der Verletzung sowie die ergriffenen oder vorgeschlagenen Maßnahmen zur Behebung der Verletzung enthalten.

BENACHRICHTIGUNG DER BETROFFENEN PERSON BEI DATENSCHUTZVERLETZUNGEN:

Neben der Meldung an die Aufsichtsbehörde verlangt die DSGVO, dass die betroffenen Personen unverzüglich über die Datenschutzverletzung informiert werden, falls die Verletzung ein hohes Risiko für deren persönliche Rechte und Freiheiten darstellt. Diese Benachrichtigung muss in klarer und einfacher Sprache die Natur der Datenschutzverletzung sowie Empfehlungen zur Minderung der potenziellen negativen Folgen beinhalten. Ferner muss der Kontakt zum Datenschutzbeauftragten oder einer anderen Anlaufstelle für weitere Informationen angegeben werden.

2.1.4 Datentransfer in Drittländer

Die Übermittlung personenbezogener Daten in Drittländer, also Staaten außerhalb der Europäischen Union (EU) und des Europäischen Wirtschaftsraums (EWR), stellt im Rahmen der Datenschutz-Grundverordnung (DSGVO) eine besondere Herausforderung dar. Die DSGVO setzt strenge Voraussetzungen für solche Transfers, um sicherzustellen, dass das Schutzniveau der personenbezogenen Daten auch außerhalb der EU gewahrt bleibt.

VORAUSSETZUNGEN FÜR DIE DATENÜBERMITTLUNG IN DRITTLÄNDER:

1. **Angemessenheitsbeschluss der Europäischen Kommission**: Die einfachste Grundlage für den Datentransfer in ein Drittland ist ein Angemessenheitsbeschluss der Europäischen Kommission. Ein solcher Beschluss liegt vor, wenn die Kommission entschieden hat, dass das betreffende Drittland ein angemessenes Datenschutzniveau bietet, das dem in der EU vergleichbar ist. Bisher haben nur einige Länder, wie beispielsweise Kanada (kommerzieller Bereich), Schweiz und Japan, einen solchen Status zuerkannt bekommen.

2. **Standardvertragsklauseln (SVK)**: In Ermangelung eines Angemessenheitsbeschlusses können Unternehmen Standardvertragsklauseln verwenden, die von der Europäischen Kommission vorgegeben werden. Diese Verträge enthalten spezifische Datenschutzgarantien, die die Empfänger der Daten in Drittländern einhalten müssen, um ein adäquates Schutzniveau sicherzustellen.

3. **Bindende Unternehmensregeln (Binding Corporate Rules, BCR)**: Große internationale Konzerne können auch eigene bindende Unternehmensregeln entwickeln. Diese müssen von der zuständigen Datenschutzaufsichtsbehörde genehmigt werden und gewährleisten, dass alle beteiligten Teile des Unternehmens die Datenschutzstandards der EU einhalten.

4. **Ausnahmen in spezifischen Situationen**: In bestimmten Fällen kann ein Datentransfer auch ohne die oben genannten Garantien erfolgen, etwa wenn die betroffene Person ausdrücklich in die vorgeschlagene Datenübermittlung eingewilligt hat, nachdem sie über die möglichen Risiken auf-

geklärt wurde. Weitere Ausnahmen können bei Vertragserfüllungen oder wichtigen Gründen des öffentlichen Interesses vorliegen.

5. **Datenschutz-Folgenabschätzung und Konsultation der Aufsichtsbehörde**: Für einige Arten von Transfers, insbesondere solche, die auf internen Unternehmensregeln basieren oder bei denen komplexe Datenverarbeitungsvorgänge beteiligt sind, kann vor dem Transfer eine Datenschutz-Folgenabschätzung erforderlich sein. Gegebenenfalls muss die zuständige Datenschutzbehörde konsultiert werden.

Die Einhaltung dieser Voraussetzungen ist entscheidend, um die Integrität und Sicherheit der personenbezogenen Daten auch über die Grenzen der EU hinaus zu gewährleisten und die Rechte der betroffenen Personen zu schützen. Verstöße gegen diese Vorschriften können zu erheblichen Bußgeldern führen und das Vertrauen in die datenverarbeitenden Organisationen untergraben.

ANGEMESSENHEITSBESCHLUSS

Der Angemessenheitsbeschluss ist ein zentrales Instrument der Europäischen Union, um die Sicherheit personenbezogener Daten zu gewährleisten, wenn diese in Länder außerhalb des Europäischen Wirtschaftsraums (EWR) übertragen werden. Er stellt eine von mehreren Methoden dar, die von der Datenschutz-Grundverordnung (DSGVO) anerkannt werden, um ein angemessenes Schutzniveau für die übertragenen Daten sicherzustellen.

Definition und Bedeutung eines Angemessenheitsbeschlusses: Ein Angemessenheitsbeschluss der Europäischen Kommission bescheinigt, dass ein Nicht-EU-/EWR-Land, ein Sektor innerhalb eines solchen Landes oder eine internationale Organisation ein Datenschutzniveau bietet, das dem in der Europäischen Union entspricht. Dieser Beschluss ermöglicht es, personenbezogene Daten ohne weitere Schutzmaßnahmen oder Genehmigungen frei in das betreffende Drittland zu übertragen. Er ist damit ein wichtiges Instrument für den internationalen Handel und die globale Datenkommunikation, erleichtert Unternehmen die Datenübermittlung und reduziert den administrativen Aufwand.

Verfahren zur Erteilung eines Angemessenheitsbeschlusses: Das Verfahren zur Feststellung der Angemessenheit eines Drittlandes ist komplex und umfassend. Es beginnt in der Regel mit einer Bewertung durch die Europäische Kommission, die dabei die Rechtsstaatlichkeit, den Respekt für Menschenrechte und Grundfreiheiten, relevante Gesetze sowohl allgemein als auch spezifisch zum Datenschutz, die Existenz einer wirksamen Datenschutzbehörde sowie die internationalen Verpflichtungen und Verpflichtungen des betreffenden Landes im Bereich Datenschutz prüft.

Nach dieser ersten Bewertung folgt eine Empfehlung der Kommission, die dann dem Europäischen Datenschutzausschuss zur Stellungnahme vorgelegt wird. Anschließend wird die Entscheidung den Mitgliedstaaten im Rahmen des Komitologieverfahrens zur Genehmigung vorgelegt. Erst nach diesem Prozess kann die Kommission den Angemessenheitsbeschluss formal annehmen.

Relevante Beispiele und aktuelle Entwicklungen: Bekannte Beispiele für Länder, die einen Angemessenheitsbeschluss erhalten haben, sind Kanada (für den kommerziellen Bereich), die Schweiz und Japan. Diese Beschlüsse werden regelmäßig überprüft, um sicherzustellen, dass das Schutzniveau weiterhin dem der EU entspricht. Die Dynamik der internationalen Beziehungen und Entwicklungen im Datenschutzrecht können dazu führen, dass solche Beschlüsse aktualisiert oder in seltenen Fällen aufgehoben werden müssen.

Ein Angemessenheitsbeschluss erleichtert zwar den Datenaustausch, verpflichtet aber die Länder, die solch einen Beschluss erhalten, zur Aufrechterhaltung hoher Datenschutzstandards. Das macht den Angemessenheitsbeschluss zu einem bedeutenden Element der globalen Datenschutzinfrastruktur, das hilft, das Vertrauen in internationale Datenübertragungen zu stärken und den Schutz der Grundrechte der Personen zu garantieren, deren Daten übertragen werden.

STANDARDVERTRAGSKLAUSELN UND ANDERE GARANTIEN

Standardvertragsklauseln (SVK) sind eines der wichtigsten Instrumente, um die Einhaltung der Datenschutz-Grundverordnung (DSGVO) bei der Übermittlung personenbezogener Daten an Drittländer sicherzustellen, die kein von der Europäischen Kommission anerkanntes angemessenes Datenschutzniveau bieten. Diese Klauseln sind Teil einer breiteren Palette von Garantien, die Unternehmen nutzen können, um die Rechte europäischer Bürger zu schützen, wenn deren Daten international transferiert werden.

Standardvertragsklauseln (SVK): Standardvertragsklauseln sind von der Europäischen Kommission vorgefertigte rechtliche Werkzeuge, die vorgeben, wie personenbezogene Daten sicher außerhalb des EWR übertragen werden können. Sie enthalten detaillierte datenschutzrechtliche Verpflichtungen für den Datenimporteur und bieten Rechtsmittel für die betroffene Person, deren Daten übertragen werden. Durch die Unterzeichnung dieser Klauseln verpflichten sich sowohl der EU-Datenexporteur als auch der Datenimporteur im Drittland, die Daten gemäß den in der EU geltenden Datenschutzstandards zu schützen.

Die Verwendung von SVK ist besonders praktisch für Unternehmen, die keine umfassenden internen Datenschutzrichtlinien in

Form von bindenden Unternehmensregeln (BCRs) implementiert haben. Sie sind leicht zugänglich und können ohne zusätzliche Genehmigung von Datenschutzbehörden eingesetzt werden, solange sie in ihrer ursprünglichen Form verwendet werden.

Andere Garantien: Neben den Standardvertragsklauseln gibt es weitere Mechanismen und Instrumente, die sicherstellen sollen, dass die Datenübermittlung in Drittländer die Sicherheit und Rechte der Betroffenen nicht gefährdet:

1. **Bindende Unternehmensregeln (BCRs)**: Diese sind für multinationale Konzerne geeignet, die regelmäßig große Mengen an personenbezogenen Daten innerhalb des eigenen Unternehmensverbundes international transferieren möchten. BCRs sind interne Regeln, die von der zuständigen Datenschutzbehörde genehmigt werden müssen und strenge Datenschutzstandards für alle beteiligten Unternehmensstandorte vorschreiben.

2. **Ad-hoc-Vertragsklauseln**: In speziellen Fällen können Unternehmen auch individuell ausgehandelte Vertragsklauseln verwenden, die spezifisch auf die jeweiligen Transfers zugeschnitten sind. Diese bedürfen allerdings der Genehmigung durch die zuständigen Datenschutzbehörden.

3. **Genehmigte Verhaltensregeln und Zertifizierungsmechanismen**: Unternehmen können auch durch die Teilnahme an genehmigten Verhaltensregeln oder Zertifizierungsmechanismen, die bestimmte Datenschutzstandards garantieren, Daten sicher übertragen.

Die Wahl der richtigen Garantien hängt von der Art der Datenübermittlung, der Struktur und den spezifischen Bedürfnissen eines Unternehmens sowie der Rechtslage im Empfängerland ab. Unternehmen müssen stets die Risiken bewerten und geeignete Schutzmaßnahmen ergreifen, um die Einhaltung der DSGVO sicherzustellen und die Rechte der betroffenen Personen zu schützen. Dies erfordert oft eine Kombination aus verschiedenen Garantien, um ein angemessenes Schutzniveau zu erreichen und rechtliche Risiken zu minimieren.

2.1.5 Zusammenarbeit mit Aufsichtsbehörden

In der komplexen Welt des Datenschutzes ist die Interaktion zwischen Unternehmen und den zuständigen Aufsichtsbehörden entscheidend. Hier sind insbesondere die Konsultationspflicht und die Meldepflichten von zentraler Bedeutung.

Konsultationspflicht

Wenn ein Unternehmen eine Art von Datenverarbeitung plant, die besonders riskant für die Privatsphäre der Betroffenen sein könnte, schreibt die Datenschutz-Grundverordnung (DSGVO) eine Konsultationspflicht vor. Diese Pflicht fordert Unternehmen auf, sich proaktiv mit den Aufsichtsbehörden in Verbindung zu setzen, bevor sie mit der geplanten Verarbeitung beginnen. Die Idee dahinter ist einfach: durch das Einholen von Rat und die Bewertung der Datenschutzrisiken durch die Behörden sollen potenzielle Verstöße gegen Datenschutzvorschriften vermieden werden.

Diese Konsultation wird oft in Fällen erforderlich, in denen eine Datenschutz-Folgenabschätzung (DSFA) zeigt, dass die Datenverarbeitung ein hohes Risiko bergen würde. Beispielsweise könnte eine neue Technologie, die biometrische Daten verarbeitet, unter diese Regelung fallen. Während dieser Konsultationen analysieren die Behörden die vorgesehenen Verarbeitungstätigkeiten und geben Empfehlungen ab, wie das Unternehmen die Datenschutzprinzipien einhalten und das Risiko für die betroffenen Personen minimieren kann.

Meldepflichten

Eine weitere entscheidende Verpflichtung, die die DSGVO Unternehmen auferlegt, sind die Meldepflichten. Diese beinhalten die Notwendigkeit, bestimmte Arten von Datenpannen innerhalb von 72 Stunden nach deren Entdeckung den zuständigen Aufsichtsbehörden zu melden. Die Meldepflicht ist besonders wichtig, da sie eine schnelle Reaktion auf Datenschutzverletzungen gewährleistet und sowohl die Aufsichtsbehörden als auch die Betroffenen in die Lage versetzt, geeignete Maßnahmen zu ergreifen.

Wenn beispielsweise personenbezogene Daten durch ein Sicherheitsleck kompromittiert werden, muss das betroffene Unternehmen nicht nur die Aufsichtsbehörde informieren, sondern in vielen Fällen auch die betroffenen Personen selbst benachrichtigen. Dies soll sicherstellen, dass alle Beteiligten über den Vorfall informiert sind und Maßnahmen ergreifen können, um die Auswirkungen der Datenverletzung zu minimieren, wie z.B. das Ändern von Passwörtern oder das Überwachen von Anzeichen für Identitätsdiebstahl.

Die Einhaltung dieser Meldepflichten demonstriert die Verantwortlichkeit und Transparenz eines Unternehmens im Umgang mit personenbezogenen Daten und stärkt das Vertrauen der Öffentlichkeit in seine Fähigkeit, Datenschutz ernst zu nehmen. Die Zusammenarbeit mit Aufsichtsbehörden ist somit ein entscheidender Faktor für die Einhaltung der gesetzlichen Vorgaben und den Schutz der Privatsphäre der Nutzer.

ZERTIFIZIERUNGSVERFAHREN UND -ZEICHEN

Das Zertifizierungsverfahren und die damit verbundenen Datenschutzzertifikate sind wichtige Instrumente innerhalb der Datenschutz-Grundverordnung (DSGVO), um die Einhaltung von Datenschutzstandards durch Unternehmen transparent und nachvollziehbar zu machen. Diese Zertifikate dienen als sichtbares Zeichen dafür, dass die Datenverarbeitungspraktiken eines Unternehmens den hohen Anforderungen der DSGVO entsprechen.

Zertifizierungsverfahren

Das Zertifizierungsverfahren ist ein freiwilliger Prozess, der von akkreditierten Zertifizierungsstellen durchgeführt wird. Diese Stellen bewerten, ob die Datenverarbeitungsaktivitäten eines Unternehmens den in der DSGVO festgelegten Datenschutzstandards entsprechen. Der Prozess beginnt in der Regel mit einer eingehenden Prüfung der Datenschutzpraktiken des Unternehmens, einschließlich technischer und organisatorischer Maßnahmen zum Schutz personenbezogener Daten.

Die Bewertung umfasst oft eine detaillierte Analyse der Art und Weise, wie Daten gesammelt, gespeichert, verarbeitet und gesichert werden. Zudem wird überprüft, wie die Rechte der betroffenen Personen gewährleistet werden und wie das Unternehmen auf Datenanfragen reagiert. Diese Prüfung hilft nicht nur bei der Identifizierung und Korrektur möglicher Schwachstellen, sondern stärkt auch das Vertrauen der Kunden und Geschäftspartner in die Datenschutzpraktiken des Unternehmens.

Datenschutzzertifikate

Nach erfolgreichem Abschluss des Zertifizierungsverfahrens wird dem Unternehmen ein Datenschutzzertifikat erteilt. Dieses Zertifikat ist in der Regel für einen bestimmten Zeitraum gültig, nach dessen Ablauf eine erneute Bewertung erforderlich ist. Das Zertifikat kann auf der Webseite des Unternehmens angezeigt werden und dient als Signal an Nutzer und Kunden, dass das Unternehmen vertrauenswürdig mit persönlichen Daten umgeht.

Die Verwendung von Datenschutzzertifikaten bietet mehrere Vorteile. Für Unternehmen bedeutet dies eine Möglichkeit, ihre Compliance gegenüber Aufsichtsbehörden und Partnern nachzuweisen. Für Kunden und Nutzer bieten die Zertifikate eine zusätzliche Sicherheitsebene, da sie leicht erkennen können, welche Unternehmen ihre Datenverarbeitungspraktiken gemäß den strengen EU-Vorgaben überprüfen und zertifizieren lassen.

Bedeutung der Zertifizierung

In einer Zeit, in der Datenschutz und Datensicherheit immer wichtigere Anliegen darstellen, bieten Zertifizierungsverfahren und Datenschutzzertifikate eine klare Orientierung. Sie ermöglichen es Unternehmen, sich positiv von Wettbewerbern abzuheben und Vertrauen bei Kunden und Partnern aufzubauen. Zugleich stellen sie sicher, dass Datenschutz nicht nur eine gesetzliche Anforderung, sondern ein integraler Bestandteil der Unternehmenskultur ist.

2.2 Anti-Geldwäsche (AML) Bestimmungen

Die Bekämpfung von Geldwäsche ist ein zentrales Anliegen der internationalen Finanzpolitik. Anti-Geldwäsche (AML)-Bestimmungen sind darauf ausgerichtet, das Einspeisen illegal erworbener Mittel in den regulären Finanzkreislauf zu verhindern. Diese Bestimmungen bilden das Fundament für ein robustes finanzielles Sicherheitssystem, das sowohl auf nationaler als auch auf internationaler Ebene operiert.

2.3.3 Grundlagen und Begriffsdefinitionen

Die Komplexität der Geldwäsche erfordert ein grundlegendes Verständnis ihrer Mechanismen und der beteiligten Akteure. Die folgenden Definitionen und Rollenbeschreibungen sind entscheidend, um die Strategien und Maßnahmen gegen Geldwäsche zu verstehen.

Definition von Geldwäsche

Geldwäsche bezeichnet den Prozess, durch den die illegale Herkunft von Geld oder anderen Vermögenswerten verschleiert wird, um sie als legitime Einkünfte erscheinen zu lassen. Dies geschieht typischerweise in drei Phasen:

1. **Platzierung**: Illegale Gelder werden in das Finanzsystem eingebracht.
2. **Schichtung**: Durch eine komplexe Serie von Transaktionen wird der Ursprung des Geldes verschleiert.
3. **Integration**: Das nun scheinbar saubere Geld wird in die Wirtschaft reintegriert.

Diese Definition bildet die Grundlage für die meisten Anti-Geldwäsche-Vorschriften und hilft Behörden sowie finanziellen Institutionen, verdächtige Aktivitäten zu identifizieren.

Beteiligte Akteure und ihre Rollen

Die Bekämpfung von Geldwäsche involviert verschiedene Akteure, die jeweils spezifische Rollen einnehmen:

1. **Finanzinstitute**: Diese sind oft die erste Verteidigungslinie gegen Geldwäsche. Banken und andere finanzielle Dienstleister sind gesetzlich verpflichtet, ihre Kunden zu kennen („Know Your Customer" oder KYC), verdächtige Aktivitäten zu melden und sicherzustellen, dass ihre Operationen nicht zur Geldwäsche missbraucht werden.

2. **Regulierungsbehörden**: Nationale und internationale Behörden wie die Financial Action Task Force (FATF) setzen Standards und überwachen deren Einhaltung in den Mit-

gliedsstaaten. Sie spielen eine zentrale Rolle bei der Koordination der globalen Anstrengungen gegen Geldwäsche.

3. **Gesetzgebung**: Gesetzgeber definieren, was unter Geldwäsche verstanden wird und legen die Strafmaßnahmen fest. Sie schaffen die rechtliche Grundlage für die Durchführung von Geldwäschebekämpfungsmaßnahmen.

4. **Strafverfolgungsbehörden**: Diese ermitteln und verfolgen Geldwäscheaktivitäten. Ihre Aufgabe ist es, die hinter den illegalen Aktivitäten stehenden Personen zu identifizieren und zur Rechenschaft zu ziehen.

Diese Akteure arbeiten zusammen, um ein Netzwerk zu bilden, das darauf abzielt, Geldwäscheaktivitäten zu verhindern, zu erkennen und zu bekämpfen. Ihre koordinierte Arbeit ist entscheidend, um das Finanzsystem sauber zu halten und die Integrität des globalen Wirtschaftssystems zu sichern.

TYPOLOGIEN UND METHODEN DER GELDWÄSCHE

Um Geldwäsche effektiv bekämpfen zu können, ist es essenziell, die verschiedenen Typologien und Methoden zu verstehen, die von Kriminellen verwendet werden, um illegale Gelder zu waschen. Diese Methoden sind oft komplex und werden ständig weiterentwickelt, um gesetzliche Regelungen zu umgehen und die Entdeckung zu erschweren.

Typologien der Geldwäsche

Geldwäsche-Operationen können je nach Ursprung des Geldes, den beteiligten Akteuren und den verwendeten Methoden unterschiedlich klassifiziert werden. Einige der gängigsten Typologien umfassen:

1. **Unternehmensbasierte Geldwäsche**: Hierbei werden Geschäfte oder Unternehmen genutzt, um illegale Gelder als legitime Einnahmen darzustellen. Dies kann durch Über- oder Unterfakturierung von Waren und Dienstleistungen, fiktive Verkäufe oder durch den Kauf und Verkauf von realen oder fiktiven Assets geschehen.

2. **Bankbasierte Geldwäsche**: Diese erfolgt direkt durch Finanzinstitutionen, wobei diese entweder wissentlich oder unwissentlich in die Prozesse involviert sind. Methoden können das Verschieben von Geldern über komplexe Netzwerke internationaler Konten oder die Nutzung von Scheinfirmen zur Eröffnung von Bankkonten umfassen.

3. **Digitale Geldwäsche**: Mit dem Aufstieg von Kryptowährungen und digitalen Zahlungssystemen haben sich auch die Methoden der Geldwäsche weiterentwickelt. Hierbei werden digitale Währungen genutzt, um Geld schnell über Ländergrenzen hinweg zu transferieren, ohne die üblichen Überprüfungsprozesse traditioneller Banken zu durchlaufen.

Methoden der Geldwäsche

Die spezifischen Methoden der Geldwäsche variieren stark, einige häufig verwendete Ansätze sind jedoch:

1. **Schichtung durch Finanztransaktionen**: Dies ist die Kernmethode, um die Herkunft des Geldes zu verschleiern. Dazu werden zahlreiche komplexe und oft internationale Transaktionen durchgeführt. Dies kann den Kauf von Wertpapieren, das schnelle Übertragen von Geldern zwischen verschiedenen Konten und Ländern oder das Wechseln von Währungen umfassen.

2. **Integration durch Investitionen**: In der Integrationsphase wird das Geld in den legalen Wirtschaftskreislauf eingebracht. Dies kann durch Investitionen in Immobilien, Luxusgüter, oder auch durch die Gründung von Unternehmen geschehen, die als Fassade für illegale Aktivitäten dienen.

3. **Nutzung von Strohleuten**: Strohleute sind Personen, die auf dem Papier als Eigentümer oder Kontrollpersonen von Vermögen fungieren, tatsächlich aber keine reale Kontrolle über die Vermögenswerte haben. Sie dienen dazu, die wahren Eigentümer zu verschleiern.

Diese Typologien und Methoden zeigen, wie divers und angepasst Geldwäscheaktivitäten sein können. Die Bekämpfung dieser illegalen Praktiken erfordert daher kontinuierliche Anpassungen und Verbesserungen der gesetzlichen Bestimmungen sowie der Überwachungs- und Durchsetzungsinstrumente. Durch das Verständnis dieser Methoden können Regulierungsbehörden und Finanzinstitutionen effektiver Strategien entwickeln, um diesen kriminellen Aktivitäten entgegenzuwirken.

2.2.2 Gesetzliche Anforderungen und Richtlinien

EU-GELDWÄSCHERICHTLINIEN: EIN ÜBERBLICK ÜBER DIE VERSCHIEDENEN RICHTLINIEN

Die Europäische Union hat eine Reihe von Geldwäscherichtlinien erlassen, um die Prävention und Bekämpfung von Geldwäsche und Terrorismusfinanzierung innerhalb ihrer Mitgliedstaaten zu stärken. Diese Richtlinien sind entscheidend, um die Integrität des europäischen Finanzsystems zu sichern und Kriminalität effektiv zu bekämpfen. Hier folgt ein Überblick über die Entwicklung dieser Richtlinien und ihre wesentlichen Inhalte.

Die erste Geldwäscherichtlinie (1. GwRL)

Die erste EU-Geldwäscherichtlinie wurde 1991 eingeführt und markierte den Beginn des gemeinschaftlichen Kampfes gegen Geldwäsche. Sie verpflichtete die Mitgliedstaaten, Geldwäsche als kriminelle Handlung zu definieren und forderte, dass Kredit- und Finanzinstitute Maßnahmen zur Identifizierung ihrer Kunden ergreifen, besonders bei größeren Transaktionen oder Verdacht auf Geldwäsche.

Die zweite Geldwäscherichtlinie (2. GwRL)

Die zweite Richtlinie kam 2001 und erweiterte den Geltungsbereich der ersten Richtlinie, indem sie auch Anwälte, Notare, Buchhalter, Immobilienmakler und weitere Berufsgruppen einbezog, die nun ebenfalls bestimmte Sorgfaltspflichten erfüllen mussten. Diese Erweiterung war ein wichtiger Schritt zur Schließung von Lücken, die es Kriminellen ermöglichten, legale Dienstleistungen für ihre Zwecke zu missbrauchen.

Die dritte Geldwäscherichtlinie (3. GwRL)

Mit der dritten Geldwäscherichtlinie, die 2005 in Kraft trat, wurde der risikobasierte Ansatz eingeführt, der es Institutionen erlaubt, ihre Ressourcen auf Bereiche zu konzentrieren, die als höheres Risiko eingestuft werden. Diese Richtlinie verstärkte auch die Anforderungen an die Überprüfung der Kundenidentität und forderte die Einrichtung nationaler Financial Intelligence Units (FIUs).

Die vierte Geldwäscherichtlinie (4. GwRL)

Die vierte Richtlinie, die 2015 angenommen wurde, reagierte auf neue Bedrohungen und Entwicklungen, wie die zunehmende Nutzung von Technologie und virtuellen Währungen. Sie verstärkte die

Transparenzanforderungen bei der wahren Eigentümerschaft von Unternehmen und Trusts und verschärfte die Regeln für politisch exponierte Personen (PEPs).

DIE FÜNFTE GELDWÄSCHERICHTLINIE (5. GWRL)

Die fünfte und neueste Richtlinie trat 2018 in Kraft und erweiterte die vierte Richtlinie um zusätzliche Anforderungen. Dazu gehören strengere Transparenzvorschriften für virtuelle Währungen und Prepaid-Karten sowie verbesserte Zugänge zu den nationalen Registerdaten über die wirtschaftlichen Eigentümer von Unternehmen. Diese Richtlinie zielte auch darauf ab, die Zusammenarbeit und den Informationsaustausch zwischen den Mitgliedstaaten zu verbessern.

Diese Richtlinien sind lebendige Instrumente, die regelmäßig überarbeitet und angepasst werden, um auf neue Herausforderungen im Bereich der Geldwäsche zu reagieren. Sie bilden die Grundlage für die Gesetzgebung in den Mitgliedstaaten und sind entscheidend für die Schaffung eines einheitlichen und robusten Rahmens zur Bekämpfung von Geldwäsche und Terrorismusfinanzierung in der Europäischen Union.

NATIONALE GESETZE (Z.B. GELDWÄSCHEGESETZ IN DEUTSCHLAND)

Nationale Gesetze spielen eine zentrale Rolle in der globalen und europäischen Strategie zur Bekämpfung von Geldwäsche. Sie ergänzen internationale und EU-weite Vorschriften und passen sie an lokale Gegebenheiten an. In Deutschland bildet das Geldwäschegesetz (GwG) die gesetzliche Grundlage zur Bekämpfung der Geldwäsche und Terrorismusfinanzierung. Dieses Gesetz spiegelt die Vorgaben der EU-Geldwäscherichtlinien wider und setzt sie in nationales Recht um.

Entwicklung des Geldwäschegesetzes

Das deutsche Geldwäschegesetz wurde erstmals 1993 eingeführt und seitdem mehrfach überarbeitet und angepasst, um auf neue Herausforderungen und internationale Standards zu reagieren. Die jüngsten Änderungen ergaben sich aus der Umsetzung der vierten und fünften EU-Geldwäscherichtlinie, die eine weitergehende Verschärfung der Regelungen und eine Ausweitung der Pflichten für die betroffenen Verpflichteten mit sich brachten.

Kerninhalte des Geldwäschegesetzes

Das GwG definiert Geldwäsche als das Verschleiern illegal erworbener Vermögenswerte, um sie als legitime Einnahmen erscheinen zu lassen. Die wesentlichen Säulen des GwG umfassen:

1. **Sorgfaltspflichten:** Diese Pflichten betreffen die Identifikation der Kunden (KYC-Prozesse), die Feststellung der wirtschaftlich Berechtigten, die Durchführung kontinuierlicher Überwachung der Geschäftsbeziehung und die Aufbewahrung von Dokumenten. Finanzinstitute, Rechtsanwälte, Notare, Immobilienmakler und andere Berufsgruppen sind dazu verpflichtet, diese Sorgfaltspflichten zu erfüllen.

2. **Meldepflichten:** Verpflichtete des GwG müssen Verdachtsfälle von Geldwäsche oder Terrorismusfinanzierung an die Financial Intelligence Unit (FIU) melden. Dieses Zentralorgan für Finanztransaktionsuntersuchungen analysiert die Meldungen und leitet relevante Informationen an die Strafverfolgungsbehörden weiter.

3. **Transparenzregister:** Dieses Register führt Informationen über die wirtschaftlich Berechtigten aller in Deutschland registrierten Unternehmen. Es soll Transparenz schaffen und

verhindern, dass Kriminelle Firmenstrukturen zur Verschleierung von Geldwäsche nutzen.

4. **Risikomanagement:** Das GwG fordert von den Verpflichteten, interne Sicherungsmaßnahmen zu implementieren, die auf einer risikobasierten Bewertung beruhen. Dazu gehören interne Richtlinien, Verfahren und Kontrollmechanismen, die regelmäßig überprüft und aktualisiert werden müssen.

Auswirkungen und Bedeutung

Die strengen Regelungen des deutschen Geldwäschegesetzes dienen nicht nur dazu, Geldwäsche und Terrorismusfinanzierung zu bekämpfen, sondern auch, das Finanzsystem insgesamt zu stabilisieren und das Vertrauen in die Wirtschaftsstrukturen zu stärken. Durch die konsequente Umsetzung dieser Gesetze trägt Deutschland aktiv zur Schaffung eines sicheren und integren internationalen Finanzraums bei.

Das Geldwäschegesetz ist somit ein essenzieller Bestandteil der deutschen und europäischen Rechtslandschaft und stellt sicher, dass Deutschland im internationalen Kampf gegen Geldwäsche eine führende Rolle einnimmt.

INTERNATIONALE ABKOMMEN UND KOOPERATIONEN

Im globalen Kampf gegen Geldwäsche spielen internationale Abkommen und Kooperationen eine entscheidende Rolle. Diese multilateralen Vereinbarungen ermöglichen es Staaten, Informationen auszutauschen, gemeinsame Standards zu entwickeln und koordinierte Maßnahmen gegen Geldwäsche und Terrorismusfinanzierung durchzuführen. Die Effektivität dieser Bemühungen hängt wesentlich von der Zusammenarbeit und dem Engagement der beteiligten Länder ab.

Wichtige internationale Abkommen

Verschiedene internationale Organisationen und Abkommen tragen zur Formulierung und Durchsetzung von Geldwäschebekämpfungsstrategien bei:

1. **Die Financial Action Task Force (FATF):** Die FATF ist eine zwischenstaatliche Organisation, die 1989 auf Initiative der G7 gegründet wurde. Sie entwickelt internationale Standards zur Bekämpfung von Geldwäsche, Terrorismusfinanzierung und anderen verwandten Bedrohungen für die Integrität des internationalen Finanzsystems. Die FATF-Empfehlungen sind die primäre Richtschnur für Länder weltweit, um wirksame gesetzliche, regulatorische und operationelle Maßnahmen zu implementieren.

2. **Die Vereinten Nationen (UN):** Die UN spielen ebenfalls eine zentrale Rolle im internationalen Kampf gegen Geldwäsche. Die UN-Konvention gegen transnationale organisierte Kriminalität und die Konvention gegen Korruption beinhalten spezifische Artikel, die Staaten zur Implementierung effektiver Geldwäschebekämpfungsmaßnahmen verpflichten.

3. **Basler Ausschuss für Bankenaufsicht:** Der Basler Ausschuss entwickelt detaillierte Rahmenbedingungen und Richtlinien für das Risikomanagement in Banken, einschließlich der Prävention von Geldwäsche. Diese Richtlinien helfen, das Finanzsystem weltweit sicherer und stabiler zu gestalten.

Bilaterale und multilaterale Kooperationen

Neben internationalen Organisationen und Abkommen stärken auch bilaterale und multilaterale Kooperationen den Kampf gegen Geldwäsche. Diese Kooperationen beinhalten oft:

- **Informationsaustausch:** Länder tauschen Informationen über verdächtige Transaktionen, Personen und Gruppen aus. Solche Informationen sind oft entscheidend, um grenzüberschreitende Geldwäscheringe zu identifizieren und zu zerschlagen.
- **Gemeinsame Ermittlungen:** Bei grenzüberschreitenden Fällen von Geldwäsche arbeiten die Strafverfolgungsbehörden verschiedener Länder oft zusammen, um Beweise zu sammeln und Täter zur Rechenschaft zu ziehen.
- **Kapazitätsaufbau:** Erfahrene Länder unterstützen weniger entwickelte Länder durch Training, technische Unterstützung und den Aufbau institutioneller Kapazitäten zur Bekämpfung von Geldwäsche.

Auswirkungen und Herausforderungen

Die internationalen Abkommen und Kooperationen haben dazu beigetragen, dass Standards und Praktiken zur Bekämpfung von Geldwäsche global harmonisiert wurden. Allerdings bestehen weiterhin Herausforderungen. Dazu gehören unterschiedliche rechtliche Rahmenbedingungen, variierte Kapazitäten der nationalen Behörden und die ständige Evolution der Methoden, die von Geldwäschern verwendet werden.

Zusammenfassend lässt sich sagen, dass internationale Abkommen und Kooperationen unerlässlich sind, um die globalen Finanzmärkte sicher und transparent zu halten. Durch die fortlaufende internationale Zusammenarbeit und den Willen zur Umsetzung gemeinsamer Standards kann der Kampf gegen die Geldwäsche effektiv geführt werden.

2.2.3 Präventive Maßnahmen und Kontrollverfahren

Effektive präventive Maßnahmen und Kontrollverfahren sind entscheidend, um das Eindringen von illegal erworbenen Geldern in das Finanzsystem zu verhindern. Hierbei spielen das "Know Your Customer" (KYC)-Verfahren und die Due Diligence-Anforderungen eine zentrale Rolle. Sie ermöglichen es Finanzinstitutionen und anderen verpflichteten Unternehmen, ihre Kunden zu verstehen und verdächtige Aktivitäten effektiv zu identifizieren.

KNOW YOUR CUSTOMER (KYC)-VERFAHREN

Das KYC-Verfahren ist ein fundamentaler Bestandteil der präventiven Maßnahmen gegen Geldwäsche. Es dient dazu, die Identität der Kunden zu verifizieren, deren finanzielle Aktivitäten zu überwachen und sicherzustellen, dass diese Aktivitäten mit dem Profil und den Geschäftserwartungen des Kunden übereinstimmen.

- **Identitätsprüfung:** Dies ist der erste Schritt des KYC-Prozesses, bei dem offizielle Dokumente wie Personalausweise, Reisepässe oder Führerscheine zur Überprüfung der Identität verwendet werden.
- **Risikobewertung:** Basierend auf den gesammelten Informationen wird das Risiko eines Kunden bewertet. Kunden werden oft in verschiedene Risikokategorien eingeteilt, wobei Personen, die politisch exponiert sind (PEPs), oder solche, die aus Hochrisikoländern kommen, einer intensiveren Überwachung unterliegen.
- **Laufende Überwachung:** Kundenkonten werden kontinuierlich überwacht, um sicherzustellen, dass ihre Transaktionen konsistent mit ihrem Risikoprofil sind. Unübliche Mus-

ter oder verdächtige Aktivitäten werden zur weiteren Untersuchung hervorgehoben.

DUE DILIGENCE-ANFORDERUNGEN

Due Diligence bezieht sich auf die Pflicht der Unternehmen, angemessene Untersuchungen durchzuführen, bevor Geschäftsbeziehungen eingegangen oder fortgesetzt werden. Sie ist besonders wichtig bei der Bewertung potenzieller Risiken in Verbindung mit Geldwäsche und Terrorismusfinanzierung.

- **Einfache Due Diligence:** Bei Kunden, die als niedriges Risiko eingestuft sind, können grundlegende Due-Diligence-Verfahren ausreichend sein. Diese beinhalten in der Regel die Sammlung und Verifizierung grundlegender Identifikationsdaten.
- **Erweiterte Due Diligence (EDD):** Für Kunden, die als höheres Risiko betrachtet werden, werden umfassendere Due-Diligence-Prüfungen durchgeführt. Dies kann vertiefte Untersuchungen zur Herkunft des Vermögens und der Mittel, zusätzliche Hintergrundprüfungen und verstärkte laufende Überwachung einschließen.
- **Situationsbedingte Due Diligence:** In bestimmten Situationen, wie bei ungewöhnlich großen Transaktionen oder bei Geschäften, die nicht dem normalen Geschäftsbetrieb des Kunden entsprechen, können zusätzliche Due-Diligence-Maßnahmen erforderlich sein.

Die Implementierung dieser präventiven Maßnahmen und Kontrollverfahren ermöglicht es den beteiligten Institutionen, potenzielle Risiken frühzeitig zu erkennen und entsprechende Maßnahmen zu ergreifen, um Geldwäscheaktivitäten effektiv zu unterbinden. Sie sind nicht nur eine gesetzliche Verpflichtung, sondern dienen auch dazu, das Vertrauen in die globalen Finanzmärkte zu stärken und die Integrität des finanziellen Ökosystems zu schützen.

Fortlaufende Überwachung und Transaktionsüberprüfung

Die fortlaufende Überwachung und Transaktionsüberprüfung bilden ein Kernstück der Maßnahmen gegen Geldwäsche und Terrorismusfinanzierung. Diese Prozesse sind essenziell, um verdächtige Aktivitäten zu identifizieren und präventiv zu unterbinden.

Fortlaufende Überwachung

Die fortlaufende Überwachung beinhaltet die kontinuierliche Beobachtung der finanziellen Aktivitäten eines Kunden, um sicherzustellen, dass diese mit seinem bekannten Verhalten und Geschäftsprofil übereinstimmen. Dieser Prozess hilft dabei, jede Abweichung von normalen Transaktionsmustern zu erkennen, die auf potenzielle Geldwäsche oder betrügerische Aktivitäten hinweisen könnte.

- **Erkennung ungewöhnlicher Muster:** Mithilfe moderner Analysetools und Algorithmen werden Transaktionen in Echtzeit analysiert, um Anomalien oder ungewöhnliche Muster zu erkennen.
- **Alarmierungssysteme:** Automatisierte Systeme generieren Alerts, wenn verdächtige Aktivitäten entdeckt werden. Diese Alerts werden dann von spezialisierten Teams weiter untersucht.
- **Dokumentation und Berichterstattung:** Alle verdächtigen Aktivitäten werden dokumentiert und, falls erforderlich, den zuständigen Finanzaufsichtsbehörden gemeldet.

Transaktionsüberprüfung

Die Transaktionsüberprüfung ist ein detaillierter Prozess, bei dem einzelne Transaktionen genauer betrachtet werden, um deren Herkunft und Zweck zu verstehen. Dies ist besonders wichtig bei Transaktionen, die als potenziell risikoreich eingestuft werden.

- **Überprüfung der Transaktionsdetails:** Details wie der Betrag, die Herkunft und das Ziel der Transaktion sowie der beteiligte Personenkreis werden sorgfältig geprüft.
- **Abgleich mit historischen Daten:** Die aktuelle Transaktion wird mit historischen Transaktionsdaten des Kunden abgeglichen, um Konsistenz oder Abweichungen festzustellen.
- **Klärung und Validierung:** Bei Bedarf werden zusätzliche Informationen vom Kunden angefordert, um die Legitimität einer Transaktion zu bestätigen.

ERSTELLUNG UND VERWALTUNG VON RISIKOPROFILEN

Die Erstellung und Verwaltung von Risikoprofilen ist ein zentraler Bestandteil des Risikomanagements im Bereich der Geldwäschebekämpfung. Sie ermöglicht es Finanzinstitutionen, Ressourcen und Überwachungsmaßnahmen gezielt dort einzusetzen, wo sie am meisten benötigt werden.

Erstellung von Risikoprofilen

Risikoprofile werden basierend auf einer Vielzahl von Kriterien erstellt, die sowohl die persönlichen und geschäftlichen Informationen des Kunden als auch sein typisches Transaktionsverhalten umfassen.

- **Analyse der Kundendaten:** Persönliche Informationen, Geschäftstätigkeit, finanzielles Umfeld und historisches Verhalten werden analysiert, um ein Risikoprofil zu erstellen.
- **Kategorisierung des Risikos:** Kunden werden in verschiedene Risikokategorien eingeordnet. Dazu gehören typischerweise niedriges, mittleres und hohes Risiko.
- **Dynamische Anpassung:** Risikoprofile sind keine statischen Dokumente; sie werden regelmäßig überprüft und aktualisiert, basierend auf neuen Informationen oder veränderten Umständen.

Verwaltung von Risikoprofilen

Die effektive Verwaltung von Risikoprofilen erfordert eine kontinuierliche Überwachung und Anpassung der Profile und der zugehörigen Kontrollmaßnahmen.

- **Regelmäßige Überprüfungen:** Risikoprofile werden regelmäßig überprüft, um sicherzustellen, dass sie aktuell sind und die tatsächlichen Risiken korrekt widerspiegeln.
- **Anpassung der Überwachungsintensität:** Basierend auf dem Risikoprofil wird die Intensität der Überwachungs- und Prüfmaßnahmen angepasst.
- **Integration neuer Daten:** Neue Erkenntnisse, beispielsweise aus abgeschlossenen Transaktionsüberprüfungen, fließen kontinuierlich in die Risikoprofile ein.

Diese präventiven Maßnahmen und Kontrollverfahren bilden eine robuste Verteidigungslinie gegen Geldwäscheaktivitäten und ermöglichen es den Institutionen, auf potenzielle Bedrohungen proaktiv zu reagieren und das Risiko illegaler Aktivitäten zu minimieren.

2.2.4 Meldewesen und Zusammenarbeit mit den Behörden

Das Meldewesen und die Zusammenarbeit mit den zuständigen Behörden sind zentrale Elemente der Strategien zur Bekämpfung von Geldwäsche und Terrorismusfinanzierung. Diese Prozesse ermöglichen es Finanzinstitutionen und anderen betroffenen Organisationen, verdächtige Aktivitäten zu kommunizieren und effektiv mit den Aufsichtsbehörden zusammenzuarbeiten.

VERDACHTSMELDUNGEN (SARS, SUSPICIOUS ACTIVITY REPORTS)

Suspicious Activity Reports (SARs) sind Berichte, die von Finanzinstituten und anderen verpflichteten Einrichtungen erstellt werden, wenn sie verdächtige Aktivitäten erkennen, die auf Geldwäsche oder Terrorismusfinanzierung hindeuten könnten. Diese Berichte spielen eine entscheidende Rolle im regulatorischen Rahmen, da sie die primäre Methode darstellen, durch die potenzielle Verstöße gemeldet werden.

- **Erkennung und Dokumentation:** Mitarbeiter in Finanzinstitutionen sind geschult, ungewöhnliche Muster oder Transaktionen zu erkennen, die auf illegale Aktivitäten hindeuten könnten. Sobald solch eine Aktivität identifiziert wird, wird sie dokumentiert und zur weiteren Analyse vorbereitet.
- **Erstellung des SAR:** Der SAR wird mit allen relevanten Informationen zur verdächtigen Aktivität, einschließlich der beteiligten Personen, der Art der Transaktion und dem Grund der Verdächtigung, angefertigt.
- **Einreichung:** Der fertige SAR wird an die zuständige Financial Intelligence Unit (FIU) übermittelt. Dies muss in einem definierten Zeitrahmen geschehen, oft innerhalb von 24 Stunden nach der Identifikation der verdächtigen Aktivität.

ZUSAMMENARBEIT MIT FINANCIAL INTELLIGENCE UNITS (FIUs)

Financial Intelligence Units (FIUs) sind nationale Zentren, die Analysen und Austausch von Informationen über Finanztransaktionen durchführen, die mit Geldwäsche oder Terrorismusfinanzierung in Verbindung stehen könnten. Sie spielen eine Schlüsselrolle bei der Analyse von SARs und der Koordination der darauf folgenden Ermittlungen.

- **Datenanalyse:** FIUs verwenden fortschrittliche Technologien und Methoden der Datenanalyse, um die eingereichten SARs zu untersuchen. Sie bewerten die Informationen, um mögliche Muster von kriminellen Aktivitäten zu identifizieren.
- **Informationsaustausch:** FIUs arbeiten eng mit inländischen und internationalen Strafverfolgungsbehörden zusammen. Sie tauschen Informationen und Erkenntnisse aus, die für die Bekämpfung von Geldwäsche und Terrorismusfinanzierung notwendig sind.
- **Rückmeldung an die Institute:** FIUs geben auch Rückmeldungen an die berichtenden Institutionen, was zur Verbesserung der zukünftigen Überwachungs- und Meldemechanismen beiträgt.

Die effektive Zusammenarbeit zwischen Finanzinstituten, SAR-berichtenden Einrichtungen und FIUs ist entscheidend für den Erfolg der globalen Anstrengungen zur Bekämpfung von Geldwäsche und Terrorismusfinanzierung. Durch das Meldewesen und die proaktive Zusammenarbeit mit den Behörden wird nicht nur die Einhaltung gesetzlicher Vorgaben sichergestellt, sondern auch das Finanzsystem vor Missbrauch durch kriminelle Elemente geschützt.

SANKTIONSLISTEN UND ÜBERPRÜFUNG VON PEPs (POLITICALLY EXPOSED PERSONS)

Im Rahmen der globalen Anstrengungen zur Bekämpfung von Geldwäsche und Terrorismusfinanzierung spielen Sanktionslisten und die Überprüfung von politisch exponierten Personen (PEPs) eine entscheidende Rolle. Diese Maßnahmen helfen dabei, das Risiko zu minimieren, dass das Finanzsystem zur Unterstützung illegaler Aktivitäten missbraucht wird.

Sanktionslisten

Sanktionslisten sind offizielle Verzeichnisse, die von Regierungen und internationalen Organisationen geführt werden und Namen von Individuen, Unternehmen und anderen Entitäten enthalten, mit denen aus rechtlichen oder sicherheitspolitischen Gründen keine Geschäftsbeziehungen unterhalten werden dürfen. Diese Listen sind ein wesentliches Werkzeug im internationalen Kampf gegen Geldwäsche, Terrorismusfinanzierung, Proliferation von Massenvernichtungswaffen und andere schwerwiegende Verbrechen.

- **Regelmäßige Updates und Überprüfung:** Sanktionslisten werden regelmäßig aktualisiert, um auf neue Bedrohungen zu reagieren oder Änderungen in den politischen oder rechtlichen Rahmenbedingungen widerzuspiegeln. Finanzinstitutionen und andere verpflichtete Einrichtungen müssen diese Listen kontinuierlich überprüfen, um sicherzustellen, dass keine verbotenen Transaktionen oder Beziehungen bestehen.
- **Automatisierte Screening-Tools:** Viele Organisationen nutzen spezialisierte Softwarelösungen, um Kunden und Transaktionen automatisch gegen diese Listen zu prüfen. Solche Tools helfen, Effizienz und Genauigkeit des Überprüfungs-

prozesses zu verbessern und das Risiko menschlicher Fehler zu minimieren.

Überprüfung von PEPs

Politisch exponierte Personen (PEPs) sind Individuen, die aufgrund ihrer prominenten Positionen, wie etwa Regierungsmitglieder, hochrangige politische Parteifunktionäre und andere wichtige Amtsträger, einem erhöhten Risiko ausgesetzt sind, in Geldwäsche oder Korruption verwickelt zu sein. Die Überprüfung von PEPs ist daher ein kritischer Aspekt in den Compliance-Bemühungen einer Organisation.

- **Identifikation von PEPs:** Der Prozess beginnt mit der Identifizierung, ob eine Person als PEP einzustufen ist. Dies erfolgt durch die Auswertung von Informationen über ihre berufliche und politische Rolle sowie durch Abgleich mit spezialisierten PEP-Datenbanken.
- **Erweiterte Due Diligence (EDD):** Für PEPs werden verstärkte Sorgfaltsmaßnahmen angewandt. Dies kann vertiefte Untersuchungen zur Herkunft ihres Vermögens, ihrer geschäftlichen Beziehungen und anderer relevanter Aspekte umfassen.
- **Laufende Überwachung:** PEPs unterliegen einer kontinuierlichen Überwachung ihrer Transaktionen und finanziellen Aktivitäten, um jegliche Anzeichen von Korruption oder Geldwäsche schnell zu erkennen.

Die Implementierung effektiver Verfahren zur Überprüfung von Sanktionslisten und PEPs ist unerlässlich für die Einhaltung der gesetzlichen Vorschriften und den Schutz des Finanzsystems vor Missbrauch. Durch die Kombination von technologiegestützten Lösungen und gründlicher Due Diligence stellen Finanzinstitute und andere Organisationen sicher, dass sie ihre regulatorischen Verpflichtungen erfüllen und gleichzeitig zur globalen Sicherheit beitragen.

2.2.5 Schulungs- und Weiterbildungsprogramme

In der Bekämpfung von Geldwäsche und Terrorismusfinanzierung sind gut informierte und ausgebildete Mitarbeiter die erste Verteidigungslinie. Schulungs- und Weiterbildungsprogramme sind daher essentielle Komponenten jeder effektiven Compliance-Strategie, um sicherzustellen, dass Mitarbeiter die notwendigen Kenntnisse und Fähigkeiten besitzen, um verdächtige Aktivitäten zu erkennen und korrekt darauf zu reagieren.

SCHULUNGSANFORDERUNGEN FÜR MITARBEITER

Die Schulungsanforderungen variieren je nach Rolle und Position der Mitarbeiter innerhalb der Organisation. Personen, die direkt mit der Kundenbetreuung, den Finanztransaktionen oder der Compliance beschäftigt sind, benötigen in der Regel umfassendere und spezifischere Trainings.

- **Regelmäßige Schulungen:** Alle Mitarbeiter, insbesondere jene in kritischen Positionen, sollten regelmäßig geschult werden, um ihr Wissen über die neuesten Praktiken und regulatorischen Anforderungen aufzufrischen.
- **Anpassung an die Rolle:** Die Schulungsinhalte müssen auf die spezifischen Risiken und Anforderungen der jeweiligen Rolle zugeschnitten sein. Mitarbeiter in der Compliance-Abteilung benötigen beispielsweise detaillierte Kenntnisse der rechtlichen Rahmenbedingungen, während das Kundenbetreuungspersonal effektiv geschult werden muss, um verdächtige Verhaltensweisen zu erkennen.

Effektive Schulungsprogramme und ihre Inhalte

Effektive Schulungsprogramme sind gut strukturiert, interaktiv und decken alle relevanten Aspekte der Geldwäscheprävention ab.

- **Grundlagen der Geldwäschebekämpfung:** Mitarbeiter müssen die Grundlagen der Geldwäsche, die verschiedenen Methoden und die Phasen des Geldwäschezyklus verstehen.
- **Gesetzliche und regulatorische Anforderungen:** Schulungen müssen detaillierte Informationen über lokale und internationale Gesetze sowie über die Richtlinien zur Bekämpfung von Geldwäsche enthalten.
- **Fallstudien und praktische Beispiele:** Realistische Szenarien und Fallstudien sind besonders wirksam, um Mitarbeitern das Erkennen und den richtigen Umgang mit verdächtigen Aktivitäten zu vermitteln.
- **Verhaltensprotokolle und Handlungsanweisungen:** Mitarbeiter sollten klare Anweisungen erhalten, wie sie in Verdachtsfällen vorgehen sollen, einschließlich der Prozesse zur Meldung verdächtiger Aktivitäten.

Überprüfung und Aktualisierung der Schulungsinhalte

Um die Wirksamkeit der Schulungsprogramme zu gewährleisten, ist eine regelmäßige Überprüfung und Aktualisierung der Inhalte unerlässlich.

- **Feedback von Teilnehmern:** Die Rückmeldungen der Schulungsteilnehmer sind wertvoll, um die Relevanz und Effektivität der Inhalte zu beurteilen.
- **Anpassung an neue Bedrohungen:** Da sich Methoden der Geldwäsche kontinuierlich weiterentwickeln, müssen die

Schulungsinhalte regelmäßig aktualisiert werden, um neue Taktiken und Technologien abzudecken.

- **Regulatorische Änderungen:** Änderungen in den gesetzlichen Anforderungen sollten schnell in die Schulungsprogramme integriert werden, um die Compliance sicherzustellen.

Schulungs- und Weiterbildungsprogramme sind nicht nur eine regulatorische Anforderung, sondern auch ein zentraler Bestandteil der organisatorischen Kultur und Ethik. Sie stärken das Bewusstsein und die Verantwortung jedes Einzelnen im Kampf gegen die Geldwäsche und tragen dazu bei, das Finanzsystem insgesamt sicherer zu machen.

2.2.6 Technologische Unterstützung und Lösungen

Im Kampf gegen Geldwäsche und Terrorismusfinanzierung spielen technologische Lösungen eine zunehmend zentrale Rolle. Sie ermöglichen es Organisationen, große Datenmengen effizient zu analysieren, verdächtige Aktivitäten zu erkennen und regulatorische Anforderungen effektiver zu erfüllen.

EINSATZ VON AML-SOFTWARELÖSUNGEN

AML-Softwarelösungen sind spezialisierte Programme, die darauf ausgerichtet sind, die Einhaltung von Anti-Geldwäsche-Vorschriften zu unterstützen. Sie integrieren verschiedene Technologien, um Transaktionen zu überwachen, Risikobewertungen durchzuführen und verdächtige Muster zu identifizieren.

- **Transaktionsüberwachung:** AML-Software automatisiert die Überwachung von Kundentransaktionen in Echtzeit, um Anomalien oder Muster zu erkennen, die auf mögliche Geldwäscheaktivitäten hinweisen könnten.

- **KYC-Überprüfungen:** Diese Systeme unterstützen den Prozess der Kundenidentifizierung und -verifizierung durch automatisierte Datenabgleiche mit Dokumentationsdatenbanken und Sanktionslisten.
- **Risikomanagement:** AML-Softwarelösungen helfen bei der Einstufung von Kunden nach Risikoniveaus, basierend auf vordefinierten Parametern und historischen Daten.

VORTEILE DER AUTOMATISIERUNG IM AML-BEREICH

Die Automatisierung von AML-Prozessen bietet zahlreiche Vorteile, die sowohl die Effizienz als auch die Wirksamkeit der Geldwäschebekämpfungsmaßnahmen erhöhen.

- **Erhöhte Effizienz:** Durch die Automatisierung können große Volumen an Transaktionen und Kundendaten schnell und effizient überwacht werden, ohne dass eine manuelle Überprüfung erforderlich ist.
- **Reduzierung von Fehlern:** Automatisierte Systeme verringern das Risiko menschlicher Fehler. Sie sind in der Lage, konsistent und präzise zu arbeiten, was die Zuverlässigkeit der Überwachungs- und Reporting-Prozesse erhöht.
- **Verbesserte Compliance:** Technologische Lösungen helfen dabei, die Einhaltung gesetzlicher Vorschriften sicherzustellen, indem sie kontinuierlich aktualisiert werden, um neuesten regulatorischen Anforderungen zu entsprechen.

BEISPIELE FÜR EFFEKTIVE AML-TOOLS

Verschiedene technologische Tools haben sich als besonders wirksam in der Unterstützung von Anti-Geldwäsche-Maßnahmen erwiesen:

- **Künstliche Intelligenz (KI) und maschinelles Lernen:** Diese Technologien werden eingesetzt, um Muster und Trends in großen Datensätzen zu erkennen, die menschliche Analysten möglicherweise übersehen würden.
- **Blockchain-Technologie:** Einige fortschrittliche AML-Lösungen nutzen Blockchain, um Transaktionen auf ihre Herkunft zu überprüfen und sicherzustellen, dass alle Assets und Geldflüsse lückenlos dokumentiert sind.
- **Biometrische Verifizierungssysteme:** Diese Systeme werden zunehmend für KYC-Prozesse verwendet, um die Identität von Kunden durch Fingerabdrücke, Gesichtserkennung oder andere biometrische Daten zu bestätigen.

Technologische Unterstützung und Lösungen sind unverzichtbar für eine moderne und effektive AML-Strategie. Sie ermöglichen es Organisationen nicht nur, regulatorische Anforderungen zu erfüllen, sondern auch proaktiv gegen potenzielle Bedrohungen vorzugehen und das Finanzsystem vor Missbrauch zu schützen.

2.3 Weitere relevante Datenschutzthemen

2.3.1 Datenintegrität und Sicherheit

Sicherheit und Integrität von Daten sind entscheidend für den Schutz vor Missbrauch, Betrug und Cyberangriffen. Organisationen müssen robuste Maßnahmen ergreifen, um ihre Daten zu schützen, insbesondere in Bereichen, in denen sensible Informationen wie Finanzdaten verarbeitet werden.

Verschlüsselungstechniken und ihre Anwendung

Verschlüsselung ist eine der grundlegendsten und wirkungsvollsten Methoden, um Daten zu schützen. Sie wandelt die ursprünglichen Daten in eine Form um, die ohne den entsprechenden Schlüssel nicht lesbar ist. Dies schützt die Daten vor unbefugtem Zugriff, auch wenn sie abgefangen werden sollten.

- **Symmetrische Verschlüsselung:** Hierbei wird derselbe Schlüssel zum Ver- und Entschlüsseln der Daten verwendet. Diese Methode ist schnell und wird oft für die Übertragung großer Datenmengen innerhalb sicherer Netzwerke verwendet.
- **Asymmetrische Verschlüsselung:** Diese Methode verwendet ein Schlüsselpaar – einen öffentlichen und einen privaten Schlüssel. Der öffentliche Schlüssel kann frei geteilt werden und wird zur Verschlüsselung genutzt, während der private Schlüssel zur Entschlüsselung erforderlich ist und geheim gehalten wird.
- **Ende-zu-Ende-Verschlüsselung:** Bei dieser Technik werden Daten an der Quelle verschlüsselt und erst am Zielort entschlüsselt. Dies stellt sicher, dass die Daten während der gesamten Übertragung geschützt sind.

Sicherheit von Netzwerken und Datenübertragungen

Die Sicherheit von Netzwerken ist entscheidend für die Sicherheit der über sie übertragenen Daten. Organisationen müssen sicherstellen, dass ihre Netzwerke gegen Eindringlinge geschützt sind und die Datenübertragungen sicher erfolgen.

- **Firewalls und Intrusion Detection Systeme (IDS):** Diese Tools dienen dazu, unbefugte Zugriffe zu verhindern und verdächtige Aktivitäten zu erkennen.
- **Sichere Übertragungsprotokolle:** Protokolle wie HTTPS, FTPS und SFTP bieten Verschlüsselung während der Übertragung, was die Daten vor dem Zugriff durch Dritte schützt.
- **VPN (Virtual Private Network):** VPNs schaffen eine sichere Verbindung über das Internet, indem sie die Daten durch einen verschlüsselten Tunnel leiten.

DATENZUGRIFFSKONTROLLE UND AUTHENTIFIZIERUNGSVERFAHREN

Die Kontrolle, wer auf Daten zugreifen kann, ist ein kritischer Aspekt der Datensicherheit. Authentifizierungsverfahren stellen sicher, dass nur autorisierte Benutzer Zugang zu sensiblen Informationen erhalten.

- **Mehrfaktor-Authentifizierung (MFA):** MFA erfordert mehr als einen Nachweis der Identität des Benutzers, typischerweise etwas, das der Benutzer weiß (Passwort), etwas, das der Benutzer hat (Smartphone-App oder Token), und etwas, das der Benutzer ist (Biometrie).
- **Rollenspezifische Zugriffskontrollen:** Zugriffsrechte werden basierend auf der Rolle des Benutzers im Unternehmen erteilt. Dies minimiert das Risiko, dass sensible Daten in die falschen Hände geraten.
- **Protokollierung und Überwachung:** Alle Zugriffsversuche und Aktionen bezüglich sensibler Daten sollten aufgezeichnet und regelmäßig überprüft werden, um sicherzustellen, dass alle Zugriffe autorisiert und ordnungsgemäß durchgeführt wurden.

2.3.2 Transparenz und Information der Nutzer

Transparenz in der Datenverarbeitung ist ein grundlegender Aspekt des Datenschutzes und der Informationsfreiheit. Sie schafft Vertrauen zwischen Nutzern und Organisationen und ist wesentlich für die Einhaltung rechtlicher Rahmenbedingungen. Im Fokus stehen dabei die Informationspflichten gegenüber den Nutzern, die sicherstellen, dass diese über die Verwendung ihrer personenbezogenen Daten vollständig informiert sind.

INFORMATIONSPFLICHTEN GEGENÜBER DEN NUTZERN

Die Informationspflichten sind in verschiedenen Datenschutzgesetzen wie der EU-Datenschutz-Grundverordnung (DSGVO) klar definiert und legen fest, wie und wann Nutzer über die Verarbeitung ihrer Daten informiert werden müssen. Diese Pflichten sind entscheidend, um eine transparente und nachvollziehbare Datenverarbeitung zu gewährleisten.

- **Zugang zu Informationen:** Nutzer müssen darüber informiert werden, welche Daten über sie gesammelt werden, zu welchem Zweck diese Daten verwendet werden, wie lange sie gespeichert werden und wer Zugang zu diesen Daten hat. Dies schließt auch Informationen über Datenübertragungen in Drittländer oder an internationale Organisationen ein.
- **Klare und verständliche Sprache:** Die bereitgestellten Informationen müssen klar, präzise und in einer leicht verständlichen Sprache formuliert sein. Dies ist besonders wichtig, um sicherzustellen, dass alle Nutzer, unabhängig von ihrem technischen oder rechtlichen Wissen, die Informationen verstehen können.

- **Rechtzeitige Benachrichtigung:** Nutzer müssen zum Zeitpunkt der Datenerhebung über die Datenverarbeitung informiert werden. Wenn die Daten nicht direkt beim Nutzer erhoben werden, müssen sie so bald wie möglich darüber informiert werden.
- **Transparenz bei Änderungen:** Wenn sich die Art und Weise der Datenverarbeitung ändert oder neue Verarbeitungszwecke hinzukommen, müssen Nutzer erneut informiert werden. Dies gewährleistet, dass ihre Zustimmung auf dem aktuellen Stand und gültig bleibt.
- **Information über Rechte:** Neben Informationen zur Datenverarbeitung müssen Nutzer auch über ihre Rechte aufgeklärt werden, einschließlich des Rechts auf Zugang, Berichtigung, Löschung ihrer Daten und des Widerspruchs gegen die Verarbeitung.

DATENSCHUTZERKLÄRUNGEN UND IHRE ANFORDERUNGEN

Datenschutzerklärungen sind ein essenzielles Instrument, um die Transparenz in der Datenverarbeitung zu gewährleisten. Sie dienen dazu, Nutzer umfassend darüber aufzuklären, wie ihre personenbezogenen Daten erhoben, verarbeitet und geschützt werden. Diese Erklärungen sind nicht nur eine rechtliche Notwendigkeit, sondern auch ein zentraler Bestandteil des Vertrauensverhältnisses zwischen Nutzern und Organisationen.

ANFORDERUNGEN AN DATENSCHUTZERKLÄRUNGEN

Die Anforderungen an Datenschutzerklärungen sind durch rechtliche Rahmenbedingungen, insbesondere durch die EU-Datenschutz-Grundverordnung (DSGVO), genau festgelegt. Die wichtigsten Elemente einer korrekten Datenschutzerklärung umfassen:

- **Identität des Verantwortlichen:** Die Datenschutzerklärung muss klare Angaben darüber enthalten, wer für die Datenverarbeitung verantwortlich ist, einschließlich des Namens der Organisation, des Datenbeauftragten und der Kontaktinformationen.
- **Zwecke der Datenverarbeitung:** Es muss genau erläutert werden, zu welchem Zweck die Daten erhoben werden. Diese Zweckbindung ist essenziell, um sicherzustellen, dass Daten nicht für unerlaubte oder nicht transparente Aktivitäten verwendet werden.
- **Rechtsgrundlage:** Die Erklärung muss die rechtliche Grundlage für die Verarbeitung der Daten darlegen. Dies kann die Einwilligung des Nutzers, die Notwendigkeit zur Vertragserfüllung, gesetzliche Verpflichtungen oder das berechtigte Interesse des Verantwortlichen umfassen.
- **Empfänger der Daten:** Falls die Daten an Dritte weitergegeben werden, müssen Nutzer darüber informiert werden, wer diese Empfänger sind. Dies ist besonders wichtig bei Datenübermittlungen in Länder außerhalb der EU, wo möglicherweise andere Datenschutzstandards gelten.
- **Speicherdauer:** Die Erklärung muss angeben, wie lange die Daten gespeichert werden. Diese Information muss sich nach dem Zweck der Datenspeicherung richten und rechtliche Aufbewahrungspflichten berücksichtigen.
- **Rechte der Nutzer:** Nutzer müssen über ihre Rechte aufgeklärt werden, einschließlich des Rechts auf Auskunft, Berichtigung, Löschung, Einschränkung der Verarbeitung und des Rechts auf Datenübertragbarkeit.
- **Widerrufsrecht:** Wenn die Datenverarbeitung auf der Grundlage einer Einwilligung erfolgt, muss klargestellt werden, dass die Einwilligung jederzeit widerrufen werden kann.

BEST PRACTICES FÜR DATENSCHUTZERKLÄRUNGEN

Um die Effektivität und Nutzerfreundlichkeit von Datenschutzerklärungen zu maximieren, sollten sie nicht nur rechtlichen Anforderungen entsprechen, sondern auch folgende Best Practices
beachten:

- **Klare und verständliche Sprache:** Vermeiden Sie juristische Fachsprache und stellen Sie sicher, dass die Erklärungen auch für Laien verständlich sind.
- **Übersichtliche Struktur:** Eine gut strukturierte und logisch
  aufgebaute Datenschutzerklärung hilft Nutzern, die benötigten Informationen schnell zu finden.
- **Zugänglichkeit:** Stellen Sie sicher, dass die Datenschutzerklärung leicht zu finden ist, beispielsweise durch einen
  deutlich sichtbaren Link auf der Startseite der Website.

Durch die Einhaltung dieser Anforderungen und Best Practices
stellen Organisationen sicher, dass ihre Datenschutzerklärungen
nicht nur eine formale Anforderung erfüllen, sondern auch ein effektives Mittel zum Schutz der Privatsphäre und zur Förderung des
Vertrauens der Nutzer sind.

Muster einer Datenschutzerklärung
Datenschutzerklärung der Musterfirma GmbH

1. Allgemeine Informationen

Die Musterfirma GmbH (nachfolgend „wir" oder „uns") nimmt den Schutz
Ihrer persönlichen Daten sehr ernst. Diese Datenschutzerklärung informiert
Sie über die Verarbeitung Ihrer personenbezogenen Daten auf unserer Web-
site und über Ihre Rechte als betroffene Person.

Verantwortlicher für die Datenverarbeitung:

Musterfirma GmbH
Musterstraße 1
12345 Musterstadt Deutschland
E-Mail: info@musterfirma.de
Telefon: 01234/56789

Datenschutzbeauftragter:
Max Mustermann
Musterstraße 1
12345 Musterstadt
E-Mail: datenschutz@musterfirma.de

2. Datenverarbeitung auf unserer Website

2.1 Zugriffsdaten

Beim Besuch unserer Website speichern unsere Server temporär jeden Zugriff in einer Protokolldatei. Folgende Daten werden ohne Ihr Zutun erfasst und bis zur automatisierten Löschung gespeichert:

- IP-Adresse des anfragenden Rechners,
- Datum und Uhrzeit des Zugriffs,
- Name und URL der abgerufenen Datei,
- Website, von der aus der Zugriff erfolgt,
- Ihr Computerbetriebssystem und der von Ihnen verwendete Browser,
- der Name Ihres Internet-Providers.

Diese Daten werden verarbeitet, um die Nutzung der Website zu ermöglichen (Verbindungsaufbau), die dauerhafte Systemsicherheit und -stabilität zu gewährleisten und unsere Internetangebote zu optimieren sowie zu internen statistischen Zwecken. Dies stellt unser berechtigtes Interesse dar, Daten zu verarbeiten, das aus den genannten Zwecken folgt.

2.2 Cookies

Unsere Website verwendet Cookies. Das sind kleine Dateien, die Ihr Browser automatisch erstellt und die auf Ihrem Endgerät gespeichert werden, wenn Sie unsere Seite besuchen. Cookies richten auf Ihrem Endgerät keinen Schaden an, enthalten keine Viren, Trojaner oder andere Schadsoftware.

In Cookies werden Informationen abgelegt, die sich jeweils im Zusammenhang mit dem spezifisch eingesetzten Endgerät ergeben. Dies bedeutet jedoch nicht, dass wir dadurch unmittelbar Kenntnis von Ihrer Identität erhalten.

Der Einsatz von Cookies dient einerseits dazu, die Nutzung unseres Angebots für Sie angenehmer zu gestalten. So setzen wir sogenannte Session-Cookies ein, um zu erkennen, dass Sie einzelne Seiten unserer Website bereits besucht haben.

2.3 Kontaktformular

Wenn Sie per Kontaktformular Anfragen stellen, werden Ihre Angaben aus dem Anfrageformular inklusive der von Ihnen dort angegebenen Kontaktdaten zwecks Bearbeitung der Anfrage und für den Fall von Anschlussfragen bei uns gespeichert. Diese Daten geben wir nicht ohne Ihre Einwilligung weiter.

3. Ihre Rechte als betroffene Person

Sie haben das Recht:

- gemäß Art. 15 DSGVO Auskunft über Ihre von uns verarbeiteten personenbezogenen Daten zu verlangen;
- gemäß Art. 16 DSGVO unverzüglich die Berichtigung unrichtiger oder Vervollständigung Ihrer bei uns gespeicherten personenbezogenen Daten zu verlangen;
- gemäß Art. 17 DSGVO die Löschung Ihrer bei uns gespeicherten personenbezogenen Daten zu verlangen;
- gemäß Art. 18 DSGVO die Einschränkung der Verarbeitung Ihrer personenbezogenen Daten zu verlangen;
- gemäß Art. 20 DSGVO Ihre personenbezogenen Daten, die Sie uns bereitgestellt haben, in einem strukturierten, gängigen und maschinenlesebaren Format zu erhalten oder die Übermittlung an einen anderen Verantwortlichen zu verlangen;
- gemäß Art. 7 Abs. 3 DSGVO Ihre einmal erteilte Einwilligung jederzeit gegenüber uns zu widerrufen. Dies hat zur Folge, dass wir die Datenverarbeitung, die auf dieser Einwilligung beruhte, für die Zukunft nicht mehr fortführen dürfen;
- gemäß Art. 77 DSGVO sich bei einer Aufsichtsbehörde zu beschweren. In der Regel können Sie sich hierfür an die Aufsichtsbehörde Ihres üblichen Aufenthaltsortes oder Arbeitsplatzes oder unseres Firmensitzes wenden.

4. Datensicherheit

Wir verwenden innerhalb des Website-Besuchs das verbreitete SSL-Verfahren (Secure Socket Layer) in Verbindung mit der jeweils höchsten Verschlüsselungsstufe, die von Ihrem Browser unterstützt wird. In der Regel handelt es sich dabei um eine 256-Bit Verschlüsselung. Falls Ihr Browser keine 256-Bit Verschlüsselung unterstützt, greifen wir stattdessen auf 128-Bit v3 Technologie zurück. Ob eine einzelne Seite unseres Internetauftrittes verschlüsselt übertragen wird, erkennen Sie an der geschlossenen Darstellung des Schlüssel- bzw. Schloss-Symbols in der unteren Statusleiste Ihres Browsers.

Wir bedienen uns im Übrigen geeigneter technischer und organisatorischer Sicherheitsmaßnahmen, um Ihre Daten gegen zufällige oder vorsätzliche Manipulationen, teilweisen oder vollständigen Verlust, Zerstörung oder gegen den unbefugten Zugriff Dritter zu schützen. Unsere Sicherheitsmaßnahmen werden entsprechend der technologischen Entwicklung fortlaufend verbessert.

5. Aktualität und Änderung dieser Datenschutzerklärung

Diese Datenschutzerklärung ist aktuell gültig und hat den Stand [Datum einfügen]. Durch die Weiterentwicklung unserer Website und Angebote darüber oder aufgrund geänderter gesetzlicher bzw. behördlicher Vorgaben kann es notwendig werden, diese Datenschutzerklärung zu ändern. Die jeweils aktuelle Datenschutzerklärung kann jederzeit auf der Website unter [URL einfügen] von Ihnen abgerufen und ausgedruckt werden.

Diese Muster-Datenschutzerklärung dient als Grundlage und kann an die spezifischen Anforderungen und Rahmenbedingungen Ihrer Organisation angepasst werden. Sie sollte stets von einer qualifizierten Rechtsberatung überprüft werden, um sicherzustellen, dass alle spezifischen gesetzlichen Anforderungen erfüllt sind.

OFFENLEGUNG VON DATENVERARBEITUNGSPROZESSEN

Die Offenlegung von Datenverarbeitungsprozessen ist ein entscheidender Aspekt der Datentransparenz, der die Vertrauensbildung zwischen Nutzern und Organisationen stärkt und die Rechenschaftspflicht fördert. In der digitalen Ära, in der der Umgang mit persönlichen Informationen zur Routine geworden ist, erwarten Nutzer zunehmend detaillierte Informationen darüber, wie ihre Daten gesammelt, genutzt und geschützt werden.

BEDEUTUNG DER OFFENLEGUNG

Die Offenlegung von Datenverarbeitungsprozessen ist nicht nur eine gesetzliche Verpflichtung, sondern auch ein wichtiger Bestandteil der ethischen Verantwortung eines Unternehmens gegenüber seinen Nutzern. Sie gewährleistet, dass Personen informierte Entscheidungen über die Nutzung ihrer Daten treffen können und versteht sich als eine Grundlage des Verbraucherschutzes.

ANFORDERUNGEN AN DIE OFFENLEGUNG

Um effektiv zu sein, muss die Offenlegung von Datenverarbeitungsprozessen folgende Anforderungen erfüllen:

- **Vollständigkeit:** Alle relevanten Aspekte der Datenverarbeitung sollten abgedeckt werden, einschließlich der Erfassung, Speicherung, Nutzung, Weitergabe und Entsorgung von Daten.
- **Verständlichkeit:** Informationen müssen in klarer, einfacher Sprache präsentiert werden, um sicherzustellen, dass sie von allen Nutzern, unabhängig von ihrem technischen Verständnis, leicht verstanden werden können.
- **Zugänglichkeit:** Informationen über Datenverarbeitungsprozesse sollten leicht zugänglich sein, idealerweise direkt über die Website der Organisation, über Datenschutzerklärungen oder spezielle Informationsportale.

PRAKTISCHE UMSETZUNG

- **Datenschutzerklärungen:** Organisationen sollten detaillierte Datenschutzerklärungen bereitstellen, die klar und präzise die Praktiken der Datenverarbeitung beschreiben. Diese Erklärungen sollten regelmäßig aktualisiert werden, um Änderungen in den Verarbeitungsaktivitäten oder in den rechtlichen Rahmenbedingungen widerzuspiegeln.
- **Interaktive Tools:** Einige Organisationen bieten interaktive Tools an, die es Nutzern ermöglichen, ihre persönlichen Daten einzusehen, zu verwalten und Entscheidungen über ihre Verwendung zu treffen. Solche Tools verstärken die Transparenz und geben den Nutzern mehr Kontrolle.
- **Kommunikation bei Datenpannen:** Im Falle einer Datenpanne ist eine schnelle und offene Kommunikation entscheidend. Organisationen müssen nicht nur die betroffenen Personen, sondern auch die zuständigen Aufsichtsbehörden informieren, um das Vertrauen zu wahren und den Schaden zu minimieren.

2.3.3 Datenaufbewahrung und Löschkonzepte

Datenaufbewahrung und Löschkonzepte sind von zentraler Bedeutung, um Compliance zu gewährleisten und die Sicherheit sensibler Informationen zu garantieren. Organisationen stehen vor der Herausforderung, Daten so zu speichern und zu löschen, dass sowohl rechtliche als auch betriebliche Anforderungen erfüllt werden.

RICHTLINIEN ZUR DATENAUFBEWAHRUNG

Datenaufbewahrungsrichtlinien legen fest, wie lange Daten gehalten werden dürfen, bevor sie gelöscht oder anonymisiert werden müssen. Diese Richtlinien basieren auf gesetzlichen Vorgaben und branchenspezifischen Bestimmungen und sollen sicherstellen, dass

Organisationen nicht mehr Daten aufbewahren, als unbedingt nötig, und diese nicht länger als erlaubt speichern.

- **Bestimmung der Aufbewahrungsdauer:** Die Dauer der Datenaufbewahrung hängt von der Art der Daten und den gesetzlichen Anforderungen ab. Zum Beispiel müssen Finanzdaten oft mindestens sieben Jahre aufbewahrt werden, um steuerrechtlichen Vorgaben zu entsprechen.
- **Regelmäßige Überprüfung der Richtlinien:** Da sich gesetzliche Anforderungen ändern können, ist es wichtig, dass Organisationen ihre Aufbewahrungsrichtlinien regelmäßig überprüfen und aktualisieren.
- **Datenschutz von Anfang an:** Bereits bei der Erstellung von Aufbewahrungsrichtlinien sollte der Datenschutz berücksichtigt werden, um sicherzustellen, dass alle Prozesse den geltenden Datenschutzgesetzen entsprechen.

PROZESSE UND TECHNOLOGIEN FÜR DAS SICHERE LÖSCHEN VON DATEN

Das sichere Löschen von Daten ist entscheidend, um Datenschutzverletzungen zu vermeiden und Compliance mit Datenschutzgesetzen wie der DSGVO zu gewährleisten. Dies erfordert spezielle Prozesse und Technologien, die eine unwiederbringliche Entfernung von Daten garantieren.

- **Löschverfahren:** Methoden wie das Überschreiben von Daten mit zufälligen Informationen oder das physikalische Zerstören von Speichermedien werden eingesetzt, um sicherzustellen, dass Daten nicht wiederhergestellt werden können.
- **Automatisierung des Löschvorgangs:** Durch den Einsatz von Softwarelösungen können Löschprozesse automatisiert

und regelmäßig durchgeführt werden, was menschliche Fehler reduziert und die Effizienz steigert.

- **Dokumentation des Löschprozesses:** Für die Einhaltung von Compliance-Anforderungen ist es notwendig, den Löschprozess genau zu dokumentieren, einschließlich Zeitpunkt des Löschens und der gelöschten Datenarten.

ARCHIVIERUNG UND IHRE COMPLIANCE-ANFORDERUNGEN

Die Archivierung von Daten ist ein kritischer Prozess für viele Organisationen, besonders in Branchen, die stark reguliert sind. Die Archivierung muss sicherstellen, dass Daten über lange Zeiträume hinweg unverändert und sicher aufbewahrt werden können.

- **Sichere Speicherung:** Archivierte Daten müssen gegen unbefugten Zugriff, Manipulation und Verlust geschützt werden. Dies kann durch den Einsatz verschlüsselter Speicherlösungen und durch die Implementierung strenger Zugriffskontrollen erreicht werden.
- **Compliance mit Aufbewahrungsfristen:** Archivierte Daten müssen oft über Jahrzehnte hinweg aufbewahrt werden. Organisationen müssen sicherstellen, dass ihre Archivierungspraktiken den gesetzlichen Aufbewahrungsfristen entsprechen.
- **Zugänglichkeit und Wiederherstellbarkeit:** Auch wenn Daten über lange Zeiträume archiviert werden, müssen sie zugänglich bleiben und bei Bedarf effizient wiederherstellbar sein, um rechtlichen Anforderungen zu genügen.

Die Entwicklung und Implementierung effektiver Datenaufbewahrungs- und Löschkonzepte ist entscheidend für die Sicherheit, Compliance und Effizienz in der Datenverwaltung. Durch die Kombination aus strategischer Planung, technologischer Unterstützung und regelmäßiger Überprüfung können Organisationen sicherstellen, dass sie ihre Datenverantwortung ernst nehmen und den Anforderungen des Datenschutzes gerecht werden.

2.3.4 Internationale Datenschutzgesetze und ihre Auswirkungen

VERGLEICH WICHTIGER INTERNATIONALER DATENSCHUTZGESETZE: GDPR UND CCPA

Der Schutz personenbezogener Daten wird immer wichtiger. Verschiedene Regionen haben eigene Datenschutzgesetze entwickelt, die darauf abzielen, die Rechte der Bürger zu stärken und Unternehmen zur Verantwortung zu ziehen. Zwei der prominentesten Datenschutzgesetze sind die Europäische Datenschutz-Grundverordnung (GDPR) und der California Consumer Privacy Act (CCPA) in den USA. Ein Vergleich dieser Gesetze offenbart sowohl Gemeinsamkeiten als auch Unterschiede in ihrem Ansatz und ihrer Reichweite.

EUROPÄISCHE DATENSCHUTZ-GRUNDVERORDNUNG (GDPR)

Die GDPR, die seit Mai 2018 in Kraft ist, gilt als eines der strengsten Datenschutzgesetze der Welt. Sie ist auf alle Unternehmen anwendbar, die personenbezogene Daten von EU-Bürgern verarbeiten, unabhängig davon, wo sich das Unternehmen befindet.

- **Rechte der betroffenen Personen:** Die GDPR stärkt die Rechte von Individuen erheblich, indem sie ihnen Kontrolle über ihre persönlichen Daten gibt, einschließlich des Rechts auf Zugang, Berichtigung und Löschung ihrer Daten.

- **Datenschutz durch Technikgestaltung und durch datenschutzfreundliche Voreinstellungen (Privacy by Design/Default):** Unternehmen müssen Datenschutzmaßnahmen in jede Phase der Datenverarbeitung integrieren.
- **Datenübertragbarkeit:** Ein weiteres Recht, das die GDPR einführt, ist das Recht auf Datenübertragbarkeit, das es Personen ermöglicht, ihre Daten von einem Dienstanbieter zu einem anderen zu übertragen.
- **Bußgelder:** Die GDPR sieht strenge Strafen für Verstöße vor, die bis zu 4% des weltweiten Jahresumsatzes eines Unternehmens betragen können.

California Consumer Privacy Act (CCPA)

Der CCPA wurde im Juni 2018 verabschiedet und trat im Januar 2020 in Kraft. Er ist eines der ersten umfassenden Datenschutzgesetze in den USA und gilt für Unternehmen, die Geschäfte in Kalifornien betreiben und persönliche Daten von dortigen Einwohnern sammeln.

- **Recht auf Information:** Verbraucher in Kalifornien können von Unternehmen verlangen, dass diese offenlegen, welche persönlichen Daten sie sammeln und wie diese verwendet werden.
- **Recht auf Löschung:** Ähnlich wie die GDPR gibt der CCPA den Verbrauchern das Recht, die Löschung ihrer persönlichen Daten zu verlangen.
- **Opt-Out für den Verkauf persönlicher Daten:** Der CCPA ermöglicht es Verbrauchern, Unternehmen zu verbieten, ihre persönlichen Daten zu verkaufen. Dies ist besonders relevant im Kontext der digitalen Werbung.
- **Bußgelder und Entschädigungen:** Verstöße gegen den CCPA können zu erheblichen Bußgeldern führen, und Ver-

braucher haben das Recht, Unternehmen zu verklagen, wenn ihre persönlichen Daten durch Nachlässigkeit kompromittiert werden.

Vergleich und Fazit

Während die GDPR und der CCPA beide das Ziel haben, den Datenschutz zu verbessern und die Kontrolle der Nutzer über ihre persönlichen Daten zu erhöhen, gibt es deutliche Unterschiede im Umfang und in der Umsetzung. Die GDPR ist umfassender und hat strengere Vorschriften und höhere Strafen, während der CCPA spezifische Rechte wie das Opt-Out für den Verkauf persönlicher Daten hervorhebt, was in der GDPR nicht explizit adressiert wird.

Die Entwicklung dieser Gesetze zeigt eine wachsende globale Tendenz zur Stärkung des Datenschutzes, wobei sowohl Unternehmen als auch Verbraucher sich der Bedeutung und der Notwendigkeit des Schutzes persönlicher Informationen bewusst werden. Unternehmen müssen sich dieser Gesetze bewusst sein und sicherstellen, dass ihre Praktiken mit allen relevanten Vorschriften übereinstimmen, um Compliance zu gewährleisten und das Vertrauen ihrer Nutzer zu bewahren.

UMGANG MIT GRENZÜBERSCHREITENDEN DATENFLÜSSEN

Grenzüberschreitender Datenfluss ist eine alltägliche Realität. Unternehmen, die international tätig sind, müssen sicherstellen, dass die Übertragung personenbezogener Daten über Ländergrenzen hinweg in Übereinstimmung mit lokalen und internationalen Datenschutzgesetzen erfolgt. Der korrekte Umgang mit diesen Datenflüssen ist nicht nur eine Frage der Compliance, sondern auch ein entscheidender Faktor für den Schutz der Privatsphäre der Nutzer.

Herausforderungen bei grenzüberschreitenden Datenflüssen

Grenzüberschreitende Datenflüsse sind komplex, da sie die Datenschutzgesetze mehrerer Länder berühren können. Unterschiedliche Länder haben unterschiedliche Ansätze zum Datenschutz, was die Einhaltung der Gesetze erschwert. Einige der Hauptprobleme umfassen:

- **Inkonsistenz der Datenschutzstandards:** Länder weltweit haben unterschiedliche Standards und Anforderungen bezüglich des Datenschutzes. Dies macht es für Unternehmen schwierig, einen einheitlichen Ansatz zu finden, der überall gültig ist.
- **Rechtliche Unsicherheiten:** Die rechtlichen Rahmenbedingungen für den Datenschutz können sich schnell ändern, wie es beispielsweise mit dem EU-US Privacy Shield der Fall war, das vom Europäischen Gerichtshof für ungültig erklärt wurde.

Strategien zum Umgang mit grenzüberschreitenden Datenflüssen

Um effektiv mit den Herausforderungen des grenzüberschreitenden Datenverkehrs umzugehen, können Unternehmen folgende Strategien anwenden:

- **Standardvertragsklauseln (SCCs):** Diese von der Europäischen Kommission erstellten rechtlichen Rahmenbedingungen ermöglichen es Unternehmen, personenbezogene Daten rechtskonform in Länder außerhalb der EU zu übertragen. Sie sind ein gängiges Mittel, um die Einhaltung der GDPR-Standards sicherzustellen.
- **Bindende Unternehmensregeln (Binding Corporate Rules, BCRs):** Für multinationale Unternehmen bieten BCRs eine Möglichkeit, Datenschutzstandards innerhalb des eige-

nen Unternehmensverbunds weltweit einzuhalten. Diese müssen von den Datenschutzbehörden genehmigt werden und gewährleisten einen hohen Schutz personenbezogener Daten.

- **Datenschutz-Zertifizierungen und -Siegel:** Einige Länder erkennen spezielle Datenschutz-Zertifizierungen an, die als Nachweis für die Einhaltung ihrer Datenschutzstandards dienen können.

Relevanz der Transparenz

Transparenz spielt eine entscheidende Rolle beim Umgang mit grenzüberschreitenden Datenflüssen. Unternehmen müssen klar kommunizieren, wie und warum personenbezogene Daten international übertragen werden. Diese Information ist oft ein Bestandteil der Datenschutzerklärung, die den Nutzern zugänglich gemacht wird.

Fazit

Der korrekte Umgang mit grenzüberschreitenden Datenflüssen erfordert nicht nur eine sorgfältige Planung und Durchführung von Datenschutzmaßnahmen, sondern auch eine fortlaufende Überwachung der rechtlichen Entwicklungen in allen betroffenen Ländern. Unternehmen müssen proaktiv handeln, um die Privatsphäre der Nutzer zu schützen und gleichzeitig die Effizienz ihrer globalen Operationen zu gewährleisten. Indem sie robuste Datenschutzpraktiken implementieren und diese regelmäßig überprüfen, können sie das Vertrauen der Nutzer stärken und rechtliche Risiken minimieren.

Einfluss internationaler Normen auf nationale Datenschutzbestimmungen

Internationale Normen und Standards spielen eine entscheidende Rolle bei der Formulierung nationaler Datenschutzbestimmungen. Diese Normen fördern nicht nur die Harmonisierung von Datenschutzgesetzen über Ländergrenzen hinweg, sondern beeinflussen auch maßgeblich die Entwicklung und Anpassung nationaler Regelungen an internationale Anforderungen.

Bedeutung internationaler Normen

Internationale Normen für den Datenschutz, wie sie von Organisationen wie der Europäischen Union oder der Organisation für wirtschaftliche Zusammenarbeit und Entwicklung (OECD) entwickelt werden, setzen Rahmenbedingungen, die nationale Gesetzgeber oft als Grundlage für eigene Datenschutzgesetze nutzen. Diese Normen zielen darauf ab, ein kohärentes Datenschutzniveau weltweit zu schaffen, das die persönlichen Rechte schützt und gleichzeitig den freien Datenverkehr zwischen Ländern ermöglicht.

Einfluss auf nationale Gesetzgebung

- **Harmonisierung von Datenschutzstandards:** Internationale Normen helfen, die Datenschutzgesetze verschiedener Länder zu harmonisieren. Dies ist besonders wichtig in Regionen wie der Europäischen Union, wo die GDPR als einheitliche Regelung gilt, die von allen Mitgliedstaaten umgesetzt wird. Diese Harmonisierung reduziert Rechtsunsicherheiten für internationale Unternehmen und fördert den Handel und den Datenaustausch.
- **Verbesserung des Verbraucherschutzes:** Internationale Normen setzen oft hohe Datenschutzstandards, die dann

von nationalen Gesetzgebern übernommen werden. Dies führt zu verbessertem Schutz der Verbraucherdaten auf nationaler Ebene.

- **Antrieb für gesetzliche Reformen:** In Ländern mit weniger entwickelten Datenschutzgesetzen können internationale Standards als Katalysator für Reformen dienen. Sie bieten ein bewährtes Modell, das Anleitung und Struktur für die Entwicklung eigener Datenschutzgesetze bietet.

Herausforderungen bei der Umsetzung

- **Anpassung an lokale Gegebenheiten:** Während internationale Normen einen Rahmen bieten, müssen sie dennoch an lokale kulturelle und rechtliche Gegebenheiten angepasst werden. Dies kann eine Herausforderung darstellen, besonders in Ländern, deren bestehende Gesetze stark von den internationalen Normen abweichen.
- **Technologischer Wandel:** Die schnelle Entwicklung der Technologie stellt sowohl für internationale Normen als auch für nationale Gesetze eine Herausforderung dar. Datenschutzstandards müssen regelmäßig überprüft und angepasst werden, um mit den technologischen Fortschritten Schritt zu halten.

Fazit

Der Einfluss internationaler Normen auf nationale Datenschutzbestimmungen ist ein Zeichen für die Globalisierung des Datenschutzes. Diese Entwicklung fördert eine weltweite Annäherung der Rechtsvorschriften und bietet Unternehmen und Verbrauchern mehr Sicherheit im Umgang mit personenbezogenen Daten. Gleichzeitig bedarf es einer sorgfältigen Anpassung dieser Normen an die spezifischen Bedürfnisse und Rahmenbedingungen jedes Landes, um ihre Wirksamkeit und Akzeptanz zu gewährleisten.

2.3.5 Spezielle Datenschutzaspekte in verschiedenen Branchen

Datenschutzanforderungen im Gesundheitswesen

Die Datenschutzbestimmungen im Gesundheitswesen sind strenger als in vielen anderen Branchen, da sie direkt die Gesundheitsinformationen und damit die Privatsphäre der Patienten betreffen. Folgende Aspekte sind von besonderer Bedeutung:

- **Einhaltung gesetzlicher Vorschriften:** In vielen Ländern gibt es spezifische Gesetze, die den Umgang mit Gesundheitsdaten regeln. In den USA beispielsweise schreibt der Health Insurance Portability and Accountability Act (HIPAA) vor, wie Gesundheitsinformationen geschützt werden müssen. In der Europäischen Union stellt die Datenschutz-Grundverordnung (GDPR) sicher, dass Gesundheitsdaten als „besondere Kategorien personenbezogener Daten" besonders geschützt werden.

- **Zugangskontrollen:** Um sicherzustellen, dass nur autorisiertes Personal Zugang zu sensiblen Gesundheitsinformationen hat, müssen im Gesundheitswesen strenge Zugangskontrollen implementiert werden. Dies schließt physische wie auch digitale Zugangsbeschränkungen ein.

- **Datensicherheit:** Aufgrund der Sensibilität der Daten sind umfassende Sicherheitsmaßnahmen erforderlich, die sowohl die Speicherung als auch die Übertragung von Patientendaten schützen. Dazu gehören Verschlüsselungstechnologien, sichere Netzwerkverbindungen und regelmäßige Sicherheitsaudits.

- **Patienteneinwilligung:** Die Einwilligung des Patienten spielt eine zentrale Rolle im Datenschutz des Gesundheitswesens. Patienten müssen umfassend darüber informiert werden, wie ihre Daten verwendet werden, und ihre Zustimmung muss spezifisch, informiert und freiwillig sein.

Herausforderungen und Best Practices

Das Gesundheitswesen steht vor einzigartigen Herausforderungen im Datenschutz, vor allem aufgrund der Notwendigkeit, Gesundheitsdaten für die Behandlung und Pflege zugänglich zu machen, während gleichzeitig die Datenschutzvorschriften eingehalten werden müssen. Zu den Best Practices im Datenschutz im Gesundheitswesen gehören:

- **Minimierung der Datenerfassung:** Nur die für eine bestimmte medizinische Behandlung notwendigen Daten sollten erfasst werden.
- **Schulung des Personals:** Alle Mitarbeiter im Gesundheitswesen sollten regelmäßig in Datenschutzpraktiken geschult werden, um das Bewusstsein zu schärfen und sicherzustellen, dass sie die Datenschutzvorschriften verstehen und einhalten.
- **Starke Patientenrechte:** Organisationen sollten Mechanismen einrichten, die es Patienten leicht machen, ihre Rechte in Bezug auf ihre Daten auszuüben, einschließlich des Rechts auf Einsicht, Berichtigung und Löschung ihrer Gesundheitsinformationen.

Finanzsektor und Datenschutzregelungen

Der Finanzsektor gehört zu den am strengsten regulierten Branchen, wenn es um Datenschutz und Datensicherheit geht. Banken, Versicherungen und andere Finanzdienstleister handhaben große Mengen sensibler Daten, die nicht nur für den einzelnen Kunden von großer Bedeutung sind, sondern auch das Potenzial haben, bei Missbrauch erheblichen Schaden anzurichten. Daher sind spezielle Datenschutzregelungen für den Finanzsektor nicht nur gesetzlich vorgeschrieben, sondern auch ein zentraler Bestandteil der Vertrauensbildung mit den Kunden.

Datenschutzregelungen im Finanzsektor

Die Datenschutzanforderungen im Finanzsektor sind darauf ausgerichtet, sowohl die Sicherheit als auch die Vertraulichkeit der Kundendaten zu gewährleisten und gleichzeitig Compliance mit nationalen und internationalen Gesetzen sicherzustellen. Wichtige Regelungen und Prinzipien umfassen:

- **Einhaltung gesetzlicher Vorschriften:** Gesetze wie der Sarbanes-Oxley Act (SOX) in den USA, die Datenschutz-Grundverordnung (GDPR) in Europa und der Gramm-Leach-Bliley Act (GLBA), der die Offenlegung von Kundendaten durch Finanzinstitute regelt, setzen den Rahmen für den Datenschutz im Finanzsektor.
- **Risikomanagement:** Finanzinstitute müssen umfangreiche Risikomanagementverfahren implementieren, die sicherstellen, dass alle Datenschutzrisiken identifiziert, bewertet und gemindert werden. Dazu gehören technische und organisatorische Maßnahmen zum Schutz vor Datenverlust, Datendiebstahl und anderen Formen des Datenmissbrauchs.
- **Datenschutz durch Technikgestaltung:** Die Prinzipien des Datenschutzes durch Technikgestaltung (Privacy by Design)

verlangen, dass Datenschutzmaßnahmen bereits bei der Entwicklung neuer Produkte, Dienstleistungen und IT-Systeme im Finanzsektor integriert werden.

Herausforderungen im Finanzsektor

- **Umgang mit sensiblen Informationen:** Finanzinstitute verarbeiten große Mengen sensibler Daten, einschließlich Sozialversicherungsnummern, Bankkontoinformationen und Kreditgeschichten. Der Schutz dieser Informationen vor unbefugtem Zugriff und Missbrauch ist eine kontinuierliche Herausforderung.
- **Technologische Innovationen:** Die rapide Entwicklung in der Finanztechnologie (Fintech) bringt neue Herausforderungen für den Datenschutz mit sich. Technologien wie Blockchain, künstliche Intelligenz und maschinelles Lernen erfordern neue Ansätze zum Datenschutz und zur Datensicherheit.

Best Practices für Datenschutz im Finanzsektor

Um effektiv auf die Datenschutzanforderungen im Finanzsektor zu reagieren, sollten folgende Best Practices berücksichtigt werden:

- **Fortlaufende Schulungen:** Mitarbeiter in Finanzinstituten sollten regelmäßig in Datenschutzpraktiken geschult werden, um sicherzustellen, dass sie über die neuesten gesetzlichen Anforderungen und besten Praktiken informiert sind.
- **Starke Kundenauthentifizierung:** Der Einsatz mehrfaktorieller Authentifizierungsmethoden ist entscheidend, um sicherzustellen, dass nur autorisierte Personen Zugang zu sensiblen Finanzdaten haben.

- **Transparente Kommunikation:** Kunden sollten klar und verständlich über die Verwendung ihrer Daten informiert werden, einschließlich Informationen darüber, wie ihre Daten gesammelt, verwendet und geschützt werden.

Datenschutz in der Bildungsbranche

Im Bildungswesen werden täglich große Mengen persönlicher Informationen von Schülern, Studenten und Lehrkräften verarbeitet. Diese Daten reichen von einfachen Kontaktdaten bis hin zu sensiblen Leistungsbeurteilungen und Gesundheitsinformationen. Angesichts dieser Vielfalt und Sensibilität der Daten ist der Datenschutz in der Bildungsbranche von entscheidender Bedeutung, um die Privatsphäre der Beteiligten zu schützen und ein sicheres Lernumfeld zu gewährleisten.

Datenschutzanforderungen in der Bildung

Die Anforderungen an den Datenschutz in der Bildungsbranche sind komplex, da sie nicht nur den Schutz der Daten, sondern auch deren Verfügbarkeit für Bildungszwecke berücksichtigen müssen. Wesentliche Aspekte umfassen:

- **Einhaltung gesetzlicher Vorschriften:** In vielen Ländern gibt es spezifische Gesetze, die den Datenschutz im Bildungsbereich regeln. In den USA zum Beispiel regelt der Family Educational Rights and Privacy Act (FERPA) den Zugang zu und den Umgang mit Bildungsinformationen. In der EU müssen Bildungseinrichtungen die Bestimmungen der Datenschutz-Grundverordnung (GDPR) einhalten.
- **Zugangsrechte:** Schüler und ihre Eltern haben oft das Recht, auf Bildungsdaten zuzugreifen und deren Korrektur

zu verlangen. Diese Rechte sind entscheidend, um Transparenz und Vertrauen zu fördern.

- **Datenminimierung:** Bildungseinrichtungen müssen sicherstellen, dass nur die für den Bildungszweck notwendigen Daten erhoben und gespeichert werden.

Herausforderungen beim Datenschutz in der Bildung

- **Digitalisierung des Unterrichts:** Die zunehmende Nutzung digitaler Technologien im Klassenzimmer erhöht die Risiken in Bezug auf Datenschutz und Datensicherheit. Online-Lernplattformen, Cloud-Speicherung und mobile Technologien erfordern robuste Sicherheitsmaßnahmen.
- **Schutz vor unbefugtem Zugriff:** Es muss gewährleistet sein, dass nur autorisiertes Personal Zugang zu persönlichen Daten hat. Dies ist besonders kritisch in Umgebungen, wo viele Personen Zugang zu Informationssystemen haben.
- **Sensibilisierung und Schulung:** Lehrkräfte, Verwaltungspersonal und Schüler müssen regelmäßig über Datenschutzbestimmungen informiert und geschult werden, um das Bewusstsein zu schärfen und sicherzustellen, dass sie verantwortungsvoll mit persönlichen Daten umgehen.

Best Practices für Datenschutz in der Bildungsbranche

- **Implementierung von Datenschutzrichtlinien:** Jede Bildungseinrichtung sollte klare Datenschutzrichtlinien haben, die regelmäßig überprüft und aktualisiert werden.
- **Technische und organisatorische Maßnahmen:** Dazu gehören Verschlüsselung von Daten, sichere Netzwerke, regelmäßige Sicherheitsaudits und die Einrichtung von Zugangskontrollen.

- **Transparenz und Kommunikation:** Datenschutzrichtlinien und Verfahren sollten für alle Beteiligten leicht zugänglich und verständlich sein. Die Einrichtungen sollten aktiv kommunizieren, wie sie Daten schützen und welche Rechte Einzelpersonen haben.

2.3.6 Rolle der künstlichen Intelligenz im Datenschutz

Künstliche Intelligenz (KI) spielt eine immer wichtigere Rolle im Bereich des Datenschutzes, sowohl als Werkzeug zur Effizienzsteigerung als auch als potenzielle Quelle neuer Datenschutzrisiken. Der Einsatz von KI kann dazu beitragen, große Datenmengen effizient zu verarbeiten und zu analysieren, bringt jedoch auch Fragen der Ethik und der Compliance mit sich.

EINSATZ VON KI ZUR DATENANALYSE UND -VERARBEITUNG

KI-Technologien bieten fortschrittliche Möglichkeiten zur Datenanalyse, die weit über die Kapazitäten menschlicher Datenanalyse hinausgehen. In Datenschutzkontexten wird KI genutzt, um Muster zu erkennen, Anomalien zu identifizieren und automatisierte Entscheidungen zu treffen.

- **Automatisierte Einhaltung von Datenschutzvorschriften:** KI kann dazu verwendet werden, sicherzustellen, dass Daten gemäß den gesetzlichen Bestimmungen verarbeitet werden. Beispielsweise kann KI eingesetzt werden, um personenbezogene Daten automatisch zu erkennen und zu klassifizieren und sicherzustellen, dass diese Daten entsprechend den Datenschutzrichtlinien behandelt werden.
- **Erkennung von Datenschutzverletzungen:** KI-Systeme können kontinuierlich Datenverkehr analysieren, um unge-

wöhnliche Aktivitäten zu identifizieren, die auf Datenschutzverletzungen hindeuten könnten.

ETHIK UND DATENSCHUTZ BEI KI-ANWENDUNGEN

Während KI erhebliche Vorteile für den Datenschutz bieten kann, wirft sie auch wichtige ethische Fragen auf, insbesondere im Hinblick auf die Privatsphäre, die Autonomie und die Transparenz.

- **Transparenz und Nachvollziehbarkeit:** Es ist entscheidend, dass KI-Entscheidungen nachvollziehbar und transparent sind. Nutzer sollten verstehen können, wie ihre Daten von KI-Systemen verwendet werden und wie Entscheidungen getroffen werden.
- **Vermeidung von Bias:** KI-Systeme können vorhandene Vorurteile in den Trainingsdaten verstärken. Es ist wichtig, dass KI-Anwendungen so gestaltet sind, dass sie Bias minimieren und eine faire Behandlung aller Nutzer gewährleisten.

REGULIERUNGSANSÄTZE UND KI-GESTEUERTE DATENSCHUTZTECHNOLOGIEN

Angesichts der schnellen Entwicklung der KI-Technologie arbeiten Regierungen und internationale Organisationen an Rahmenbedingungen, die sowohl Innovation fördern als auch Datenschutz und Ethik sicherstellen.

- **Entwicklung von Standards und Richtlinien:** Es werden Standards entwickelt, die Anforderungen an KI-Systeme im Hinblick auf Datenschutz und Sicherheit festlegen.
- **KI-gesteuerte Datenschutztechnologien:** Neben der Nutzung von KI zur Durchsetzung von Datenschutzregeln entwickeln Forscher auch Technologien, die den Datenschutz

durch KI verbessern können, wie zum Beispiel differenzielle Privatsphäre und homomorphe Verschlüsselung, die es ermöglichen, Daten in verschlüsselter Form zu analysieren, ohne sie aufzudecken.

Die Rolle der KI im Datenschutz ist komplex und dualistisch. Einerseits bietet sie leistungsstarke Werkzeuge zur Datenverarbeitung und zur Sicherung der Compliance, andererseits erfordert sie sorgfältige Überlegungen bezüglich ethischer Aspekte und des Schutzes der Privatsphäre. Zukünftige Regulierungsansätze müssen diese Dualität berücksichtigen, um sowohl die Potenziale der KI zu nutzen als auch die Rechte der Individuen zu schützen.

KAPITEL 3: TOLERANT SOFTWARE IM EINSATZ

Die digitale Transformation schreitet unaufhaltsam voran und zwingt Unternehmen aller Branchen, ihre Datenmanagementstrategien zu überdenken. Ein aktuelles Beispiel, das die Dringlichkeit und den Wert effektiver Datenmanagementlösungen unterstreicht, ist die Erfahrung eines führenden Einzelhändlers in Deutschland. Nachdem das Unternehmen mit erheblichen Herausforderungen bei der Kundenkommunikation konfrontiert wurde, führte es TOLERANT Software ein, um seine Datenqualität zu verbessern. Der Einsatz dieser innovativen Softwarelösung führte zu einer messbaren Steigerung der Kundenzufriedenheit und einer deutlichen Reduktion von Kosten, die durch fehlerhafte Daten verursacht wurden.

In Kapitel 3 des vorliegenden Sachbuchs werden wir uns eingehend damit beschäftigen, wie TOLERANT Software in verschiedenen Unternehmensbereichen implementiert wird. Wir beleuchten, wie die Technologie Unternehmen dabei unterstützt, ihre Daten effizienter zu verwalten, die Kundenzufriedenheit zu steigern und letztendlich ihre Marktposition zu stärken. Die Fallstudien und Anwendungsbeispiele geben einen umfassenden Einblick, wie modernes Datenmanagement in der Praxis erfolgreich umgesetzt wird.

3.1 Namens- und Adressvalidierung (TOLERANT Post, TOLERANT Name)

3.1.1 TOLERANT Name

FUNKTIONEN UND EINSATZBEREICHE

Automatische Erkennung und Korrektur von Namensfehlern

TOLERANT Name revolutioniert die Art und Weise, wie Unternehmen mit Kundendaten umgehen, insbesondere wenn es um die Erkennung und Korrektur von Namensfehlern geht. Diese hochentwickelte Software greift auf modernste Algorithmen zurück, um gängige Fehler bei der Dateneingabe automatisch zu erkennen und zu korrigieren, was eine erhebliche Verbesserung der Datenqualität zur Folge hat.

Die automatische Erkennung von Namensfehlern ist ein entscheidender Vorteil von TOLERANT Name. Beispielsweise werden Tippfehler, Vertauschungen von Buchstaben oder unvollständige Namenseingaben erkannt. Durch den Abgleich mit umfangreichen Referenzdatenbanken und die Verwendung von Algorithmen, die auf linguistischen Modellen basieren, kann TOLERANT Name selbst kleinste Unstimmigkeiten in Namen identifizieren und korrigieren.

Ein typisches Anwendungsbeispiel hierfür ist der Kundenkontakt in Callcentern oder bei der Eingabe von Kundendaten in Online-Formularen. Oft geben Kunden ihre Namen schnell und unter Zeitdruck ein, was zu Fehlern führen kann. TOLERANT Name sorgt hier für eine sofortige Korrektur während der Eingabe, was die Kundenzufriedenheit erhöht und die Effizienz steigert.

Die Software bietet auch die Möglichkeit, Namenszusätze wie akademische Titel oder Adelstitel korrekt zu erkennen und zuzuordnen. Dies ist besonders wichtig für die korrekte Ansprache von Kunden in der Kommunikation und bei formellen Schreiben, da eine fehlerhafte Anrede als respektlos oder unprofessionell wahrgenommen werden kann.

Insgesamt ermöglicht die Funktion zur automatischen Erkennung und Korrektur von Namensfehlern in TOLERANT Name eine signifikante Verbesserung der Datenqualität. Unternehmen können somit nicht nur ihre internen Prozesse optimieren, sondern auch ihre Kommunikation mit Kunden auf eine neue Stufe der Professionalität heben.

Strukturierung von Namen in Bestandteile (Vorname, Nachname, Titel)

Die Strukturierung von Namen in Bestandteile wie Vorname, Nachname und Titel ist eine weitere herausragende Funktion von TOLERANT Name, die entscheidend zur Effizienzsteigerung und Genauigkeit in der Datenverwaltung beiträgt. Diese Funktion ermöglicht es Unternehmen, die Komplexität der Namensverwaltung zu reduzieren und die Interaktion mit Kunden zu personalisieren, indem präzise und korrekt segmentierte Daten verwendet werden.

TOLERANT Name verwendet fortschrittliche Parsing-Algorithmen, um einen vollständigen Namen in seine einzelnen Komponenten zu zerlegen. Diese Fähigkeit ist besonders wichtig, da Namen in verschiedenen Kulturen unterschiedlich strukturiert sein können. Beispielsweise kann in einigen Kulturen der Familienname vor dem Vornamen stehen, oder es gibt mehrere Vornamen und Nachnamen. TOLERANT Name erkennt und berücksichtigt diese kulturellen Unterschiede, um eine genaue Strukturierung und Speicherung der Daten zu gewährleisten.

Die praktische Anwendung dieser Funktion zeigt sich unter anderem in der Kundenansprache und im Marketing. Durch die korrekte Identifizierung und Trennung der Namensbestandteile können Unternehmen personalisierte Marketingkampagnen durchführen, die deutlich effektiver sind. Eine korrekte Anrede mit dem passenden Titel erhöht nicht nur die Wahrscheinlichkeit einer positiven Kundenreaktion, sondern stärkt auch das professionelle Image des Unternehmens.

Zusätzlich unterstützt diese strukturierte Erfassung von Namen die Compliance mit Datenschutzbestimmungen, indem sie sicherstellt, dass die Daten genau und nachvollziehbar gespeichert werden. In vielen Rechtsräumen ist es erforderlich, genaue Aufzeichnungen über die erhobenen Daten zu führen, und die Fähigkeit, Namen korrekt in ihre Bestandteile zu gliedern, ist hierbei von unschätzbarem Wert.

Kurzum, die Funktion von TOLERANT Name zur Strukturierung von Namen in Bestandteile ist ein unverzichtbares Werkzeug für jedes datengetriebene Unternehmen, das seine Kundendatenbank nicht nur pflegen, sondern auch strategisch nutzen möchte, um die Effizienz zu steigern und eine stärkere Kundenbindung zu erreichen.

TECHNOLOGIE UND ALGORITHMEN

Anwendung von Matching-Verfahren und Plausibilitätschecks

Im Herzen von TOLERANT Name steht eine hochentwickelte Technologieplattform, die speziell dafür entwickelt wurde, die Genauigkeit und Zuverlässigkeit der Namensvalidierung durch den Einsatz von Matching-Verfahren und Plausibilitätschecks zu maximieren.

Diese Technologien sind entscheidend für die effiziente und effektive Verarbeitung und Überprüfung von Kundendaten in Echtzeit.

Die Matching-Verfahren, die in TOLERANT Name zum Einsatz kommen, basieren auf fortschrittlichen Algorithmen, die in der Lage sind, Ähnlichkeiten zwischen eingegebenen Namen und denen in einer umfangreichen Referenzdatenbank zu erkennen. Diese Verfahren sind besonders nützlich, um auch bei leicht abweichender Schreibweise – sei es durch Tippfehler, unterschiedliche Transkriptionen oder kulturell unterschiedliche Namensformate – korrekte Ergebnisse zu liefern. Die Algorithmen berücksichtigen dabei verschiedene phonetische, syntaktische und semantische Aspekte, um die wahrscheinlichsten Übereinstimmungen zu finden.

Plausibilitätschecks ergänzen diese Matching-Verfahren, indem sie die Wahrscheinlichkeit überprüfen, dass eine bestimmte Namenskonfiguration in einem gegebenen kulturellen oder geografischen Kontext korrekt ist. Zum Beispiel würde ein Plausibilitätscheck erkennen, wenn ein typisch männlicher Vorname irrtümlich einer weiblichen Anrede zugeordnet wird, und könnte darauf hinweisen, dass entweder die Anrede oder der Vorname falsch eingegeben wurde.

Diese Technologien werden durch maschinelles Lernen und kontinuierliche Datenanalyse weiter verfeinert, um die Genauigkeit im Laufe der Zeit zu verbessern. Durch das Sammeln und Analysieren von Feedback und Korrekturen lernen die Systeme, Muster und häufige Fehlerquellen zu erkennen, was zu einer stetigen Verbesserung der Datenqualität führt.

In der Praxis ermöglicht die Integration von Matching-Verfahren und Plausibilitätschecks in TOLERANT Name Unternehmen, ihre Kundendaten effektiver zu verwalten und zu nutzen. Sie trägt wesentlich dazu bei, die Kundenkommunikation zu personalisieren, die Kundenzufriedenheit zu erhöhen und letztendlich eine stärkere Kundenbindung zu erreichen. Durch die Gewährleistung, dass die Daten von Anfang an korrekt erfasst werden, helfen diese Technologien auch, den Aufwand und die Kosten für nachträgliche Datenbereinigungen zu reduzieren.

Integration mit externen Referenzdatenbanken

Die Integration mit externen Referenzdatenbanken ist ein fundamentaler Bestandteil von TOLERANT Name, der die Effizienz und Genauigkeit der Namensvalidierung wesentlich erhöht. Diese Integration ermöglicht es, eine kontinuierliche Abgleichung von Kundendaten mit zuverlässigen und aktuell gehaltenen externen Quellen durchzuführen, wodurch die Qualität und die Plausibilität der Kundendaten signifikant verbessert werden.

Durch die Verbindung mit externen Datenbanken kann TOLERANT Name auf eine breite Palette von Referenzinformationen zugreifen, einschließlich, aber nicht beschränkt auf, geografische, demografische und kulturelle Daten. Diese Datenbanken enthalten oft umfangreiche Informationen zu Namen, einschließlich ihrer Herkunft, Häufigkeit und typischen Geschlechtszuordnungen, was für eine effektive Namensanalyse unerlässlich ist.

Ein wichtiger Aspekt dieser Integration ist die Fähigkeit von TOLERANT Name, Echtzeit-Updates zu erhalten. Dies ist besonders wichtig, da sich Daten schnell ändern können – beispielsweise neue Namenstrends aufgrund von kulturellen Verschiebungen oder Migration. Die Software ist daher in der Lage, ihre Referenzdatenbanken kontinuierlich zu aktualisieren und anzupassen, um sicherzustellen, dass die verarbeiteten Informationen stets auf dem neuesten Stand sind.

Darüber hinaus unterstützt die Integration mit externen Datenbanken die globale Skalierbarkeit von TOLERANT Name. Unternehmen, die international operieren, profitieren enorm von der Fähigkeit, Namen aus verschiedenen Kulturen und Sprachen korrekt zu identifizieren und zu verarbeiten. Dies schließt die korrekte Erkennung von Namensstrukturen und -formaten ein, die von Region zu Region variieren können.

Die Technologie hinter der Integration mit externen Datenbanken umfasst fortgeschrittene APIs und Schnittstellen, die einen nahtlosen Datenfluss zwischen TOLERANT Name und den Datenbanken ermöglichen. Diese Schnittstellen sind so konzipiert, dass sie hohe Volumina an Abfragen effizient verarbeiten und dabei Datenschutz- und Sicherheitsstandards vollständig einhalten.

Zusammenfassend lässt sich sagen, dass die Integration von TOLERANT Name mit externen Referenzdatenbanken eine unverzichtbare Funktion darstellt, die Unternehmen hilft, die Genauigkeit ihrer Kundendaten zu gewährleisten und gleichzeitig eine umfassende, kulturell sensible Kundenansprache zu ermöglichen. Sie ermöglicht eine präzisere Kundensegmentierung und -ansprache, was letztendlich zu verbesserten Marketingstrategien und gesteigerter Kundenzufriedenheit führt.

ANWENDUNGSBEISPIELE UND FALLSTUDIEN

Verbesserung der Kundenansprache in Marketing kampagnen

Ein prägnantes Anwendungsbeispiel für TOLERANT Name findet sich in der Optimierung der Kundenansprache im Rahmen von Marketingkampagnen. Viele Unternehmen stehen vor der Herausforderung, ihre Marketingmaterialien effektiv und persönlich zu gestalten, um eine höhere Kundenbindung und bessere Response-Raten zu erzielen. Hier zeigt TOLERANT Name seine Stärken, indem es eine signifikante Verbesserung in der Genauigkeit und Personalisierung der Kundenansprache ermöglicht.

Ein anschauliches Beispiel für den erfolgreichen Einsatz von TOLERANT Name bietet ein mittelständisches Unternehmen aus der Modebranche, das regelmäßig personalisierte E-Mail-Kampagnen an seine umfangreiche Kundendatenbank versendet. Trotz sorgfältiger Planung und Gestaltung der Kampagnen litt das Unternehmen unter niedrigen Öffnungsraten und einer geringen Konversionsrate, vor allem weil viele E-Mails aufgrund fehlerhafter oder unvollständiger Namensdaten nicht persönlich genug wirkten.

Durch die Implementierung von TOLERANT Name konnte das Unternehmen seine Datenbasis von Namensunstimmigkeiten und -fehlern bereinigen. Die Software analysierte und korrigierte Fehler in den Kundendaten, wie vertauschte Vor- und Nachnamen, fehlerhafte Titel und unvollständige Namen. Darüber hinaus ermöglichte die Software die Segmentierung der Kundendaten nach verschiedenen demografischen und geografischen Merkmalen, was eine zielgerichtetere und persönlichere Ansprache in den Marketingkampagnen förderte.

Die Ergebnisse waren beeindruckend. Nach der Bereinigung und Optimierung der Kundendaten verzeichnete das Unternehmen eine Steigerung der Öffnungsraten seiner E-Mail-Kampagnen um 20% und eine Verbesserung der Konversionsrate um 15%. Diese Verbesserungen führten nicht nur zu einem direkten Umsatzwachstum, sondern auch zu einer stärkeren Kundenbindung, da die Kunden sich durch die korrekte und persönliche Ansprache wertgeschätzt fühlten.

Dieses Beispiel verdeutlicht, wie entscheidend die Rolle von genauen und strukturierten Namensdaten in der heutigen datengesteuerten Marketinglandschaft ist. TOLERANT Name bietet dabei nicht nur eine technische Lösung zur Verbesserung der Datenqualität, sondern fungiert als strategisches Werkzeug, das Unternehmen hilft, ihre Kommunikationsstrategien zu verfeinern und ihre Marketingziele effektiver zu erreichen.

Einsatz in CRM-Systemen zur Datenbereinigung

Der Einsatz von TOLERANT Name in Customer Relationship Management (CRM)-Systemen zur Datenbereinigung ist ein weiteres Anwendungsbeispiel, das die Vielseitigkeit und Effektivität dieser Software unterstreicht. In vielen Unternehmen sind CRM-Systeme das Herzstück der Kundeninteraktion und -verwaltung. Eine hohe Datenqualität innerhalb dieser Systeme ist entscheidend für erfolgreiche Marketingstrategien, effiziente Kundenbetreuung und letztendlich für die Steigerung der Kundenzufriedenheit.

Ein prägnantes Beispiel für den Einsatz von TOLERANT Name zur Datenbereinigung in CRM-Systemen bietet ein international tätiges Telekommunikationsunternehmen. Dieses Unternehmen hatte mit erheblichen Herausforderungen bezüglich der Datenqualität zu kämpfen, insbesondere mit Duplikaten und inkorrekten Kundeninformationen, die sich negativ auf Kundenservice und Marketingkampagnen auswirkten.

Durch die Integration von TOLERANT Name in ihr CRM-System konnte das Unternehmen seine Datenbestände automatisiert analysieren und bereinigen. TOLERANT Name identifizierte und korrigierte nicht nur fehlerhafte Namen und Adressen, sondern konnte auch effektiv Duplikate erkennen und zusammenführen. Die Software nutzt fortschrittliche Matching-Algorithmen und Plausibilitätschecks, um sicherzustellen, dass nur korrekte und eindeutige Kundendaten im System verbleiben.

Der Nutzen dieser Datenbereinigung war vielfältig. Zum einen verbesserte sich die Effizienz des Kundenservice erheblich, da Service-Mitarbeiter nun auf zuverlässige und akkurate Kundendaten zugreifen konnten. Dies reduzierte die Bearbeitungszeit von Kundenanfragen und erhöhte die Zufriedenheit der Kunden, die eine schnelle und kompetente Betreuung erfuhren. Zum anderen steigerte die bereinigte Datenbasis die Effektivität der Marketingkampagnen. Personalisierte Angebote erreichten die richtigen Kunden ohne Streuverluste durch fehlerhafte Daten, was zu einer höheren Response-Rate und einer besseren Konversion führte.

Diese positive Veränderung hatte auch einen messbaren wirtschaftlichen Effekt: Das Unternehmen verzeichnete eine signifikante Kostensenkung, da weniger Ressourcen für die manuelle Datenbereinigung und die Bearbeitung von Kundenbeschwerden aufgrund von Datenfehlern aufgewendet werden mussten. Darüber hinaus führte die verbesserte Datenqualität zu einer Erhöhung der Kundenloyalität und damit zu einer langfristigen Bindung wertvoller Kunden.

Der Einsatz von TOLERANT Name in CRM-Systemen ist somit ein Schlüsselfaktor für Unternehmen, die ihre Datenverwaltung optimieren und ihre Kundenbeziehungen auf eine solide, datengestützte Basis stellen möchten.

3.1.2 TOLERANT Post

FUNKTIONEN UND EINSATZBEREICHE

Überprüfung und Korrektur postalischer Adressen

TOLERANT Post ist eine essenzielle Softwarelösung für Unternehmen, die eine hohe Genauigkeit und Integrität ihrer postalischen Adressdaten sicherstellen möchten. Die Kernfunktion dieser Software besteht in der Überprüfung und Korrektur postalischer Adressen, die in zahlreichen Unternehmensbereichen von entscheidender Bedeutung ist.

Die Überprüfung und Korrektur postalischer Adressen durch TOLERANT Post ermöglicht es Unternehmen, signifikante Herausforderungen in der Adressverwaltung zu überwinden. Dazu zählt das Identifizieren und Korrigieren von Tippfehlern, das Erkennen und Anpassen veralteter Straßennamen sowie das Zuordnen der korrekten Postleitzahlen und Ortsnamen. Diese Funktionen sind besonders wichtig, da fehlerhafte oder veraltete Adressdaten zu Problemen wie unzustellbaren Sendungen führen können, die nicht nur zusätzliche Kosten verursachen, sondern auch die Kundenzufriedenheit beeinträchtigen.

Ein praxisnahes Beispiel für den Einsatz von TOLERANT Post ist die Optimierung der Versandlogistik eines Online-Händlers. Durch die Verwendung der Software konnte der Händler die Genauigkeit der Lieferadressen in seiner Kundendatenbank signifikant verbessern. Dies führte zu einer deutlichen Reduktion der Rücksendequote und einer effizienteren Lieferkette. Die korrekte und aktuelle Adressierung trägt nicht nur zur Kosteneffizienz bei, sondern verstärkt auch das Vertrauen der Kunden in den Online-Händler.

Zudem unterstützt TOLERANT Post auch die Einhaltung rechtlicher Rahmenbedingungen, wie sie beispielsweise bei der datenschutzkonformen Speicherung und Verarbeitung von Adressdaten erforderlich sind. Die präzise und gesetzeskonforme Handhabung von Adressdaten schützt Unternehmen vor möglichen rechtlichen Konsequenzen, die aus der Missachtung solcher Vorschriften resultieren könnten.

Die Software nutzt fortschrittliche Algorithmen und greift auf umfangreiche, aktuell gehaltene Datenbanken zurück, um die Richtigkeit der Adressen zu gewährleisten. Diese Datenbanken enthalten Informationen zu Adressänderungen, die durch städtische Umstrukturierungen oder durch Postleitzahlenänderungen entstehen können.

Insgesamt ist TOLERANT Post ein unverzichtbares Tool für jedes datengesteuerte Unternehmen, das auf effiziente Kommunikation und Logistik angewiesen ist. Durch die Sicherstellung korrekter und validierter Adressdaten hilft TOLERANT Post Unternehmen, ihre operative Effizienz zu steigern und eine solide Basis für erfolgreiche Kundeninteraktionen zu schaffen.

Adressstandardisierung und -validierung für internationale Märkte

Die Adressstandardisierung und -validierung für internationale Märkte ist eine zentrale Funktion von TOLERANT Post, die für global agierende Unternehmen von enormer Bedeutung ist. In unserer vernetzten Welt, in der Unternehmen häufig grenzüberschreitend operieren, ist es entscheidend, dass die Adressdaten nicht nur korrekt, sondern auch nach internationalen Standards formatiert sind. TOLERANT Post ermöglicht genau dies durch seine fortschrittlichen Funktionen zur Adressstandardisierung und -validierung.

Die Herausforderung bei der Handhabung internationaler Adressen liegt in der großen Vielfalt der Adressformate, die von Land zu Land variieren können. Während einige Länder Postleitzahlen vor dem Ort angeben, platzieren andere sie dahinter oder verwenden ganz eigene Systeme der Adressgliederung. TOLERANT Post begegnet dieser Herausforderung, indem es ein umfassendes Regelwerk zur Adressstandardisierung nutzt, das die jeweiligen länderspezifischen Besonderheiten berücksichtigt. Dies gewährleistet, dass Adressen unabhängig vom Ursprungsland effektiv verarbeitet und korrekt in die Kundendatenbanken eingepflegt werden.

Ein praktisches Anwendungsbeispiel hierfür ist ein multinationaler Konzern, der regelmäßig Produkte in über 100 Länder versendet. Durch die Implementierung von TOLERANT Post konnte der Konzern die Genauigkeit seiner internationalen Lieferadressen signifikant erhöhen. Dies führte nicht nur zu einer Reduzierung von Lieferverzögerungen und -fehlern, sondern auch zu einer merklichen Kostensenkung im gesamten Logistikbereich. Darüber hinaus verbesserte sich die Kundenzufriedenheit, da die Pakete zuverlässig und zeitgerecht ihre Empfänger erreichten.

Die Adressvalidierung in TOLERANT Post umfasst auch die Überprüfung der Adressen gegen aktuelle Datenbanken, um sicherzustellen, dass die Adressen existieren und korrekt sind. Dies ist besonders wichtig für die Einhaltung von Compliance-Richtlinien und die Minimierung des Risikos von Betrug oder Irrtümern im internationalen Handel.

Zusätzlich bietet TOLERANT Post die Möglichkeit, Adressen mit geografischen Informationen anzureichern, was für gezielte Marketingkampagnen und regionale Analysen von unschätzbarem Wert sein kann. Durch diese geografische Anreicherung können Unternehmen ihre Marketingstrategien feiner abstimmen und besser auf die spezifischen Bedürfnisse und Präferenzen der Kunden in verschiedenen Regionen eingehen.

Insgesamt stellt die Adressstandardisierung und -validierung für internationale Märkte eine Schlüsselfunktion von TOLERANT Post dar, die es Unternehmen ermöglicht, ihre globale Reichweite effizient zu managen und zu erweitern. Diese Funktion trägt nicht nur zur operativen Effizienz bei, sondern stärkt auch das Vertrauen der Kunden in die Zuverlässigkeit und Professionalität des Unternehmens.

TECHNOLOGIE UND ALGORITHMEN

Einsatz geografischer Informationssysteme (GIS)

Im Rahmen von TOLERANT Post spielt der Einsatz geografischer Informationssysteme (GIS) eine zentrale Rolle, um die räumliche Dimension der Adressdaten zu verstehen und effektiv zu nutzen. GIS-Technologien ermöglichen es, geografische Daten zu erfassen, zu speichern, zu analysieren und darzustellen, was insbesondere für die Adressvalidierung und -standardisierung unerlässlich ist.

Die Integration von GIS in TOLERANT Post ermöglicht eine präzise Lokalisierung und geografische Analyse von Adressdaten. Dies trägt entscheidend dazu bei, die Genauigkeit der postalischen Informationen zu verbessern und komplexe Daten in nützliche, handlungsorientierte Erkenntnisse umzuwandeln. Beispielsweise kann die Software durch die Analyse geografischer Daten feststellen, ob eine angegebene Adresse in einer städtischen oder ländlichen Region liegt, was wiederum Auswirkungen auf Logistik und Marketingstrategien haben kann.

Ein praktischer Nutzen von GIS in TOLERANT Post ist die Geokodierung – die Umwandlung einer postalischen Adresse in geografische Koordinaten. Dieser Prozess ist von immenser Bedeutung für Unternehmen, die Lieferdienste anbieten oder Standortanalysen durchführen. Durch die Geokodierung können exakte Standorte auf einer Karte dargestellt werden, was die Routenplanung für Lieferungen optimiert und die Effizienz des gesamten Lieferprozesses steigert.

Zudem ermöglicht der Einsatz von GIS die Visualisierung von Adressdaten, was besonders in der strategischen Planung und Entscheidungsfindung hilfreich ist. Unternehmen können beispielsweise visuell analysieren, wo ihre Kunden konzentriert sind und wo potenzielle neue Märkte liegen. Diese visuelle Komponente unterstützt eine intuitive Erfassung und Analyse räumlicher Muster, die sonst in traditionellen Datenansichten untergehen könnten.

GIS-Technologien in TOLERANT Post unterstützen auch die Verifizierung und Validierung von Adressen durch den Abgleich mit hochwertigen, aktualisierten GIS-Datenbanken. Diese Datenbanken enthalten detaillierte Informationen zu geografischen Merkmalen, Verwaltungsgrenzen und infrastrukturellen Entwicklungen, die für die Adressüberprüfung entscheidend sind.

Die Integration geografischer Informationssysteme in TOLERANT Post stellt somit eine wichtige technologische Entwicklung dar, die es Unternehmen ermöglicht, ihre Daten effektiver zu managen und geografische Informationen strategisch für die Verbesserung ihrer Geschäftsprozesse zu nutzen. Dies führt zu einer verbesserten Kundeninteraktion, effizienteren Betriebsabläufen und einer stärkeren Marktpositionierung.

Automatisierte Adressaktualisierung und Dublettenerkennung

Die automatisierte Adressaktualisierung und Dublettenerkennung sind zentrale Funktionen von TOLERANT Post, die Unternehmen dabei unterstützen, ihre Adressdatenbanken effizient und effektiv zu verwalten. Diese Technologien sind essenziell, um die Integrität der Kundeninformationen zu bewahren und redundante oder veraltete Daten zu eliminieren, was wiederum eine optimierte Kundenkommunikation und verbesserte betriebliche Abläufe ermöglicht.

Automatisierte Adressaktualisierung

Die automatisierte Adressaktualisierung innerhalb von TOLERANT Post stellt sicher, dass alle gespeicherten Adressdaten stets aktuell und korrekt sind. Dies ist besonders wichtig in einer sich schnell verändernden Welt, in der Adressen durch Umzüge, administrative Änderungen oder Neubenennungen von Straßen häufig angepasst werden müssen. TOLERANT Post nutzt hierfür fortschrittliche Algorithmen, die regelmäßig mit externen, zuverlässigen Adressdatenbanken abgeglichen werden, um Änderungen zu identifizieren und automatisch in die Kundendatenbanken zu integrieren.

Diese Funktion reduziert den manuellen Aufwand erheblich und minimiert Fehler, die durch menschliche Eingriffe entstehen können. Für Unternehmen bedeutet dies eine deutliche Zeit- und Kostenersparnis sowie eine Steigerung der Datenqualität, die direkte Auswirkungen auf die Kundenzufriedenheit und das Vertrauen in das Unternehmen hat.

Dublettenerkennung

Ein weiteres kritisches Feature von TOLERANT Post ist die Dublettenerkennung. Dubletten in Adressdatenbanken sind nicht nur ineffizient, sondern können auch zu erheblichen Problemen in der

Kundenansprache und in den Marketingkampagnen führen. Die Dublettenerkennung von TOLERANT Post verwendet komplexe Matching-Algorithmen, um ähnliche oder identische Adressdatensätze innerhalb der Datenbank zu identifizieren. Diese können dann überprüft, zusammengeführt oder gelöscht werden, abhängig von den spezifischen Anforderungen und Richtlinien des Unternehmens.

Die Algorithmen berücksichtigen dabei verschiedene Attribute einer Adresse, wie Namen, Postleitzahlen und Wohnort, und können selbst geringfügige Abweichungen erkennen, die sonst möglicherweise übersehen würden. Diese Präzision sorgt dafür, dass Dubletten effektiv und zuverlässig identifiziert werden, was die Datenintegrität weiter verbessert.

Durch die Kombination aus automatisierter Adressaktualisierung und effizienter Dublettenerkennung ermöglicht TOLERANT Post den Unternehmen, ihre Ressourcen optimal zu nutzen und sich auf das Wachstum und die Skalierung ihrer Geschäftsaktivitäten zu konzentrieren. Die klare und präzise Verwaltung der Adressdaten fördert eine zielgerichtete Kommunikation und Interaktion mit den Kunden, die essenziell für den Aufbau langfristiger Kundenbeziehungen ist.

ANWENDUNGSBEISPIELE UND FALLSTUDIEN

Optimierung der Zustellraten in Direktmarketingaktionen

Die Optimierung der Zustellraten in Direktmarketingaktionen ist ein zentrales Anwendungsbeispiel für TOLERANT Post, das die Effektivität dieser Software in der Praxis eindrucksvoll demonstriert. Ein prägnantes Beispiel hierfür liefert ein großes Versandhandelsunternehmen, das jährlich Millionen von Katalogen, Werbebroschüren und personalisierten Angeboten an Kunden in ganz Europa versendet.

Herausforderung und Implementierung

Das Unternehmen stand vor der Herausforderung, dass ein signifikanter Anteil seiner Sendungen aufgrund von Adressfehlern, veralteten Adressdaten oder Dubletten in der Adressdatenbank nicht zugestellt werden konnte. Dies führte nicht nur zu erhöhten Kosten durch verschwendete Druck- und Versandressourcen, sondern auch zu entgangenen Umsatzmöglichkeiten und einer Verschlechterung des Kundenerlebnisses.

Zur Lösung dieser Probleme führte das Unternehmen TOLERANT Post ein, um seine Adressdatenbank umfassend zu bereinigen und zu aktualisieren. Die Software wurde nahtlos in die bestehenden CRM- und Versandsysteme integriert, wodurch eine kontinuierliche Überprüfung und Aktualisierung der Adressen ermöglicht wurde.

Ergebnisse der Optimierung

Die Ergebnisse waren beeindruckend. Nach der Implementierung von TOLERANT Post konnte das Unternehmen eine signifikante Verbesserung der Zustellraten feststellen. Die Rate der unzustellbaren Sendungen verringerte sich um über 30%, was zu erheblichen Kosteneinsparungen führte. Darüber hinaus trug die verbesserte Zustellrate dazu bei, das Kundenerlebnis zu erhöhen, da Kunden ihre erwarteten Sendungen zuverlässig und rechtzeitig erhielten.

Ein weiterer Vorteil war die erhebliche Reduktion von Dubletten in der Adressdatenbank. Durch die effektive Dublettenerkennung und -bereinigung von TOLERANT Post wurden unnötige Mehrfachsendungen vermieden, was die Marketingeffizienz weiter steigerte und zur Schonung der Umwelt beitrug, indem weniger Ressourcen verschwendet wurden.

Langfristige Vorteile

Die langfristigen Vorteile der Optimierung der Zustellraten erstrecken sich über die unmittelbaren finanziellen Einsparungen hinaus. Das verbesserte Verständnis und Management der Kundenadressen ermöglichte es dem Unternehmen, zielgerichtetere und personalisierte Marketingkampagnen zu entwickeln, die eine höhere Resonanz und Kundenbindung erzeugten. Zudem stärkte die zuverlässige Zustellung der Marketingmaterialien das Vertrauen der Kunden in die Marke.

Dieses Anwendungsbeispiel zeigt deutlich, wie TOLERANT Post Unternehmen dabei unterstützen kann, ihre operativen Herausforderungen zu überwinden und gleichzeitig strategische Vorteile im hart umkämpften Markt des Direktmarketings zu realisieren.

Unterstützung der Logistik durch präzise Adressdaten

Die präzise Erfassung und Pflege von Adressdaten spielt eine entscheidende Rolle in der Optimierung logistischer Prozesse. TOLERANT Post bietet hierfür eine essentielle Unterstützung, indem es die Genauigkeit und Aktualität der Adressdaten gewährleistet, was zu einer signifikanten Steigerung der Effizienz in der Logistik führt. Dies wird besonders deutlich am Beispiel eines international tätigen E-Commerce-Unternehmens, das sich mit den Herausforderungen der globalen Lieferketten auseinandersetzen muss.

Herausforderung in der Logistik

Das betreffende Unternehmen stand vor der Problematik, dass unpräzise oder veraltete Adressdaten häufig zu Lieferverzögerungen und erhöhten Kosten durch Fehllieferungen und Rücksendungen führten. Diese Probleme wurden verstärkt durch die globale Reichweite des Unternehmens, das mit einer Vielzahl unterschiedlicher und oft komplexer Adresssysteme weltweit konfrontiert war.

Implementierung von TOLERANT Post

Zur Lösung dieser Probleme implementierte das Unternehmen TOLERANT Post, um seine Adressdatenbank umfassend zu überprüfen und zu aktualisieren. Die Software nutzt fortschrittliche Algorithmen zur Adressvalidierung und -standardisierung, die speziell darauf ausgerichtet sind, die Besonderheiten internationaler Adressformate zu erkennen und zu verarbeiten. Diese Fähigkeit ist entscheidend, um sicherzustellen, dass alle Adressen im System den physischen und postalischen Gegebenheiten der jeweiligen Länder entsprechen.

Ergebnisse und Vorteile

Durch die Verwendung von TOLERANT Post konnte das Unternehmen eine deutliche Verbesserung seiner logistischen Abläufe erreichen. Die genauere Adresserfassung führte zu einer Reduzierung der Lieferverzögerungen und einer deutlichen Senkung der Kosten für Rücksendungen und Neuzustellungen. Die Logistikteams konnten effizienter arbeiten, da die Zuverlässigkeit der Adressdaten verbesserte Planungs- und Routenoptimierungen ermöglichte.

Ein weiterer wesentlicher Vorteil war die Fähigkeit, die Liefergenauigkeit zu erhöhen, was direkt zu einer gesteigerten Kundenzufriedenheit führte. Kunden, die ihre Bestellungen pünktlich und ohne Komplikationen erhalten, sind wesentlich wahrscheinlicher dazu geneigt, erneut zu bestellen und positive Bewertungen zu hinterlassen.

Langfristige strategische Vorteile

Langfristig ermöglicht die verbesserte Adressverwaltung dem Unternehmen, seine logistischen Prozesse kontinuierlich zu optimieren und an globale Veränderungen anzupassen. Die robuste Datenbasis, die durch TOLERANT Post bereitgestellt wird, hilft auch dabei, strategische Entscheidungen über Lagerstandorte und Vertriebskanäle zu treffen, die auf präzisen geografischen Daten basieren.

Dieses Beispiel unterstreicht die Bedeutung von präzisen Adressdaten in der Logistik und zeigt, wie TOLERANT Post als ein strategisches Werkzeug fungieren kann, das nicht nur unmittelbare operative Probleme löst, sondern auch einen Beitrag zur langfristigen Geschäftsentwicklung und Wettbewerbsfähigkeit leistet.

3.2 Überprüfung von Bankdaten (TOLERANT Bank)

3.2.1 Grundfunktionen und Anwendungsbereiche

VALIDIERUNG VON IBAN UND BIC

Prüfung der syntaktischen Korrektheit von IBANs

Die Prüfung der syntaktischen Korrektheit von IBANs ist eine der Grundfunktionen von TOLERANT Bank, einem spezialisierten Tool zur Überprüfung von Bankdaten. Diese Funktion spielt eine zentrale Rolle bei der Validierung internationaler Bankkontonummern, was für die Sicherstellung reibungsloser Finanztransaktionen unerlässlich ist.

Bedeutung der IBAN-Validierung

Die International Bank Account Number (IBAN) ist eine international standardisierte Darstellung von Kontonummern, die entwickelt wurde, um Fehler bei grenzüberschreitenden Transaktionen zu minimieren. Sie besteht aus einem Ländercode, einer Prüfziffer, einer Bankleitzahl und einer Kontonummer. Die syntaktische Korrektheit der IBAN zu prüfen, bedeutet zu verifizieren, ob die Struktur und die Länge der IBAN den spezifischen Regeln des jeweiligen Landes entsprechen.

Funktionsweise der Prüfung

TOLERANT Bank nutzt fortschrittliche Algorithmen, um die Korrektheit jeder IBAN zu überprüfen. Diese Algorithmen analysieren den Ländercode und die Prüfziffer, die für die Vermeidung und Erkennung von Fehlern entscheidend sind. Der Prozess beinhaltet die Berechnung der Prüfziffer aus den anderen Teilen der IBAN, um sicherzustellen, dass diese korrekt generiert wurde. Fehlerhafte Prüfziffern weisen häufig auf Tippfehler oder falsche Informationen hin, die bei der Eingabe der Bankdaten entstanden sind.

Anwendungsbeispiele und Vorteile

Die Prüfung der syntaktischen Korrektheit von IBANs durch TOLERANT Bank ist insbesondere für Finanzinstitutionen, Unternehmen im E-Commerce und alle Organisationen, die regelmäßig internationale Zahlungen tätigen oder empfangen, von großer Bedeutung. Ein korrekter IBAN-Check reduziert das Risiko von Zahlungsverzögerungen, die durch fehlerhafte Kontodaten verursacht werden. Dies ist besonders kritisch in Geschäftsbereichen, wo schnelle Zahlungsabwicklungen essentiell sind, wie im Online-Handel oder bei internationalen Handelstransaktionen.

Ein praktisches Beispiel für die Wirksamkeit dieser Prüfung zeigt sich in einem großen multinationalen Unternehmen, das TOLERANT Bank einsetzte, um die Effizienz seiner Gehaltsabrechnungen zu verbessern. Durch die automatisierte und präzise Überprüfung der IBANs aller Mitarbeiter konnte das Unternehmen fehlerhafte Überweisungen nahezu eliminieren, was zu einer erheblichen Reduktion von administrativen Kosten und einer Steigerung der Mitarbeiterzufriedenheit führte.

Fazit

Die syntaktische Prüfung von IBANs durch TOLERANT Bank ist somit ein unverzichtbares Werkzeug für die effiziente Abwicklung internationaler Finanztransaktionen. Durch die Sicherstellung der Korrektheit von Bankdaten hilft diese Funktion Unternehmen, Risiken zu minimieren, operative Effizienz zu steigern und das Vertrauen ihrer Geschäftspartner und Kunden zu stärken.

Zuordnung von IBANs zu Bankinstituten über BIC

Die Zuordnung von IBANs zu den entsprechenden Bankinstituten über den BIC (Business Identifier Code) ist eine weitere essenzielle Funktion von TOLERANT Bank. Diese Fähigkeit spielt eine entscheidende Rolle bei der Gewährleistung der Genauigkeit und Sicherheit von Finanztransaktionen, insbesondere im internationalen Zahlungsverkehr.

Bedeutung von BIC in der Bankdatenvalidierung

Der BIC, oft auch als SWIFT-Code bezeichnet, ist ein international anerkannter Code, der Banken und Finanzinstitute weltweit identifiziert. Jede Bank hat einen eindeutigen BIC, der in Kombination mit der IBAN eine schnelle und sichere Verarbeitung grenzüberschreitender Transaktionen ermöglicht. Die Zuordnung der IBAN zu einem BIC ist entscheidend, um sicherzustellen, dass Gelder genau an die richtige Bank und das korrekte Konto gesendet werden.

Funktionsweise der Zuordnung

TOLERANT Bank nutzt fortschrittliche Matching-Algorithmen, um IBANs automatisch den entsprechenden BICs zuzuordnen. Der Prozess beginnt mit der Analyse der IBAN, die spezifische Informationen wie Ländercode, Bankleitzahl und Kontonummer enthält. Der BIC wird dann auf Basis dieser Informationen ermittelt, wobei eine Datenbank genutzt wird, die alle BICs zusammen mit den zugehörigen Bankdaten umfasst.

Diese automatisierte Zuordnung ermöglicht eine präzise und effiziente Abwicklung von Zahlungen, indem sie die korrekte Bank und Filiale identifiziert, selbst wenn der BIC nicht explizit angegeben wurde. Dies ist besonders nützlich in Systemen, wo Benutzer dazu neigen, lediglich die IBAN ohne den dazugehörigen BIC anzugeben.

Anwendungsbeispiele und Vorteile

Ein prägnantes Beispiel für den Einsatz dieser Technologie findet sich in der Praxis eines großen internationalen Handelsunternehmens. Dieses Unternehmen verarbeitet täglich tausende von Zahlungstransaktionen, wobei die Genauigkeit bei der Zuordnung von IBAN zu BIC entscheidend für die Minimierung von Verzögerungen und Fehlern in der Zahlungsabwicklung ist. Durch den Einsatz von TOLERANT Bank konnte das Unternehmen seine Fehlerquote bei internationalen Transaktionen signifikant reduzieren, was nicht nur zu finanziellen Einsparungen führte, sondern auch die Zufriedenheit der Geschäftspartner und Kunden erhöhte.

Fazit

Die Funktion der Zuordnung von IBANs zu Bankinstituten über BIC in TOLERANT Bank ist ein unschätzbares Werkzeug für Unternehmen, die in der globalisierten Wirtschaft tätig sind. Sie trägt zur Verbesserung der Transaktionseffizienz bei, reduziert das Risiko von Überweisungsfehlern und stärkt das Vertrauen in die finanziellen Prozesse eines Unternehmens.

ÜBERPRÜFUNG UND KORREKTUR VON KONTODATEN

Automatische Korrektur fehlerhafter Kontonummern

Die automatische Korrektur fehlerhafter Kontonummern ist eine Schlüsselfunktion von TOLERANT Bank, die darauf abzielt, die Genauigkeit finanzieller Transaktionen zu erhöhen und operationelle Risiken zu minimieren. Diese Funktion ist besonders wichtig in einem Umfeld, in dem die Integrität und Zuverlässigkeit von Kontodaten direkt die Effizienz des Zahlungsverkehrs und die Kundenzufriedenheit beeinflussen.

Bedeutung der automatischen Korrektur

Fehlerhafte Kontonummern können zu einer Vielzahl von Problemen führen, darunter fehlgeschlagene Transaktionen, finanzielle Verluste und potenzielle Rechtsstreitigkeiten. Besonders in Großunternehmen oder Finanzinstitutionen, wo täglich tausende von Transaktionen durchgeführt werden, kann die automatische Korrektur solcher Fehler signifikante betriebliche und finanzielle Vorteile bringen. TOLERANT Bank adressiert diese Herausforderung durch den Einsatz fortschrittlicher Algorithmen, die fehlerhafte Eingaben erkennen und automatisch korrigieren.

Funktionsweise der automatischen Korrektur

Die Technologie hinter dieser Funktion basiert auf einer Kombination aus Regelprüfung und Referenzdatenabgleich. Zunächst prüft TOLERANT Bank die eingegebene Kontonummer auf ihre Übereinstimmung mit dem landesspezifischen Format und der entsprechenden Prüfziffernlogik. Sollte eine Inkonsistenz festgestellt werden, versucht das System, die wahrscheinlichsten Korrekturen vorzuschlagen, indem es die Daten gegen eine umfassende Datenbank mit gültigen Kontonummern und deren Varianten abgleicht.

Ein praktisches Beispiel für die Anwendung dieser Technologie ist bei einer großen Bank zu beobachten, die regelmäßig internationale Überweisungen für ihre Kunden durchführt. Durch den Einsatz von TOLERANT Bank konnte die Bank die Rate an fehlerhaften Überweisungen drastisch reduzieren. Das System erkennt und korrigiert automatisch Eingabefehler, bevor die Transaktionen ausgeführt werden, was die Notwendigkeit manueller Nachbearbeitungen reduziert und die Kundenzufriedenheit erheblich verbessert.

Vorteile der automatischen Korrektur

Die automatische Korrektur von Kontonummern in TOLERANT Bank bietet mehrere Vorteile:

1. **Reduzierung operationeller Risiken:** Minimierung von Fehlern in finanziellen Transaktionen und deren negativen Auswirkungen.
2. **Effizienzsteigerung:** Beschleunigung des Zahlungsverkehrs durch Vermeidung von Verzögerungen, die durch manuelle Korrekturen verursacht werden.
3. **Kosteneinsparungen:** Verringerung der administrativen Kosten, die durch die Bearbeitung fehlerhafter Transaktionen entstehen.

4. **Verbesserung der Kundenerfahrung:** Erhöhung der Zuverlässigkeit und des Vertrauens in die finanziellen Dienstleistungen des Unternehmens.

Zusammenfassend ist die Funktion der automatischen Korrektur fehlerhafter Kontonummern in TOLERANT Bank ein entscheidendes Werkzeug für alle Institutionen, die in der Verwaltung von Kontodaten tätig sind. Sie bietet nicht nur eine robuste Lösung zur Sicherstellung der Genauigkeit von Bankdaten, sondern fördert auch eine höhere operationelle Exzellenz und Kundenzufriedenheit.

Aktualisierung veralteter Bankdaten

Die Aktualisierung veralteter Bankdaten ist eine weitere essenzielle Funktion von TOLERANT Bank, die darauf abzielt, die Integrität und Aktualität von Bankinformationen in einem sich ständig verändernden finanziellen Ökosystem zu gewährleisten. Diese Funktion spielt eine entscheidende Rolle in der Minimierung von Transaktionsfehlern und der Steigerung der Effizienz des Zahlungsverkehrs, insbesondere für Unternehmen und Finanzinstitutionen, die ein hohes Volumen an Finanztransaktionen abwickeln.

Bedeutung der Aktualisierung veralteter Bankdaten

Bankdaten können aus verschiedenen Gründen veralten, beispielsweise durch Bankfusionen, Änderungen von Bankleitzahlen oder die Schließung von Bankfilialen. Solche Veränderungen können dazu führen, dass Transaktionen fehlschlagen oder erhebliche Verzögerungen im Zahlungsverkehr auftreten. Die kontinuierliche Aktualisierung dieser Daten ist daher von größter Bedeutung, um finanzielle Risiken zu minimieren und die Zuverlässigkeit des Zahlungsverkehrs zu sichern.

Funktionsweise der Aktualisierung

TOLERANT Bank nutzt fortschrittliche Datenabgleichtechnologien, um sicherzustellen, dass alle gespeicherten Bankinformationen auf dem neuesten Stand sind. Dies geschieht durch regelmäßige Abgleiche mit globalen und nationalen Datenbanken, die aktuelle Informationen über Banken und deren Codes bereitstellen. Wenn Änderungen festgestellt werden, aktualisiert das System automatisch die betroffenen Datensätze in der Datenbank des Nutzers.

Praktisches Anwendungsbeispiel

Ein konkretes Beispiel für den Nutzen dieser Funktion bietet ein internationales Handelsunternehmen, das regelmäßig Zahlungen in verschiedene Länder tätigt. Vor der Implementierung von TOLERANT Bank kam es häufig zu Zahlungsverzögerungen, da die Bankdaten der Geschäftspartner nicht aktuell waren. Durch die automatische Aktualisierungsfunktion von TOLERANT Bank konnte das Unternehmen sicherstellen, dass alle verwendeten Bankdaten korrekt und aktuell sind, was zu einer signifikanten Reduzierung von Zahlungsverzögerungen und zugehörigen Kosten führte.

Vorteile der Aktualisierung veralteter Bankdaten

1. **Reduzierung von Transaktionsfehlern:** Minimierung der Fälle, in denen Zahlungen aufgrund veralteter oder inkorrekter Bankinformationen fehlschlagen.
2. **Verbesserung der operativen Effizienz:** Beschleunigung des gesamten Zahlungsprozesses durch die Verwendung akkurater und verifizierter Bankdaten.
3. **Kosteneinsparungen:** Verringerung der Kosten, die durch fehlgeschlagene Transaktionen und deren Nachbearbeitung entstehen.

4. **Risikominimierung:** Schutz vor potenziellen Betrugsfällen und finanziellen Verlusten durch die Verwendung veralteter Bankinformationen.

Die Aktualisierungsfunktion von TOLERANT Bank ist somit ein entscheidendes Instrument für jedes Unternehmen, das auf präzise und effiziente Finanztransaktionen angewiesen ist. Sie bietet nicht nur eine technische Lösung zur Bewältigung der Herausforderungen eines dynamischen Finanzmarktes, sondern trägt auch zur finanziellen Stabilität und Sicherheit bei.

3.2.2 Technologie und Implementierung

EINSATZ VON REFERENZDATEN

Nutzung von SWIFT- und Bundesbank-Datenbanken

Der Einsatz von Referenzdaten ist ein zentraler Aspekt in der Funktion und Implementierung von TOLERANT Bank, speziell bei der Nutzung von SWIFT- und Bundesbank-Datenbanken. Diese hochwertigen Datenquellen bieten eine entscheidende Grundlage für die Überprüfung und Validierung von Bankdaten, was sowohl die Sicherheit als auch die Effizienz von Finanztransaktionen wesentlich erhöht.

Bedeutung der SWIFT- und Bundesbank-Datenbanken

SWIFT, das globale Netzwerk zur Finanzkommunikation, bietet eine umfangreiche Datenbank, die Informationen über Banken weltweit enthält, einschließlich ihrer BICs (Business Identifier Codes). Diese Codes sind essentiell für die Abwicklung internationaler Transaktionen und gewährleisten, dass Überweisungen korrekt den jeweiligen Bankinstitutionen zugeordnet werden.

Die Deutsche Bundesbank hält ähnlich wertvolle Daten bereit, insbesondere in Bezug auf Bankleitzahlen und dazugehörige Informationen zu Bankfilialen innerhalb Deutschlands. Diese Daten sind unverzichtbar für die Abwicklung von Transaktionen im nationalen Rahmen und unterstützen die Genauigkeit der Bankdatenverarbeitung.

Funktionsweise der Nutzung dieser Datenbanken

TOLERANT Bank integriert diese Daten nahtlos in seine Prozesse. Durch regelmäßige Aktualisierungen dieser Datenbanken stellt TOLERANT Bank sicher, dass die verwendeten Bankinformationen stets aktuell und korrekt sind. Der Abgleich erfolgt automatisch: Eingegebene Bankdaten werden gegen die Informationen in den SWIFT- und Bundesbank-Datenbanken geprüft, wodurch Fehler bei der Dateneingabe sofort erkannt und korrigiert werden können.

Praktische Anwendung und Vorteile

Ein praktisches Beispiel für die Anwendung dieser Technologie zeigt sich in einem großen internationalen Handelsunternehmen, das regelmäßig Zahlungen in verschiedene Länder sendet. Die Integration der SWIFT- und Bundesbank-Daten in TOLERANT Bank ermöglichte es dem Unternehmen, die Genauigkeit seiner Transaktionen deutlich zu steigern. Dies reduzierte die Anzahl fehlerhafter Überweisungen und die damit verbundenen Kosten erheblich.

Die Vorteile der Nutzung dieser Referenzdaten sind vielfältig:

1. **Erhöhung der Transaktionssicherheit:** Reduzierung des Risikos von Fehlüberweisungen durch genaue Identifizierung der Banken.

2. **Verbesserung der Prozesseffizienz:** Automatisierte Verifizierung und Korrektur von Bankdaten beschleunigen den Zahlungsverkehr.
3. **Kosteneinsparungen:** Weniger fehlerhafte Überweisungen bedeuten geringere administrative Lasten und finanzielle Verluste.
4. **Compliance:** Sicherstellung der Einhaltung regulatorischer Anforderungen durch den Einsatz verifizierter Bankdaten.

Zusammenfassend ist der Einsatz von Referenzdaten aus SWIFT- und Bundesbank-Datenbanken in TOLERANT Bank ein fundamentales Element, das zur Sicherheit, Genauigkeit und Effizienz in der Finanzwelt beiträgt. Diese Technologie ermöglicht es Unternehmen, auf einem globalen Markt effektiver zu operieren, indem sie die Integrität und Zuverlässigkeit ihrer Finanztransaktionen sicherstellt.

Aktualisierung und Wartung der Referenzdaten

Die Aktualisierung und Wartung der Referenzdaten sind entscheidende Aspekte für die Funktionalität und Zuverlässigkeit von TOLERANT Bank, speziell in einem Umfeld, in dem Finanzinstitutionen und Zahlungssysteme stetigen Veränderungen unterliegen. Diese Prozesse gewährleisten, dass die in der Bankdatenvalidierung verwendeten Daten stets aktuell und korrekt sind, was für die Sicherheit und Effizienz von Finanztransaktionen von höchster Bedeutung ist.

Wichtigkeit der Datenaktualisierung und -wartung

Die Dynamik des globalen Finanzmarktes führt regelmäßig zu Veränderungen bei Bankdaten, wie etwa bei Bankleitzahlen, BICs oder der Fusion und Schließung von Bankfilialen. Um die Richtigkeit der Transaktionsverarbeitung zu gewährleisten, müssen diese Änderungen zeitnah in den Referenzdatenbanken von TOLERANT Bank reflektiert werden. Eine veraltete Datenbank könnte dazu führen, dass Transaktionen fehlschlagen oder an die falschen Institutionen gesendet werden, was nicht nur finanzielle Verluste, sondern auch Schäden am Kundenvertrauen nach sich ziehen kann.

Mechanismen der Aktualisierung und Wartung

TOLERANT Bank implementiert automatisierte Systeme, um die Referenzdaten kontinuierlich zu aktualisieren und zu pflegen. Diese Systeme sind mit globalen und nationalen Finanzdatenbanken vernetzt, von denen sie regelmäßig Updates erhalten. Durch den Einsatz von speziellen Software-Algorithmen kann TOLERANT Bank Änderungen in diesen Datenbanken erkennen und die eigenen Datenbestände entsprechend anpassen.

Ein praktisches Beispiel hierfür ist der automatische Abgleich von Daten, der täglich durchgeführt wird, um die Informationen zu BICs und Bankleitzahlen auf dem neuesten Stand zu halten. Dieser Prozess beinhaltet auch eine Überprüfung auf Inkonsistenzen und potenzielle Fehler, die durch manuelle Eingaben oder fehlerhafte Datenübertragungen entstehen können.

Vorteile einer kontinuierlichen Datenpflege

1. **Erhöhte Transaktionssicherheit:** Durch die Gewährleistung, dass alle Bankdaten aktuell sind, minimiert TOLERANT Bank das Risiko von Fehlern in der Zahlungsabwicklung.
2. **Verbesserte Kundenbeziehungen:** Zuverlässige Transaktionen stärken das Vertrauen der Kunden in die Finanzdienstleistungen des Unternehmens.
3. **Effizienzsteigerung:** Schnellere Verarbeitung von Transaktionen durch den Wegfall von manuellen Korrekturen und Nachforschungen bei fehlerhaften Überweisungen.

4. **Compliance und rechtliche Absicherung:** Aktuelle Daten helfen, regulatorische Anforderungen zu erfüllen und schützen vor rechtlichen Konsequenzen bei Nichteinhaltung.

Die fortlaufende Aktualisierung und Wartung der Referenzdaten durch TOLERANT Bank sind somit fundamentale Prozesse, die nicht nur die operationelle Integrität des Systems sicherstellen, sondern auch die Grundlage für eine vertrauenswürdige und reibungslose Abwicklung von Finanztransaktionen bilden. Diese Prozesse tragen wesentlich dazu bei, das Unternehmen in der dynamischen Landschaft des globalen Finanzmarktes wettbewerbsfähig zu halten.

INTEGRATION IN BESTEHENDE SYSTEME

Einbindung in ERP- und CRM-Systeme

Die Integration von TOLERANT Bank in bestehende Enterprise Resource Planning (ERP) und Customer Relationship Management (CRM) Systeme ist ein entscheidender Schritt für Unternehmen, um ihre finanziellen und kundenbezogenen Prozesse zu optimieren. Diese Einbindung ermöglicht eine nahtlose und effiziente Verwaltung von Bankdaten direkt innerhalb der Kerngeschäftssysteme, wodurch die allgemeine Betriebseffizienz gesteigert wird.

Bedeutung der Integration in ERP- und CRM-Systeme

ERP- und CRM-Systeme bilden das Rückgrat vieler Unternehmensoperationen, von der Finanzverwaltung über das Bestandsmanagement bis hin zum Kundenbeziehungsmanagement. Die Integration von TOLERANT Bank in diese Systeme ermöglicht es Unternehmen, ihre Finanztransaktionsprozesse zu automatisieren und gleichzeitig die Genauigkeit und Sicherheit der Bankdaten zu gewährleisten.

Diese Integration ist besonders kritisch, da fehlerhafte oder veraltete Bankinformationen zu schwerwiegenden Problemen führen können, wie Zahlungsverzögerungen und Kundenunzufriedenheit.

Funktionsweise der Einbindung

Die Implementierung von TOLERANT Bank in ERP- und CRM-Systeme erfolgt durch die Nutzung von APIs (Application Programming Interfaces) oder speziellen Integrationsmodulen, die eine direkte Kommunikation zwischen den Systemen ermöglichen. Diese technischen Schnittstellen erlauben es, dass Bankdatenprüfungen und -korrekturen automatisch im Hintergrund ablaufen, während die Nutzer mit dem ERP- oder CRM-System arbeiten. Beispielsweise können Bankdaten eines Kunden oder Lieferanten bei der Eingabe in das CRM direkt durch TOLERANT Bank validiert und aktualisiert werden, ohne dass der Nutzer die CRM-Oberfläche verlassen muss.

Praktische Anwendung und Vorteile

Ein praktisches Beispiel für die Vorteile dieser Integration bietet ein mittelständisches Produktionsunternehmen, das TOLERANT Bank in sein ERP-System integrierte, um die Effizienz seiner Zahlungsprozesse zu verbessern. Durch die direkte Überprüfung und Korrektur von Bankdaten bei der Rechnungserstellung und Lieferantenverwaltung konnte das Unternehmen erhebliche Verbesserungen in der Zahlungsabwicklung erzielen. Fehlerhafte Überweisungen und die damit verbundenen administrativen Korrekturen wurden drastisch reduziert, was zu einer signifikanten Zeit- und Kosteneinsparung führte.

Zusammenfassung der Vorteile

1. **Effizienzsteigerung:** Automatisierung von Finanztransaktionen und Minimierung manueller Eingriffe.

2. **Fehlerreduktion:** Signifikante Verringerung von fehlerhaften Banktransaktionen durch präzise Datenprüfung.
3. **Kosteneinsparung:** Reduzierung der Kosten für fehlgeschlagene Transaktionen und die damit verbundenen administrativen Aufgaben.
4. **Verbesserte Datenintegrität:** Sicherstellung korrekter und aktueller Bankdaten über die gesamte Unternehmenssoftware hinweg.

Die Integration von TOLERANT Bank in ERP- und CRM-Systeme stellt daher eine strategische Entscheidung dar, die weitreichende positive Auswirkungen auf die finanzielle Verwaltung und Kundenbeziehungen eines Unternehmens hat. Sie ermöglicht eine effiziente, sichere und fehlerfreie Abwicklung von Finanztransaktionen, die für den Erfolg in der heutigen schnelllebigen Geschäftswelt unerlässlich ist.

Schnittstellen zu Zahlungssystemen

Die Schnittstellen zu Zahlungssystemen sind ein wesentlicher Aspekt der Integration von TOLERANT Bank, der die direkte Kommunikation und Interaktion zwischen Bankdatenvalidierungstools und den Zahlungssystemen eines Unternehmens ermöglicht. Diese Konnektivität ist entscheidend für die Automatisierung und Effizienz von Zahlungsprozessen und stellt sicher, dass Transaktionen nahtlos, sicher und ohne menschliches Eingreifen abgewickelt werden können.

Bedeutung der Schnittstellen zu Zahlungssystemen

In der heutigen digitalen Wirtschaft sind Zahlungssysteme komplex und vielfältig, einschließlich traditioneller Banküberweisungen, Online-Zahlungsplattformen und mobiler Zahlungsanwendungen. Die Integration von TOLERANT Bank durch Schnittstellen ermöglicht es Unternehmen, ihre Bankdatenvalidierung nahtlos in diese Zahlungssysteme einzubinden. Dies ist von entscheidender Bedeutung, um die Korrektheit der Bankdaten zu gewährleisten und um die Transaktionsgeschwindigkeit und -sicherheit zu maximieren.

Implementierung der Schnittstellen

Die Implementierung von Schnittstellen zwischen TOLERANT Bank und den Zahlungssystemen erfolgt typischerweise über API-Technologie (Application Programming Interface). Diese APIs ermöglichen es den Zahlungssystemen, auf die Validierungs- und Korrekturfunktionen von TOLERANT Bank zuzugreifen, sobald eine Zahlung initiiert wird. Diese direkte Anbindung sorgt dafür, dass alle Zahlungen vor ihrer Ausführung automatisch auf Korrektheit überprüft werden, was Fehlüberweisungen und potenzielle Betrugsfälle reduziert.

Praktische Anwendung und Vorteile

Ein illustratives Beispiel für die Anwendung dieser Technologie zeigt sich in einem international agierenden E-Commerce-Unternehmen, das täglich Tausende von Transaktionen abwickelt. Durch die Einbindung von TOLERANT Bank in seine Zahlungssysteme konnte das Unternehmen sicherstellen, dass alle Zahlungsdaten in Echtzeit überprüft und validiert werden. Dies führte zu einer deutlichen Reduktion von Zahlungsfehlern und einer Steigerung der Kundenzufriedenheit, da Kunden nicht mit Rückbuchungen oder Zahlungsverzögerungen konfrontiert wurden.

Zusammenfassung der Vorteile

1. **Erhöhte Transaktionssicherheit:** Durch die präzise Überprüfung von Bankdaten direkt vor der Transaktionsausführung wird das Risiko von Fehlern und Betrug minimiert.
2. **Effizienzsteigerung:** Automatisierte Prozesse beschleunigen den Zahlungsverkehr und reduzieren den Bedarf an manuellen Eingriffen und Korrekturen.
3. **Verbesserte Kundenbeziehungen:** Zuverlässige und fehlerfreie Zahlungsabwicklung stärkt das Vertrauen der Kunden in die Plattform.
4. **Kostensenkungen:** Die Minimierung von Fehlüberweisungen reduziert die damit verbundenen administrativen Kosten und Aufwände für die Kundenbetreuung.

Die Integration von Schnittstellen zu Zahlungssystemen in TOLERANT Bank ist somit ein kritischer Schritt für Unternehmen, die in der digitalen Finanzlandschaft führend sein wollen. Sie ermöglicht nicht nur eine effiziente und sichere Abwicklung von Transaktionen, sondern unterstützt auch eine starke Kundenbindung und -zufriedenheit durch zuverlässige und fehlerfreie Zahlungsprozesse.

3.2.3 Risikomanagement und Compliance

REDUZIERUNG VON ZAHLUNGSAUSFÄLLEN

Verringerung von Rücklastschriften durch präzise Datenprüfung

Im Bereich Risikomanagement und Compliance ist die Reduzierung von Zahlungsausfällen, insbesondere durch die Verringerung von Rücklastschriften, eine wesentliche Zielsetzung, die durch den Einsatz von TOLERANT Bank effektiv unterstützt wird. Rücklastschriften, die oft durch fehlerhafte oder unzureichende Bankdaten verursacht werden, führen nicht nur zu finanziellen Verlusten, sondern können auch administrative Belastungen nach sich ziehen und das Kundenvertrauen beeinträchtigen.

Bedeutung präziser Datenprüfung

Die präzise Prüfung von Bankdaten vor der Ausführung von Transaktionen ist entscheidend, um Rücklastschriften zu minimieren. Fehler wie falsch eingegebene Kontonummern oder veraltete Bankinformationen können dazu führen, dass Transaktionen nicht erfolgreich abgeschlossen werden und als Rücklastschriften zurückkommen. Jede Rücklastschrift kann zusätzliche Kosten in Form von Bankgebühren nach sich ziehen und erfordert einen erheblichen administrativen Aufwand zur Klärung und Korrektur.

Funktionsweise der präzisen Datenprüfung

TOLERANT Bank stellt durch seine fortgeschrittenen Validierungs- und Überprüfungstools sicher, dass alle eingegebenen Bankdaten genau geprüft werden. Dies umfasst die Überprüfung der syntaktischen Korrektheit der IBANs, die Validierung der BICs sowie die Überprüfung der Kongruenz zwischen Kontonummern und Kontoinhabern. Durch den Einsatz dieser präzisen Datenprüfungsverfahren werden Fehlerquellen eliminiert, bevor Transaktionen ausgeführt werden.

Praktische Anwendung und Vorteile

Ein anschauliches Beispiel für die Wirksamkeit dieser Funktion bietet ein großes Telekommunikationsunternehmen, das monatlich tausende von Rechnungen automatisch abbucht. Vor der Implementierung von TOLERANT Bank erlebte das Unternehmen eine hohe Rate an Rücklastschriften, die nicht nur zu finanziellen Einbußen führten, sondern auch das Kundenverhältnis belasteten. Nach der Integration von TOLERANT Bank in ihre Systeme konnte das Unternehmen die Rate der Rücklastschriften um über 40% reduzieren. Die präzise Überprüfung der Bankdaten minimierte Fehler bei der Zahlungsabwicklung und verbesserte somit die Gesamteffizienz der Transaktionsprozesse.

Zusammenfassung der Vorteile

1. **Finanzielle Einsparungen:** Verringerung der durch Rücklastschriften entstehenden Kosten und der damit verbundenen Bankgebühren.
2. **Operative Effizienz:** Reduktion des administrativen Aufwands, der mit der Bearbeitung von Rücklastschriften verbunden ist.
3. **Verbesserung der Kundenbeziehungen:** Durch die Reduzierung von Fehlern in der Zahlungsabwicklung wird das Vertrauen der Kunden gestärkt.
4. **Compliance und Risikomanagement:** Einhaltung regulatorischer Anforderungen und Minimierung von Risiken durch fehlerhafte Transaktionen.

Die präzise Überprüfung von Bankdaten durch TOLERANT Bank ist somit ein kritischer Beitrag zum Risikomanagement und zur Compliance in Unternehmen, die regelmäßig finanzielle Transaktionen durchführen. Diese Technologie trägt wesentlich dazu bei, die Integrität der Zahlungsprozesse zu sichern und die finanzielle Gesundheit des Unternehmens zu schützen.

Beitrag zur Betrugsprävention

Die Betrugsprävention ist ein weiterer entscheidender Aspekt des Risikomanagements in finanziellen Transaktionen, bei dem TOLERANT Bank eine zentrale Rolle spielt. Die präzise Überprüfung und Validierung von Bankdaten trägt signifikant dazu bei, betrügerische Aktivitäten zu identifizieren und zu verhindern. Dies schützt Unternehmen nicht nur vor finanziellen Verlusten, sondern stärkt auch das Vertrauen der Kunden in die Sicherheit ihrer Transaktionen.

Bedeutung der Betrugsprävention

Im Kontext finanzieller Transaktionen stellt Betrug ein erhebliches Risiko dar, das zu direkten finanziellen Verlusten und Reputationsschäden führen kann. Betrugsversuche können vielfältig sein, darunter Identitätsdiebstahl, die Verwendung gefälschter oder gestohlener Bankdaten und das Einrichten von betrügerischen Konten. TOLERANT Bank adressiert diese Bedrohungen durch fortgeschrittene Technologien zur Erkennung und Abwehr von Betrugsversuchen.

Technologische Implementierung zur Betrugsprävention

TOLERANT Bank verwendet fortschrittliche Algorithmen und Verfahren, um Anomalien und Muster zu erkennen, die auf potenziellen Betrug hinweisen könnten. Zum Beispiel überprüft das System bei der Verarbeitung von Transaktionen die Kongruenz von Kontodaten und identifiziert Unstimmigkeiten, die auf gefälschte oder manipulierte Informationen hindeuten. Diese Prüfungen basieren auf historischen Daten, aktuellen Betrugstrends und kontinuierlichen Updates aus verschiedenen Referenzdatenbanken.

Ein weiterer wichtiger Mechanismus ist die Überprüfung der Transaktionshäufigkeit und -volumina, die von bestimmten Konten ausgehen. Unübliche Muster, wie plötzliche Erhöhungen in Transaktionsvolumen oder häufige Wechsel der Kontoinformationen, werden automatisch erfasst und zur weiteren Überprüfung markiert.

Praktische Anwendung und Vorteile

Ein praktisches Beispiel für die Wirksamkeit von TOLERANT Bank in der Betrugsprävention zeigt sich bei einer Online-Banking-Plattform, die TOLERANT Bank zur Überprüfung aller Kundenaktivitäten einsetzt. Die Plattform konnte mehrere Versuche von Betrugsaktivitäten erfolgreich identifizieren und unterbinden, bevor finanzieller Schaden entstand. Dies wurde ermöglicht durch die frühzeitige Erkennung ungewöhnlicher Muster und die prompte Reaktion des Sicherheitsteams.

Zusammenfassung der Vorteile

1. **Reduktion finanzieller Verluste:** Minimierung der durch Betrug verursachten direkten Verluste.
2. **Schutz der Kundenidentität:** Sicherstellung der Integrität von Kundendaten und Schutz vor Identitätsdiebstahl.
3. **Vertrauensbildung:** Stärkung des Kundenvertrauens in die Sicherheit und Zuverlässigkeit der Finanzdienstleistungen.
4. **Erfüllung regulatorischer Anforderungen:** Unterstützung bei der Einhaltung gesetzlicher Vorschriften zur Betrugsprävention und zum Datenschutz.

Die Integration von Betrugspräventionsmechanismen in TOLERANT Bank ist daher ein essenzieller Bestandteil des Risikomanagements für jedes Unternehmen, das im Bereich der Finanztransaktionen tätig ist. Sie schützt nicht nur vor finanziellen und operationellen Risiken, sondern fördert auch eine sicherere und transparentere Geschäftsumgebung.

EINHALTUNG REGULATORISCHER VORGABEN

Unterstützung bei der Einhaltung der AML-Richtlinien

Die Einhaltung regulatorischer Vorgaben, insbesondere der Anti-Geldwäsche-Richtlinien (AML), ist ein fundamentaler Bestandteil des Risikomanagements in der Finanzbranche. TOLERANT Bank spielt eine entscheidende Rolle bei der Unterstützung von Unternehmen, um diese strengen Vorgaben zu erfüllen. Die effiziente und effektive Überprüfung von Bankdaten durch TOLERANT Bank gewährleistet, dass Unternehmen den regulatorischen Anforderungen gerecht werden und somit das Risiko von Rechtsverstößen und damit verbundenen Strafen minimieren.

Bedeutung der AML-Richtlinien

Die Anti-Geldwäsche-Richtlinien sind entwickelt worden, um die illegale Reinigung von Geldern durch das Finanzsystem zu verhindern. Diese Richtlinien fordern von Finanzinstitutionen und Unternehmen, angemessene Systeme zur Erkennung und Meldung von verdächtigen Aktivitäten zu implementieren. Dazu gehört die Notwendigkeit, die Herkunft von großen Transaktionen zu überprüfen und sicherzustellen, dass Kunden- und Bankdaten auf ihre Richtigkeit überprüft und regelmäßig aktualisiert werden.

Funktionsweise der Unterstützung durch TOLERANT Bank

TOLERANT Bank unterstützt Unternehmen bei der Einhaltung dieser AML-Vorschriften durch die Bereitstellung umfassender Tools zur Validierung und Überprüfung von Kunden- und Bankdaten. Die Software überprüft automatisch die Vollständigkeit und Korrektheit aller eingehenden Daten und gleicht diese mit internationalen und nationalen Sperrlisten sowie mit anderen relevanten Datenbanken ab. Dies gewährleistet, dass keine Transaktionen mit Personen oder Institutionen durchgeführt werden, die auf schwarzen Listen stehen oder anderweitig als risikobehaftet gelten.

Praktische Anwendung und Vorteile

Ein Beispiel für die Anwendung von TOLERANT Bank zur Einhaltung von AML-Richtlinien bietet eine große europäische Bank, die regelmäßig internationale Transaktionen für ihre Kunden abwickelt. Durch die Implementierung von TOLERANT Bank konnte die Bank automatische Checks einführen, die jede Transaktion auf mögliche Verbindungen zu Geldwäscheaktivitäten überprüfen. Die Software identifiziert Risikofaktoren und alarmiert das Compliance-Team, welches dann die notwendigen Schritte zur weiteren Überprüfung oder zur Meldung an die zuständigen Behörden einleiten kann.

Zusammenfassung der Vorteile

1. **Vermeidung von Rechtsverstößen:** Durch die Einhaltung der AML-Richtlinien schützt TOLERANT Bank Unternehmen vor rechtlichen Sanktionen und Reputationsschäden.
2. **Verbesserung der internen Sicherheitsmaßnahmen:** Durch die automatische Überprüfung und Validierung von Transaktionen werden interne Sicherheitsstandards gestärkt.
3. **Kosteneffizienz:** Die Automatisierung der Compliance-Prozesse reduziert den Bedarf an manuellen Überprüfungen und senkt somit die Betriebskosten.
4. **Stärkung des Kundenvertrauens:** Kunden haben das Vertrauen, dass ihre Transaktionen sicher und gemäß den geltenden Gesetzen behandelt werden.

Die Unterstützung bei der Einhaltung der AML-Richtlinien durch TOLERANT Bank ist somit ein unverzichtbares Element für jedes

Unternehmen im Finanzsektor. Es stellt nicht nur Compliance sicher, sondern fördert auch eine verantwortungsvolle und transparente Geschäftspraxis.

Compliance mit internationalen Zahlungsstandards

Die Einhaltung internationaler Zahlungsstandards ist ein entscheidender Aspekt der Compliance-Arbeit von Unternehmen, die grenzüberschreitend operieren. TOLERANT Bank spielt eine zentrale Rolle bei der Sicherstellung, dass diese Unternehmen die vielfältigen und oft komplexen regulatorischen Anforderungen verschiedener Länder und Regionen erfüllen. Diese Compliance ist entscheidend, um effiziente, sichere und rechtskonforme Transaktionen zu gewährleisten.

Bedeutung internationaler Zahlungsstandards

Internationale Zahlungsstandards wie SEPA (Single Euro Payments Area), SWIFT (Society for Worldwide Interbank Financial Telecommunication) und die Vorschriften der FATF (Financial Action Task Force) sind entwickelt worden, um die Sicherheit und Integrität des globalen Finanzsystems zu gewährleisten. Sie definieren die Anforderungen an die Transparenz, die Überprüfung von Kundendaten, die Meldung verdächtiger Aktivitäten und vieles mehr. Die Einhaltung dieser Standards schützt Unternehmen nicht nur vor finanziellen Strafen, sondern auch vor dem Risiko von Betrug und Geldwäsche.

Funktionsweise der Compliance-Unterstützung durch TOLERANT Bank

TOLERANT Bank hilft Unternehmen bei der Einhaltung dieser Standards, indem es robuste, automatisierte Prozesse zur Datenvalidierung und Transaktionsüberwachung bereitstellt. Die Software überprüft systematisch die Einhaltung der regulatorischen Anforderungen jeder einzelnen Transaktion und passt die Compliance-Checks dynamisch an die spezifischen Bestimmungen der jeweiligen Zielregion an.

Zum Beispiel überprüft TOLERANT Bank Transaktionen im SEPA-Raum auf die Einhaltung der SEPA-Anforderungen für grenzüberschreitende Euro-Zahlungen. Dies umfasst die Validierung von IBANs, die Prüfung der korrekten Verwendung von BICs und die Sicherstellung, dass alle Transaktionen den EU-Richtlinien zur Geldwäscheprävention entsprechen.

Praktische Anwendung und Vorteile

Ein praktisches Beispiel für die Effektivität von TOLERANT Bank in diesem Bereich bietet ein internationales Handelsunternehmen, das regelmäßig Zahlungen in und aus verschiedenen Ländern tätigt. Durch die Integration von TOLERANT Bank in sein Zahlungssystem konnte das Unternehmen sicherstellen, dass alle seine Transaktionen den relevanten internationalen Standards entsprechen. Dies führte nicht nur zu einer Verringerung der Risiken von Compliance-Verstößen, sondern auch zu einer effizienteren Abwicklung der Zahlungen, da Verzögerungen durch fehlerhafte oder nicht konforme Transaktionen erheblich reduziert wurden.

Zusammenfassung der Vorteile

1. **Reduzierung rechtlicher Risiken:** Minimierung der Gefahr von Strafen und rechtlichen Problemen durch Non-Compliance.
2. **Verbesserung der Transaktionssicherheit:** Erhöhung der Sicherheit von grenzüberschreitenden Zahlungen durch strikte Einhaltung internationaler Standards.

3. **Steigerung der operationellen Effizienz:** Beschleunigung der Zahlungsprozesse und Reduzierung der manuellen Nachbearbeitung durch automatisierte Compliance-Checks.
4. **Stärkung des internationalen Geschäfts:** Erleichterung der Expansion in neue Märkte durch die Sicherstellung der Einhaltung lokaler Vorschriften.

Durch die Unterstützung bei der Compliance mit internationalen Zahlungsstandards ermöglicht TOLERANT Bank Unternehmen, ihre globalen Geschäftsoperationen sicher und effizient zu gestalten. Diese Technologie ist damit ein unverzichtbares Werkzeug für jedes Unternehmen, das im internationalen Finanzverkehr tätig ist.

3.2.4 Anwendungsbeispiele und Fallstudien

EFFIZIENZSTEIGERUNG IM ZAHLUNGSVERKEHR

Optimierung der Transaktionsgeschwindigkeit

Die Optimierung der Transaktionsgeschwindigkeit im Zahlungsverkehr ist ein zentrales Anliegen vieler Unternehmen, insbesondere in Branchen, in denen schnelle Zahlungsabwicklungen entscheidend für den Geschäftserfolg sind. TOLERANT Bank trägt maßgeblich zur Effizienzsteigerung bei, indem es die Geschwindigkeit und Zuverlässigkeit von Finanztransaktionen verbessert. Diese Verbesserungen werden durch den Einsatz fortschrittlicher Technologien und die Automatisierung kritischer Verifizierungsprozesse ermöglicht.

Bedeutung der Transaktionsgeschwindigkeit

In der heutigen schnelllebigen Wirtschaftswelt können auch geringfügige Verzögerungen in der Zahlungsabwicklung signifikante Auswirkungen haben. Unternehmen, die in der Lage sind, Zahlungen schnell und sicher abzuwickeln, verbessern nicht nur ihre Liquidität, sondern auch die Zufriedenheit ihrer Kunden und Geschäftspartner. Schnelle Transaktionen sind besonders wichtig im E-Commerce, bei internationalen Handelsgeschäften und in der Finanzdienstleistungsbranche, wo die Erwartungen an die Leistungsfähigkeit von Zahlungssystemen besonders hoch sind.

Funktionsweise der Optimierung durch TOLERANT Bank

TOLERANT Bank optimiert die Transaktionsgeschwindigkeit durch eine Reihe von Mechanismen. Zunächst werden durch die automatisierte Überprüfung und Validierung von Bankdaten Zeitverluste, die durch manuelle Eingriffe und Korrekturen entstehen würden, eliminiert. Die Software verwendet dabei fortschrittliche Algorithmen, um die Korrektheit von IBAN, BIC und anderen relevanten Daten zu überprüfen und stellt sicher, dass alle Daten den internationalen Standards und Richtlinien entsprechen.

Ein weiterer Aspekt der Geschwindigkeitsoptimierung ist die Minimierung von Transaktionsfehlern. TOLERANT Bank reduziert die Fehlerquote durch präzise Datenvalidierung erheblich, was die Notwendigkeit von nachträglichen Korrekturen und damit verbundenen Verzögerungen verringert.

Praktische Anwendung und Vorteile

Ein konkretes Beispiel für die Effizienzsteigerung durch TOLERANT Bank bietet ein großes Logistikunternehmen, das täglich tausende von internationalen Zahlungen tätigt. Die Integration von TOLERANT Bank führte zu einer merklichen Beschleunigung dieser Zahlungen. Vor der Implementierung der Software waren die Transaktionszeiten durch die häufige Notwendigkeit manueller Überprüfungen und Korrekturen fehlerhafter Bankdaten beeinträchtigt. Nach der Integration von TOLERANT Bank wurden diese

Prozesse automatisiert, wodurch die durchschnittliche Transaktionszeit um 40% reduziert wurde.

Zusammenfassung der Vorteile

1. **Steigerung der operativen Effizienz:** Schnellere Abwicklung von Zahlungen führt zu verbessertem Cashflow und reduzierten Betriebskosten.
2. **Erhöhung der Kundenzufriedenheit:** Zuverlässige und schnelle Transaktionsabwicklung verbessert das Kundenerlebnis und fördert die Kundenbindung.
3. **Reduzierung von Betriebsrisiken:** Weniger Fehler in der Zahlungsabwicklung minimieren das Risiko von finanziellen Verlusten.
4. **Stärkung der Wettbewerbsfähigkeit:** Die Fähigkeit, Zahlungen effizient zu managen, ermöglicht es Unternehmen, sich in einem umkämpften Markt zu behaupten.

Die Optimierung der Transaktionsgeschwindigkeit durch TOLERANT Bank illustriert eindrucksvoll, wie technologische Innovationen die Effizienz und Zuverlässigkeit im modernen Zahlungsverkehr verbessern können.

Reduktion von manuellen Korrekturen und Bearbeitungszeiten

Die Reduktion von manuellen Korrekturen und Bearbeitungszeiten ist ein weiterer entscheidender Aspekt, durch den TOLERANT Bank eine signifikante Effizienzsteigerung im Zahlungsverkehr bewirkt. Durch die Automatisierung der Überprüfungsprozesse und die präzise Validierung von Bankdaten reduziert die Software den Aufwand und die Zeit, die für manuelle Eingriffe benötigt werden, erheblich. Dieser Ansatz nicht nur verbessert die operative Effizienz, sondern trägt auch zur Kostensenkung bei.

Bedeutung der Reduktion manueller Korrekturen

In vielen Unternehmen führen Fehler in Bankdaten zu einem hohen Maß an manuellen Nachbearbeitungen. Dies umfasst das Identifizieren und Korrigieren von Fehlern, was oft zeitaufwendig ist und die Ressourcen von Mitarbeitern bindet, die anderweitig produktiver eingesetzt werden könnten. Darüber hinaus erhöhen manuelle Korrekturen das Risiko menschlicher Fehler, was zu weiteren Verzögerungen und möglicherweise zu finanziellen Verlusten führen kann.

Funktionsweise der Reduktion durch TOLERANT Bank

TOLERANT Bank automatisiert den Prozess der Datenerfassung und -überprüfung, indem es fortschrittliche Algorithmen zur Überprüfung der Korrektheit von IBAN, BIC und anderen relevanten Informationen einsetzt. Diese Systeme sind in der Lage, Ungenauigkeiten automatisch zu erkennen und zu korrigieren, ohne dass menschliches Eingreifen erforderlich ist. Beispielsweise kann die Software falsch eingegebene Ziffern in einer IBAN erkennen und selbstständig korrigieren, basierend auf validierten Mustern und Prüfzifferberechnungen.

Praktische Anwendung und Vorteile

Ein anschauliches Beispiel für die Vorteile dieser Funktionalität bietet eine große Bank, die TOLERANT Bank implementiert hat, um die Effizienz ihrer internen Zahlungsprozesse zu verbessern. Vor der Einführung der Software verbrachten die Mitarbeiter erhebliche Zeit mit der Überprüfung und Korrektur von Kundenbankdaten. Durch die Implementierung von TOLERANT Bank wurden diese Aufgaben größtenteils automatisiert, was zu einer Reduktion der Bearbeitungszeiten um bis zu 50% führte. Zudem konnte die Bank die Fehlerquote in ihren Transaktionen signifikant reduzieren, was die Kundenzufriedenheit und das Vertrauen in die Bankdienstleistungen verbesserte.

Zusammenfassung der Vorteile

1. **Operative Effizienz:** Die Automatisierung reduziert die Notwendigkeit manueller Eingriffe, was die Bearbeitungszeiten verkürzt und die operative Effizienz steigert.
2. **Kostenreduktion:** Weniger manuelle Korrekturen bedeuten geringere Arbeitskosten und weniger Ressourcenverbrauch.
3. **Minimierung von Fehlern:** Automatisierte Systeme reduzieren das Risiko menschlicher Fehler, die zu kostspieligen Korrekturen führen können.
4. **Verbesserung der Kundenzufriedenheit:** Schnellere und genauere Bearbeitung von Transaktionen führt zu einer höheren Kundenzufriedenheit.

Die Reduktion von manuellen Korrekturen und Bearbeitungszeiten durch TOLERANT Bank ist ein wesentlicher Faktor, der Unternehmen hilft, ihre Effizienz zu steigern und gleichzeitig die Qualität ihrer Finanzdienstleistungen zu verbessern.

FALLBEISPIELE AUS DER FINANZINDUSTRIE

Einsatz in Banken und Finanzdienstleistungsunternehmen

Im Kontext der Finanzindustrie, insbesondere in Banken und Finanzdienstleistungsunternehmen, ist der Einsatz von TOLERANT Bank ein Paradebeispiel dafür, wie Technologie zur Steigerung der Effizienz, Sicherheit und Compliance beitragen kann. Die folgende Darstellung beleuchtet, wie spezifische Funktionen von TOLERANT Bank in diesen Institutionen implementiert werden und welche signifikanten Verbesserungen damit erzielt wurden.

Einsatz in der Finanzindustrie

Banken und Finanzdienstleister stehen ständig vor der Herausforderung, große Mengen an Finanztransaktionen schnell und fehlerfrei abzuwickeln. Gleichzeitig müssen sie strenge regulatorische Vorgaben einhalten und das Risiko von Betrug und Fehlern minimieren. TOLERANT Bank wird in diesen Institutionen eingesetzt, um Bankdaten präzise zu validieren, Transaktionen zu beschleunigen und Compliance-Prozesse zu unterstützen.

Fallbeispiel: Großbank

Ein konkretes Beispiel ist eine Großbank, die täglich mit Tausenden von internationalen Überweisungen und Transaktionen konfrontiert ist. Vor der Einführung von TOLERANT Bank waren manuelle Überprüfungen und Korrekturen von Bankdaten an der Tagesordnung, was nicht nur zeitintensiv war, sondern auch das Risiko von Fehlern erhöhte.

Nach der Implementierung von TOLERANT Bank konnte die Bank eine erhebliche Verbesserung in mehreren Bereichen feststellen:

1. **Automatisierte Validierung von Bankdaten:** Die Software prüft automatisch die Korrektheit von IBANs und BICs, was die Genauigkeit der Transaktionen verbessert und das Risiko von Rücklastschriften verringert.

2. **Reduktion von Betrugsfällen:** Durch die fortgeschrittenen Sicherheitsfeatures von TOLERANT Bank, wie die Erkennung ungewöhnlicher Muster und die Überprüfung auf Übereinstimmung mit aktuellen Sanktionslisten, konnte die Bank ihre Sicherheitsstandards erheblich erhöhen.

3. **Compliance-Unterstützung:** Die Einhaltung internationaler und nationaler regulatorischer Standards wurde durch den

Einsatz von TOLERANT Bank vereinfacht, da die Software kontinuierlich aktualisiert wird, um den neuesten gesetzlichen Anforderungen zu entsprechen.

Erfolgsbilanz

Die Einführung von TOLERANT Bank führte bei der Großbank zu einer deutlichen Beschleunigung der Bearbeitungszeiten von Transaktionen, einer Reduktion der operativen Kosten durch Minimierung manueller Eingriffe und einer allgemeinen Steigerung der Kundenzufriedenheit durch effizientere und sicherere Dienstleistungen.

Zusammenfassung

Der Einsatz von TOLERANT Bank in Banken und Finanzdienstleistungsunternehmen ist ein überzeugendes Beispiel für die positiven Auswirkungen moderner Finanztechnologie. Diese Institutionen profitieren nicht nur von gesteigerter Effizienz und Sicherheit, sondern auch von der Fähigkeit, sich schnell an veränderte regulatorische Anforderungen anzupassen und somit die Compliance dauerhaft zu gewährleisten. Durch die Implementierung von TOLERANT Bank können sie ihre Position als vertrauenswürdige und kundenorientierte Finanzdienstleister stärken.

Anwendungsfälle aus dem E-Commerce-Bereich

Die Anwendung von TOLERANT Bank im E-Commerce-Bereich zeigt deutlich, wie kritisch präzise und schnelle Bankdatenverarbeitung für Online-Geschäfte ist. Die Fähigkeit, Zahlungsinformationen effizient zu validieren und zu verarbeiten, ist entscheidend für die Aufrechterhaltung der Betriebsabläufe und die Sicherung des Kundenvertrauens in einem Markt, der zunehmend von schnellen und sicheren Transaktionen abhängig ist.

Bedeutung im E-Commerce

Im E-Commerce führen Probleme wie fehlerhafte Zahlungsinformationen, Betrug und Nicht-Compliance nicht nur zu finanziellen Verlusten, sondern können auch das Vertrauen der Kunden nachhaltig schädigen. Eine effiziente Zahlungsverarbeitung verbessert die Kundenerfahrung, indem sie schnelle und fehlerfreie Transaktionen gewährleistet. TOLERANT Bank hilft Online-Händlern, diese Ziele durch präzise Validierung und Verarbeitung von Bankdaten zu erreichen.

Anwendungsfälle aus dem E-Commerce

Ein anschauliches Beispiel für die Implementierung von TOLERANT Bank bietet ein großes E-Commerce-Unternehmen, das eine Vielzahl von Zahlungsmethoden unterstützt, darunter Kreditkarten, Direktüberweisungen und E-Wallets. Die Herausforderung bestand darin, die Vielzahl an Bankdaten zu verwalten und sicherzustellen, dass jede Transaktion den internationalen Standards entspricht.

Nach der Integration von TOLERANT Bank konnte das Unternehmen folgende Verbesserungen verzeichnen:

1. **Automatische Validierung der Bankdaten:** TOLERANT Bank automatisiert die Überprüfung von IBANs und BICs bei jeder Transaktion. Dies reduziert die Häufigkeit von Fehlern und Rücklastschriften erheblich.

2. **Betrugsprävention:** Durch den Einsatz fortschrittlicher Algorithmen zur Erkennung ungewöhnlicher Transaktionsmuster konnte das Unternehmen effektiver gegen Betrugsversuche vorgehen. Dies ist im E-Commerce besonders wichtig, wo schnelle Reaktionen auf potenzielle Betrugsfälle erforderlich sind.

3. **Verbesserung der Kundenbindung:** Die schnelle und fehlerfreie Verarbeitung von Zahlungen verbessert das Kundenerlebnis erheblich. Kunden, die eine nahtlose Checkout-Erfahrung erleben, sind eher geneigt, erneut zu kaufen und das Unternehmen weiterzuempfehlen.

4. **Compliance-Einhaltung:** Die Einhaltung der regulatorischen Anforderungen, insbesondere im internationalen Zahlungsverkehr, ist durch die ständige Aktualisierung und Anpassung von TOLERANT Bank an globale Zahlungsstandards gewährleistet.

Fazit

Der Einsatz von TOLERANT Bank im E-Commerce-Bereich bietet signifikante Vorteile, indem er die Effizienz und Sicherheit der Zahlungsabwicklungen erhöht und gleichzeitig das Risiko von Fehlern und Betrug minimiert. Diese Technologie unterstützt Online-Händler dabei, nicht nur ihre operativen Abläufe zu optimieren, sondern auch eine starke und vertrauensvolle Beziehung zu ihren Kunden aufzubauen. In einem Wettbewerbsfeld, das von Schnelligkeit und Zuverlässigkeit geprägt ist, stellt TOLERANT Bank eine unverzichtbare Ressource dar, um wettbewerbsfähig zu bleiben und das Kundenerlebnis kontinuierlich zu verbessern.

3.3 Sanktionslisten- und PEP-Prüfung (TOLERANT Sanction, TOLERANT PEP)

3.3.1 TOLERANT Sanction

GRUNDFUNKTIONEN UND ANWENDUNGSBEREICHE

Abgleich von Kundendaten mit internationalen Sanktionslisten

Im Schatten globaler Wirtschaftsbeziehungen und der daraus resultierenden Verpflichtungen, steht das unausweichliche Thema des Compliance-Screenings – eine kritische Disziplin, die nicht nur die Integrität eines Unternehmens bewahrt, sondern auch schwere rechtliche Konsequenzen vermeiden hilft. Hier kommt TOLERANT Sanction ins Spiel, ein robustes Tool, das speziell entwickelt wurde, um Unternehmen bei der Navigation durch das komplexe Geflecht internationaler Sanktionslisten zu unterstützen.

Die Grundfunktion von TOLERANT Sanction ist der präzise und fehlertolerante Abgleich von Kundendaten mit Sanktionslisten, die von internationalen Organisationen wie der EU und den USA geführt werden. In Zeiten, in denen die internationale Vernetzung stetig zunimmt, ist die Bedeutung eines solchen Tools nicht zu unterschätzen. Ob es sich um einen kleinen Importeur handelt, der sicherstellen muss, dass seine Übersee-Lieferanten nicht auf einer schwarzen Liste stehen, oder um ein multinationales Finanzinstitut, das die Namen neuer Kunden überprüft – TOLERANT Sanction ist eine unverzichtbare Ressource.

Die Anwendungsbereiche sind vielfältig und umfassend. TOLERANT Sanction wird eingesetzt, um sicherzustellen, dass keine Geschäftsbeziehungen zu Personen, Unternehmen oder Organisationen unterhalten werden, die gemäß den geltenden Gesetzen und Verordnungen als sanktioniert gelten. Dies ist besonders relevant in Branchen, die stark reguliert sind, wie das Bankwesen, die Versicherungswirtschaft und andere Finanzdienstleistungen, aber auch in der Exportindustrie und im globalen Handel. Das Tool prüft automatisch und in Echtzeit die Daten der Geschäftspartner und stellt somit eine kontinuierliche Compliance sicher.

In der Praxis bedeutet dies, dass bei der Eingabe von Kundendaten in das System – sei es durch manuelle Eingabe oder durch automatisierte Prozesse – TOLERANT Sanction sofort die Informationen nimmt und sie gegen mehrere Sanktionslisten prüft. Diese Listen werden regelmäßig aktualisiert, um die neuesten von der Regierung veröffentlichten Einträge zu reflektieren, was die Zuverlässigkeit der Überprüfungen garantiert. Die Software ist in der Lage, auch geringfügig abweichende Schreibweisen zu erkennen und korrekt zuzuordnen, was die Wahrscheinlichkeit von Falschpositiven reduziert und gleichzeitig sicherstellt, dass keine kritischen Treffer übersehen werden.

Durch die Implementierung von TOLERANT Sanction können Unternehmen nicht nur ihre rechtlichen Risiken minimieren, sondern auch das Vertrauen ihrer Partner und Kunden stärken. Sie signalisieren damit ein klares Bekenntnis zu ethischem Geschäftsgebaren und zur Einhaltung internationaler Vorschriften. In der heutigen globalisierten Welt ist dies ein unverzichtbares Element für den Aufbau und Erhalt langfristiger, erfolgreicher Geschäftsbeziehungen.

Automatische Aktualisierung der Listen und Überprüfungsprozesse

Im Zeitalter der Digitalisierung und Globalisierung, in dem sich politische und wirtschaftliche Konstellationen schnell ändern können, ist es von entscheidender Bedeutung, dass Unternehmen auf dem neuesten Stand der Sanktionslisten bleiben. Hier setzt die Funktionalität von TOLERANT Sanction an, die eine automatische Aktualisierung dieser Listen ermöglicht und somit eine kontinuierliche und zuverlässige Überprüfung der Kundendaten sicherstellt.

Die Dynamik internationaler Beziehungen erfordert eine fast ebenso dynamische Reaktion von den Compliance-Systemen. Sanktionslisten können häufig aktualisiert werden, manchmal sogar täglich, um neue Einträge hinzuzufügen oder bestehende zu ändern. TOLERANT Sanction integriert diese Änderungen automatisch, indem es regelmäßige Updates von den relevanten Behörden und Organisationen bezieht. Dies geschieht über eine integrierte Funktion, die die neuesten Listen aus zuverlässigen und autoritativen Quellen zieht, wie z.B. dem Bundesanzeiger oder direkt von den zuständigen internationalen Organen wie der EU oder dem US-Finanzministerium.

Dieser automatisierte Aktualisierungsprozess stellt sicher, dass keine veralteten Daten zu kostspieligen und rufschädigenden Fehlentscheidungen führen. In einem Bereich, in dem Fehler ernsthafte juristische Konsequenzen nach sich ziehen können, gewährleistet die Aktualität der Daten eine wesentliche Risikominimierung. Darüber hinaus ermöglicht die Automatisierung des Updates eine Effizienzsteigerung, indem sie manuelle Eingriffe reduziert und es den Compliance-Beauftragten erlaubt, ihre Aufmerksamkeit wichtigeren Aufgaben zu widmen.

Zusätzlich zu den regelmäßigen Aktualisierungen bietet TOLERANT Sanction auch eine kontinuierliche Überprüfung der Kundendaten. Jeder neue Datensatz, der ins System eingegeben wird, durchläuft automatisch den Prüfprozess, bei dem die Daten gegen die aktuellsten Sanktionslisten abgeglichen werden. Die Software ist so konfiguriert, dass sie nicht nur die Vollständigkeit, sondern auch die Genauigkeit der Datenüberprüfung gewährleistet. Dies schließt die Identifizierung von Übereinstimmungen auch bei kleinen Abweichungen in der Schreibweise oder anderen geringfügigen Unterschieden ein.

Die Kombination aus automatischer Aktualisierung und durchgehender Überprüfung bildet somit ein umfassendes Sicherheitsnetz, das Unternehmen vor den Risiken der Non-Compliance schützt und gleichzeitig die Integrität und Zuverlässigkeit ihrer Geschäftsoperationen gewährleistet. TOLERANT Sanction spielt daher eine entscheidende Rolle in der modernen Compliance-Strategie eines jeden international tätigen Unternehmens.

TECHNOLOGIE UND IMPLEMENTIERUNG

Einsatz von fehlertoleranten Matching-Algorithmen

In der Welt der Datenvalidierung und Compliance-Prüfung spielt die Präzision eine entscheidende Rolle, besonders wenn es um die Identifizierung von Personen oder Organisationen auf Sanktionslisten geht. Hier offenbart sich der innovative Charakter von TOLERANT Sanction durch den Einsatz fehlertoleranter Matching-Algorithmen, die eine zuverlässige und effiziente Überprüfung selbst bei geringfügigen Fehlern oder Abweichungen in den Kundendaten ermöglichen.

Fehlertolerante Matching-Algorithmen sind speziell darauf ausgelegt, Inkonsistenzen wie Tippfehler, unterschiedliche Schreibweisen von Namen, Transliterationen und abgekürzte Formen zu erkennen und korrekt zuzuordnen. Diese Technologie ist besonders wichtig, da Daten oft aus verschiedenen Quellen stammen und in unterschiedlichen Formaten vorliegen können, was die Datenqualität beeinträchtigt. TOLERANT Sanction nutzt fortschrittliche Algorithmen, die auf künstlicher Intelligenz und maschinellem Lernen basieren, um solche Unstimmigkeiten zu überwinden und die Identität einer Person oder einer Organisation mit hoher Genauigkeit zu verifizieren.

Diese Algorithmen arbeiten nach dem Prinzip des sogenannten "Fuzzy Matching". Dabei werden nicht exakt übereinstimmende Datensätze identifiziert, indem Punktbewertungssysteme und heuristische Methoden verwendet werden, die über das einfache "String-Matching" hinausgehen. Die Fähigkeit, Ähnlichkeiten in Daten zu erkennen und zu verstehen, ermöglicht es TOLERANT Sanction, auch dann Übereinstimmungen zu finden, wenn die Daten durch menschliche Fehler bei der Dateneingabe oder durch kulturelle Unterschiede in der Namensgebung beeinflusst wurden.

Die Implementierung dieser Technologie in TOLERANT Sanction erfordert eine sorgfältige Konfiguration und regelmäßige Updates der Algorithmen, um ihre Effektivität zu erhalten und zu verbessern. Dazu gehört auch das Training der Algorithmen mit neuen Daten, um ihre Fähigkeit zur Mustererkennung zu schärfen und ihre Anpassungsfähigkeit an neue Herausforderungen zu verbessern.

Der Einsatz dieser hochentwickelten fehlertoleranten Matching-Algorithmen stellt sicher, dass TOLERANT Sanction ein robustes Tool bleibt, das Unternehmen dabei unterstützt, ihre Compliance-Anforderungen effizient und effektiv zu erfüllen. Durch die Minimierung von Fehlalarmen und die Maximierung der Erkennungsrate von tatsächlichen Übereinstimmungen können Unternehmen das Risiko von Compliance-Verstößen signifikant reduzieren und gleichzeitig den operativen Aufwand, der mit der Überprüfung von Sanktionslisten verbunden ist, optimieren.

Integration in bestehende Compliance-Management-Systeme

Die Integration von TOLERANT Sanction in bestehende Compliance-Management-Systeme ist ein kritischer Schritt, der die Effektivität der Compliance-Strategien eines Unternehmens signifikant erhöhen kann. Diese Integration ermöglicht eine nahtlose Zusammenarbeit zwischen verschiedenen Überwachungs- und Kontrollfunktionen, wodurch die Einhaltung rechtlicher Vorschriften effizienter und weniger fehleranfällig wird.

TOLERANT Sanction ist so konzipiert, dass es flexibel in eine Vielzahl von IT-Landschaften integriert werden kann, von traditionellen On-Premises-Systemen bis hin zu modernen Cloud-basierten Architekturen. Die Software bietet APIs (Application Programming Interfaces), die eine einfache und effektive Anbindung an bestehende Systeme ermöglichen. Diese APIs sind das Herzstück der Integration, da sie es erlauben, die Funktionalitäten von TOLERANT Sanction direkt in die Workflow-Systeme des Unternehmens einzuspeisen.

Die praktische Umsetzung der Integration beginnt in der Regel mit der Definition der spezifischen Compliance-Anforderungen und der Abstimmung mit den technischen Möglichkeiten, die TOLERANT Sanction bietet. Hierzu zählen unter anderem die Echtzeit-Verarbeitung von Daten, die Unterstützung verschiedener Datenformate und die Möglichkeit, individuell konfigurierbare Prüfprozesse zu implementieren. Anschließend wird eine technische Schnittstelle konfiguriert, die die nahtlose Kommunikation zwischen den Systemen ermöglicht. Dies beinhaltet oft die Einrichtung von dedizierten Datenkanälen und die Konfiguration von Sicherheitsmaßnahmen, um den Schutz und die Integrität der übertragenen Daten zu gewährleisten.

Ein weiterer wichtiger Aspekt der Integration ist die Fähigkeit von TOLERANT Sanction, mit verschiedenen Datenquellen zu arbeiten. Dies umfasst die Aufnahme von Daten aus internen Systemen wie CRM (Customer Relationship Management) und ERP (Enterprise Resource Planning) sowie aus externen Datenbanken. Durch die Integration kann TOLERANT Sanction direkt auf diese Datenquellen zugreifen, was die Latenzzeiten reduziert und die Aktualität der Datenprüfung erhöht.

Die erfolgreiche Integration von TOLERANT Sanction verbessert nicht nur die Compliance-Fähigkeiten eines Unternehmens, sondern bietet auch strategische Vorteile. Dazu gehören eine verbesserte Entscheidungsfindung durch Zugang zu präzisen und aktuellen Compliance-Daten, eine Reduktion der Risiken durch effektivere Kontrollmechanismen und eine Steigerung der operativen Effizienz durch Automatisierung von Compliance-Prozessen. Zudem fördert sie eine Kultur der Compliance im gesamten Unternehmen, indem sie die Wichtigkeit von konformem Verhalten hervorhebt und unterstützt.

Abschließend kann die erfolgreiche Integration von TOLERANT Sanction in die bestehenden Compliance-Management-Systeme als wesentlicher Bestandteil einer umfassenden Compliance-Strategie angesehen werden. Sie ermöglicht es Unternehmen, auf Veränderungen in der regulatorischen Landschaft schnell zu reagieren und ihre Geschäftstätigkeiten stets innerhalb der gesetzlichen Rahmenbedingungen zu führen.

COMPLIANCE UND RISIKOMANAGEMENT

Einhaltung internationaler und nationaler Vorschriften

TOLERANT Sanction unterstützt Unternehmen bei der Einhaltung einer breiten Palette von Vorschriften, indem es sicherstellt, dass keine Geschäftsbeziehungen zu Individuen oder Organisationen unterhalten werden, die auf internationalen oder nationalen Sanktionslisten stehen. Diese Listen umfassen Personen, Unternehmen und andere Einheiten, die aufgrund ihrer Aktivitäten wie Terrorismusfinanzierung, Menschenrechtsverletzungen oder anderen illegalen Tätigkeiten sanktioniert wurden. Durch den Einsatz von TOLERANT Sanction können Unternehmen automatisch und effizient überprüfen, ob potenzielle oder bestehende Geschäftspartner auf einer dieser Listen stehen, und so das Risiko von Verstößen gegen die Compliance-Vorschriften minimieren.

Ein Schlüsselelement dabei ist die Fähigkeit von TOLERANT Sanction, sich nahtlos in bestehende IT-Systeme zu integrieren und Echtzeit-Updates zu nutzen. Durch die ständige Aktualisierung der Sanktionslisten und die sofortige Überprüfung der Kundendaten können Unternehmen schnell auf Änderungen reagieren. Dies ist besonders wichtig, da die Vorschriften dynamisch sind und sich als Reaktion auf politische und wirtschaftliche Entwicklungen schnell ändern können.

Zudem ermöglicht TOLERANT Sanction eine detaillierte Dokumentation und Berichterstattung, die für Audits und Nachweise gegenüber Regulierungsbehörden erforderlich sind. Die präzise Aufzeichnung jeder Überprüfung, inklusive Zeitstempel und Ergebnis, hilft Unternehmen, ihre Compliance-Aktivitäten effektiv zu dokumentieren. Dies ist entscheidend, um bei rechtlichen Überprüfungen nachweisen zu können, dass angemessene Maßnahmen zur Risikominderung ergriffen wurden.

Darüber hinaus unterstützt TOLERANT Sanction das Risikomanagement durch die Identifizierung und Bewertung von Risiken, die mit bestimmten Individuen oder Gruppen verbunden sind. Diese Risikobewertung wird durch fortgeschrittene Algorithmen ermöglicht, die die Wahrscheinlichkeit und das potenzielle Ausmaß von Compliance-Verstößen abschätzen. Auf diese Weise können Unternehmen proaktiv Maßnahmen ergreifen, um mögliche Risiken zu verwalten, bevor sie zu realen Problemen werden.

Die Einhaltung internationaler und nationaler Vorschriften durch den Einsatz von TOLERANT Sanction ist daher nicht nur eine Frage der rechtlichen Notwendigkeit, sondern auch ein zentraler Bestandteil des strategischen Risikomanagements. In einer Zeit, in der Compliance immer mehr in den Fokus der öffentlichen und regulatorischen Aufmerksamkeit rückt, stellt TOLERANT Sanction ein unverzichtbares Werkzeug dar, das Unternehmen hilft, ihre rechtlichen Verpflichtungen zu erfüllen und gleichzeitig ihr Ansehen und ihre Integrität auf den globalen Märkten zu wahren.

Verringerung des Risikos von Compliance-Strafen

In der rasanten Geschäftswelt von heute kann ein Verstoß gegen Compliance-Vorschriften nicht nur zu finanziellen Strafen führen, sondern auch das Ansehen eines Unternehmens ernsthaft schädigen. Hier kommt TOLERANT Sanction ins Spiel, ein Tool, das speziell darauf ausgelegt ist, das Risiko solcher Strafen signifikant zu reduzieren. Es ermöglicht Unternehmen, proaktiv und mit hoher Genauigkeit sicherzustellen, dass ihre Geschäftstätigkeiten im Einklang mit den gesetzlichen Anforderungen stehen.

Die Verringerung des Risikos von Compliance-Strafen durch TOLERANT Sanction beginnt mit der präzisen Identifikation und Blockierung von Transaktionen, die potenziell gegen internationale Sanktionen verstoßen könnten. Indem es einen automatisierten, ständig aktualisierten Abgleich mit globalen und nationalen Sanktionslisten durchführt, hilft das Tool Unternehmen, unbeabsichtigte Verstöße zu vermeiden. Dies ist besonders wichtig für Firmen, die in mehreren Ländern agieren und somit einer Vielzahl unterschiedlicher und oft komplexer regulatorischer Anforderungen unterliegen.

Ein entscheidender Vorteil von TOLERANT Sanction ist die Möglichkeit, individuelle Prüfprotokolle zu erstellen, die speziell auf die Risikoprofile einzelner Länder oder Geschäftsbereiche zugeschnitten sind. Durch diese maßgeschneiderten Einstellungen können Unternehmen sicherstellen, dass ihre Überprüfungsprozesse sowohl gründlich als auch effizient sind. Der Einsatz fortschrittlicher fehlertoleranter Matching-Algorithmen erhöht dabei die Genauigkeit der Überprüfungen und minimiert das Risiko von Fehlalarmen, die zu unnötigen Unterbrechungen führen könnten.

Darüber hinaus unterstützt TOLERANT Sanction Unternehmen dabei, ihre Due-Diligence-Prozesse zu dokumentieren. In der Welt der Compliance sind vollständige und nachvollziehbare Aufzeichnungen unerlässlich, um im Falle einer Untersuchung durch Regulierungsbehörden den Nachweis erbringen zu können, dass alle erforderlichen Maßnahmen zur Risikominimierung ergriffen wurden. Diese Dokumentation beinhaltet detaillierte Berichte über alle durchgeführten Checks und die dabei erzielten Ergebnisse.

Ein weiterer Aspekt, der das Risiko von Compliance-Strafen verringert, ist die Schulung der Mitarbeiter in der Nutzung von TOLERANT Sanction. Durch regelmäßige Trainings und Updates können sich Unternehmen darauf verlassen, dass ihre Teams in der Lage sind, das Tool effektiv zu nutzen und somit Compliance-Risiken proaktiv zu managen. Die Kombination aus fortschrittlicher Technologie und gut geschultem Personal bildet eine starke Verteidigungslinie gegen potenzielle Verstöße und die damit verbundenen Strafen.

Zusammenfassend lässt sich sagen, dass TOLERANT Sanction durch seine fortgeschrittene Technologie, die Anpassungsfähigkeit an unternehmensspezifische Bedürfnisse und die umfassende Dokumentationsfähigkeit ein unverzichtbares Werkzeug für jedes moderne Unternehmen ist, das das Risiko von Compliance-Strafen minimieren und gleichzeitig seine Betriebsintegrität und sein öffentliches Ansehen schützen möchte.

3.3.2 TOLERANT PEP

GRUNDFUNKTIONEN UND ANWENDUNGSBEREICHE

IDENTIFIZIERUNG POLITISCH EXPONIERTER PERSONEN (PEPs)

In der komplexen Landschaft der globalen Finanzregulierung stellt die Identifizierung politisch exponierter Personen (PEPs) eine fundamentale Herausforderung und zugleich eine entscheidende Notwendigkeit dar. Politisch exponierte Personen sind aufgrund ihrer Positionen und des damit verbundenen Einflusses besonders anfällig für Korruptionsrisiken. Hier setzt TOLERANT PEP an, ein spezialisiertes Tool, das entwickelt wurde, um Organisationen bei der zuverlässigen Identifizierung und Überwachung von PEPs zu unterstützen.

Die Grundfunktion von TOLERANT PEP besteht darin, Personen, die öffentliche Ämter bekleiden oder bekleidet haben, sowie ihre unmittelbaren Familienmitglieder und nahestehenden Personen automatisch zu identifizieren. Dies ist von entscheidender Bedeutung, da Geschäftsbeziehungen mit PEPs ein höheres Risiko für

Geldwäsche und Korruptionspraktiken darstellen können. Die Identifizierung dieser Personen ermöglicht es Unternehmen, angemessene risikobasierte Maßnahmen zu ergreifen, um sich vor potenziellen Rechtsverletzungen und den daraus resultierenden Sanktionen zu schützen.

TOLERANT PEP verwendet fortschrittliche Algorithmen, die in der Lage sind, auch bei variierender oder unvollständiger Information präzise Identifizierungen vorzunehmen. Die Software greift auf umfangreiche, ständig aktualisierte Datenbanken zu, die Informationen über PEPs aus aller Welt enthalten. Diese Datenbanken umfassen nicht nur offensichtliche Kategorien wie aktuelle und ehemalige Regierungsmitglieder, sondern auch weniger offensichtliche Gruppen wie Direktoren großer staatlicher Unternehmen, hohe Militärbeamte und bedeutende Parteifunktionäre.

Ein weiterer wichtiger Anwendungsbereich von TOLERANT PEP liegt in der fortlaufenden Überwachung. Sobald eine Person als PEP identifiziert wurde, ermöglicht das System eine kontinuierliche Überwachung dieser Person über den Zeitraum der Geschäftsbeziehung. Dies schließt regelmäßige Updates ein, die sicherstellen, dass Änderungen im Status einer Person – beispielsweise durch das Verlassen oder Annehmen eines öffentlichen Amtes – sofort erkannt und berücksichtigt werden.

Die Implementierung von TOLERANT PEP in die Compliance-Strategie eines Unternehmens unterstützt nicht nur die Einhaltung internationaler und nationaler Vorschriften, sondern trägt auch wesentlich zur Wahrung der Unternehmensintegrität bei. Durch die präzise Identifizierung und adäquate Risikobewertung von PEPs können Organisationen verantwortungsvoll agieren und das Vertrauen ihrer Stakeholder stärken.

Kontinuierliche Überwachung und Dokumentation von PEP-Beziehungen

Die kontinuierliche Überwachung und Dokumentation von Beziehungen zu politisch exponierten Personen (PEPs) ist eine unerlässliche Aufgabe für Unternehmen, die sich auf globaler Ebene bewegen und den strengen Auflagen der Compliance-Richtlinien gerecht werden wollen. TOLERANT PEP bietet hierfür eine Lösung, die nicht nur die einmalige Identifikation von PEPs ermöglicht, sondern auch deren fortlaufende Überwachung und die detaillierte Dokumentation aller relevanten Aktivitäten und Transaktionen.

Die kontinuierliche Überwachung ist besonders wichtig, da der Status einer Person als PEP sich ändern kann, etwa durch Amtswechsel, politische Entwicklungen oder auch durch Veränderungen im persönlichen Netzwerk einer PEP. TOLERANT PEP automatisiert diesen Überwachungsprozess und stellt sicher, dass alle Kundenbeziehungen regelmäßig auf neue oder veränderte Risiken hin überprüft werden. Das System benachrichtigt Compliance-Beauftragte automatisch, wenn sich relevante Änderungen im Status einer überwachten Person ergeben, und sorgt so für eine proaktive Anpassung der Risikomanagementstrategien.

Ein wesentlicher Aspekt dieser fortlaufenden Überwachung ist die Fähigkeit des Systems, eine vollständige Dokumentation aller Schritte und Ergebnisse zu generieren. Diese Dokumentation umfasst nicht nur die Identifizierung und Klassifizierung von PEPs, sondern auch alle durchgeführten Transaktionen und Kommunikationsvorgänge mit den betreffenden Personen. Diese Aufzeichnungen sind von unschätzbarem Wert, da sie im Falle einer Untersuchung durch Regulierungsbehörden als Nachweis für die Einhaltung der gesetzlichen Bestimmungen dienen können.

TOLERANT PEP ermöglicht es Unternehmen zudem, den Überwachungsprozess an spezifische Risikoszenarien anzupassen. Durch definierbare Parameter können Unternehmen festlegen, in welcher Frequenz Überprüfungen stattfinden sollen und welche spezifischen Aktivitäten oder Transaktionen besondere Aufmerksamkeit erfordern. Diese Flexibilität ist entscheidend, um effiziente und zielgerichtete Compliance-Prozesse in einem dynamischen regulatorischen Umfeld sicherzustellen.

Die kontinuierliche Überwachung und Dokumentation von PEP-Beziehungen durch TOLERANT PEP ist somit ein integraler Bestandteil eines effektiven Compliance-Programms.

TECHNOLOGIE UND IMPLEMENTIERUNG

Nutzung von dynamischen Suchalgorithmen für aktuelle PEP-Daten

Im komplexen Gefüge der globalen Finanzregulierung bildet die präzise und schnelle Identifizierung politisch exponierter Personen (PEPs) eine der größten Herausforderungen für das Compliance-Management in Unternehmen. TOLERANT PEP, ausgestattet mit dynamischen Suchalgorithmen, stellt hier eine technologisch fortschrittliche Lösung dar, die es ermöglicht, aktuelle PEP-Daten effektiv zu nutzen und zu verarbeiten. Diese fortschrittlichen Technologien sind entscheidend, um die dynamischen Anforderungen an die Compliance zu erfüllen und das Risiko von Verstößen und den damit verbundenen Strafen zu minimieren.

Die Kernkomponente von TOLERANT PEP sind die dynamischen Suchalgorithmen, die speziell dafür entwickelt wurden, um schnell und effizient große Datenmengen nach relevanten PEP-Informationen zu durchsuchen. Diese Algorithmen nutzen neueste Entwicklungen im Bereich der künstlichen Intelligenz und des maschinellen Lernens, um Muster zu erkennen und auch die subtilsten Hinweise, die auf eine PEP-Verbindung hinweisen könnten, zu identifizieren. Dies schließt komplexe Verbindungen innerhalb von Netzwerken ein, die oft über mehrere Ecken gehen und ohne den Einsatz von fortschrittlicher Technologie nicht erkennbar wären.

Ein weiterer wichtiger Aspekt der Technologie hinter TOLERANT PEP ist die Fähigkeit, Daten in Echtzeit zu aktualisieren und zu verarbeiten. Die dynamischen Suchalgorithmen sind darauf ausgelegt, kontinuierlich aktualisierte Datenfeeds zu integrieren, die von einer Vielzahl internationaler und nationaler Quellen stammen. Diese Echtzeit-Datenverarbeitung ist entscheidend, um sicherzustellen, dass die Informationen über PEPs stets auf dem neuesten Stand sind und Compliance-Entscheidungen auf der Grundlage der aktuellsten verfügbaren Informationen getroffen werden können.

Die Implementierung dieser Technologie in einem Unternehmen erfordert eine sorgfältige Planung und Integration in bestehende IT-Systeme. TOLERANT PEP ist so konzipiert, dass es flexibel mit verschiedenen Datenmanagementsystemen und Plattformen zusammenarbeitet. Dies ermöglicht eine nahtlose Integration in die bestehende Compliance-Infrastruktur ohne die Notwendigkeit einer kompletten Systemüberholung. Darüber hinaus bietet das System eine Benutzeroberfläche, die es Compliance-Offizieren ermöglicht, Suchvorgänge anzupassen und spezifische Abfragen durchzuführen, um den Anforderungen des jeweiligen Unternehmens gerecht zu werden.

Zusammenfassend lässt sich sagen, dass die Nutzung von dynamischen Suchalgorithmen in TOLERANT PEP eine technologisch fortschrittliche Methode darstellt, um die Herausforderungen im Zusammenhang mit der Identifizierung und Überwachung von PEPs zu meistern. Durch die Kombination aus Echtzeit-Datenverarbeitung, fortgeschrittener KI und nahtloser Integration bietet TOLERANT PEP eine robuste Lösung, die es Unternehmen ermöglicht, auf dem neuesten Stand der Compliance-Anforderungen zu bleiben und das Risiko regulatorischer Strafen zu minimieren.

Anpassbare Suchparameter und Risikoprofile

In der Welt der Compliance und des Risikomanagements ist die Flexibilität ebenso entscheidend wie die Präzision. TOLERANT PEP stellt diese Flexibilität durch anpassbare Suchparameter und Risikoprofile bereit, die es Unternehmen ermöglichen, ihre Überwachungssysteme präzise auf ihre spezifischen Bedürfnisse und Risikobereitschaften abzustimmen. Diese Anpassbarkeit ist entscheidend, da sie eine differenzierte Risikobewertung ermöglicht, die sowohl effektiv als auch effizient ist, und dabei hilft, Compliance-Ressourcen dort einzusetzen, wo sie am meisten benötigt werden.

Die anpassbaren Suchparameter von TOLERANT PEP erlauben es den Benutzern, die Suchkriterien genau zu definieren, die für die Identifizierung von PEPs verwendet werden sollen. Dies kann von der Auswahl spezifischer Länder oder Regionen, über bestimmte politische oder wirtschaftliche Positionen, bis hin zu speziellen Zeiträumen reichen, in denen eine Person als politisch exponiert galt. Solche Parameter können basierend auf den Compliance-Vorgaben eines Unternehmens oder den rechtlichen Rahmenbedingungen in den Ländern, in denen es tätig ist, festgelegt werden.

Darüber hinaus ermöglichen die anpassbaren Risikoprofile eine tiefergehende Feinabstimmung der Überwachungs- und Analyseprozesse. Unternehmen können spezifische Profile für verschiedene Arten von PEPs erstellen, abhängig von deren wahrgenommener Risikostufe. Beispielsweise könnten ehemalige Regierungsmitglieder anders überwacht werden als aktive Amtsträger oder deren Familienmitglieder. Jedes Risikoprofil kann unterschiedliche

Überwachungsintensitäten und Untersuchungstiefen spezifizieren, was eine angemessene Ressourcenzuweisung und eine effizientere Risikoverwaltung ermöglicht.

Diese personalisierten Einstellungen sind besonders wertvoll, weil sie Unternehmen helfen, ihre Compliance-Programme nicht nur reaktiver, sondern auch proaktiver zu gestalten. Indem Risikoprofile und Suchparameter auf der Grundlage von Echtzeit-Daten und fortlaufenden Analysen aktualisiert werden, können Unternehmen potenzielle Risiken frühzeitig erkennen und entsprechend reagieren, bevor diese zu echten Bedrohungen werden.

Die Implementierung dieser anpassbaren Systeme in TOLERANT PEP unterstützt zudem eine dynamische Compliance-Umgebung, in der Entscheidungen auf der Grundlage aktueller und relevanter Daten getroffen werden. Dies führt zu einer stärkeren Compliance-Haltung und einer höheren Gesamtresilienz gegenüber den sich ständig ändernden globalen regulatorischen Anforderungen.

Kurz gesagt, die Fähigkeit von TOLERANT PEP, anpassbare Suchparameter und Risikoprofile zu bieten, ist von unschätzbarem Wert für moderne Unternehmen, die sich in einer komplexen und oft volatilen globalen Landschaft bewegen. Diese Werkzeuge stärken nicht nur die Compliance-Strategien, sondern fördern auch eine Kultur der fortlaufenden Verbesserung und Anpassung, die für den langfristigen Geschäftserfolg entscheidend ist.

COMPLIANCE UND RISIKOMANAGEMENT

Unterstützung bei der Erfüllung von Anti-Geldwäsche-Richtlinien

Die Einhaltung von Anti-Geldwäsche-Richtlinien (AML) ist eine zentrale Säule des Compliance- und Risikomanagements in jedem Unternehmen, das in der Finanzindustrie und vielen anderen regulierten Sektoren tätig ist. TOLERANT PEP spielt eine entscheidende Rolle bei der Unterstützung dieser Bemühungen, indem es Unternehmen die notwendigen Werkzeuge an die Hand gibt, um effektiv und effizient die strengen Anforderungen der Anti-Geldwäsche-Gesetzgebung zu erfüllen.

Die Bedeutung der Anti-Geldwäsche-Richtlinien kann nicht unterschätzt werden, da Geldwäsche nicht nur die Integrität des Finanzsystems untergräbt, sondern auch als eine der Hauptfinanzierungsquellen für kriminelle Aktivitäten wie Terrorismus, Menschenhandel und Drogenhandel dient. Unternehmen sind daher verpflichtet, strenge Überprüfungsprozesse durchzuführen, um sicherzustellen, dass sie nicht unwissentlich zur Geldwäsche beitragen. Hier setzt TOLERANT PEP an, indem es eine robuste Plattform bietet, die speziell darauf ausgelegt ist, politisch exponierte Personen zu identifizieren, die aufgrund ihrer Position und ihres Einflusses als höheres Risiko für Geldwäsche angesehen werden.

TOLERANT PEP unterstützt Unternehmen dabei, diese Risiken zu managen, indem es umfassende Überprüfungsmechanismen und Kontrollen bietet, die es ermöglichen, PEPs effektiv zu identifizieren und zu überwachen. Durch die Nutzung fortgeschrittener Algorithmen kann das System PEPs aus einer Vielzahl von Datenquellen erkennen und deren Risikoprofile kontinuierlich aktualisieren. Diese Fähigkeit ist entscheidend, um den sich ständig ändernden Anforderungen der Anti-Geldwäsche-Gesetzgebung gerecht zu werden.

Ein weiterer wichtiger Aspekt, wie TOLERANT PEP Unternehmen unterstützt, ist die Bereitstellung detaillierter und nachvollziehbarer Aufzeichnungen aller Transaktionen und Überprüfungen. Diese Dokumentation ist von unschätzbarem Wert, sollte das Unternehmen von Regulierungsbehörden geprüft werden. Die lückenlose Dokumentation der Überprüfungsprozesse und Entscheidungsgrundlagen hilft nicht nur, die Einhaltung der Richtlinien zu beweisen, sondern auch, eventuelle Verdachtsfälle effizient zu melden.

Darüber hinaus ermöglicht TOLERANT PEP eine proaktive Risikomanagementstrategie. Indem es Unternehmen erlaubt, Risikoschwellenwerte zu definieren und anzupassen, können sie schnell auf Änderungen in den Risikoprofilen von PEPs reagieren und entsprechende Maßnahmen ergreifen. Diese Flexibilität und Anpassungsfähigkeit sind entscheidend, um auf dem dynamischen Feld der globalen Compliance wettbewerbsfähig zu bleiben.

Zusammengefasst bietet TOLERANT PEP eine umfassende Lösung, die Unternehmen nicht nur dabei unterstützt, die Anforderungen der Anti-Geldwäsche-Richtlinien zu erfüllen, sondern auch das Risiko schwerwiegender Compliance-Verstöße und die damit verbundenen finanziellen und reputativen Schäden zu minimieren. In einer Zeit, in der regulatorische Anforderungen immer komplexer werden, stellt TOLERANT PEP ein unverzichtbares Werkzeug dar, um sicherzustellen, dass Unternehmen ihre regulatorischen Verpflichtungen effektiv und effizient erfüllen können.

Prävention von Reputationsrisiken und wirtschaftlichen Sanktionen

In der heutigen vernetzten Wirtschaftswelt sind Reputationsrisiken und die Gefahr wirtschaftlicher Sanktionen omnipräsent. Diese Risiken können erhebliche negative Auswirkungen auf ein Unternehmen haben, von finanziellen Einbußen bis hin zu langfristigen Schäden am Markenimage. TOLERANT PEP bietet eine entscheidende Unterstützung, um solche Risiken durch die präventive Identifizierung und Überwachung politisch exponierter Personen (PEPs) effektiv zu minimieren.

Die Bedeutung der Prävention von Reputationsrisiken kann nicht hoch genug eingeschätzt werden. Die Assoziation mit politisch exponierten Personen, die in korrupte Aktivitäten verwickelt sind oder gegen die internationale Sanktionen bestehen, kann schnell zu einem Imageproblem für Unternehmen führen. In diesem Kontext erweist sich TOLERANT PEP als unverzichtbares Tool, indem es Unternehmen ermöglicht, solche risikobehafteten Verbindungen frühzeitig zu erkennen. Das System nutzt fortschrittliche Suchtechnologien, um PEPs zu identifizieren und deren Aktivitäten kontinuierlich zu überwachen, wodurch es Unternehmen hilft, proaktiv Maßnahmen zu ergreifen, bevor potenzielle Skandale öffentlich werden.

Darüber hinaus spielt TOLERANT PEP eine zentrale Rolle bei der Prävention wirtschaftlicher Sanktionen. Solche Sanktionen können von internationalen oder nationalen Behörden auferlegt werden und resultieren oft aus dem Verstoß gegen Compliance-Vorschriften, wie z.B. den Anti-Geldwäsche-Bestimmungen. Durch die genaue Überwachung und Berichterstattung über alle Geschäftsbeziehungen, die PEPs involvieren, stellt TOLERANT PEP sicher, dass Unternehmen die gesetzlichen Anforderungen einhalten und somit das Risiko solcher Sanktionen minimieren.

Ein weiterer Vorteil von TOLERANT PEP liegt in der Möglichkeit, individuell angepasste Warnsysteme einzurichten, die Compliance-Beauftragte unverzüglich über relevante Änderungen im Status von PEPs oder über verdächtige Aktivitäten informieren. Diese sofortige Benachrichtigung ermöglicht es Unternehmen, schnell zu handeln und notwendige Untersuchungen oder Anpassungen in ihren Geschäftsprozessen vorzunehmen. Diese Reaktionsfähigkeit ist entscheidend, um wirtschaftliche und reputative Schäden abzuwenden.

Die präventive Nutzung von TOLERANT PEP unterstützt somit nicht nur die Compliance mit rechtlichen Rahmenbedingungen, sondern schützt auch aktiv das Ansehen des Unternehmens. Durch die frühzeitige Identifizierung und das Management von Risiken, die mit politisch exponierten Personen verbunden sind, ermöglicht TOLERANT PEP es Unternehmen, proaktiv und verantwortungsbewusst zu handeln. Dies stärkt das Vertrauen der Stakeholder und fördert eine Unternehmenskultur, die auf ethischen Grundsätzen und rechtlicher Integrität basiert. In einer zunehmend regulierten und überwachten Geschäftswelt ist dies ein unverzichtbarer Wettbewerbsvorteil.

3.3.3 Anwendungsbeispiele und Fallstudien

PRAKTISCHE UMSETZUNG IN DER FINANZINDUSTRIE

Banken und ihre Maßnahmen zur Einhaltung von Sanktionsregelungen

Die Finanzindustrie steht an vorderster Front, wenn es darum geht, die Einhaltung internationaler Sanktionsregelungen zu gewährleisten. Dies ist nicht nur eine rechtliche Notwendigkeit, sondern auch ein entscheidender Faktor für den Schutz der Integrität und Stabilität des globalen Finanzsystems. Banken spielen dabei eine zentrale Rolle und setzen fortschrittliche Technologien und Strategien ein, um ihre Compliance-Verpflichtungen zu erfüllen. Die praktische Umsetzung dieser Maßnahmen in der Finanzindustrie lässt sich am Beispiel der Integration und Nutzung von Systemen wie TOLERANT PEP verdeutlichen.

Banken und die Einhaltung von Sanktionsregelungen

Banken sind aufgrund ihrer internationalen Geschäftstätigkeit und der großen Menge an Kapital, die sie bewegen, besonders anfällig für Risiken im Zusammenhang mit Geldwäsche und Terrorismusfinanzierung. Um diesen Risiken zu begegnen, haben sie umfassende Systeme und Verfahren implementiert, die sicherstellen, dass alle Kundentransaktionen und Geschäftsbeziehungen den geltenden Sanktionsregelungen entsprechen.

Einsatz von Technologien wie TOLERANT PEP

Ein wesentliches Werkzeug, das Banken zur Einhaltung von Sanktionsregelungen nutzen, ist TOLERANT PEP. Dieses System ermöglicht es Finanzinstitutionen, schnell und effizient Informationen über politisch exponierte Personen zu identifizieren und zu verarbeiten. Zum Beispiel ermöglicht TOLERANT PEP den Banken, ihre neuen und bestehenden Kundenkonten systematisch zu überprüfen. Durch die Integration in die Kundenaufnahme-Prozesse können Banken sicherstellen, dass sie keine Geschäftsbeziehungen mit Personen eingehen oder aufrechterhalten, die auf internationalen Sanktionslisten stehen.

Automatisierung der Compliance-Prozesse

Durch den Einsatz von TOLERANT PEP können Banken ihre Compliance-Prozesse weitgehend automatisieren. Das System überprüft automatisch die Kundendaten gegen aktuelle Sanktionslisten und alarmiert die Compliance-Beauftragten der Bank, wenn eine Übereinstimmung gefunden wird. Diese Automatisierung reduziert nicht nur den manuellen Aufwand, der mit solchen Überprüfungen verbunden ist, sondern erhöht auch die Genauigkeit und Geschwindigkeit, mit der die Banken auf potenzielle Risiken reagieren können.

Dokumentation und Reporting

Ein weiterer wichtiger Aspekt ist die Fähigkeit von TOLERANT PEP, detaillierte Berichte und Aufzeichnungen zu erstellen. Diese Dokumentation ist für Banken unerlässlich, um bei Prüfungen durch Regulierungsbehörden nachweisen zu können, dass sie angemessene Maßnahmen zur Einhaltung der Sanktionsregelungen getroffen haben. Die ausführlichen Logs und Berichte, die von TOLERANT PEP generiert werden, erleichtern es den Banken, ihre Compliance-Aktivitäten effektiv zu verwalten und zu überwachen.

Fazit

Die praktische Umsetzung von Sanktionsüberprüfungen durch Banken, unterstützt durch Technologien wie TOLERANT PEP, zeigt, wie entscheidend solche Systeme für die Einhaltung komplexer internationaler Vorschriften sind. Sie ermöglichen nicht nur eine effiziente und effektive Überwachung und Einhaltung der gesetzlichen Anforderungen, sondern schützen auch die finanziellen Institutionen vor den potenziell verheerenden Folgen von Non-Compliance, einschließlich schwerwiegender finanzieller Strafen und Reputationsverlust.

Beispiele für die effektive Erkennung und Behandlung von PEPs

Die effektive Erkennung und Behandlung von politisch exponierten Personen (PEPs) stellt eine der größten Herausforderungen für die Compliance-Abteilungen von Finanzinstitutionen dar. Doch gerade in der Praxis zeigt sich, wie entscheidend eine effiziente PEP-Erkennung für die Vermeidung von Rechtsverletzungen und die Wahrung der institutionellen Integrität ist. Hierzu gibt es zahlreiche Beispiele, wie Banken und andere Finanzdienstleister dank fortschrittlicher Technologien und klar definierter Prozesse erfolgreich PEPs erkennen und angemessen behandeln.

Effektive Erkennung durch technologische Integration

Ein führendes europäisches Bankinstitut setzte TOLERANT PEP ein, um seine bestehenden Systeme zur Kundendatenprüfung zu verbessern. Die Integration von TOLERANT PEP ermöglichte es der Bank, ihre PEP-Screening-Prozesse zu automatisieren und zu beschleunigen. Durch den Einsatz dynamischer Suchalgorithmen und kontinuierlicher Datenaktualisierungen konnte die Bank PEPs präzise identifizieren und deren Transaktionen in Echtzeit überwachen. Diese Technologie half nicht nur, die Compliance-Kosten zu senken, sondern auch die Reaktionsfähigkeit auf potenzielle Risiken erheblich zu verbessern.

Fallbeispiel: Proaktive Maßnahmen nach der Identifikation eines PEP

In einem spezifischen Fall identifizierte eine internationale Bank einen hochrangigen politischen Funktionär aus einem nicht-EU-Land als PEP kurz nach der Eröffnung eines großen Kontos. Die sofortige Identifikation durch TOLERANT PEP führte zu einer eingehenden Überprüfung der Transaktionen dieses Kunden. Die Bank setzte zusätzliche Überwachungsmaßnahmen ein, einschließlich der regelmäßigen Überprüfung aller eingehenden und ausgehenden Zahlungen. Diese proaktiven Schritte stellten sicher, dass die Bank die regulatorischen Anforderungen erfüllte und gleichzeitig das Risiko von Geldwäsche minimierte.

Langfristige Überwachung und Anpassung der Risikoprofile

Ein anderes Beispiel betrifft eine Bank, die feststellte, dass die Risikoprofile von PEPs sich im Laufe der Zeit ändern können, insbesondere wenn politische oder soziale Umstände in ihren Heimatländern zu Instabilität führen. Durch den Einsatz von TOLERANT PEP konnte die Bank ihre Risikobewertungen regelmäßig aktualisieren, um die sich ändernden Bedingungen widerzuspieleigen. Dieser adaptive Ansatz ermöglichte es der Bank, ihre Compliance-Strategien dynamisch anzupassen und stets auf der sicheren Seite der Vorschriften zu bleiben.

Fazit

Diese Beispiele zeigen, wie die Kombination aus fortschrittlicher Technologie und sorgfältig entwickelten Compliance-Strategien es Finanzinstitutionen ermöglicht, PEPs effektiv zu erkennen und zu verwalten. Die Investition in solche Technologien und Prozesse ist nicht nur eine Frage der rechtlichen Notwendigkeit, sondern auch ein entscheidender Faktor für den Schutz der finanziellen und reputativen Ressourcen der Institution. In einer Zeit, in der die finanzielle Transparenz zunehmend unter die Lupe genommen wird, bieten Systeme wie TOLERANT PEP den Institutionen die Werkzeuge, die sie benötigen, um auf der richtigen Seite der Compliance zu operieren.

HERAUSFORDERUNGEN UND LÖSUNGSANSÄTZE

Überwindung von Schwierigkeiten bei der Datenqualität und -integrität

Die Qualität und Integrität der Daten sind zentrale Herausforderungen im Compliance- und Risikomanagement, insbesondere wenn es um die Identifizierung und Überwachung politisch exponierter Personen (PEPs) geht. Unvollständige, veraltete oder fehlerhafte Daten können die Effektivität der Compliance-Bemühungen erheblich beeinträchtigen und zu erheblichen rechtlichen und finanziellen Konsequenzen führen. Die Überwindung dieser Schwierigkeiten erfordert sowohl fortschrittliche technologische Lösungen als auch sorgfältig entwickelte Prozesse und Strategien.

Technologische Fortschritte zur Verbesserung der Datenqualität

Moderne Compliance-Systeme wie TOLERANT PEP nutzen fortschrittliche Technologien, um die Qualität und Integrität der Daten zu verbessern. Diese Systeme setzen auf fehlertolerante Algorithmen, die in der Lage sind, auch bei geringfügigen Fehlern oder Abweichungen in den Daten korrekte Ergebnisse zu liefern. Solche Algorithmen können Duplikate erkennen, Inkonsistenzen korrigieren und auch transkribierte oder in verschiedenen Formaten eingegebene Namen richtig zuordnen. Diese Technologien sind entscheidend, um die Herausforderungen der Datenqualität effektiv zu bewältigen und die Zuverlässigkeit der Compliance-Überprüfungen zu gewährleisten.

Regelmäßige Datenaktualisierung und -verifizierung

Ein weiterer kritischer Aspekt bei der Überwindung von Datenqualitätsproblemen ist die Gewährleistung, dass die verwendeten Daten stets aktuell und genau sind. TOLERANT PEP bietet Funktionen für die regelmäßige Aktualisierung und Überprüfung der Datenbestände. Durch die automatische Integration von Updates aus zuverlässigen Quellen können Unternehmen sicherstellen, dass ihre Datenbanken immer die neuesten Informationen enthalten. Zusätzlich ermöglichen es manuelle Überprüfungstools den Nutzern, spezifische Datensätze zu überprüfen und zu validieren, wodurch die Genauigkeit weiter erhöht wird.

Schulung und Bewusstsein der Mitarbeiter

Technologie allein kann die Herausforderungen der Datenqualität und -integrität jedoch nicht vollständig lösen. Ein wesentlicher Faktor für den Erfolg von Compliance-Programmen ist das Bewusstsein und die Kompetenz der Mitarbeiter, die mit diesen Systemen arbeiten. Schulungen und kontinuierliche Weiterbildung sind ünerlässlich, um sicherzustellen, dass die Mitarbeiter verstehen, wie sie die Tools effektiv nutzen können und sich der Bedeutung genauer Daten bewusst sind. Indem Mitarbeiter in die Lage versetzt werden, Datenfehler zu erkennen und zu melden, können Unternehmen die Datenqualität weiter verbessern.

Prozessoptimierung und Standardisierung

Schließlich erfordert die Überwindung von Datenqualitätsproblemen eine sorgfältige Überprüfung und Optimierung der Prozesse, die zur Datenerfassung und -verarbeitung verwendet werden. Standardisierung der Datenerfassungsmethoden und -formate, Implementierung strenger Validierungsregeln bei der Dateneingabe und die Einrichtung klarer Richtlinien für die Datenpflege sind alles Maßnahmen, die zur Verbesserung der Datenqualität beitragen können.

Zusammengefasst stellen die Herausforderungen der Datenqualität und -integrität erhebliche Risiken für Compliance-Programme dar, doch durch den Einsatz fortschrittlicher Technologien, regelmäßige Schulungen, Prozessoptimierung und die Einbindung kompetenter Mitarbeiter können diese Herausforderungen effektiv gemeistert werden. Dies stellt sicher, dass Unternehmen ihre regulatorischen Verpflichtungen erfüllen und gleichzeitig das Vertrauen in ihre Compliance-Praktiken stärken.

Anpassung der Systeme an neue regulatorische Anforderungen

Die Anpassung von Compliance-Systemen an sich ständig ändernde regulatorische Anforderungen ist eine wesentliche Herausforderung für Unternehmen weltweit. Die Fähigkeit, flexibel und schnell auf neue Gesetze und Vorschriften reagieren zu können, ist entscheidend für die Aufrechterhaltung der Compliance und die Vermeidung von Strafen. Effektive Systeme wie TOLERANT PEP spielen eine zentrale Rolle bei der Bewältigung dieser Herausforderung, indem sie nicht nur robuste Grundfunktionen bieten, sondern auch die nötige Flexibilität zur Anpassung an neue regulatorische Rahmenbedingungen.

Proaktive Anpassungsfähigkeit

Ein Schlüsselelement bei der Anpassung der Systeme an neue regulatorische Anforderungen ist die proaktive Anpassungsfähigkeit. TOLERANT PEP ermöglicht es, durch modulare Softwarearchitektur und konfigurierbare Schnittstellen, schnell auf Veränderungen in der regulatorischen Landschaft zu reagieren. Die Systeme können so konfiguriert werden, dass sie automatisch neue regulatorische Updates erkennen und integrieren, wodurch die Notwendigkeit manueller Eingriffe minimiert wird. Dies stellt sicher, dass Compliance-Systeme stets den aktuellen rechtlichen Anforderungen entsprechen, ohne dass ständige umfassende Überholungen erforderlich sind.

Integration neuer Datenquellen

Ein weiterer wichtiger Aspekt ist die Integration neuer Datenquellen. Mit der Einführung neuer Vorschriften können auch neue Arten von Daten relevant werden, die überwacht und analysiert werden müssen. TOLERANT PEP ermöglicht die einfache Integration zusätzlicher Datenquellen in das bestehende System, um eine umfassende Überwachung und Analyse sicherzustellen. Dies beinhaltet die Fähigkeit, Daten aus einer Vielzahl internationaler und lokaler Quellen zu erfassen und zu verarbeiten, was für die Einhaltung spezifischer regionaler Vorschriften unerlässlich sein kann.

Automatisierte Compliance-Überprüfungen

Um die Effizienz weiter zu steigern und die Compliance zu sichern, nutzen fortschrittliche Systeme wie TOLERANT PEP automatisierte Prozesse für wiederkehrende Überprüfungen und Berichte. Diese Automatisierung ermöglicht es Unternehmen, Compliance-Überprüfungen regelmäßig und ohne zusätzlichen administrativen Aufwand durchzuführen. Automatisierte Workflows können angepasst werden, um spezifische regulatorische Anforderungen zu erfüllen, wie zum Beispiel die regelmäßige Überprüfung aller PEPs oder die Überwachung spezieller Transaktionstypen.

Schulung und Sensibilisierung der Mitarbeiter

Zusätzlich zur technologischen Anpassung ist die Schulung der Mitarbeiter ein entscheidender Faktor für die erfolgreiche Anpassung an neue regulatorische Anforderungen. Regelmäßige Schulungen und Weiterbildungen helfen, das Bewusstsein und Verständnis für die Bedeutung von Compliance und die spezifischen Anforderungen neuer Vorschriften zu schärfen. TOLERANT PEP unterstützt diese Bemühungen durch Bereitstellung von Schulungsmaterialien und Benutzerhandbüchern, die speziell darauf ausgelegt sind, Nutzern den Umgang mit dem System und die neuesten Compliance-Standards zu vermitteln.

Die Anpassung der Systeme an neue regulatorische Anforderungen durch Technologien wie TOLERANT PEP ermöglicht es Unternehmen nicht nur, rechtliche Risiken zu minimieren, sondern auch ihre Effizienz und Reaktionsfähigkeit zu steigern. In einer sich schnell verändernden regulatorischen Landschaft ist dies unerlässlich, um wettbewerbsfähig zu bleiben und das Vertrauen der Stakeholder zu erhalten.

KAPITEL 4: IMPLEMENTIERUNG DER COMPLIANCE-MAßNAHMEN

In der trüben Morgendämmerung globaler Wirtschaftsbeziehungen und der schier endlosen Flut von Vorschriften, die wie ein undurchdringlicher Nebel über dem Markt hängen, steht jedes Unternehmen vor einer entscheidenden Herausforderung: der Implementierung effektiver Compliance-Maßnahmen. Wie ein Kapitän, der sein Schiff durch stürmische See navigiert, muss jede Führungskraft die richtigen Instrumente wählen, um sicher durch die Wellen der rechtlichen Anforderungen zu steuern und das Schiff der Unternehmung vor den Klippen der Non-Compliance und den Strudeln der Skandale zu bewahren.

Jüngste Schlagzeilen über internationale Finanzskandale und die strengen Strafen, die auf Verstöße gegen Compliance-Regeln folgen, haben das Bewusstsein für das Thema Compliance in den Vorstandsetagen weltweit geschärft. Die Deutsche Bank, einst ein Titan der Finanzwelt, musste beispielsweise Hunderte Millionen Euro an Strafen zahlen, nachdem Versäumnisse in ihren Anti-Geldwäsche-Praktiken ans Licht kamen. Solche Vorfälle verdeutlichen schmerzlich, dass der Preis für Non-Compliance nicht nur in Geldstrafen gemessen wird, sondern auch in einem dauerhaften Reputationsverlust.

In diesem Kapitel wird daher ein praxisorientierter Leitfaden zur Implementierung von Compliance-Maßnahmen vorgestellt, der sich nicht nur an die großen Akteure auf dem Finanzmarkt richtet, sondern an jedes Unternehmen, das sich in der modernen, regulierten Wirtschaftslandschaft behaupten will. Wir werden uns speziell darauf konzentrieren, wie Unternehmen durch den strategischen Einsatz von fortschrittlichen Compliance-Tools wie TOLERANT PEP und TOLERANT Sanction nicht nur ihre Pflichten erfüllen, sondern auch einen Wettbewerbsvorteil erlangen können. Von der ersten Risikoanalyse bis zur fortlaufenden Überwachung und Schulung der Mitarbeiter werden die Schritte beschrieben, die notwendig sind, um ein umfassendes und effektives Compliance-Programm aufzubauen.

Durch die Implementierung dieser Maßnahmen können Unternehmen das Ruder fest in die Hand nehmen und sicherstellen, dass ihre Reise durch das regulatorische Gewässer nicht nur sicher, sondern auch profitabel ist.

4.1 Aufbau einer Compliance-Infrastruktur

4.1.1 Planung und Design

DEFINITION DER COMPLIANCE-ZIELE

Der Aufbau einer wirksamen Compliance-Infrastruktur beginnt mit einer sorgfältigen Planung und einem durchdachten Design. Ein entscheidender erster Schritt in diesem Prozess ist die Definition der Compliance-Ziele. Diese Ziele legen den Grundstein für die Entwicklung von Standards und Erwartungen, die das Rückgrat jeder Compliance-Strategie bilden. Sie bestimmen nicht nur, wie die Organisation ihre regulatorischen Verpflichtungen erfüllen wird, sondern auch, wie sie durch Compliance einen Mehrwert schaffen kann.

Festlegung von Compliance-Standards und -Erwartungen

Die Festlegung von Compliance-Standards und -Erwartungen ist ein kritischer Prozess, der Klarheit und strategisches Denken erfordert. Diese Standards sollten spezifisch, messbar, erreichbar, relevant und zeitgebunden sein – angelehnt an die SMART-Kriterien der Zielsetzung. Sie müssen sowohl die gesetzlichen Anforderungen abdecken als auch die ethischen Grundsätze und die Unternehmenskultur widerspiegeln.

1. **Spezifizierung der Anforderungen:** Die Compliance-Standards müssen konkret definiert sein. Sie sollten klare Anweisungen enthalten, was erwartet wird und wie die Einhaltung dieser Erwartungen überprüft wird. Dies beinhaltet detaillierte Richtlinien darüber, wie Mitarbeiter handeln sollen, welche Verfahren zu befolgen sind und welche Dokumentationsanforderungen bestehen.

2. **Integration in die Unternehmenskultur:** Compliance sollte nicht als bürokratische Last, sondern als integraler Bestandteil der Unternehmenskultur angesehen werden. Die festgelegten Standards und Erwartungen sollten so gestaltet sein, dass sie die Werte und Ziele des Unternehmens widerspiegeln und von allen Mitarbeitern verstanden und akzeptiert werden.

3. **Anpassungsfähigkeit und Flexibilität:** Die Compliance-Standards müssen flexibel genug sein, um auf Änderungen in der regulatorischen Landschaft oder im operativen Umfeld reagieren zu können. Dies erfordert regelmäßige Überprüfungen und Anpassungen der Compliance-Programme, um sicherzustellen, dass sie weiterhin relevant und wirksam sind.

4. **Kommunikation und Schulung:** Ein effektives Compliance-Programm erfordert eine klare Kommunikation der festgelegten Standards und Erwartungen an alle Mitarbeiter. Regelmäßige Schulungen und Weiterbildungen sind entscheidend, um das Bewusstsein und das Verständnis für die Be-

deutung von Compliance zu fördern und die Fähigkeiten der Mitarbeiter im Umgang mit Compliance-Fragen zu stärken.

5. **Überwachung und Bewertung:** Die Einhaltung der Compliance-Standards sollte kontinuierlich überwacht werden durch regelmäßige Audits und Bewertungen. Dies hilft nicht nur bei der Früherkennung und Korrektur von Verstößen, sondern bietet auch Gelegenheit zur Verbesserung der Compliance-Strategien und -Prozesse.

Durch die Festlegung klarer, gut kommunizierter und regelmäßig überprüfter Compliance-Standards und -Erwartungen legt ein Unternehmen das Fundament für ein effektives Compliance-Management. Dies stärkt das Vertrauen der Stakeholder, minimiert das Risiko von Verstößen und fördert eine Unternehmenskultur, die auf ethischen Grundsätzen und rechtlicher Integrität basiert.

Muster zur Festlegung von Compliance-Standards und -Erwartungen

1. Einleitung: Zweck der Compliance-Standards

- ***Ziel:*** *Definition des Zwecks der Compliance-Standards, z. B. die Einhaltung spezifischer Gesetze und Regulierungen, wie Datenschutzgesetze, Anti-Korruptionsvorschriften oder Arbeitsrecht.*
- ***Geltungsbereich:*** *Klärung, auf welche Bereiche oder Abteilungen des Unternehmens sich die Standards beziehen.*

2. Definition der Compliance-Standards

- ***Datenschutz:*** *Festlegung von Richtlinien zum Umgang mit personenbezogenen Daten, inklusive Sammlung, Speicherung, Verarbeitung und Weitergabe von Daten.*
- ***Anti-Korruption:*** *Vorschriften zur Vermeidung von Bestechung und Korruption, inklusive Geschenkepolitik und Verhaltensregeln im Umgang mit öffentlichen Amtsträgern und Geschäftspartnern.*

- *Finanzielle Integrität:* Richtlinien zur ordnungsgemäßen Buchführung, zur Vermeidung von Betrug und zur Einhaltung von Steuergesetzen.

3. Erwartungen an die Mitarbeiter

- *Verhaltenskodex:* Klar definierte Erwartungen an das Verhalten der Mitarbeiter, sowohl intern als auch in der Interaktion mit Kunden und Partnern.
- *Schulungsverpflichtungen:* Anforderungen an regelmäßige Schulungen zu relevanten Compliance-Themen für alle Mitarbeiter.
- *Meldepflichten:* Prozesse und Verfahren für das Melden von Compliance-Verstößen oder verdächtigen Aktivitäten.

4. Überwachung und Durchsetzung

- *Überwachungsmechanismen:* Beschreibung der Tools und Methoden zur Überwachung der Einhaltung der Compliance-Standards.
- *Audit-Verfahren:* Regelmäßige interne und externe Audits zur Überprüfung der Compliance.
- *Konsequenzen bei Verstößen:* Klare Angaben zu den disziplinarischen Maßnahmen oder rechtlichen Schritten bei Nichteinhaltung der Standards.

5. Überprüfung und Aktualisierung

- *Überprüfungsintervalle:* Festlegung, wie oft die Compliance-Standards überprüft und aktualisiert werden, um sicherzustellen, dass sie weiterhin relevant und wirksam sind.
- *Anpassungsprozesse:* Verfahren zur Anpassung der Standards an veränderte rechtliche und betriebliche Bedingungen.

6. Schlusswort

- *Engagement der Unternehmensleitung:* Bestätigung des Engagements der Unternehmensführung zur Einhaltung und Förderung der Compliance-Standards.
- *Aufforderung zur Mitwirkung:* Ermutigung aller Mitarbeiter, sich aktiv an der Schaffung einer integren und sicheren Arbeitsumgebung zu beteiligen.

Dieses Muster bietet eine strukturierte Vorgehensweise zur Festlegung von Compliance-Standards und -Erwartungen und kann individuell an die spezifischen Bedürfnisse und regulatorischen Anforderungen eines Unternehmens angepasst werden.

Identifikation rechtlicher und regulatorischer Anforderungen

Das Fundament einer soliden Datenschutzstrategie bildet die präzise Identifikation rechtlicher und regulatorischer Anforderungen. Unternehmen stehen hierbei vor der Herausforderung, ein umfassendes Verständnis der Gesetze und Vorschriften zu entwickeln, die für ihre spezifischen Geschäftsaktivitäten und geographischen Märkte gelten.

Die Grundlage hierfür bilden die Datenschutzgesetze wie die EU-Datenschutzgrundverordnung (DSGVO), die strenge Regeln für die Verarbeitung personenbezogener Daten innerhalb der EU setzt. Doch die regulatorischen Anforderungen gehen oft weit darüber hinaus und umfassen unter anderem auch sektorspezifische Vorschriften wie HIPAA im Gesundheitswesen in den USA oder das Bankgeheimnis in der Finanzbranche.

Unternehmen müssen daher in einem ersten Schritt eine Bestandsaufnahme aller relevanten Datenschutzgesetze und -regulationen vornehmen. Dies beinhaltet nicht nur die Identifikation der anwendbaren Gesetze, sondern auch das Verständnis ihrer spezifischen Anforderungen und Pflichten. Dazu gehört die Klärung, welche Daten erfasst werden dürfen, wie lange sie gespeichert werden müssen und welche Sicherheitsmaßnahmen zu implementieren sind.

Ein weiterer kritischer Schritt ist die Einschätzung der Auswirkungen dieser Vorschriften auf die Geschäftsprozesse des Unternehmens. Datenschutzkonformität kann Prozesse erheblich beeinflussen, von der Art und Weise, wie Kundendaten gesammelt und genutzt werden, bis hin zu Anforderungen an die IT-Sicherheit und Datenverschlüsselung.

Die Umsetzung dieser Anforderungen erfordert häufig eine Anpassung der IT-Infrastruktur und der Geschäftsprozesse. Hierzu zählt die Einführung von Mechanismen zur Einholung und Verwaltung von Einwilligungen, die Anpassung von Datenbanken zur Gewährleistung von Transparenz und Zugriffskontrollen sowie die Implementierung von Verfahren für die Datensicherheit und den Datenschutz durch Technikgestaltung (Privacy by Design).

Für die effektive Umsetzung dieser rechtlichen und regulatorischen Anforderungen ist oft der Einsatz spezialisierter Softwarelösungen erforderlich. Diese unterstützen Unternehmen nicht nur dabei, den Überblick über die Einhaltung der Datenschutzvorschriften zu behalten, sondern ermöglichen auch eine effizientere Anpassung der Prozesse und Systeme an die sich ständig ändernden rechtlichen Rahmenbedingungen.

Insgesamt ist die Identifikation und Implementierung rechtlicher und regulatorischer Anforderungen ein dynamischer Prozess, der eine kontinuierliche Beobachtung der rechtlichen Landschaft sowie eine flexible Anpassung der Unternehmensstrategien und -systeme erfordert. Dies stellt sicher, dass Unternehmen nicht nur heute, sondern auch in Zukunft datenschutzkonform handeln können.

ENTWICKLUNG EINER COMPLIANCE-STRATEGIE

Die Entwicklung einer Compliance-Strategie ist ein entscheidender Schritt für Unternehmen, um regulatorischen Anforderungen gerecht zu werden und Risiken zu minimieren. Ein zentraler Aspekt dabei ist die Erstellung eines umfassenden Compliance-Programmplans. Dieser Plan dient als Leitfaden für die Umsetzung und Aufrechterhaltung von Compliance-Maßnahmen im gesamten Unternehmen.

ERSTELLUNG EINES COMPLIANCE-PROGRAMMPLANS

Die Erstellung eines Compliance-Programmplans beginnt mit einer gründlichen Analyse der spezifischen Anforderungen, denen das Unternehmen unterliegt. Dies umfasst sowohl branchenspezifische Vorschriften als auch allgemeine gesetzliche Bestimmungen wie die DSGVO oder das Anti-Geldwäsche-Gesetz. Der Plan muss maßgeschneidert sein, um die einzigartigen Risiken und Herausforderungen des Unternehmens zu adressieren.

1. **Zielsetzung des Programms**: Zunächst muss klar definiert werden, welche Ziele mit dem Compliance-Programm erreicht werden sollen. Diese Ziele sollten sowohl die Einhaltung aller relevanten Gesetze und Vorschriften sicherstellen als auch die Unternehmenskultur und Ethik fördern.

2. **Risikoanalyse**: Ein wichtiger Teil des Plans ist die Durchführung einer Risikoanalyse. Dabei werden potenzielle Risikobereiche identifiziert, die zu Compliance-Verstößen führen könnten. Diese Analyse sollte regelmäßig aktualisiert werden, um neue Risiken, die durch Änderungen in der Geschäftstätigkeit oder Gesetzgebung entstehen, zu berücksichtigen.

3. **Policies und Prozeduren**: Basierend auf der Risikoanalyse werden spezifische Richtlinien und Verfahren entwickelt, die darauf abzielen, die identifizierten Risiken zu minimieren. Diese Richtlinien müssen klar, verständlich und zugänglich für alle Mitarbeiter sein.

4. **Schulungen und Bewusstsein**: Ein wesentlicher Bestandteil des Plans ist die Entwicklung eines Schulungsprogramms für Mitarbeiter auf allen Ebenen des Unternehmens. Diese Schulungen sollen das Bewusstsein für die Bedeutung von Compliance schärfen und den Mitarbeitern das Wissen vermitteln, das sie benötigen, um die Compliance-Richtlinien einzuhalten.

5. **Überwachung und Überprüfung**: Der Plan muss auch Mechanismen zur Überwachung der Einhaltung der Compliance-Richtlinien und zur regelmäßigen Überprüfung der Effektivität des Programms enthalten. Dies kann interne oder externe Audits sowie regelmäßige Berichte an das Management umfassen.

6. **Reaktionsmechanismen**: Schließlich muss der Plan Verfahren für den Umgang mit Compliance-Verstößen enthalten. Dies schließt die Untersuchung von Verstößen und die Durchführung von Korrekturmaßnahmen ein, um zukünftige Verstöße zu verhindern.

Die Entwicklung eines effektiven Compliance-Programmplans erfordert eine kontinuierliche Anstrengung und Engagement von der Führungsebene des Unternehmens. Nur durch eine starke Führung und eine klare Verpflichtung zur Compliance können Unternehmen sicherstellen, dass der Plan erfolgreich umgesetzt wird und zur Schaffung einer starken Compliance-Kultur beiträgt.

Priorisierung von Compliance-Initiativen und -Maßnahmen

Die Priorisierung von Compliance-Initiativen und -Maßnahmen ist ein kritischer Schritt bei der Entwicklung einer effektiven Compliance-Strategie. Da Unternehmen oft begrenzte Ressourcen für die Umsetzung zur Verfügung haben, müssen sie sicherstellen, dass die wichtigsten Risiken zuerst angegangen werden, um die Einhaltung relevanter Vorschriften zu gewährleisten.

1. **Risikoanalyse als Ausgangspunkt**: Der Priorisierungsprozess beginnt mit einer gründlichen Risikoanalyse. Diese Analyse hilft, die Risikobereiche zu identifizieren, die für das Unternehmen die größten Auswirkungen haben könnten. Dazu gehören rechtliche Risiken, die bei Nichteinhaltung zu hohen Strafen führen könnten, sowie betriebliche Risiken, die den Ruf und die Geschäftstätigkeit des Unternehmens beeinträchtigen könnten.

2. **Kategorisierung der Risiken**: Nachdem die Risikobereiche identifiziert wurden, ist es wichtig, sie nach Schweregrad und Wahrscheinlichkeit ihrer Auswirkungen zu kategorisieren. Dies schafft eine klare Übersicht über die Bereiche, in denen die Compliance-Maßnahmen den größten Einfluss auf die Risikominimierung haben.

3. **Abgleich mit Geschäftszielen**: Compliance-Initiativen müssen mit den strategischen Zielen des Unternehmens in Einklang stehen. Es ist sinnvoll, Maßnahmen zu priorisieren, die die Geschäftstätigkeit schützen und gleichzeitig die Einhaltung der Vorschriften fördern. Dies könnte etwa die Implementierung einer Technologie zur verbesserten Überwachung oder die Anpassung von Prozessen umfassen.

4. **Kosten-Nutzen-Abwägung**: Bei der Priorisierung sollte auch eine Kosten-Nutzen-Analyse durchgeführt werden, um den Wert jeder Initiative im Vergleich zu ihren Implementierungskosten zu verstehen. Maßnahmen mit geringeren Kosten und einem hohen Nutzen bei der Reduzierung der Risiken sollten bevorzugt umgesetzt werden.

5. **Berücksichtigung von Ressourcen**: Die verfügbare Personal- und Finanzressourcen sind ein weiterer wichtiger Faktor. Initiativen, die mit vorhandenen Ressourcen effizient umgesetzt werden können, sollten Vorrang haben.

6. **Regelmäßige Überprüfung**: Die Prioritäten im Compliance-Management müssen regelmäßig überprüft und an Veränderungen in der Risikolandschaft oder in den Geschäftsprozessen angepasst werden. Neue gesetzliche Vorschriften oder unternehmensinterne Veränderungen können dazu führen, dass Initiativen neu bewertet und gegebenenfalls anders priorisiert werden müssen.

Durch diesen strukturierten Ansatz können Unternehmen sicherstellen, dass ihre Compliance-Initiativen und -Maßnahmen den bestmöglichen Effekt auf die Einhaltung der Vorschriften und den Schutz des Unternehmens haben. Dieser Prozess fördert nicht nur die Compliance, sondern stärkt auch das Vertrauen in die Unternehmensführung und trägt dazu bei, die langfristigen Geschäftsziele zu erreichen.

4.1.2 Implementierung der Compliance-Struktur

AUFBAU EINER COMPLIANCE-ORGANISATION

Die Implementierung einer soliden Compliance-Struktur beginnt mit dem Aufbau einer Compliance-Organisation. Eine spezialisierte und gut strukturierte Organisation ist entscheidend, um sicherzustellen, dass alle Compliance-Aktivitäten effizient koordiniert und überwacht werden. Der erste Schritt in diesem Prozess ist die Einrichtung einer dedizierten Compliance-Abteilung.

Einrichtung einer Compliance-Abteilung

Die Compliance-Abteilung übernimmt eine zentrale Rolle in der Überwachung und Sicherstellung der Einhaltung rechtlicher und regulatorischer Vorschriften. Sie agiert als unabhängige Instanz im Unternehmen und sorgt für eine klare Trennung von operativen und überwachenden Funktionen. Der Aufbau einer Compliance-Abteilung erfordert eine sorgfältige Planung, um ihre Effektivität sicherzustellen.

1. **Definition des Verantwortungsbereichs**: Der erste Schritt bei der Einrichtung der Compliance-Abteilung ist die klare Definition ihres Verantwortungsbereichs. Dies beinhaltet die Zuständigkeit für die Überwachung aller regulatorischen Anforderungen, die Risikobewertung und die Entwicklung von Maßnahmen zur Einhaltung der Compliance-Vorschriften. Es ist wichtig, die genaue Abgrenzung ihrer Aufgaben gegenüber anderen Abteilungen festzulegen, um Überschneidungen zu vermeiden.

2. **Bestellung eines Compliance Officers**: Die Abteilung wird typischerweise von einem Compliance Officer geleitet. Dieser ist für die Entwicklung, Umsetzung und Überwachung des Compliance-Programms verantwortlich. Der Compliance Officer sollte eine hohe Autorität innerhalb des Unternehmens haben, direkten Zugang zur Führungsebene erhalten und seine Unabhängigkeit gewährleisten können.

3. **Zusammenstellung des Teams**: Das Compliance-Team besteht aus Fachkräften mit unterschiedlichem Hintergrund, wie Recht, Finanzen und Risikomanagement. Eine Vielfalt an Fähigkeiten und Erfahrungen ermöglicht eine umfassende Risikobewertung und das Management verschiedener Compliance-Bereiche.

4. **Ressourcenzuweisung**: Die Abteilung benötigt ausreichende finanzielle und personelle Ressourcen, um ihre Aufgaben effektiv ausführen zu können. Dazu gehört auch der Zugriff auf aktuelle Technologien, um die Überwachung und Analyse der Compliance-Daten zu unterstützen.

5. **Entwicklung von Richtlinien und Verfahren**: Die Compliance-Abteilung entwickelt und implementiert klare Richtlinien und Verfahren, die die Anforderungen der regulatorischen Vorgaben widerspiegeln. Diese Richtlinien müssen regelmäßig überprüft und bei Bedarf angepasst werden.

6. **Schulung und Kommunikation**: Ein wichtiger Aspekt der Compliance-Organisation ist die Schulung und Kommunikation mit den Mitarbeitern. Die Compliance-Abteilung organisiert Schulungen, um das Bewusstsein für Compliance-Themen zu schärfen und sicherzustellen, dass alle Mitarbeiter über ihre Pflichten informiert sind.

7. **Überwachung und Berichterstattung**: Schließlich muss die Abteilung Mechanismen zur Überwachung und Berichterstattung entwickeln. Interne Audits, Kontrollen und regelmäßige Berichte an die Geschäftsleitung sind essenziell, um die Effektivität der Compliance-Maßnahmen sicherzustellen und Verbesserungsmöglichkeiten zu identifizieren.

Die Einrichtung einer Compliance-Abteilung schafft die Grundlage für eine robuste Compliance-Organisation. Sie sorgt dafür, dass das Unternehmen in einer sich ständig ändernden regulatorischen Umgebung rechtssicher und ethisch handeln kann.

Zuweisung von Compliance-Verantwortlichkeiten

Die Zuweisung von Compliance-Verantwortlichkeiten ist ein entscheidender Schritt, um eine effektive Compliance-Organisation zu schaffen. Eine klare Zuweisung der Verantwortlichkeiten stellt sicher, dass jeder Mitarbeiter seine Rolle und die Erwartungen versteht, was zu einer stärkeren Einhaltung der Vorschriften und einer robusten Compliance-Kultur führt.

1. **Festlegung der Verantwortungsbereiche**: Ein wesentliches Element bei der Zuweisung der Verantwortlichkeiten ist die Festlegung klarer Verantwortungsbereiche. Das beginnt mit der Festlegung der Rolle des Compliance Officers, der die Compliance-Organisation leitet und für die Entwicklung sowie Umsetzung der gesamten Strategie verantwortlich ist. Er agiert als primärer Ansprechpartner für die Geschäftsleitung und externe Regulierungsbehörden.

2. **Definition von Rollen im Team**: Innerhalb der Compliance-Abteilung selbst müssen die Rollen und Zuständigkeiten jedes Teammitglieds genau definiert werden. Spezialisten kümmern sich um bestimmte Compliance-Bereiche, wie Datenschutz, Anti-Geldwäsche, Exportkontrollen oder interne Audits. Eine klare Rollenverteilung reduziert Doppelarbeit und gewährleistet eine effiziente Umsetzung der Compliance-Maßnahmen.

3. **Verantwortung auf Abteilungsebene**: Die Compliance-Abteilung kann nicht isoliert arbeiten. Es ist wichtig, dass auch in den operativen Abteilungen Personen identifiziert und geschult werden, die als Schnittstelle zur Compliance-Abteilung fungieren. Diese sogenannten Compliance-Beauftragten in den Fachabteilungen unterstützen die Umsetzung der Compliance-Richtlinien vor Ort und sind für das Sammeln relevanter Daten und die Überwachung der Abteilungsprozesse zuständig.

4. **Mitarbeiterbeteiligung**: Jeder Mitarbeiter trägt Verantwortung für die Einhaltung der Compliance-Richtlinien. Es ist daher unerlässlich, dass die Compliance-Abteilung Richtlinien und Verhaltenskodizes entwickelt, die für alle Mitarbeiter gelten. Schulungsprogramme vermitteln die Kenntnisse, die Mitarbeiter brauchen, um ihre Compliance-Verantwortlichkeiten zu verstehen.

5. **Berichtswesen und Überwachung**: Klare Berichtslinien sind notwendig, um eine transparente Kommunikation zwischen den Verantwortlichen sicherzustellen. Das Berichtswesen sollte sowohl auf Team- als auch auf Abteilungsebene erfolgen und regelmäßige Updates zur Einhaltung der Richtlinien und zur Effektivität der Maßnahmen umfassen.

6. **Kontrollmechanismen**: Die Compliance-Abteilung muss schließlich Mechanismen entwickeln, um die Einhaltung der Verantwortlichkeiten zu überwachen. Dies kann durch interne Audits, Berichterstattungssysteme und Kontrollen erfolgen. Bei Verstößen müssen klare Eskalations- und Korrekturmaßnahmen vorhanden sein.

Durch die sorgfältige Zuweisung der Compliance-Verantwortlichkeiten stellt ein Unternehmen sicher, dass die gesamte Organisation auf einer einheitlichen Basis arbeitet, um den rechtlichen und ethischen Anforderungen gerecht zu werden. Dies fördert nicht nur eine stärkere Einhaltung der Vorschriften, sondern trägt auch zu einer Kultur der Integrität und Transparenz im gesamten Unternehmen bei.

IMPLEMENTIERUNG VON COMPLIANCE-PROZESSEN UND -SYSTEMEN

Die Einführung von Monitoring- und Reporting-Systemen ist ein zentraler Bestandteil der Implementierung von Compliance-Prozessen und -Systemen. Diese Systeme dienen dazu, die Einhaltung von gesetzlichen und internen Vorschriften zu überwachen, Abweichungen frühzeitig zu erkennen und Maßnahmen zur Risikominimierung umzusetzen.

Einführung von Monitoring- und Reporting-Systemen

1. **Zielsetzung und Planung**: Der erste Schritt besteht darin, die Ziele der Monitoring- und Reporting-Systeme klar zu definieren. Diese sollten auf den spezifischen Compliance-Risiken des Unternehmens basieren. Eine gründliche Planung ist unerlässlich, um die Struktur der Überwachungssysteme festzulegen, Verantwortlichkeiten zuzuweisen und die Datenquellen zu identifizieren, die für die Berichterstattung genutzt werden.

2. **Datensammlung und -integration**: Ein effizientes Monitoring-System erfordert umfassende Daten. Dazu gehört die Integration von Informationen aus verschiedenen Abteilungen und Systemen, wie Finanz- und Personalwesen, Kundenmanagement und Lieferantendatenbanken. Die Konsolidierung der Daten ermöglicht eine ganzheitliche Sicht auf die Compliance-Leistung des Unternehmens.

3. **Automatisierung und Analyse**: Moderne Monitoring-Systeme sind zunehmend automatisiert, um die Datenerfassung zu erleichtern und Anomalien schneller zu erkennen. Tools für künstliche Intelligenz und maschinelles Lernen können eingesetzt werden, um Muster in großen Datenmengen zu

identifizieren und auf potenzielle Verstöße oder Risikobereiche hinzuweisen.

4. **Berichtswesen und Eskalation**: Ein effektives Reporting-System stellt sicher, dass die gesammelten Daten verständlich aufbereitet und an die relevanten Stellen im Unternehmen weitergegeben werden. Es sollte Berichte für unterschiedliche Zielgruppen geben, vom operativen Management bis zum Vorstand. Klare Eskalationsverfahren helfen, Abweichungen zügig zu adressieren und notwendige Korrekturmaßnahmen zu ergreifen.

5. **Integration in das Risikomanagement**: Monitoring- und Reporting-Systeme müssen nahtlos in das bestehende Risikomanagement integriert sein. Die Ergebnisse der Überwachung fließen direkt in die Bewertung der Compliance-Risiken ein und unterstützen die Anpassung der Strategien und Maßnahmen.

6. **Kontinuierliche Verbesserung**: Schließlich müssen die Systeme regelmäßig überprüft und verbessert werden. Das Feedback der Nutzer, die Entwicklung neuer regulatorischer Anforderungen und technologische Fortschritte erfordern eine kontinuierliche Anpassung der Monitoring- und Reporting-Systeme.

Durch die Einführung von Monitoring- und Reporting-Systemen wird ein transparentes und effizienter Prozess zur Überwachung der Compliance etabliert. Sie ermöglichen es dem Unternehmen, Risiken proaktiv zu managen, die Einhaltung der Vorschriften sicherzustellen und bei Bedarf zeitnah geeignete Maßnahmen zu ergreifen.

Einbindung von Compliance-Kontrollen in Geschäftsprozesse

Die Einbindung von Compliance-Kontrollen in Geschäftsprozesse ist entscheidend, um sicherzustellen, dass alle Aktivitäten im Unternehmen den geltenden gesetzlichen und ethischen Standards entsprechen. Dies erfordert eine sorgfältige Planung und Integration von Kontrollmechanismen in die alltäglichen Arbeitsabläufe, damit die Compliance-Anforderungen konsequent umgesetzt und überwacht werden können.

1. **Identifikation relevanter Geschäftsprozesse**: Der erste Schritt besteht darin, die wichtigsten Geschäftsprozesse zu identifizieren, die Compliance-Kontrollen erfordern. Dabei geht es vor allem um Prozesse, die mit der Erfassung, Verarbeitung oder Weitergabe sensibler Daten sowie mit finanziellen Transaktionen oder regulatorischen Berichtsanforderungen verbunden sind. Diese Prozesse sind besonders anfällig für potenzielle Compliance-Risiken.

2. **Entwicklung spezifischer Kontrollen**: Auf Grundlage der identifizierten Prozesse müssen spezifische Kontrollen entwickelt werden, die die Einhaltung der Compliance-Anforderungen sicherstellen. Dazu zählen Berechtigungsprüfungen bei sensiblen Daten, Vier-Augen-Prinzipien bei Transaktionen und Freigabeverfahren für Verträge und Berichte.

3. **Automatisierung der Kontrollen**: Wo möglich, sollten die Compliance-Kontrollen automatisiert werden, um die Effizienz und Zuverlässigkeit zu erhöhen. Beispielsweise kann eine automatisierte Prüfung von Kundendaten anhand von Sanktionslisten sicherstellen, dass keine Geschäftsbeziehungen mit sanktionierten Personen oder Organisationen eingegangen werden.

4. **Integration in bestehende Systeme**: Die Kontrollen sollten in die bestehenden Systeme und Workflows integriert werden, um eine nahtlose Umsetzung sicherzustellen. Dies kann durch Anpassungen der ERP- und CRM-Systeme sowie durch die Einführung spezialisierter Compliance-Software erreicht werden.

5. **Schulung und Bewusstsein**: Die Mitarbeiter müssen für die Bedeutung der Compliance-Kontrollen in ihren Geschäftsprozessen sensibilisiert und entsprechend geschult werden. Durch gezielte Trainingsprogramme wird sichergestellt, dass sie die Bedeutung der Kontrollen verstehen und ihre Verantwortung bei der Umsetzung erkennen.

6. **Überwachung und Berichterstattung**: Die eingebundenen Kontrollen müssen regelmäßig überprüft werden, um ihre Effektivität zu gewährleisten. Monitoring-Systeme können Abweichungen erkennen, und die Ergebnisse der Überwachung sollten in Berichten zusammengefasst werden, die es dem Management ermöglichen, Schwachstellen zu identifizieren und die Kontrollen weiter zu verbessern.

7. **Kontinuierliche Verbesserung**: Schließlich ist es wichtig, die Compliance-Kontrollen kontinuierlich zu überprüfen und zu verbessern. Gesetzliche Änderungen, neue Risiken und technologische Fortschritte erfordern eine regelmäßige Anpassung der Kontrollmechanismen, damit sie weiterhin effektiv und relevant bleiben.

Durch die sorgfältige Einbindung von Compliance-Kontrollen in Geschäftsprozesse stellen Unternehmen sicher, dass Compliance keine isolierte Funktion bleibt, sondern in den täglichen Betriebsabläufen verankert ist. Dies schafft eine starke Compliance-Kultur, reduziert Risiken und fördert das Vertrauen der Stakeholder in die Integrität des Unternehmens.

4.1.3 Schulung und Bewusstsein

ENTWICKLUNG VON SCHULUNGSPROGRAMMEN

Ein essenzieller Bestandteil einer umfassenden Compliance-Strategie ist die Schulung und Sensibilisierung aller Mitarbeiter. Dabei spielt die Entwicklung von Schulungsprogrammen eine zentrale Rolle, um sicherzustellen, dass alle Beschäftigten die geltenden Vorschriften verstehen und ihre Verantwortung im Umgang mit sensiblen Daten und Geschäftspraktiken erkennen. Der Entwurf geeigneter Schulungsmaterialien und -module ist daher eine der wichtigsten Aufgaben in diesem Prozess.

Entwurf von Schulungsmaterialien und -modulen

1. **Analyse der Anforderungen**: Zu Beginn des Entwicklungsprozesses steht eine genaue Analyse der Schulungsanforderungen. Diese basiert auf einer Bewertung der regulatorischen und gesetzlichen Anforderungen sowie der spezifischen Compliance-Risiken des Unternehmens. Daraus ergeben sich die Hauptthemen, die in den Schulungen abgedeckt werden müssen, und die Zielgruppen, für die sie relevant sind.

2. **Festlegung der Lernziele**: Klare Lernziele helfen dabei, den Inhalt und die Struktur der Schulungsmodule zu bestimmen. Beispielsweise können Lernziele darin bestehen, dass Mitarbeiter die Bedeutung des Datenschutzes verstehen, die notwendigen Schritte zur Einhaltung der Anti-Geldwäsche-Vorschriften kennen oder lernen, wie sie potenzielle Korruptionsfälle erkennen und melden.

3. **Inhaltliche Ausgestaltung der Module**: Die Inhalte der Schulungsmodule sollten detailliert auf die Anforderungen des Unternehmens und die jeweiligen Zielgruppen zugeschnitten sein. Dazu gehören Erläuterungen zu relevanten Vorschriften, praktische Beispiele aus dem Unternehmensalltag und interaktive Elemente, um das Gelernte zu verankern.

4. **Format und Präsentation**: Unterschiedliche Lernstile und berufliche Anforderungen erfordern eine flexible Präsentation der Schulungsinhalte. Dies kann in Form von E-Learning-Modulen, Präsenzveranstaltungen, Webinaren oder interaktiven Workshops geschehen. Eine Mischung verschiedener Formate stellt sicher, dass die Schulungen für alle Mitarbeiter zugänglich und ansprechend sind.

5. **Entwicklung von Prüfungen und Tests**: Um den Lernerfolg zu messen, sollten die Schulungsmaterialien Prüfungen und Tests enthalten, die den Kenntnisstand der Teilnehmer überprüfen. Regelmäßige Wissenschecks helfen, das Verständnis der Mitarbeiter zu beurteilen und gezielte Verbesserungen vorzunehmen.

6. **Evaluierung und Aktualisierung**: Die Effektivität der Schulungsmaterialien muss regelmäßig überprüft und aktualisiert werden. Gesetzliche Änderungen oder neue interne Richtlinien erfordern Anpassungen der Module. Feedback der Teilnehmer kann dabei helfen, Schwächen im Schulungsmaterial zu erkennen und zu korrigieren.

7. **Dokumentation und Nachverfolgung**: Eine sorgfältige Dokumentation der Schulungsteilnahme und -ergebnisse ist wichtig, um sicherzustellen, dass alle Mitarbeiter entsprechend geschult wurden und die gesetzlichen Anforderun-

gen erfüllt werden. Dies ermöglicht auch eine zielgerichtete Nachverfolgung von Schulungsbedarf bei Mitarbeitern, die den Wissensstand nicht erreicht haben.

Durch einen strukturierten Entwurf von Schulungsmaterialien und -modulen können Unternehmen eine solide Grundlage für ihre Compliance-Schulungsprogramme schaffen. Dies fördert das Bewusstsein für Compliance im gesamten Unternehmen, reduziert Risiken und stärkt die Kultur der Integrität und Transparenz.

Durchführung von Schulungssitzungen und Workshops

Die Durchführung von Schulungssitzungen und Workshops ist der praktische Schritt, mit dem die entwickelten Compliance-Schulungsmaterialien zum Leben erweckt und den Mitarbeitern vermittelt werden. Effektive Schulungssitzungen sorgen dafür, dass alle Mitarbeitenden die Bedeutung der Compliance verstehen, die Vorschriften korrekt umsetzen und im Unternehmensalltag ein ethisches Bewusstsein entwickeln.

1. **Planung und Vorbereitung**: Eine sorgfältige Vorbereitung ist der Schlüssel zum Erfolg. Schulungsleiter müssen sicherstellen, dass sie die Inhalte vollständig beherrschen und die Sitzungen klar strukturiert sind. Dazu gehören die Planung der Agenda, die Festlegung der thematischen Schwerpunkte sowie die Bereitstellung der Schulungsmaterialien. Zudem sollte eine geeignete Umgebung für die Sitzungen ausgewählt werden, sei es ein Konferenzraum, ein digitales Meeting oder eine externe Schulungslocation.

2. **Auswahl der Zielgruppen**: Die Schulungen müssen zielgruppengerecht gestaltet sein. Es ist wichtig, den spezifischen Schulungsbedarf jeder Abteilung zu berücksichtigen. Während Finanzteams zum Beispiel detaillierte Schulungen zu Anti-Geldwäsche-Vorschriften benötigen, müssen Ver-

triebsteams vielleicht mehr über Datenschutz und Kundeninformationen lernen. Diese maßgeschneiderte Herangehensweise stellt sicher, dass alle relevanten Inhalte vermittelt werden.

3. **Methoden und Präsentation**: Die Schulungsmethoden sollten abwechslungsreich sein, um das Interesse der Teilnehmer zu wecken und verschiedene Lernstile abzudecken. Präsentationen, Fallstudien, Rollenspiele, Quizze und Diskussionsrunden können alle dazu beitragen, die Schulungssitzungen interaktiv und ansprechend zu gestalten. Ein lebendiger Vortragsstil und praktische Beispiele aus dem Geschäftsalltag machen die Inhalte greifbar und nachvollziehbar.

4. **Interaktion und Feedback**: Schulungen sind am effektivsten, wenn sie interaktiv sind und den Teilnehmern Raum für Fragen und Diskussionen geben. Trainer sollten ermutigen, Fragen zu stellen, Szenarien zu diskutieren und Ideen einzubringen. Regelmäßiges Feedback, sowohl während der Schulung als auch nach Abschluss, hilft, das Verständnis der Teilnehmer zu überprüfen und Anpassungen an den Inhalten vorzunehmen.

5. **Bewertung und Abschluss**: Am Ende jeder Sitzung sollte eine Bewertung durchgeführt werden, um den Lernerfolg zu messen. Das kann durch Tests, schriftliche Übungen oder praktische Simulationen geschehen. Die Teilnehmer erhalten so die Möglichkeit, ihr Wissen zu überprüfen und Trainer können feststellen, ob die Schulungssitzungen die gewünschten Ergebnisse erzielt haben.

6. **Nachbereitung und Weiterentwicklung**: Nach der Durchführung der Schulung ist eine Nachbereitung wichtig. Trainer sollten die Ergebnisse analysieren und Schwachstellen

identifizieren, um zukünftige Schulungen zu verbessern. Eine umfassende Dokumentation der Ergebnisse ermöglicht es, den Fortschritt der Mitarbeiter zu verfolgen und sicherzustellen, dass alle Teilnehmer das gewünschte Wissen erlangt haben.

Durch eine sorgfältige Planung und interaktive Gestaltung der Schulungssitzungen und Workshops können Unternehmen sicherstellen, dass ihre Mitarbeiter umfassend über Compliance informiert sind. Dies fördert die Einhaltung der Vorschriften und trägt zur Schaffung einer starken Compliance-Kultur bei.

FÖRDERUNG DES COMPLIANCE-BEWUSSTSEINS

Kommunikation von Compliance-Richtlinien und -Verfahren

Die effektive Kommunikation von Compliance-Richtlinien und -Verfahren ist essenziell, um ein starkes Bewusstsein für Compliance im Unternehmen zu fördern. Nur wenn die Mitarbeiter genau wissen, welche Regeln und Verfahren gelten, können sie sich korrekt verhalten und die Unternehmensrichtlinien konsequent umsetzen. Die Klarheit der Kommunikation entscheidet maßgeblich über den Erfolg der Compliance-Initiativen.

1. **Klarheit und Zugänglichkeit**: Die Richtlinien und Verfahren müssen in einer klaren, verständlichen Sprache verfasst sein, um sicherzustellen, dass alle Mitarbeiter sie leicht nachvollziehen können. Jargon und übermäßig technische Sprache sollten vermieden werden. Die Dokumente sollten zudem leicht zugänglich sein, beispielsweise über ein zentrales Intranet, in Papierform oder durch gezielte Verteilung per E-Mail.

2. **Vielfalt der Kommunikationskanäle**: Um eine breite Reichweite zu erzielen, sollten Unternehmen verschiedene Kommunikationskanäle nutzen. Dazu gehören interne Newsletter, Präsentationen, digitale Plattformen, Mitarbeiterversammlungen und spezielle Compliance-Events. Unterschiedliche Kanäle stellen sicher, dass die Richtlinien alle relevanten Mitarbeitergruppen erreichen.

3. **Führung durch Vorbild**: Die Führungskräfte müssen eine Vorbildfunktion einnehmen, indem sie die Compliance-Richtlinien aktiv unterstützen und vorleben. Ihre klare Haltung und die Kommunikation der Wichtigkeit von Compliance schaffen ein positives Umfeld, in dem alle Mitarbeiter ermutigt werden, die Standards zu befolgen.

4. **Regelmäßige Updates und Erinnerungen**: Compliance-Vorschriften und -Verfahren entwickeln sich ständig weiter, was regelmäßige Updates und Erinnerungen erforderlich macht. Unternehmen sollten ihre Mitarbeiter daher regelmäßig über Änderungen informieren, um sicherzustellen, dass sie immer auf dem neuesten Stand sind. Erinnerungen können durch E-Mails, Informationsblätter oder Aushänge verbreitet werden.

5. **Interaktive Plattformen und Schulungen**: Online-Plattformen bieten die Möglichkeit, Compliance-Richtlinien interaktiv zu präsentieren. FAQ-Bereiche, Foren und digitale Schulungsmodule ermöglichen es den Mitarbeitern, gezielt Fragen zu stellen und Unterstützung zu erhalten. Regelmäßige Schulungen ergänzen diese Angebote und helfen, das Verständnis zu vertiefen.

6. **Feedback und Verbesserung**: Die Kommunikation sollte keine Einbahnstraße sein. Unternehmen sollten einen Weg

schaffen, über den Mitarbeiter ihre Fragen, Bedenken und Verbesserungsvorschläge zu den Richtlinien einreichen können. Anonyme Compliance-Hotlines, Feedback-Formulare oder E-Mail-Adressen können dafür genutzt werden.

7. **Belohnung von Compliance-Verhalten**: Um die Einhaltung der Richtlinien weiter zu fördern, können Unternehmen Anreize schaffen, etwa durch Prämien für Mitarbeiter, die besonders vorbildlich agieren. Diese Belohnungen schaffen eine Kultur der Anerkennung und motivieren andere, den Richtlinien ebenfalls zu folgen.

Durch eine klare, zugängliche und vielschichtige Kommunikation der Compliance-Richtlinien und -Verfahren wird sichergestellt, dass die Mitarbeiter ein tiefes Verständnis entwickeln und die Standards verinnerlichen. Dies stärkt nicht nur das Compliance-Bewusstsein, sondern auch die gesamte Unternehmenskultur.

Einrichtung von Feedback- und Berichtskanälen

Die Einrichtung von Feedback- und Berichtskanälen spielt eine zentrale Rolle bei der Förderung eines offenen und transparenten Compliance-Bewusstseins im Unternehmen. Diese Kanäle bieten Mitarbeitern die Möglichkeit, Fragen, Bedenken oder potenzielle Verstöße in einer sicheren Umgebung zu melden, und sie erleichtern die Weitergabe von Informationen an die Compliance-Abteilung. Eine effektive Einrichtung dieser Kommunikationswege trägt maßgeblich zur Integrität der Compliance-Strategie bei.

1. **Vielfältige Meldewege**: Unterschiedliche Mitarbeiter bevorzugen verschiedene Kommunikationswege, daher sollten mehrere Kanäle bereitgestellt werden. Dies können dedizierte E-Mail-Adressen, Online-Portale, Telefon-Hotlines oder spezielle Postfächer sein. Diese Kanäle sollten leicht

zugänglich sein, um die Hemmschwelle zur Berichterstattung zu senken.

2. **Anonymität und Vertraulichkeit**: Mitarbeiter müssen sich sicher fühlen, wenn sie Feedback geben oder Verstöße melden. Die Möglichkeit zur anonymen Meldung ist daher wichtig, um Angst vor Repressalien zu vermeiden. Gleichzeitig müssen die eingehenden Informationen vertraulich behandelt werden, damit die Identität der Meldenden geschützt bleibt.

3. **Regelmäßige Kommunikation der Kanäle**: Die Mitarbeiter sollten regelmäßig an die verfügbaren Feedback- und Berichtskanäle erinnert werden. Dies kann durch interne Newsletter, Schulungen oder Intranet-Benachrichtigungen erfolgen. Dadurch wird sichergestellt, dass die Kanäle präsent bleiben und genutzt werden.

4. **Klare Verfahren**: Die Compliance-Abteilung muss klare Verfahren entwickeln, wie eingehende Berichte und Rückmeldungen bearbeitet werden. Jeder Bericht sollte sorgfältig geprüft und nach einem standardisierten Protokoll abgewickelt werden. Dies erhöht die Transparenz und das Vertrauen in den Prozess.

5. **Schulung der Ansprechpartner**: Die Mitarbeiter, die die Meldungen entgegennehmen und bearbeiten, müssen geschult werden, um diese professionell und vertraulich zu behandeln. Sie sollten in der Lage sein, die Berichte korrekt zu kategorisieren, Prioritäten zu setzen und die notwendigen Schritte einzuleiten.

6. **Feedback an die Meldenden**: Auch wenn Meldungen anonym erfolgen, sollten die Berichtskanäle so strukturiert sein, dass den Meldenden ein allgemeines Feedback gege-

ben werden kann. Dies kann in Form von allgemeinen Statusupdates zu Compliance-Initiativen oder anonymisierten Fallbeispielen geschehen. Es zeigt den Mitarbeitern, dass ihre Berichte ernst genommen werden.

7. **Kontinuierliche Verbesserung**: Die Effizienz der Feedback- und Berichtskanäle sollte regelmäßig überprüft und verbessert werden. Mitarbeiter können zum Beispiel durch anonyme Umfragen Rückmeldungen zur Funktionalität der Kanäle geben. Diese Informationen helfen, Schwachstellen zu erkennen und die Verfahren kontinuierlich zu optimieren.

Durch eine effektive Einrichtung und Kommunikation von Feedback- und Berichtskanälen entsteht ein transparentes Umfeld, das die offene Diskussion von Compliance-Themen fördert. Dies stärkt das Vertrauen der Mitarbeiter und erhöht die Bereitschaft, potenzielle Probleme oder Verbesserungsmöglichkeiten zu melden.

4.1.4 Überwachung und Verbesserung

DURCHFÜHRUNG REGELMÄßIGER COMPLIANCE-ÜBERPRÜFUNGEN

Regelmäßige Compliance-Überprüfungen sind entscheidend, um sicherzustellen, dass ein Unternehmen stets den gesetzlichen und ethischen Anforderungen gerecht wird. Ein effektives Instrument in diesem Prozess ist das Compliance-Audit, das einen strukturierten Ansatz zur Bewertung der Einhaltung von Richtlinien und Vorschriften bietet. Durch sorgfältige Planung und Umsetzung solcher Audits können Unternehmen Risiken minimieren, Schwachstellen aufdecken und ihre Compliance-Strategien kontinuierlich verbessern.

Planung und Umsetzung von Compliance-Audits

1. **Zielsetzung und Umfang**: Der erste Schritt bei der Planung eines Compliance-Audits ist die Festlegung der Ziele und des Umfangs. Dazu gehört die Identifikation der zu überprüfenden Compliance-Bereiche und das Setzen klarer Kriterien, die während des Audits bewertet werden. Der Umfang kann je nach Bedarf spezifische Richtlinien, Abteilungen oder Prozesse abdecken.

2. **Auditteam zusammenstellen**: Ein geeignetes Auditteam sollte aus Personen mit umfassendem Fachwissen über die zu prüfenden Bereiche und dem Verständnis der Compliance-Anforderungen bestehen. Das Team kann aus internen oder externen Prüfern bestehen. Externe Prüfer bieten oft eine unabhängige Perspektive und bringen zusätzliche Expertise mit.

3. **Zeitplan und Ressourcen**: Ein detaillierter Zeitplan legt den Rahmen für das Audit und hilft bei der Zuweisung von Ressourcen. Hierbei sollten die Prüfer genügend Zeit haben, um alle relevanten Dokumente zu sichten, Interviews mit den Beteiligten zu führen und alle Prozesse sorgfältig zu bewerten.

4. **Dokumentation und Vorbereitung**: Die Auditoren müssen alle relevanten Dokumente und Informationen sammeln, die zur Überprüfung notwendig sind. Dies umfasst interne Richtlinien, Protokolle und Berichte. Zudem müssen die Abteilungen, die überprüft werden, frühzeitig informiert werden, damit sie sich entsprechend vorbereiten können.

5. **Durchführung des Audits**: Während des Audits führen die Prüfer eine detaillierte Untersuchung der Prozesse und Richtlinien durch, um festzustellen, inwieweit diese den

Compliance-Standards entsprechen. Interviews mit Mitarbeitern und Verantwortlichen helfen dabei, die Einhaltung der Vorschriften in der Praxis zu überprüfen. Alle Ergebnisse werden sorgfältig dokumentiert.

6. **Berichterstattung und Analyse**: Nach Abschluss des Audits wird ein Bericht erstellt, der die Ergebnisse, die identifizierten Risiken und Verbesserungsvorschläge zusammenfasst. Der Bericht sollte klar und prägnant sein und auch positive Aspekte hervorheben. Eine abschließende Analyse ermöglicht es, die Ergebnisse zu interpretieren und konkrete Maßnahmen zu empfehlen.

7. **Umsetzung der Verbesserungsmaßnahmen**: Nach dem Audit müssen die empfohlenen Verbesserungsmaßnahmen zeitnah umgesetzt werden. Dies kann die Anpassung von Richtlinien, die Aktualisierung von Prozessen oder zusätzliche Schulungen beinhalten. Ein Folgesystem stellt sicher, dass die Maßnahmen effektiv umgesetzt und die Compliance-Standards erfüllt werden.

Durch die Planung und Umsetzung regelmäßiger Compliance-Audits können Unternehmen nicht nur die Einhaltung der Vorschriften sicherstellen, sondern auch ihre internen Prozesse optimieren und das Vertrauen der Stakeholder in die Unternehmensführung stärken.

Analyse von Audit-Ergebnissen und Ableitung von Maßnahmen

Die Analyse der Ergebnisse eines Compliance-Audits und die daraus resultierende Ableitung von Maßnahmen sind entscheidende Schritte, um die Effektivität der Compliance-Strategie zu steigern und die Einhaltung gesetzlicher Vorschriften zu gewährleisten. Dieser Prozess stellt sicher, dass die im Audit identifizierten Schwachstellen systematisch adressiert und in klare Handlungsanweisungen umgesetzt werden.

1. **Zusammenfassung der Audit-Ergebnisse**: Der erste Schritt ist eine präzise Zusammenfassung aller im Auditbericht aufgeführten Ergebnisse. Dies ermöglicht eine klare Darstellung der festgestellten Schwachstellen und liefert die Grundlage für die Entwicklung gezielter Maßnahmen. Eine klare Kategorisierung hilft, Probleme nach Dringlichkeit und Bedeutung zu sortieren.

2. **Identifizierung der Ursachen**: Um sinnvolle Maßnahmen abzuleiten, ist es entscheidend, die zugrunde liegenden Ursachen der identifizierten Probleme zu erkennen. Dazu gehört eine detaillierte Untersuchung der Geschäftsprozesse, die zu den Verstößen geführt haben, sowie die Analyse organisatorischer oder systemischer Mängel.

3. **Risikobewertung**: Jeder identifizierte Compliance-Verstoß sollte anhand seines Risikos bewertet werden. Diese Bewertung hilft, Prioritäten bei der Behebung zu setzen. Verstöße mit hoher Wahrscheinlichkeit und potenziell schwerwiegenden Auswirkungen müssen sofort behoben werden, während andere Mängel gegebenenfalls langfristig gelöst werden können.

4. **Entwicklung eines Maßnahmenplans**: Basierend auf der Ursachenanalyse und Risikobewertung wird ein detaillierter Maßnahmenplan erstellt. Dieser sollte klare Anweisungen für die Korrekturmaßnahmen enthalten, Verantwortlichkeiten zuweisen, Ressourcen planen und einen realistischen Zeitrahmen setzen.

5. **Umsetzung und Überwachung**: Die Umsetzung der Maßnahmen muss sorgfältig überwacht werden, um sicherzu-

stellen, dass sie korrekt und fristgerecht durchgeführt wird. Ein klar definierter Verantwortlicher für jede Maßnahme sowie regelmäßige Statusberichte an die Compliance-Abteilung gewährleisten eine effiziente Umsetzung.

6. **Kommunikation der Ergebnisse**: Die Analyseergebnisse und der daraus resultierende Maßnahmenplan müssen den relevanten Interessengruppen klar kommuniziert werden. Dazu gehören die Geschäftsleitung, die betroffenen Abteilungen und andere Stakeholder, die ein Interesse an der Einhaltung der Compliance-Standards haben.

7. **Kontinuierliche Verbesserung**: Der Prozess der Analyse und Ableitung von Maßnahmen ist ein kontinuierlicher Zyklus. Nach der Umsetzung sollte eine erneute Überprüfung durchgeführt werden, um die Effektivität der Maßnahmen zu bewerten und die Compliance-Strategie weiter zu verfeinern. Dies schafft eine Kultur der kontinuierlichen Verbesserung, in der Compliance als integraler Bestandteil der Unternehmensprozesse gesehen wird.

Die sorgfältige Analyse der Audit-Ergebnisse und die gezielte Ableitung von Maßnahmen sind wesentliche Komponenten eines erfolgreichen Compliance-Managements. Sie sorgen dafür, dass Risiken minimiert, Schwachstellen beseitigt und eine starke Compliance-Kultur etabliert wird.

KONTINUIERLICHE VERBESSERUNG DES COMPLIANCE-PROGRAMMS

Die kontinuierliche Verbesserung eines Compliance-Programms ist entscheidend, um effektiv auf sich ständig wandelnde rechtliche, regulatorische und geschäftliche Rahmenbedingungen zu reagieren. Unternehmen müssen die Compliance-Maßnahmen laufend anpassen, um Risiken zu minimieren und sicherzustellen, dass ihre Geschäftsprozesse stets gesetzeskonform und ethisch ablaufen.

Anpassung der Compliance-Maßnahmen an veränderte Rahmenbedingungen

1. **Überwachung des rechtlichen Umfelds**: Eine effektive Compliance-Strategie erfordert eine sorgfältige Überwachung von Änderungen im rechtlichen Umfeld. Dies umfasst das nationale und internationale Regelwerk sowie branchenspezifische Anforderungen. Unternehmen sollten einen klaren Prozess zur kontinuierlichen Erfassung von Gesetzesänderungen und regulatorischen Entwicklungen etablieren, einschließlich enger Beziehungen zu Branchenexperten und Rechtsberatern.

2. **Identifikation betrieblicher Veränderungen**: Veränderungen in der Unternehmensstruktur, wie Fusionen, Übernahmen oder eine Expansion in neue Märkte, haben direkte Auswirkungen auf die Compliance-Anforderungen. Die Compliance-Abteilung sollte eng mit den Geschäftsbereichen zusammenarbeiten, um betriebliche Veränderungen frühzeitig zu erkennen und ihre Compliance-Maßnahmen entsprechend anzupassen.

3. **Risikobewertung und Priorisierung**: Ein gründlicher Risikobewertungsprozess ermöglicht es, potenzielle Risiken durch neue regulatorische Anforderungen oder betriebliche Veränderungen zu identifizieren. Durch die Priorisierung der Risiken können die Ressourcen effektiv eingesetzt und Compliance-Maßnahmen gezielt entwickelt oder angepasst werden.

4. **Aktualisierung der Richtlinien und Verfahren**: Auf Basis der Risikobewertung müssen Richtlinien und Verfahren regelmäßig überprüft und bei Bedarf aktualisiert werden. Dies kann eine vollständige Überarbeitung bestehender Richtlinien oder die Einführung neuer Standards erfordern, um den neuen Anforderungen gerecht zu werden.

5. **Schulungen und Sensibilisierung**: Mitarbeiter müssen in regelmäßigen Schulungen und Workshops über neue oder angepasste Richtlinien informiert werden, damit sie ihre Aufgaben entsprechend ausführen können. Eine klare und gezielte Kommunikation ist notwendig, um sicherzustellen, dass alle Mitarbeiter die Bedeutung und die Details der neuen Compliance-Maßnahmen verstehen.

6. **Technologische Anpassung**: Bestehende IT-Systeme und Compliance-Software sollten so angepasst werden, dass sie die neuen Anforderungen unterstützen. Dies kann die Einführung zusätzlicher Überwachungs- und Berichterstattungstools erfordern, um eine konsistente Umsetzung der Maßnahmen zu gewährleisten.

7. **Kontinuierliche Überwachung**: Nach der Umsetzung sollten die neuen Compliance-Maßnahmen kontinuierlich überwacht werden, um ihre Effektivität zu beurteilen. Regelmäßige Audits und Feedback von den Mitarbeitern helfen dabei, Verbesserungsmöglichkeiten zu erkennen und die Strategie weiter zu verfeinern.

Durch die kontinuierliche Anpassung der Compliance-Maßnahmen an veränderte Rahmenbedingungen stellen Unternehmen sicher, dass sie flexibel auf neue Risiken und regulatorische Anforderungen reagieren können. Dies stärkt ihre Compliance-Kultur und fördert eine vertrauensvolle und ethische Unternehmensführung.

Einbeziehung neuer Technologien und Methoden zur Compliance-Optimierung

Die Einbeziehung neuer Technologien und Methoden in die Compliance-Optimierung ist ein Schlüssel, um ein Unternehmen zukunftsfähig und anpassungsfähig gegenüber einem sich ständig wandelnden regulatorischen Umfeld zu gestalten. Fortschrittliche Technologien und innovative Methoden ermöglichen eine effizientere Einhaltung der Vorschriften und eine proaktive Erkennung und Behandlung von Risiken.

1. **Automatisierung und künstliche Intelligenz (KI)**: Der Einsatz von Automatisierung und KI bietet erhebliche Vorteile für die Compliance. Automatisierte Systeme können Daten schneller analysieren und Berichte erstellen, während KI-gestützte Tools Anomalien und Muster erkennen, die auf mögliche Verstöße oder Risiken hinweisen. Diese Technologien ermöglichen eine proaktive Überwachung und schnelle Reaktionen auf verdächtige Aktivitäten.

2. **Big Data und Analytik**: Big Data-Analysen erlauben es, große Datenmengen aus verschiedenen Quellen zusammenzuführen und daraus wertvolle Erkenntnisse zu gewinnen. Unternehmen können so Compliance-Trends erkennen, risikoreiche Bereiche identifizieren und fundierte Entscheidungen treffen. Datenvisualisierungstools helfen dabei, komplexe Informationen übersichtlich darzustellen und leichter zugänglich zu machen.

3. **Blockchain-Technologie**: Die Blockchain-Technologie bietet eine unveränderliche und transparente Datenbankstruktur, die für die sichere Aufzeichnung von Compliance-bezogenen Informationen nützlich ist. Sie ermöglicht eine lückenlose Nachverfolgung von Transaktionen und hilft dabei, Doku-

mentationen transparent zu gestalten, was vor allem bei Due-Diligence-Prüfungen hilfreich ist.

4. **Cloud-basierte Compliance-Lösungen**: Cloud-Technologien erleichtern die gemeinsame Nutzung und den Zugriff auf Compliance-Daten. Sie ermöglichen es den Teams, von jedem Ort aus auf Echtzeitinformationen zuzugreifen, was besonders in Unternehmen mit globaler Präsenz wichtig ist. Cloud-Lösungen sind skalierbar und erleichtern die Anpassung an sich ändernde Compliance-Anforderungen.

5. **Compliance-Management-Systeme (CMS)**: Ein CMS integriert alle Aspekte des Compliance-Managements in einer zentralen Plattform. Es umfasst Module zur Risikoanalyse, Berichterstattung, Dokumentation und Schulung. Ein CMS erleichtert es, alle Compliance-Aktivitäten effizient zu koordinieren und bietet ein zentrales Dashboard, um den Überblick über die Einhaltung zu behalten.

6. **Schulung und Wissensmanagement**: E-Learning-Plattformen und Wissensmanagementsysteme bieten innovative Methoden, um Mitarbeiter kontinuierlich zu schulen. Sie ermöglichen eine zielgerichtete Kommunikation von Compliance-Richtlinien, die an die spezifischen Bedürfnisse verschiedener Abteilungen angepasst ist.

7. **Prozessverbesserung und agile Methoden**: Die Anwendung agiler Methoden ermöglicht eine iterative Verbesserung der Compliance-Prozesse. Teams können schneller auf neue Risiken reagieren und innovative Lösungen entwickeln. Methoden wie Lean Management helfen, unnötige Komplexität in den Compliance-Prozessen zu reduzieren.

Die Einbeziehung neuer Technologien und Methoden ermöglicht es Unternehmen, die Effizienz ihrer Compliance-Strategie zu steigern und Risiken proaktiv zu managen. Eine gut durchdachte Integration dieser Tools trägt zu einer transparenten und nachhaltigen Compliance-Kultur bei, die das Vertrauen von Kunden, Mitarbeitern und Regulierungsbehörden stärkt.

4.2 Integration von TOLERANT Software in bestehende Systeme

4.2.1 Vorbereitung und Planung

ANALYSE DER BESTEHENDEN IT-INFRASTRUKTUR

Die Integration von TOLERANT Software in bestehende Systeme erfordert eine sorgfältige Vorbereitung und Planung, um einen nahtlosen Übergang zu gewährleisten. Ein wichtiger erster Schritt in diesem Prozess ist die Analyse der vorhandenen IT-Infrastruktur. Dabei werden die bestehenden Systeme und Datenflüsse gründlich erfasst, um die spezifischen Anforderungen für die Integration zu verstehen und eine solide Grundlage für die Implementierung zu schaffen.

Erfassung der vorhandenen Systeme und Datenflüsse

1. **Identifikation der Kernsysteme**: Zunächst müssen die wichtigsten Systeme identifiziert werden, die eine zentrale Rolle im Datenmanagement des Unternehmens spielen. Das können CRM- und ERP-Systeme, Finanz- und Buchhaltungssysteme oder andere spezielle Geschäftsanwendungen sein, die Kundendaten oder Transaktionsinformationen enthalten. Diese Systeme dienen als Ausgangspunkt für die Integration.

2. **Dokumentation der Schnittstellen**: Ein klares Verständnis der bestehenden Schnittstellen ist entscheidend. Dabei werden alle vorhandenen Datenverbindungen zwischen Systemen sowie externe Schnittstellen zu Partnern oder Kunden erfasst. Diese Informationen helfen, die Datenströme zu verstehen und Konflikte oder Überlappungen bei der Integration zu vermeiden.

3. **Analyse der Datenflüsse**: Die Datenflüsse innerhalb und zwischen den Systemen müssen detailliert dokumentiert werden. Dies umfasst die Art der Daten, die übertragen werden, die Häufigkeit der Übertragung und die beteiligten Systeme. Diese Analyse ermöglicht es, die Kompatibilität mit TOLERANT Software zu bewerten und potenzielle Engpässe zu identifizieren.

4. **Bewertung der Datenqualität**: Eine Analyse der Datenqualität ist ebenfalls notwendig, um sicherzustellen, dass die vorhandenen Informationen konsistent und korrekt sind. Datenbereinigungs- und -validierungsfunktionen von TOLERANT Software können hier bereits im Vorfeld zur Identifikation von Inkonsistenzen und Lücken beitragen, die vor der Integration behoben werden müssen.

5. **Bestimmung der Sicherheitsanforderungen**: Die Sicherheitsanforderungen der bestehenden Systeme sind zu berücksichtigen, insbesondere bei sensiblen Datenströmen. TOLERANT Software muss in bestehende Sicherheitsprotokolle integriert werden, um sicherzustellen, dass keine Sicherheitslücken entstehen und alle Datenschutzanforderungen erfüllt werden.

6. **Zuständigkeiten und Ressourcen**: Die Analyse der vorhandenen Systeme und Datenflüsse sollte auch eine klare Zu-

weisung der Verantwortlichkeiten und Ressourcen umfassen. Wer ist für die Datenpflege zuständig? Welche Ressourcen stehen für die Integration zur Verfügung? Diese Informationen sind entscheidend, um eine reibungslose Implementierung zu gewährleisten.

7. **Definition der Ziele**: Basierend auf dieser Analyse können die spezifischen Ziele und Anforderungen für die Integration von TOLERANT Software festgelegt werden. Dies ermöglicht die Entwicklung eines detaillierten Implementierungsplans, der alle identifizierten Risiken, Herausforderungen und Chancen berücksichtigt.

Eine gründliche Erfassung der vorhandenen Systeme und Datenflüsse bildet somit die Grundlage für eine erfolgreiche Integration von TOLERANT Software. Dies stellt sicher, dass die Software optimal in die bestehende IT-Landschaft passt, nahtlos mit den vorhandenen Datenströmen interagiert und das Unternehmen bei der Erfüllung seiner Compliance-Ziele unterstützt.

Identifikation von Schnittstellen und Kompatibilitätsanforderungen

Bei der Integration von TOLERANT Software in die bestehende IT-Infrastruktur ist die Identifikation von Schnittstellen und Kompatibilitätsanforderungen ein essenzieller Schritt, um die Kompatibilität zwischen den neuen und bestehenden Systemen sicherzustellen. Dieser Prozess minimiert Integrationsprobleme und gewährleistet, dass alle Systeme reibungslos miteinander kommunizieren.

1. **Inventarisierung der Schnittstellen**: Der erste Schritt besteht darin, alle aktuellen Schnittstellen zu identifizieren und zu dokumentieren. Dazu gehören sowohl interne Schnittstellen, die Daten zwischen den Systemen im Unter-

nehmen austauschen, als auch externe Schnittstellen zu Partnern, Kunden oder Lieferanten. Eine vollständige Inventarisierung schafft eine klare Übersicht über die aktuelle Kommunikationslandschaft.

2. **Bestimmung der Kommunikationsprotokolle**: Jedes System hat spezifische Kommunikationsprotokolle, die bestimmen, wie Daten gesendet und empfangen werden. Die Kompatibilität dieser Protokolle mit TOLERANT Software muss überprüft werden. Typische Protokolle sind REST- und SOAP-APIs, Datenbankverbindungen über JDBC oder ODBC, und Dateiaustauschformate wie CSV oder XML.

3. **Überprüfung der Datenformate**: Die Formate der ausgetauschten Daten müssen auf Kompatibilität geprüft werden. Unterschiede in Datenformaten, Zeichenkodierungen oder Feldstrukturen können zu Missverständnissen bei der Übertragung führen. TOLERANT Software sollte in der Lage sein, mit den vorhandenen Datenformaten effizient umzugehen oder sie in ein kompatibles Format zu konvertieren.

4. **Berücksichtigung der Sicherheit**: Die Integration muss die Sicherheitsanforderungen der Schnittstellen berücksichtigen. Dies umfasst Authentifizierungs- und Autorisierungsmechanismen sowie die Verschlüsselung von Daten während der Übertragung. Sicherheitsprotokolle wie OAuth, SAML oder HTTPS sollten in die Kompatibilitätsanforderungen einbezogen werden.

5. **Festlegung der Leistungsanforderungen**: Schnittstellen müssen eine gewisse Leistung gewährleisten, um Daten in einem angemessenen Zeitrahmen auszutauschen. Die Leistung der vorhandenen Schnittstellen muss überprüft und

dokumentiert werden, um sicherzustellen, dass die Integration mit TOLERANT Software keine Engpässe verursacht.

6. **Testen und Validieren**: Nach der Identifikation der Schnittstellen und Kompatibilitätsanforderungen sollten Testumgebungen eingerichtet werden, um die Kompatibilität mit TOLERANT Software zu validieren. Dies kann durch simulierte Datenflüsse und Lasttests erfolgen, um die Funktionsfähigkeit unter realen Bedingungen zu überprüfen.

7. **Dokumentation und Schulung**: Die Erkenntnisse aus diesem Prozess sollten dokumentiert werden, um während der Implementierung auf sie zurückgreifen zu können. Eine klare Dokumentation erleichtert es, spätere Anpassungen vorzunehmen und ermöglicht eine effektive Schulung des technischen Personals.

Durch die Identifikation der Schnittstellen und Kompatibilitätsanforderungen können Unternehmen sicherstellen, dass TOLERANT Software nahtlos in die bestehende IT-Infrastruktur integriert wird. So werden Kommunikationsprobleme minimiert und die Software kann ihre volle Funktionalität entfalten, um die Geschäftsprozesse und Compliance-Anforderungen zu unterstützen.

DEFINITION DER INTEGRATIONSZIELE

Die Festlegung der funktionalen und technischen Ziele bei der Integration von TOLERANT Software ist entscheidend, um sicherzustellen, dass die neuen Lösungen effektiv mit den bestehenden Systemen zusammenarbeiten. Diese Ziele geben den Rahmen vor, in dem die Integration erfolgen soll, und dienen als Leitfaden für die Planung, Umsetzung und Bewertung der Integrationsergebnisse.

Festlegung der funktionalen und technischen Ziele

1. **Identifikation der geschäftlichen Anforderungen**: Die funktionalen Ziele der Integration orientieren sich an den geschäftlichen Anforderungen des Unternehmens. Hierzu zählen die Unterstützung von Geschäftsprozessen, die Verbesserung der Datenqualität und die Einhaltung von Compliance-Vorgaben. Die Identifikation dieser Anforderungen stellt sicher, dass die Integration von TOLERANT Software die betrieblichen Abläufe optimiert und den Wert der IT-Investitionen steigert.

2. **Definition der funktionalen Ziele**: Funktionale Ziele beschreiben, welche spezifischen Funktionen die integrierten Systeme ausführen sollen. Beispiele hierfür sind die Identifikation von Duplikaten in Kundendaten, die Fehlertoleranz beim Abgleich von Bankinformationen oder die Überwachung von Sanktionslisten. Die definierten Ziele müssen messbar und umsetzbar sein, um den Erfolg der Integration bewerten zu können.

3. **Festlegung der technischen Anforderungen**: Technische Anforderungen beziehen sich auf die Schnittstellen, Datenformate und Protokolle, die für die Integration erforderlich sind. Es ist wichtig, sicherzustellen, dass TOLERANT Software reibungslos mit den bestehenden Systemen interagiert und Daten in kompatiblen Formaten verarbeitet. Dazu gehören die Anpassung der Software an bestehende Kommunikationsprotokolle, Datenbanken und Sicherheitsstandards.

4. **Skalierbarkeit und Leistung**: Die Integration muss so geplant werden, dass die neuen Systeme skalierbar sind und eine hohe Leistung erbringen. Dies umfasst sowohl die Ver-

arbeitung großer Datenmengen als auch die Anpassung an zukünftige Wachstumsanforderungen. Skalierbare Lösungen können flexibel erweitert werden, ohne dass umfangreiche Neuanpassungen erforderlich sind.

5. **Sicherheit und Datenschutz**: Ein weiteres wichtiges technisches Ziel ist die Sicherstellung der Datensicherheit und des Datenschutzes. Die integrierten Systeme müssen bestehende Sicherheitsprotokolle einhalten und Daten sicher speichern und übertragen. Dies umfasst die Verschlüsselung von Daten, Authentifizierungs- und Autorisierungsmechanismen sowie die Einhaltung relevanter Datenschutzbestimmungen.

6. **Kosten- und Ressourcenplanung**: Die Ziele sollten auch eine klare Kosten- und Ressourcenplanung beinhalten. Das bedeutet, den Aufwand für die Implementierung, den Betrieb und die Wartung der integrierten Systeme realistisch abzuschätzen und die entsprechenden Ressourcen bereitzustellen.

7. **Monitoring und Optimierung**: Die Ziele sollten die kontinuierliche Überwachung der Systeme und die Optimierung der Integration beinhalten. Ein Monitoring-System hilft, die Leistung der integrierten Lösungen zu bewerten und rechtzeitig Anpassungen vorzunehmen.

Die Festlegung der funktionalen und technischen Ziele sorgt dafür, dass die Integration von TOLERANT Software in die bestehende IT-Infrastruktur klar ausgerichtet und effizient geplant wird. Dies garantiert eine reibungslose Implementierung, die sowohl den geschäftlichen als auch den technischen Anforderungen des Unternehmens entspricht.

Bestimmung der erwarteten Vorteile und Effizienzsteigerungen

Die Bestimmung der erwarteten Vorteile und Effizienzsteigerungen durch die Integration von TOLERANT Software in bestehende Systeme ist ein zentraler Aspekt bei der Planung und Umsetzung. Eine klare Definition dieser Vorteile legt den Grundstein für eine erfolgreiche Implementierung und hilft, den Fortschritt und den Nutzen der Integration zu bewerten.

1. **Verbesserte Datenqualität**: Ein entscheidender Vorteil der Integration von TOLERANT Software ist die deutliche Verbesserung der Datenqualität. Durch die genaue Validierung, Standardisierung und Bereinigung von Adress-, Kunden- und Bankdaten werden Dubletten vermieden und fehlerhafte Einträge korrigiert. Dies trägt zu einer genaueren Datenanalyse und fundierten Geschäftsentscheidungen bei.

2. **Schnellere Datenverarbeitung**: Durch automatisierte Prozesse und fehlertolerante Abgleiche ermöglicht TOLERANT Software eine deutlich schnellere Datenverarbeitung. Datenbankabgleiche, Prüfungen von Sanktionslisten oder Adressbereinigungen laufen automatisiert und in Echtzeit, was zu einer schnelleren Bearbeitung führt und die Effizienz im operativen Geschäft erheblich steigert.

3. **Compliance-Sicherheit**: Die Einhaltung von Datenschutz- und Compliance-Anforderungen wird durch die Integration optimiert. TOLERANT Software hilft, personenbezogene Daten sicher zu speichern, Einwilligungen zu verwalten und die gesetzlichen Bestimmungen bei der Datenverarbeitung einzuhalten. Dies schützt das Unternehmen vor rechtlichen Risiken und stärkt das Vertrauen der Kunden.

4. **Kosteneinsparungen**: Eine verbesserte Datenqualität und effiziente Prozesse führen zu Kosteneinsparungen. Redu-

zierte Fehlerquoten, weniger manuelle Eingriffe und automatisierte Prozesse senken die operativen Kosten und ermöglichen es dem Unternehmen, Ressourcen besser zu nutzen.

5. **Bessere Kundenkommunikation**: Die standardisierten und korrekten Daten ermöglichen eine gezieltere und effektivere Kommunikation mit Kunden. Personalisierte Marketingkampagnen und eine verbesserte Kundenansprache steigern die Zufriedenheit und Loyalität der Kunden, was wiederum zu höheren Umsätzen führen kann.

6. **Flexibilität und Skalierbarkeit**: Die Integration von TOLERANT Software ermöglicht es, die Datenmanagement-Prozesse an sich ändernde Geschäftsanforderungen anzupassen. Die Software ist skalierbar und flexibel, sodass sie mit dem Wachstum des Unternehmens mitwachsen und problemlos in neue Systeme integriert werden kann.

7. **Effizientere Zusammenarbeit**: Durch den Abbau von Datensilos und die Vereinheitlichung der Daten in den verschiedenen Systemen können Abteilungen effizienter zusammenarbeiten. Dies führt zu einer besseren Abstimmung und optimierten Workflows, die sich positiv auf die gesamte Produktivität auswirken.

Die Bestimmung dieser erwarteten Vorteile und Effizienzsteigerungen schafft eine klare Perspektive für die Integration und hilft, die Implementierungsstrategie zielgerichtet auszurichten. Dies fördert nicht nur die Akzeptanz der neuen Systeme bei den Mitarbeitern, sondern trägt auch dazu bei, die Investition in TOLERANT Software langfristig zu rechtfertigen und den Unternehmenserfolg zu steigern.

4.2.2 Technische Umsetzung

AUSWAHL DER INTEGRATIONSMETHODEN

Entscheidung zwischen direkter Integration, APIs oder Middleware

Die Auswahl der richtigen Integrationsmethoden für Softwaresysteme ist entscheidend für die Effizienz und Effektivität der IT-Infrastruktur eines Unternehmens. Im Fokus dieses Abschnitts steht die Entscheidung zwischen direkter Integration, der Nutzung von APIs (Application Programming Interfaces) und der Implementierung von Middleware-Lösungen. Jede dieser Methoden bietet spezifische Vorteile und kann je nach Anwendungsfall und organisatorischen Anforderungen die bevorzugte Wahl sein.

Die direkte Integration bezieht sich auf eine unmittelbare Verbindung zweier Systeme, oft durch speziell entwickelte Schnittstellen oder durch direkten Datenzugriff. Diese Methode kann in Umgebungen, wo Geschwindigkeit und geringe Latenz gefordert sind, besonders vorteilhaft sein. Allerdings erfordert sie häufig umfangreiche benutzerdefinierte Entwicklungen und kann bei Änderungen in den beteiligten Systemen zu höheren Wartungskosten führen.

APIs sind heutzutage eine der beliebtesten Methoden zur Systemintegration. Sie ermöglichen es, Funktionen und Daten eines Systems in einer wohldefinierten Weise anderen Systemen zur Verfügung zu stellen. APIs bieten eine hohe Flexibilität und sind oft einfacher zu verwalten als direkte Integrationen. Sie unterstützen modulare Architekturen, indem sie die Kommunikation zwischen verschiedenen Softwarekomponenten über klar definierte Schnittstellen ermöglichen. Die Nutzung von APIs fördert außerdem die Wiederverwendbarkeit von Code und kann die Entwicklungskosten senken.

Middleware ist eine weitere effektive Lösung, um unterschiedliche Systeme in einer IT-Landschaft zu integrieren. Sie fungiert als Vermittler zwischen zwei oder mehreren unterschiedlichen Systemen und verwaltet den Datenaustausch, die Datenkonversion und die Kommunikationsprotokolle. Der Vorteil von Middleware liegt in ihrer Fähigkeit, eine einheitliche Integrationsplattform zu bieten, die es erlaubt, verschiedene Anwendungen leichter und ohne Eingriffe in die Einzelsysteme zu koppeln. Dies vereinfacht das Management von Schnittstellen und reduziert die Komplexität der Gesamtarchitektur.

Bei der Entscheidung, welche Integrationsmethode zu wählen ist, spielen Faktoren wie die vorhandene IT-Infrastruktur, die spezifischen Geschäftsanforderungen, die notwendige Skalierbarkeit, Sicherheitsanforderungen und das Budget eine wesentliche Rolle. Unternehmen müssen die langfristigen Auswirkungen jeder Methode auf die Agilität und Erweiterbarkeit ihrer Systeme sorgfältig abwägen.

In vielen Fällen kann auch eine Kombination der Methoden sinnvoll sein, um die Vorteile verschiedener Ansätze zu nutzen und gleichzeitig ihre Nachteile zu minimieren. Die Integration über APIs zusammen mit einer Middleware-Lösung kann beispielsweise Flexibilität und Effizienz steigern, während sie gleichzeitig eine robuste Verbindungsstruktur bereitstellt, die den modernen Anforderungen digitaler Geschäftsmodelle entspricht.

Abwägung von Standard- versus Custom-Lösungen

Die Wahl zwischen Standard- und maßgeschneiderten (Custom-) Lösungen ist eine grundlegende Entscheidung bei der technischen

Umsetzung von Integrationsmethoden. Dieser Abschnitt beleuchtet die wichtigsten Faktoren, die in diese Überlegung einfließen, und analysiert die Vor- und Nachteile beider Ansätze.

Standard-Lösungen: Diese beziehen sich auf vorgefertigte Softwareprodukte, die für eine Vielzahl von Unternehmen konzipiert sind und oft als Out-of-the-Box-Lösungen gelten. Sie bieten ein Set von Funktionen und Integrationsmöglichkeiten, die darauf ausgelegt sind, gängige geschäftliche Anforderungen zu erfüllen. Der Hauptvorteil dieser Lösungen ist die schnelle Implementierbarkeit. Sie sind normalerweise gut dokumentiert und verfügen über eine breite Nutzerbasis, was bei Problemen oder Anpassungen hilfreich ist. Der Einsatz von Standard-Lösungen kann zudem die Integration vereinfachen, indem gängige Schnittstellenstandards genutzt werden, und ist oftmals kostengünstiger als eine individuelle Entwicklung.

Dennoch haben Standard-Lösungen auch Einschränkungen. Sie sind oft weniger flexibel in Bezug auf spezifische Anforderungen und passen möglicherweise nicht perfekt in die bestehende IT-Umgebung eines Unternehmens. Das führt dazu, dass Unternehmen ihre Prozesse an die Software anpassen oder zusätzliche Module erwerben müssen, was weitere Kosten verursachen kann.

Custom-Lösungen: Diese sind auf die spezifischen Bedürfnisse und Anforderungen eines Unternehmens zugeschnitten. Sie bieten die größte Flexibilität, da sie exakt auf bestehende Geschäftsprozesse, vorhandene IT-Infrastrukturen und individuelle Anforderungen abgestimmt werden. Maßgeschneiderte Lösungen ermöglichen eine präzise Integration in die interne Systemlandschaft und bieten eine höhere Kontrolle über die Funktionsweise.

Allerdings ist die Entwicklung einer maßgeschneiderten Lösung aufwendiger und erfordert erhebliche Ressourcen. Sie kann auch eine längere Entwicklungszeit mit sich bringen, während im Vergleich zu Standardlösungen oft ein höheres Risiko besteht, dass das Projekt den Kosten- und Zeitrahmen überschreitet. Zusätzlich können Custom-Lösungen zu einer Abhängigkeit von den Entwicklern oder dem Dienstleister führen, was langfristig zu höheren Wartungskosten führen kann.

Abwägung: Die Entscheidung zwischen Standard- und Custom-Lösungen sollte unter Berücksichtigung verschiedener Faktoren getroffen werden. Unternehmen müssen ihre aktuellen und zukünftigen Anforderungen analysieren und prüfen, inwieweit eine Standardlösung diese abdecken kann. Wenn es hauptsächlich um Effizienz und schnelle Umsetzung geht, kann eine Standardlösung geeignet sein. Bei sehr spezifischen Anforderungen oder in stark regulierten Branchen, wo Compliance eine größere Rolle spielt, könnten maßgeschneiderte Lösungen von Vorteil sein.

Ein Hybridansatz kann eine sinnvolle Alternative sein, indem eine Standardlösung als Grundlage genutzt und nur die für das Unternehmen entscheidenden Funktionen maßgeschneidert entwickelt werden. So können Unternehmen sowohl von der Effizienz vorgefertigter Software als auch von der Anpassungsfähigkeit einer Custom-Entwicklung profitieren.

IMPLEMENTIERUNG DER INTEGRATION

Durchführung der technischen Integration

Die Durchführung der technischen Integration erfordert präzise Planung und eine systematische Herangehensweise, um einen reibungslosen Ablauf sicherzustellen. Der Prozess der Implementierung kann komplex sein, da er eine Vielzahl von Schritten und die Einbeziehung mehrerer Systeme und Technologien beinhaltet. Eine solide Strategie ist daher von zentraler Bedeutung, um sicherzustellen, dass die Integration die erwarteten Ergebnisse liefert.

Planung und Design: Der erste Schritt besteht darin, eine detaillierte Planung durchzuführen und ein klares Design für die Integration zu erstellen. Dies beinhaltet die Definition der Ziele, der zu verbindenden Systeme und der Datenflüsse. Eine klare Dokumentation der aktuellen Systemarchitektur ist entscheidend, um Abhängigkeiten zu verstehen und sicherzustellen, dass die Integration nahtlos verläuft. Zu diesem Zeitpunkt sollten auch die Sicherheitsanforderungen und Datenschutzrichtlinien überprüft werden, um sicherzustellen, dass die Integration alle Compliance-Standards erfüllt.

Datenmapping und -konvertierung: Ein kritischer Teil der Integration ist das Datenmapping, bei dem festgelegt wird, wie Daten zwischen den Systemen übertragen und in kompatible Formate konvertiert werden. Hierbei müssen alle Unterschiede in den Datenstrukturen identifiziert und ein einheitliches Format erstellt werden. Dies ermöglicht einen reibungslosen Informationsaustausch zwischen den Systemen. Konvertierungsskripte und Middleware-Tools können helfen, diesen Prozess zu automatisieren und zu vereinfachen.

Testen und Validieren: Vor der endgültigen Implementierung ist es unerlässlich, die Integration umfassend zu testen. Die Tests sollten sicherstellen, dass alle Schnittstellen korrekt funktionieren, Daten richtig übertragen und konvertiert werden und alle Systeme nahtlos miteinander kommunizieren. Tests können zunächst in einer isolierten Umgebung durchgeführt und schrittweise auf eine kontrollierte Live-Umgebung ausgeweitet werden. Diese Phase ist entscheidend, um mögliche Probleme zu erkennen und Fehler vor dem Produktivbetrieb zu beheben.

Sicherheitsüberprüfung: Während des gesamten Prozesses muss die Sicherheit der Daten ein zentraler Fokus bleiben. Dies bedeutet, dass alle Zugriffsrechte, Verschlüsselungen und Authentifizierungsprozesse überprüft werden, um sicherzustellen, dass sensible Daten geschützt sind. Integrierte Sicherheitstests sollten Teil der Validierung sein, um sicherzustellen, dass keine Schwachstellen ausgenutzt werden können.

Go-Live und Monitoring: Sobald die Tests abgeschlossen und alle Systeme einsatzbereit sind, wird die Integration produktiv geschaltet. In dieser Phase ist es wichtig, ein kontinuierliches Monitoring einzurichten, um die Leistungsfähigkeit und Sicherheit der neuen Infrastruktur zu gewährleisten. Fehler oder Anomalien können so schnell erkannt und behoben werden.

Wartung und Weiterentwicklung: Die Implementierung endet nicht mit dem Go-Live. Eine kontinuierliche Überwachung und Wartung sind erforderlich, um sicherzustellen, dass die Integration auch langfristig effizient funktioniert. Regelmäßige Aktualisierungen und Anpassungen helfen, die Infrastruktur an sich ändernde Geschäftsanforderungen anzupassen und die Systemleistung zu optimieren.

Durch diese strukturierte Herangehensweise können Unternehmen die technische Integration erfolgreich umsetzen und sicherstellen, dass die Systeme nahtlos miteinander kommunizieren, die Compliance-Anforderungen erfüllt und die Geschäftsziele erreicht werden.

Konfiguration und Anpassung der Softwaremodule

Die Konfiguration und Anpassung von Softwaremodulen ist ein entscheidender Schritt bei der technischen Integration, um sicherzustellen, dass die verschiedenen Systeme reibungslos miteinander arbeiten und den spezifischen Geschäftsanforderungen entsprechen. Dieser Prozess umfasst eine sorgfältige Anpassung der Konfigurationseinstellungen, die Einrichtung von Parametern sowie die Implementierung kundenspezifischer Erweiterungen.

Analyse der Anforderungen: Bevor die Konfiguration beginnt, müssen die funktionalen und nicht-funktionalen Anforderungen klar erfasst werden. Welche Daten sollen zwischen den Modulen ausgetauscht werden? Welche Sicherheitsrichtlinien müssen beachtet werden? Wie sollten die Module zusammenarbeiten, um die Geschäftsprozesse optimal zu unterstützen? Diese Fragen bilden die Grundlage für die Konfiguration und Anpassung.

Konfiguration der Standardmodule: Moderne Softwareprodukte bieten in der Regel eine Vielzahl von Standardmodulen und Konfigurationseinstellungen, die den spezifischen Anforderungen angepasst werden können. Die erste Aufgabe besteht darin, diese Standardmodule optimal zu konfigurieren. Dazu gehören unter anderem die Benutzerverwaltung, Sicherheitseinstellungen, Datenbankanbindungen und Schnittstellen zu anderen Systemen. Eine gut dokumentierte Konfiguration ist dabei entscheidend, um später Anpassungen und Fehlerbehebungen effizient durchzuführen.

Anpassung kundenspezifischer Funktionen: Oft reichen die Standardmodule nicht aus, um alle Anforderungen zu erfüllen. In diesem Fall müssen maßgeschneiderte Anpassungen vorgenommen werden. Dies kann die Entwicklung zusätzlicher Plugins oder Skripte umfassen, die in die bestehende Softwarearchitektur integriert werden. Wichtig ist dabei, dass diese Erweiterungen modular aufgebaut sind, um künftige Aktualisierungen oder Änderungen an den Systemen nicht zu beeinträchtigen.

Testen und Validieren: Wie bei der technischen Integration ist es auch hier entscheidend, alle Konfigurationen und Anpassungen vor dem Live-Betrieb gründlich zu testen. Dieser Prozess sollte sicherstellen, dass die Module korrekt miteinander interagieren, die Daten korrekt verarbeitet werden und alle Sicherheitsrichtlinien eingehalten werden. Ein gezieltes Testprotokoll hilft dabei, Schwachstellen oder Fehler frühzeitig zu erkennen und zu beheben.

Dokumentation: Eine klare und umfassende Dokumentation ist unerlässlich, um die Konfiguration und Anpassung der Softwaremodule nachvollziehbar zu machen. Dies erleichtert nicht nur das Verständnis der aktuellen Systemeinstellungen, sondern ermöglicht auch eine effiziente Schulung der Benutzer und vereinfacht die spätere Wartung und Erweiterung der Systeme.

Kontinuierliche Optimierung: Die Konfiguration und Anpassung sollte kein statischer Prozess sein. Während sich Geschäftsanforderungen ändern, muss auch die Softwarearchitektur flexibel genug sein, um diese Veränderungen zu unterstützen. Eine regelmäßige Überprüfung der aktuellen Einstellungen, verbunden mit einer fortlaufenden Analyse der Leistungsfähigkeit, hilft, potenzielle Engpässe frühzeitig zu erkennen und die Softwareumgebung kontinuierlich zu optimieren.

Insgesamt ist die Konfiguration und Anpassung der Softwaremodule eine sorgfältige Balance zwischen Standardisierung und Individualisierung. Sie bildet das Herzstück einer effizienten und agilen IT-Infrastruktur, die den Anforderungen moderner Unternehmen gerecht wird.

4.2.3 Sicherheitsaspekte

GEWÄHRLEISTUNG DER DATENSICHERHEIT

Implementierung von Sicherheitsmaßnahmen in der Datenübertragung

Die Gewährleistung der Datensicherheit in modernen IT-Systemen ist eine Priorität, insbesondere während der Datenübertragung. Da sensible Informationen wie Kundendaten, Geschäftsdokumente und Finanztransaktionen häufig zwischen verschiedenen Systemen, Standorten und über das Internet ausgetauscht werden, sind Sicherheitsmaßnahmen unerlässlich, um vertrauliche Daten zu schützen.

Risikobewertung: Bevor konkrete Sicherheitsmaßnahmen implementiert werden, ist eine gründliche Risikobewertung notwendig. Hierbei sollten mögliche Schwachstellen identifiziert und das Ausmaß möglicher Auswirkungen von Sicherheitsverletzungen analysiert werden. Dies bildet die Grundlage für eine maßgeschneiderte Sicherheitsstrategie.

Verschlüsselung: Die Verschlüsselung ist eine der effektivsten Methoden, um Daten während der Übertragung zu schützen. Sie stellt sicher, dass selbst im Fall eines unbefugten Zugriffs die Informationen unlesbar bleiben. Eine starke Ende-zu-Ende-Verschlüsselung, die sowohl auf dem Sender- als auch auf dem Empfängersystem implementiert ist, gewährleistet, dass die Daten nur für autorisierte Parteien lesbar sind. Technologien wie TLS (Transport Layer Security) oder IPsec (Internet Protocol Security) sind hierfür weit verbreitete Standards.

Authentifizierung und Autorisierung: Eine zuverlässige Authentifizierung stellt sicher, dass nur autorisierte Benutzer Zugriff auf das Netzwerk oder die Datenübertragung erhalten. Mehrfaktor-Authentifizierung bietet hier zusätzliche Sicherheit, indem Benutzer mehrere Beweise ihrer Identität vorlegen müssen. Nach erfolgreicher Authentifizierung muss eine strenge Autorisierungskontrolle die Zugriffsrechte der Benutzer begrenzen. Dies verhindert, dass vertrauliche Daten von unbefugten Parteien eingesehen werden können.

Integritätsschutz: Um Manipulationen während der Übertragung zu verhindern, ist ein Mechanismus erforderlich, der die Integrität der Daten sicherstellt. Prüfsummen und kryptografische Hash-Funktionen können dazu verwendet werden, jede Veränderung der Daten zu erkennen und die Integrität zu bestätigen. Digitale Signaturen erweitern diesen Schutz, indem sie sowohl die Integrität als auch die Authentizität der Daten sicherstellen.

Netzwerksicherheit: Neben der Verschlüsselung und Authentifizierung spielt die Netzwerksicherheit eine wichtige Rolle. Firewalls, Intrusion Detection/Prevention Systeme und segmentierte Netzwerke erschweren den Zugriff auf sensible Daten durch unbefugte Parteien. Der Einsatz von Virtual Private Networks (VPNs) kann außerdem dazu beitragen, die Kommunikation zwischen entfernten Standorten abzusichern.

Protokollierung und Überwachung: Eine umfassende Protokollierung aller sicherheitsrelevanten Aktivitäten und der laufende Betrieb von Überwachungssystemen helfen, verdächtiges Verhalten oder Anomalien in Echtzeit zu erkennen. So können potenzielle Angriffe oder Schwachstellen schnell identifiziert und rechtzeitig Maßnahmen ergriffen werden.

Schulung und Sensibilisierung: Trotz technischer Maßnahmen bleibt der Mensch ein kritischer Faktor bei der Datensicherheit. Regelmäßige Schulungen und Sensibilisierungskampagnen können dabei helfen, Mitarbeiter über potenzielle Sicherheitsrisiken zu informieren und Best Practices zu fördern, die Datenübertragungen sicherer machen.

Insgesamt stellt die Implementierung von Sicherheitsmaßnahmen in der Datenübertragung einen mehrschichtigen Ansatz dar, der Technik, Richtlinien und Bildung kombiniert. Dieser umfassende Ansatz schützt nicht nur die Daten, sondern stärkt das Vertrauen in die Informationssicherheit und trägt entscheidend zur Einhaltung der gesetzlichen Datenschutzbestimmungen bei.

RISIKOMANAGEMENT

Bewertung potenzieller Sicherheitsrisiken

Die Bewertung potenzieller Sicherheitsrisiken ist ein zentraler Schritt im Risikomanagement, um Daten und Systeme vor Bedrohungen zu schützen. Sie hilft Unternehmen, Schwachstellen zu erkennen, die Auswirkungen möglicher Sicherheitsvorfälle zu verstehen und gezielte Maßnahmen zu entwickeln. Eine strukturierte und systematische Bewertung ist unerlässlich, um die Informationssicherheit auf einem hohen Niveau zu halten und sich auf unerwartete Vorfälle vorzubereiten.

Identifikation von Assets: Der erste Schritt der Risikobewertung besteht darin, alle kritischen Vermögenswerte zu identifizieren. Dazu zählen nicht nur die IT-Systeme und Netzwerke, sondern auch sensible Daten, die Mitarbeiter und die gesamte physische Infrastruktur. Jedes Asset, das potenziell angegriffen oder gefährdet werden könnte, sollte in der Bestandsaufnahme enthalten sein.

Erfassung potenzieller Bedrohungen: Die Bedrohungslandschaft verändert sich ständig, und Unternehmen müssen ein tiefes Verständnis für die potenziellen Gefahren entwickeln, denen sie ausgesetzt sind. Hierzu gehören Hackerangriffe, Malware-Infektionen, Datendiebstahl und Insider-Bedrohungen. Ebenso wichtig ist es, die Risiken von Naturkatastrophen, Stromausfällen oder Hardwarefehlern in Betracht zu ziehen.

Schwachstellenanalyse: In dieser Phase werden die bestehenden Schwachstellen der identifizierten Assets untersucht. Dies kann durch interne Audits, Penetrationstests oder externe Sicherheitsbewertungen erfolgen. Schwachstellen können sowohl technischer als auch organisatorischer Natur sein, wie veraltete Software, fehlende Verschlüsselung oder unzureichende Mitarbeiterschulungen.

Risikoeinschätzung: Auf Basis der identifizierten Bedrohungen und Schwachstellen wird eine Bewertung der Risiken vorgenommen. Dabei werden zwei Faktoren berücksichtigt: die Wahrscheinlichkeit, dass ein bestimmtes Risiko eintritt, und das potenzielle Schadensausmaß. Ein hohes Risiko besteht beispielsweise, wenn eine Schwachstelle mit hoher Wahrscheinlichkeit ausgenutzt werden kann und zu erheblichen finanziellen Verlusten oder Reputationsschäden führt.

Priorisierung der Risiken: Nach der Einschätzung der Risiken werden diese in einer Prioritätenliste geordnet. Risiken mit hoher Priorität sollten sofort behoben werden, während weniger kritische Risiken in regelmäßigen Abständen überwacht und langfristig adressiert werden.

Entwicklung von Gegenmaßnahmen: Basierend auf der Priorisierung werden konkrete Maßnahmen entwickelt, um die identifizierten Risiken zu mindern oder zu beseitigen. Diese Maßnahmen können technischer Natur sein, wie das Einführen von Verschlüsselung und Zugriffskontrollen, oder organisatorisch, wie die Schulung von Mitarbeitern oder die Erstellung von Notfallplänen.

Kontinuierliche Überwachung: Die Risikobewertung ist keine einmalige Aufgabe, sondern ein fortlaufender Prozess. Neue Bedrohungen tauchen regelmäßig auf, und bestehende Systeme verändern sich. Daher ist eine kontinuierliche Überwachung der Sicherheitslage entscheidend. Regelmäßige Audits und Updates der Sicherheitsrichtlinien gewährleisten, dass die Maßnahmen auch langfristig wirksam bleiben.

Die Bewertung potenzieller Sicherheitsrisiken ist eine Grundvoraussetzung für ein effektives Risikomanagement. Sie ermöglicht es Unternehmen, Schwachstellen rechtzeitig zu erkennen, angemessene Maßnahmen zu ergreifen und so die Sicherheit ihrer Daten und Systeme nachhaltig zu gewährleisten.

Einrichtung von Notfall- und Wiederherstellungsplänen

Notfall- und Wiederherstellungspläne (Disaster Recovery Plans) sind essenziell, um Unternehmen im Ernstfall schnell und effektiv zu handlungsfähigen Strukturen zurückzuführen. Sie minimieren die Ausfallzeit und verhindern Datenverlust, indem sie klar definierte Verfahren bereitstellen, die im Falle eines Zwischenfalls zu befolgen sind. Diese Pläne sind ein integraler Bestandteil des Risikomanagements und sollten regelmäßig überprüft und angepasst werden.

Ermittlung kritischer Systeme und Daten: Zunächst müssen die kritischen Systeme und Daten identifiziert werden. Diese Analyse bestimmt, welche Anwendungen, Datenbanken und Prozesse für das tägliche Geschäft unerlässlich sind und bei einem Ausfall höchste Priorität in der Wiederherstellung haben. Die Bestimmung dieser sogenannten *Key Assets* hilft, die Ressourcen bei der Planung optimal zu verteilen.

Bestimmung des Wiederherstellungsziels: Das *Recovery Time Objective* (RTO) und das *Recovery Point Objective* (RPO) sind zwei wichtige Kennzahlen in diesem Zusammenhang. RTO legt die maximale Dauer fest, die ein System ausfallen darf, bevor es wieder betriebsbereit sein muss, um erhebliche Schäden zu vermeiden. RPO definiert, wie viel Datenverlust toleriert werden kann, d.h. wie viele Daten aus dem Backup wiederhergestellt werden sollen, um den Normalbetrieb fortzusetzen. Die Festlegung dieser Ziele hilft dabei, die richtigen Prioritäten zu setzen und passende Strategien zu entwickeln.

Sicherungsstrategien und Daten-Backups: Eine effektive Backup-Strategie stellt sicher, dass kritische Daten und Systeme regelmäßig gesichert werden. Diese Backups sollten an mehreren Standorten gespeichert und regelmäßig überprüft werden, um sicherzustellen, dass sie im Ernstfall verwendbar sind. Offline-Backups, die vor Cyberangriffen geschützt sind, und geografisch verteilte Sicherungen können zusätzliche Sicherheit bieten.

Erstellung klarer Notfallverfahren: Ein Notfallplan enthält detaillierte Anweisungen, wie Mitarbeiter im Fall einer Katastrophe reagieren sollen. Dieser Plan sollte auf jede Art von Vorfall zugeschnitten sein, einschließlich Naturkatastrophen, Cyberangriffen, Hardwareausfällen oder versehentlichen Datenlöschungen. Ein umfassender Plan umfasst Kommunikationsstrategien, Rollen und Verantwortlichkeiten sowie Schritt-für-Schritt-Anweisungen zur Wiederherstellung kritischer Systeme.

Testen und Üben: Ein Notfallplan ist nur so gut wie seine Umsetzung. Regelmäßige Tests und Übungen sind notwendig, um sicherzustellen, dass alle Beteiligten die Verfahren kennen und im Ernstfall effektiv umsetzen können. Diese Übungen helfen auch dabei, Schwachstellen im Plan zu identifizieren und Verbesserungsmöglichkeiten zu erkennen.

Kontinuierliche Verbesserung: Da sich die Bedrohungslandschaft ständig weiterentwickelt und Unternehmen wachsen, ist eine fortlaufende Überarbeitung der Notfall- und Wiederherstellungspläne notwendig. Regelmäßige Überprüfungen und Audits sollten sicherstellen, dass die Pläne immer auf dem neuesten Stand sind und den aktuellen Anforderungen des Unternehmens entsprechen.

Durch die Einrichtung und Pflege von Notfall- und Wiederherstellungsplänen können Unternehmen ihre Widerstandsfähigkeit gegenüber unerwarteten Ereignissen erheblich verbessern. Sie können Ausfälle minimieren und eine schnelle Wiederaufnahme des Betriebs gewährleisten, was letztendlich dazu beiträgt, finanzielle Verluste und Reputationsschäden zu begrenzen.

4.2.4 Schulung und Support

SCHULUNGSPROGRAMME FÜR MITARBEITER

Entwicklung und Durchführung von Trainingseinheiten

Die Entwicklung und Durchführung von Trainingseinheiten im Rahmen von Schulungsprogrammen für Mitarbeiter ist eine wesentliche Maßnahme, um ein nachhaltiges Verständnis für Datenschutz und Sicherheit im Unternehmen zu schaffen. Diese Programme fördern nicht nur das Bewusstsein für die Bedeutung der Datensicherheit, sondern auch die Einhaltung von Best Practices und gesetzlichen Anforderungen.

Bedarfsanalyse: Der erste Schritt bei der Entwicklung eines Schulungsprogramms besteht in der Bedarfsanalyse. Es gilt, die bestehenden Wissenslücken und speziellen Anforderungen der verschiedenen Mitarbeitergruppen zu identifizieren. So benötigen beispielsweise IT-Fachkräfte detailliertere Schulungen zur technischen Umsetzung von Sicherheitsmaßnahmen, während andere Abteilungen eine grundlegende Einführung in die Datenschutzgesetze und -praktiken benötigen.

Zielsetzung: Basierend auf der Analyse werden klare Ziele für die Schulungseinheiten festgelegt. Diese Ziele sollten spezifisch, messbar und realistisch sein. Beispiele hierfür könnten sein, dass Mitarbeiter in der Lage sind, Phishing-E-Mails zu erkennen, oder dass sie die neuen Datenschutzrichtlinien verstehen und korrekt anwenden können.

Woran kann man Phishing-Emails erkennen?

Phishing-E-Mails versuchen, vertrauliche Informationen wie Passwörter oder Kreditkartendaten zu stehlen. Sie geben sich oft als vertrauenswürdige Absender aus, etwa Banken oder Unternehmen. Um solche E-Mails zu erkennen und sich zu schützen, befolge diese Hinweise:

1. ***Absenderadresse prüfen:*** *Manchmal sehen die Adressen echter Unternehmen ähnlich, enthalten aber kleine Tippfehler oder ungewöhnliche Zeichen. Zum Beispiel könnte „service@bancofamerica.com" anstelle von „service@bankofamerica.com" stehen.*

2. ***Grammatik und Rechtschreibung:*** *Offizielle E-Mails von seriösen Unternehmen sind grammatikalisch korrekt und ohne Tippfehler. Viele Phishing-E-Mails hingegen sind voller Rechtschreibfehler oder enthalten seltsame Formulierungen.*

3. ***Dringlichkeit oder Drohungen:*** *Betrüger setzen oft auf Angst und Zeitdruck. Wenn eine E-Mail behauptet, dein Konto würde gesperrt oder es drohe ein finanzieller Verlust, sei vorsichtig und prüfe die Echtheit direkt bei der betroffenen Organisation.*

4. ***Persönliche Informationen:*** *Seriöse Unternehmen fragen niemals per E-Mail nach sensiblen Daten wie Passwörtern, Sozialversicherungsnummern oder Kreditkartendetails.*

5. ***Links überprüfen:*** *Bevor du auf Links klickst, halte die Maus über den Link, um die tatsächliche URL anzuzeigen. Phishing-E-Mails nutzen oft gefälschte Links, die echte Seiten imitieren, aber leicht abweichende Adressen haben.*

6. ***Anhänge:*** *Öffne niemals Anhänge von unbekannten Absendern. Phishing-E-Mails enthalten oft schädliche Dateien, die deinen Computer infizieren können.*

7. ***Markierungen und Warnungen:*** *Viele E-Mail-Dienste markieren verdächtige Nachrichten automatisch als Spam oder zeigen Warnungen an. Ignoriere solche Hinweise nicht.*

8. ***Ungewöhnliche Anfrage:*** *Wenn eine E-Mail dich zu ungewöhnlichen oder unerwarteten Aktionen auffordert, wie eine Überweisung an einen unbekannten Empfänger, kontaktiere den Absender direkt über bekannte Kontaktdaten, um die Legitimität zu prüfen.*

Durch diese Vorsichtsmaßnahmen kannst du Phishing-E-Mails besser erkennen und sicherstellen, dass deine persönlichen Daten nicht in falsche Hände geraten.

Inhaltsentwicklung: Der Inhalt der Trainingseinheiten muss sorgfältig auf die Zielgruppe und ihre spezifischen Bedürfnisse zugeschnitten sein. Während ein allgemeiner Überblick über Datenschutzgesetze und -praktiken für alle Mitarbeiter wichtig ist, sollten Spezialschulungen detaillierte technische Aspekte abdecken.

Zu den typischen Schulungsthemen gehören die sichere Verarbeitung personenbezogener Daten, Passwortmanagement, Social-Engineering-Angriffe und der Umgang mit sensiblen Informationen.

Format und Methoden: Die Wahl des Schulungsformats hängt von den Zielen und den Vorlieben der Zielgruppe ab. Präsenzseminare, E-Learning-Kurse, Webinare und interaktive Workshops können alle Teil eines effektiven Schulungsprogramms sein. Gamification-Elemente wie Quizfragen und Rollenspiele können den Lernprozess unterstützen und das Engagement der Teilnehmer steigern.

Durchführung der Schulung: Die eigentliche Durchführung erfordert erfahrene Trainer, die die Inhalte klar und verständlich vermitteln können. Es sollte ausreichend Zeit für Fragen und Diskussionen eingeplant werden. Praktische Übungen und Beispiele aus dem Unternehmensalltag können dazu beitragen, das Gelernte zu festigen.

Bewertung und Feedback: Nach Abschluss der Schulung ist eine Evaluierung notwendig, um den Erfolg zu messen und Verbesserungsmöglichkeiten zu erkennen. Feedbackbögen, Wissenstests und die Beobachtung des Verhaltens der Mitarbeiter im Arbeitsalltag geben Aufschluss über die Wirksamkeit der Schulung. Diese Ergebnisse sollten genutzt werden, um zukünftige Trainingseinheiten weiter zu optimieren.

Kontinuierliches Lernen: Datenschutz und IT-Sicherheit entwickeln sich ständig weiter, daher sollten Schulungsprogramme als kontinuierlicher Prozess verstanden werden. Regelmäßige Auffrischungskurse und Aktualisierungen der Inhalte helfen den Mitarbeitern, immer auf dem neuesten Stand zu bleiben und neue Bedrohungen effektiv zu erkennen und zu bewältigen.

Ein gut entwickeltes Schulungsprogramm erhöht nicht nur die Kompetenz der Mitarbeiter, sondern trägt maßgeblich dazu bei, eine Kultur des Datenschutzes und der Sicherheit im Unternehmen zu etablieren. Dies führt langfristig zu einer stärkeren Einhaltung gesetzlicher Vorschriften und einer verbesserten Risikominderung.

Bereitstellung von Dokumentationen und Hilfsmitteln

Die Herausforderung, den Datenschutz in komplexen IT-Landschaften sicherzustellen, ist immens und oft ebenso kompliziert. Hier spielen Dokumentationen und Hilfsmittel eine entscheidende Rolle, indem sie die notwendigen Informationen und Werkzeuge bereitstellen, um Compliance-konforme Lösungen zu implementieren und zu betreiben. Die Bereitstellung von Dokumentationen und Hilfsmitteln durch TOLERANT Software nimmt eine Schlüsselposition in der Unterstützung von Unternehmen bei der Einhaltung von Datenschutzbestimmungen ein.

TOLERANT Software hat diesen Bedarf erkannt und bietet umfangreiche Dokumentationen zu jedem ihrer Produkte an. Diese Dokumentationen sind nicht nur Bedienungsanleitungen; sie sind umfassende Informationsquellen, die sowohl technische Details als auch rechtliche Aspekte beleuchten. So wird sichergestellt, dass die Nutzer nicht nur wissen, wie ein Produkt technisch eingesetzt wird, sondern auch verstehen, wie dessen Einsatz in den rechtlichen Rahmen des Datenschutzes passt.

Neben traditionellen Handbüchern und Online-Hilfen stellt TOLERANT Software auch regelmäßig aktualisierte FAQs zur Verfügung, die auf gängige Fragen und Probleme eingehen. Webinare und Video-Tutorials bieten dynamische Lernmöglichkeiten und machen komplexe Themen zugänglich. Solche visuellen und interaktiven Ressourcen sind besonders wertvoll, da sie oft besser geeignet sind, komplizierte Sachverhalte verständlich zu machen.

Ein weiterer wesentlicher Bestandteil der Hilfsmittel sind die Tools zur Selbstprüfung und Diagnostik, die Kunden ermöglichen, ihre Systeme selbstständig auf Konformität mit Datenschutzvorschriften zu überprüfen. Diese Tools sind so gestaltet, dass sie auch von Nicht-Experten bedient werden können und tragen damit zu einer breiteren und effektiveren Compliance bei.

Die strategische Bereitstellung dieser Dokumentationen und Hilfsmittel durch TOLERANT Software zeigt, wie ernst das Unternehmen den Datenschutz nimmt und wie es seine Kunden dabei unterstützt, nicht nur gesetzliche Mindeststandards zu erfüllen, sondern Datenschutz als einen integralen Bestandteil ihrer Betriebsphilosophie zu begreifen und umzusetzen. Durch diese Unterstützung wird ein wichtiger Beitrag zur allgemeinen Sicherheit und Vertrauenswürdigkeit in der digitalen Welt geleistet.

EINFÜHRUNG EINES KONTINUIERLICHEN SUPPORTSYSTEMS

Einrichtung eines internen Support-Desks

Die Implementierung eines internen Support-Desks ist ein strategischer Schritt, der die Effizienz und Effektivität der IT-Support-Strukturen innerhalb einer Organisation maßgeblich verbessert. Dieser Zugang bietet eine zentrale Anlaufstelle für alle technischen Anfragen und Probleme, die im täglichen Betrieb auftreten können. Er ist nicht nur eine Ressource zur Problembehebung, sondern auch eine Plattform zur Förderung des Wissensaustauschs und zur Steigerung der allgemeinen IT-Kompetenz innerhalb des Unternehmens.

Die Einrichtung eines internen Support-Desks durch TOLERANT Software beginnt mit der sorgfältigen Planung und Definition der Service-Level-Agreements (SLAs), die klar die Erwartungen an die

Antwortzeiten und die Qualität des Supports festlegen. Diese SLAs dienen als Grundlage für die Bewertung der Leistung des Support-Desks und helfen dabei, die Effektivität des Dienstes kontinuierlich zu verbessern.

Die technische Infrastruktur des Support-Desks umfasst fortschrittliche Ticketing-Systeme, die eine effiziente Erfassung, Zuweisung und Verfolgung von Supportanfragen ermöglichen. Diese Systeme sind so konzipiert, dass sie eine schnelle Reaktion auf eingehende Anfragen sicherstellen und gleichzeitig umfassende Daten über die Art und das Volumen der Supportanfragen liefern. Diese Daten sind entscheidend für die fortlaufende Bewertung und Anpassung der Supportprozesse.

Ein wesentlicher Bestandteil des internen Support-Desks ist das Team aus IT-Support-Spezialisten. TOLERANT Software legt großen Wert auf die fortlaufende Ausbildung und Zertifizierung ihrer Supportmitarbeiter, um sicherzustellen, dass diese nicht nur technisch versiert sind, sondern auch über ausgezeichnete kommunikative Fähigkeiten verfügen. Diese Kombination aus technischer Expertise und Kommunikationsfähigkeit ist entscheidend, um komplizierte technische Probleme effektiv zu lösen und die Benutzererfahrung zu optimieren.

Die Einrichtung eines internen Support-Desks verbessert nicht nur die unmittelbare Reaktionsfähigkeit auf IT-Probleme, sondern fördert auch eine Kultur der Proaktivität. Durch regelmäßige Bewertungen der Supportanfragen und die daraus resultierenden Erkenntnisse kann TOLERANT Software präventive Maßnahmen entwickeln, die darauf abzielen, häufig auftretende Probleme von vornherein zu vermeiden.

Zusammenfassend ist die Einrichtung eines internen Support-Desks durch TOLERANT Software ein fundamentaler Baustein, um eine nachhaltige IT-Unterstützung und eine hohe Benutzerzufriedenheit innerhalb der Organisation zu gewährleisten. Dieser Ansatz verbessert nicht nur die operative Leistungsfähigkeit, sondern stärkt auch das Vertrauen in die IT-Abteilung als zuverlässigen Partner für alle technologischen Bedürfnisse des Unternehmens.

Sicherstellung regelmäßiger Updates und Wartungen

Die regelmäßige Durchführung von Updates und Wartungen ist entscheidend für den reibungslosen Betrieb jeder Softwareumgebung. Dies gilt besonders für sensible Bereiche wie den Datenschutz, wo Software auf dem neuesten Stand bleiben muss, um aktuellen Sicherheitsanforderungen gerecht zu werden und Bedrohungen effektiv abzuwehren. TOLERANT Software legt daher großen Wert darauf, Kunden mit regelmäßigen Updates und einer sorgfältig geplanten Wartung zu unterstützen.

Updates sorgen dafür, dass die Software kontinuierlich verbessert wird. Sie enthalten Patches für gefundene Sicherheitslücken und Fehlerbehebungen, die eine reibungslose Funktion gewährleisten. Daneben bieten sie oft neue Funktionen und Optimierungen, um die Effizienz zu steigern und den sich wandelnden Anforderungen des Datenschutzes gerecht zu werden. TOLERANT Software veröffentlicht diese Aktualisierungen in einem strukturierten, transparenten Zyklus, sodass Unternehmen genügend Vorlaufzeit haben, um die notwendigen Vorbereitungen für die Installation zu treffen.

Wartungen sind ebenso wichtig wie Updates. Sie stellen sicher, dass alle Komponenten der Software optimal arbeiten und alle relevanten Schnittstellen einwandfrei funktionieren. Während der Wartung werden Systeme gründlich überprüft, um Fehlerquellen frühzeitig zu erkennen und präventive Maßnahmen zu ergreifen. So können Probleme vermieden werden, bevor sie den laufenden Betrieb beeinträchtigen.

Ein wesentlicher Bestandteil der Wartung ist die Kommunikation mit den Kunden. TOLERANT Software informiert detailliert über den Zeitplan, die Auswirkungen und den Umfang der Wartungsarbeiten, um Ausfallzeiten und Störungen so gering wie möglich zu halten. Durch die Einbindung des internen Support-Desks erhalten Kunden stets eine klare Übersicht über den Status ihrer Systeme und können notwendige Anpassungen frühzeitig vornehmen.

Zusätzlich zur Planung und Durchführung von Updates und Wartungen bietet TOLERANT Software auch Unterstützung bei der Integration neuer Versionen in bestehende IT-Umgebungen. Dank umfassender Dokumentationen, Webinare und dem direkten Kontakt mit Support-Spezialisten wird sichergestellt, dass Kunden nahtlos auf die neuen Versionen umsteigen können, ohne dass ihre bestehenden Prozesse gestört werden.

Die Sicherstellung regelmäßiger Updates und Wartungen ist nicht nur ein technisches Anliegen, sondern auch ein strategischer Ansatz, um die Softwareumgebung stets auf dem neuesten Stand zu halten. TOLERANT Software stellt mit diesem Vorgehen sicher, dass Kunden stets optimal geschützt und effizient arbeiten können, während gleichzeitig eine nachhaltige Weiterentwicklung der Software gewährleistet ist.

4.2.5 Bewertung und kontinuierliche Verbesserung

ÜBERWACHUNG DER INTEGRATIONSEFFEKTIVITÄT

Durchführung von Leistungsbewertungen und Feedback-Sammlungen

Die Überwachung der Integrationseffektivität ist ein entscheidender Prozess, um den Erfolg von Softwarelösungen sicherzustellen. Eine effektive Integration bedeutet, dass die Software nahtlos in die bestehende IT-Infrastruktur eines Unternehmens eingebunden wird und optimal zusammenarbeitet. TOLERANT Software legt besonderen Wert auf die kontinuierliche Verbesserung ihrer Produkte durch sorgfältige Leistungsbewertungen und die Sammlung von Kundenfeedback.

Leistungsbewertungen dienen dazu, die Funktionalität und Effizienz der Software in realen Geschäftsumgebungen zu messen. Diese Bewertungen werden durch den Einsatz detaillierter Metriken, die auf individuellen Kundenanforderungen basieren, durchgeführt. Die Metriken erfassen sowohl technische Aspekte wie Geschwindigkeit und Fehlerrate als auch betriebliche Aspekte wie Benutzerfreundlichkeit und Anpassungsfähigkeit. Dabei werden auch Faktoren wie die Datensicherheit und die Einhaltung von Compliance-Vorgaben berücksichtigt. Durch diese umfassende Betrachtung der Leistungsfähigkeit kann TOLERANT Software gezielte Verbesserungen vornehmen.

Neben diesen quantitativen Bewertungen ist das Feedback der Kunden von unschätzbarem Wert. TOLERANT Software setzt auf eine offene Kommunikation und pflegt enge Beziehungen zu ihren Kunden, um deren Bedürfnisse und Herausforderungen genau zu verstehen. Das Unternehmen sammelt aktiv Rückmeldungen durch

Umfragen, direkte Gespräche und Support-Interaktionen. Dieses Feedback wird analysiert, um Trends und wiederkehrende Probleme zu erkennen, die als Grundlage für weitere Produktverbesserungen dienen.

Ein weiteres Instrument zur Überwachung der Integrationseffektivität ist der interne Support-Desk. Die dort gesammelten Daten geben Aufschluss über die häufigsten Herausforderungen bei der Integration und helfen bei der Entwicklung von Lösungen. Gleichzeitig ermöglicht der Support-Desk, Kundenanliegen zeitnah zu bearbeiten und proaktiv Lösungen anzubieten.

Durch diese umfassende Strategie aus Leistungsbewertungen und Feedback-Sammlungen schafft TOLERANT Software die Voraussetzungen für eine kontinuierliche Verbesserung ihrer Produkte. Dies sichert nicht nur die Zufriedenheit der Kunden, sondern auch die langfristige Anpassungsfähigkeit der Software an sich verändernde Markt- und Geschäftsanforderungen. Indem Integrationseffektivität regelmäßig überwacht wird, kann TOLERANT Software die Erwartungen der Kunden erfüllen und gleichzeitig neue Standards für Qualität und Compliance setzen.

Anpassung der Integration basierend auf Nutzererfahrungen

Die Anpassung der Softwareintegration basierend auf Nutzererfahrungen ist ein entscheidender Faktor für die langfristige Wirksamkeit und Benutzerfreundlichkeit einer Lösung. TOLERANT Software versteht, dass die Anforderungen und Bedürfnisse ihrer Kunden sich im Laufe der Zeit ändern und die Integration der Software ständig überprüft und verbessert werden muss, um diesen Anforderungen gerecht zu werden. Durch eine sorgfältige Analyse der Nutzererfahrungen wird das Fundament für diese kontinuierliche Anpassung gelegt.

Zunächst sammelt TOLERANT Software systematisch Feedback von den Anwendern, um ein umfassendes Bild der aktuellen Herausforderungen, Wünsche und Erwartungen zu erhalten. Diese Rückmeldungen kommen aus unterschiedlichen Quellen, darunter Support-Tickets, Umfragen und persönliche Gespräche mit Kunden. Dabei wird nicht nur die Effektivität der aktuellen Integration bewertet, sondern auch neue Anforderungen und potenzielle Verbesserungen werden identifiziert.

Dieses Feedback fließt in die Entwicklung und Anpassung der Softwareintegration ein. Wenn Anwender zum Beispiel Schwierigkeiten bei der Einbindung von TOLERANT-Produkten in ihre bestehenden Systeme melden, analysiert das Entwicklerteam die Ursache dieser Probleme und erarbeitet gezielte Lösungen. Oft handelt es sich dabei um technische Anpassungen, wie die Verbesserung der Schnittstellen oder die Erweiterung von Konfigurationsoptionen, um eine bessere Kompatibilität mit anderen Softwarelösungen zu gewährleisten.

In anderen Fällen wird das Nutzerfeedback genutzt, um neue Funktionen zu entwickeln oder bestehende zu optimieren. Wenn Kunden beispielsweise feststellen, dass bestimmte Prozesse automatisiert oder vereinfacht werden können, arbeitet das Team daran, diese Wünsche umzusetzen. Diese Anpassungen werden dann in zukünftigen Software-Updates bereitgestellt.

Darüber hinaus bietet TOLERANT Software eine umfassende Dokumentation und Schulungen an, die auf den Nutzererfahrungen basieren. Diese Ressourcen helfen Anwendern, die Integrationsprozesse besser zu verstehen und effizienter zu nutzen. Workshops und Webinare ergänzen das Angebot, um die praktische Anwendung in unterschiedlichen IT-Umgebungen zu erleichtern.

Durch die konsequente Anpassung der Integration an die Bedürfnisse der Nutzer bleibt die Software relevant und effektiv. Sie passt sich den sich verändernden Anforderungen der Kunden an und schafft dadurch eine solide Grundlage für langfristige Effizienz und Zufriedenheit. Diese flexible Herangehensweise gewährleistet, dass die Produkte von TOLERANT Software auch in Zukunft die Erwartungen der Kunden erfüllen und übertreffen.

FORTLAUFENDE OPTIMIERUNG

Implementierung von Verbesserungen und Erweiterungen

Die Implementierung von Verbesserungen und Erweiterungen ist ein wesentlicher Schritt, um sicherzustellen, dass Softwarelösungen nicht nur den aktuellen Anforderungen der Nutzer gerecht werden, sondern auch zukunftssicher bleiben. TOLERANT Software verfolgt dabei einen ganzheitlichen Ansatz, um sicherzustellen, dass Erweiterungen und Verbesserungen gezielt umgesetzt und effizient implementiert werden.

Der Prozess beginnt mit einer gründlichen Analyse der Kundenanforderungen und Nutzererfahrungen, um zu erkennen, welche Funktionen optimiert werden müssen und welche Erweiterungen erforderlich sind. Durch eine systematische Auswertung von Support-Tickets, Nutzerumfragen und direktem Feedback identifiziert das Entwicklungsteam die kritischen Bereiche, die verbessert oder erweitert werden sollten.

Sobald die Anforderungen klar sind, folgt die Planungsphase. TOLERANT Software legt Wert darauf, dass jede Verbesserung oder Erweiterung sorgfältig geplant wird, um sicherzustellen, dass sie nahtlos in die bestehenden Strukturen integriert werden kann. Dies beinhaltet eine enge Abstimmung mit den Kunden, um sicherzustellen, dass die geplanten Änderungen kompatibel mit deren spezifischen IT-Umgebungen und Betriebsabläufen sind.

In der Entwicklungsphase wird das Feedback der Nutzer mit dem technischen Know-how des Entwicklungsteams kombiniert, um Lösungen zu erarbeiten, die nicht nur technisch innovativ, sondern auch benutzerfreundlich und skalierbar sind. Dabei steht die Qualitätssicherung im Vordergrund: Jede Verbesserung und Erweiterung durchläuft strenge Tests, um sicherzustellen, dass sie die geforderten Standards erfüllt und in den vorhandenen Integrationsprozessen reibungslos funktioniert.

Die eigentliche Implementierung erfolgt in einem klaren, transparenten Rahmen. TOLERANT Software stellt den Kunden detaillierte Anleitungen, Dokumentationen und Support-Ressourcen zur Verfügung, um den Implementierungsprozess so einfach wie möglich zu gestalten. Das Ziel ist, die Anwender in die Lage zu versetzen, die neuen Funktionen schnell und effizient in ihre Arbeitsprozesse zu integrieren.

Abschließend wird die Implementierung von Verbesserungen und Erweiterungen stets evaluiert, um sicherzustellen, dass sie die gewünschten Effekte erzielen. Kundenfeedback und interne Leistungsbewertungen helfen dabei, weitere Optimierungsmöglichkeiten zu erkennen und den Entwicklungszyklus erneut zu beginnen. So bleibt TOLERANT Software in einem kontinuierlichen Verbesserungsprozess und kann seine Produkte stets an den Bedürfnissen der Kunden ausrichten.

Reaktion auf technologische Entwicklungen und Marktveränderungen

In einer sich ständig wandelnden Technologielandschaft ist die Fähigkeit, auf neue Entwicklungen und Marktveränderungen zu reagieren, für Softwareanbieter von entscheidender Bedeutung. TOLERANT Software hat diesen Anspruch verinnerlicht und sich einem proaktiven Ansatz verschrieben, um auf technologische Entwicklungen und sich verändernde Marktanforderungen zu reagieren. Dieser Ansatz gewährleistet, dass ihre Produkte stets relevant und effektiv bleiben.

Die Reaktion auf technologische Entwicklungen beginnt mit einer gründlichen Marktbeobachtung. Das Team von TOLERANT Software verfolgt aktuelle Technologietrends und evaluiert deren potenziellen Einfluss auf bestehende Produkte. Beispiele dafür sind Fortschritte im Bereich der künstlichen Intelligenz, die neue Möglichkeiten für Datenanalyse und -validierung eröffnen, oder die steigende Bedeutung von Cloud-Computing für flexiblere und effizientere Datenspeicherung. Die kontinuierliche Überwachung des Marktes stellt sicher, dass TOLERANT Software rechtzeitig aufkommende Technologien erkennt und deren Potenzial für die Weiterentwicklung ihrer Produkte nutzt.

Parallel zur Beobachtung technologischer Trends analysiert TOLERANT Software auch die sich verändernden regulatorischen Anforderungen und Marktdynamiken. Neue Datenschutzgesetze, wie die DSGVO oder nationale Datenschutzbestimmungen, haben direkte Auswirkungen auf die Funktionalitäten und Anforderungen der Softwareprodukte. Das Unternehmen passt seine Lösungen kontinuierlich an diese rechtlichen Rahmenbedingungen an und stellt sicher, dass die Produkte die Compliance-Anforderungen der Kunden in allen betroffenen Branchen erfüllen.

Auf der Grundlage dieser Erkenntnisse entwickelt TOLERANT Software strategische Produkt-Roadmaps, die sowohl kurz- als auch langfristige Verbesserungen und Erweiterungen umfassen. Dabei stehen Flexibilität und Skalierbarkeit im Fokus, um auf die unterschiedlichen Bedürfnisse der Kunden einzugehen. Neue Funktionen und Technologien werden eingeführt, um aktuelle Anforderungen zu erfüllen und zugleich die zukünftige Weiterentwicklung der Produkte zu gewährleisten.

Ein weiterer Bestandteil der Reaktion auf technologische Entwicklungen und Marktveränderungen ist die enge Zusammenarbeit mit den Kunden. Diese Partnerschaft ermöglicht es TOLERANT Software, Marktveränderungen aus erster Hand zu erfahren und Kundenanforderungen direkt in die Produktentwicklung einfließen zu lassen.

Insgesamt ermöglicht dieser proaktive Ansatz TOLERANT Software, ihre Produkte kontinuierlich weiterzuentwickeln und sicherzustellen, dass sie auch in einer sich wandelnden Technologielandschaft immer den höchsten Standards gerecht werden. Auf diese Weise können die Kunden mit den Lösungen von TOLERANT Software nicht nur aktuelle Herausforderungen meistern, sondern sind auch bestens auf zukünftige Entwicklungen vorbereitet.

4.3 Schulung und Support durch TOLERANT

4.3.1 Schulungsprogramme

ENTWICKLUNG VON SCHULUNGSMODULEN

Anpassung der Inhalte an verschiedene Benutzergruppen

Schulungsprogramme spielen eine entscheidende Rolle dabei, sicherzustellen, dass Unternehmen die Software von TOLERANT effektiv nutzen können. Die Entwicklung von Schulungsmodulen ist ein sorgfältig durchdachter Prozess, bei dem TOLERANT Software die spezifischen Bedürfnisse unterschiedlicher Benutzergruppen berücksichtigt. Die Module sind so konzipiert, dass sie technisches

Wissen auf eine zugängliche und praxisorientierte Weise vermitteln.

Die Anpassung der Inhalte an verschiedene Benutzergruppen beginnt mit einer gründlichen Analyse der Anwender. Das Schulungsteam ermittelt die spezifischen Anforderungen jeder Zielgruppe und passt die Module entsprechend an. IT-Administratoren benötigen beispielsweise detaillierte Kenntnisse über die technische Konfiguration und Wartung der Software, während Vertriebs- und Marketingteams darauf angewiesen sind, wie sie die Software einsetzen können, um bessere Kundendaten zu erhalten und gezielte Kampagnen zu gestalten.

Ein weiterer wichtiger Aspekt ist die Berücksichtigung des individuellen Kenntnisstands der Benutzer. Anfängerkurse führen neue Anwender in die Grundlagen der Software ein, während Fortgeschrittenen-Module für erfahrene Nutzer konzipiert sind, um ihr Wissen zu vertiefen und sie in die Lage zu versetzen, fortgeschrittene Funktionen effektiv zu nutzen.

Die Formate der Schulungsprogramme variieren ebenfalls, um den Vorlieben und Zeitplänen der verschiedenen Gruppen gerecht zu werden. Webinare und Online-Schulungen ermöglichen flexibles Lernen, während Workshops und Präsenztrainings interaktive, praxisnahe Erfahrungen bieten. Ergänzende Dokumentationen, Tutorials und FAQ-Sammlungen stehen zudem jederzeit zur Verfügung und geben den Anwendern die Möglichkeit, sich auch außerhalb der Schulungsprogramme über spezifische Themen zu informieren.

Dieser ganzheitliche Ansatz bei der Entwicklung von Schulungsmodulen stellt sicher, dass die Inhalte praxisnah und zielgerichtet sind. Die Teilnehmer verlassen die Schulungen mit den notwendigen Fähigkeiten, um die Software in ihrer spezifischen Umgebung optimal zu nutzen. Darüber hinaus bieten die Module den Mehrwert, eine

Lernumgebung zu schaffen, die den Austausch von Best Practices und die Vernetzung zwischen den Teilnehmern fördert.

TOLERANT Software legt Wert darauf, dass Schulungen nicht nur Wissen vermitteln, sondern den Anwendern auch die Selbstsicherheit geben, die Software im täglichen Betrieb effizient einzusetzen. Mit diesem Ansatz trägt die Entwicklung von Schulungsmodulen wesentlich zur erfolgreichen Implementierung und Nutzung der Software bei und schafft eine solide Grundlage für langfristige Produktivität und Kundenzufriedenheit.

Erstellung von interaktiven und multimodalen Lernmaterialien

Die Erstellung interaktiver und multimodaler Lernmaterialien ist ein wichtiger Schritt, um sicherzustellen, dass Schulungsinhalte bei den Anwendern effektiv ankommen. TOLERANT Software legt hierbei großen Wert auf innovative Ansätze, um komplexe Themen praxisnah und verständlich zu vermitteln. Solche Lernmaterialien tragen dazu bei, die Benutzerfreundlichkeit zu steigern und die Lernmotivation zu fördern.

Interaktive Lernmaterialien setzen auf ein hohes Maß an Benutzerbeteiligung, um den Lernerfolg zu maximieren. Dazu gehören beispielsweise Quizze, Simulationen und praktische Übungen, die es den Anwendern ermöglichen, das Gelernte sofort in einem sicheren Umfeld zu erproben. Diese Materialien können an das individuelle Tempo und den Kenntnisstand der Benutzer angepasst werden, was ein personalisiertes Lernerlebnis schafft.

Multimodale Lernmaterialien bieten darüber hinaus eine Vielzahl von Formaten, um die unterschiedlichen Lernstile der Anwender anzusprechen. Während einige Nutzer traditionelle schriftliche Anleitungen bevorzugen, lernen andere effektiver durch Videos, Podcasts oder Infografiken. Durch diese Vielfalt an Formaten können die Anwender die Materialien auswählen, die ihren Bedürfnissen am besten entsprechen.

Ein zentrales Element sind Videotutorials, die in kurzen, leicht verständlichen Abschnitten Funktionen und Prozesse der Software erklären. Sie ermöglichen es den Anwendern, Schritt für Schritt den Einsatz der Software zu erlernen. Podcasts bieten ergänzende Erklärungen zu spezifischen Themen und können unterwegs oder nebenbei angehört werden. Infografiken liefern visuelle Zusammenfassungen und sind besonders hilfreich, um komplexe Prozesse anschaulich darzustellen.

TOLERANT Software entwickelt diese Materialien in enger Zusammenarbeit mit dem Schulungsteam und den Produktspezialisten, um sicherzustellen, dass die Informationen korrekt und relevant sind. Dabei werden auch regelmäßig Feedback-Schleifen mit den Anwendern durchlaufen, um herauszufinden, welche Formate und Inhalte am effektivsten sind.

Durch die Kombination von Interaktivität und multimodalen Formaten entsteht ein umfassendes Schulungserlebnis, das nicht nur Wissen vermittelt, sondern auch die praktische Anwendung der Software fördert. So können die Anwender die Software sicher und effektiv in ihre täglichen Arbeitsprozesse integrieren, was letztlich zu einer höheren Produktivität und Zufriedenheit führt. TOLERANT Software sorgt mit diesen Lernmaterialien dafür, dass die Schulungen nicht nur informativ, sondern auch inspirierend sind und die Anwender bestmöglich auf den Einsatz der Software vorbereitet.

Durchführung von Schulungen

Organisation von Workshops und Webinaren

Die Organisation von Workshops und Webinaren ist ein wesentlicher Bestandteil der Schulungsstrategie von TOLERANT Software. Sie bieten Kunden die Möglichkeit, in einem strukturierten und interaktiven Umfeld das volle Potenzial der Software zu entdecken und gezielt Fähigkeiten zu entwickeln, die ihren individuellen Anforderungen gerecht werden.
Workshops sind eine besonders effektive Schulungsmethode, da sie praktische Übungen und direkten Austausch mit den Schulungsleitern ermöglichen. Teilnehmer profitieren vom persönlichen Kontakt und können ihre spezifischen Fragen und Herausforderungen ansprechen. Die Inhalte der Workshops sind darauf ausgelegt, praktische Erfahrungen zu sammeln und die Software in realen Anwendungsfällen zu erproben. Dabei wird ein breites Spektrum abgedeckt – von der Installation und Konfiguration über die Integration in bestehende Systeme bis hin zur Nutzung fortgeschrittener Funktionen. Die Workshops bieten eine Plattform für die Zusammenarbeit und den Wissensaustausch zwischen den Teilnehmern, was zu einer tieferen und nachhaltigeren Lernerfahrung führt.

Webinare ergänzen das Schulungsangebot und sind besonders nützlich, um eine große Zielgruppe unabhängig vom Standort zu erreichen. Sie ermöglichen eine flexible Teilnahme, da sie bequem vom eigenen Arbeitsplatz oder aus dem Homeoffice verfolgt werden können. Die Webinare sind interaktiv gestaltet, mit Live-Demonstrationen, Fragerunden und Umfragen, die den Teilnehmern ein dynamisches Lernerlebnis bieten. Durch die Aufzeichnung der Webinare stehen die Inhalte auch nach der Live-Übertragung zur Verfügung, sodass Teilnehmer jederzeit darauf zugreifen und ihr Wissen auffrischen können.

Bei der Organisation dieser Schulungsformate legt TOLERANT Software großen Wert auf eine klare Struktur und ein durchdachtes Curriculum. Die Themen sind in Module unterteilt, die aufeinander aufbauen und den Teilnehmern helfen, die Software Schritt für Schritt zu erlernen. Die Schulungsleiter sind erfahrene Produktexperten, die in der Lage sind, auch komplexe Themen verständlich zu vermitteln und individuelle Fragen zu beantworten.

Durch die Kombination aus praktischen Workshops und flexiblen Webinaren stellt TOLERANT Software sicher, dass alle Anwender unabhängig von ihrem Kenntnisstand und Standort von den Schulungen profitieren. Dieser Ansatz fördert nicht nur die effektive Nutzung der Software, sondern trägt auch dazu bei, ein Netzwerk von gut informierten und kompetenten Anwendern zu schaffen, die ihr Wissen teilen und voneinander lernen können.

Bereitstellung von Online-Schulungen und Selbstlernkursen

Die Bereitstellung von Online-Schulungen und Selbstlernkursen ist ein zentraler Bestandteil des Schulungsangebots von TOLERANT Software. Diese Formate ermöglichen es den Nutzern, die Software in ihrem eigenen Tempo und gemäß ihrer individuellen Bedürfnisse zu erlernen. Durch die Flexibilität dieser Schulungsmethoden können die Teilnehmer jederzeit und von überall auf die Inhalte zugreifen, was eine nahtlose Integration des Lernens in ihren Arbeitsalltag ermöglicht.

Online-Schulungen werden häufig in Form von modularen Kursen angeboten, die umfassende Themen in leicht verdaulichen Abschnitten vermitteln. Jedes Modul behandelt ein spezifisches Thema, wie z. B. die Installation, Konfiguration oder die Nutzung fortgeschrittener Funktionen der Software. Die Kurse enthalten interaktive Elemente wie Quizze und praktische Übungen, mit denen die Teilnehmer ihr Wissen testen und anwenden können. Dieses interaktive Lernen fördert das Verständnis und die langfristige Verankerung des Gelernten.

Selbstlernkursen liegt der gleiche modulare Ansatz zugrunde, wobei sie den Teilnehmern noch mehr Freiheit bieten, die Inhalte nach eigenem Ermessen zu nutzen. Sie enthalten Videotutorials, schriftliche Anleitungen, Fallstudien und FAQs, die eine umfassende Wissensbasis für unterschiedliche Anwenderbedürfnisse bereitstellen. Nutzer können sich gezielt in die für sie relevanten Themen einarbeiten, ohne sich durch unnötige Inhalte arbeiten zu müssen. Infografiken und praktische Beispiele machen komplexe Prozesse verständlich und fördern ein schnelles Erfassen der Informationen.

Ein besonderes Merkmal dieser Kurse ist die Integration eines Wissensprüfungssystems, das den Teilnehmern eine sofortige Rückmeldung über ihren Lernfortschritt gibt. Am Ende jedes Kurses können Zertifikate erworben werden, die den Abschluss bestätigen und für berufliche Weiterentwicklung genutzt werden können.

Die Bereitstellung von Online-Schulungen und Selbstlernkursen wird durch eine kontinuierliche Aktualisierung der Inhalte unterstützt. Die Kurse reflektieren stets die neuesten Funktionen der Software sowie die aktuellen Anforderungen an Datenschutz und Compliance. Die Integration von Nutzerfeedback in die Entwicklung dieser Schulungen stellt sicher, dass die Kurse auch langfristig relevant bleiben und die spezifischen Bedürfnisse der Kunden widerspiegeln.

Durch diese flexiblen und umfassenden Schulungsformate ermöglicht TOLERANT Software den Anwendern, die Software optimal in ihren täglichen Arbeitsprozessen zu nutzen und sich selbstbewusst auf sich ändernde Anforderungen einzustellen. Diese Herangehensweise stellt sicher, dass die Schulung nicht nur als Informationsquelle dient, sondern auch die Lernkultur innerhalb der Unternehmen fördert.

4.3.2 Kundensupport

ERSTKONTAKT UND HELPDESK

Einrichtung einer Support-Hotline und eines E-Mail-Supports

Die Einrichtung einer Support-Hotline und eines E-Mail-Supports bildet das Rückgrat des Kundensupports von TOLERANT Software. Diese beiden Kanäle stellen sicher, dass Kunden schnell und effizient Unterstützung erhalten, wann immer sie auf technische Probleme stoßen oder Fragen zur Nutzung der Software haben. Der Erstkontakt und der Helpdesk sind entscheidend, um eine positive Kundenerfahrung zu schaffen und eine vertrauensvolle Beziehung aufzubauen.

Die Support-Hotline ermöglicht es Kunden, direkt mit einem kompetenten Support-Mitarbeiter zu sprechen. Diese Mitarbeiter sind gut geschult und verfügen über umfassende Produktkenntnisse, sodass sie die Anliegen der Kunden gezielt und schnell bearbeiten können. Die Hotline ist während der regulären Geschäftszeiten erreichbar, was schnelle Reaktionszeiten und eine persönliche Betreuung garantiert. Bei komplexeren technischen Problemen können die Support-Mitarbeiter die Anfragen an spezialisierte Teams weiterleiten, um sicherzustellen, dass die bestmögliche Lösung gefunden wird.

Der E-Mail-Support ergänzt die Hotline und bietet Kunden eine flexible Möglichkeit, Anfragen zu stellen. Dieser Kanal ist besonders nützlich für Kunden, die umfangreiche Dokumente oder Screenshots einreichen müssen, um ihre Probleme detailliert zu erklären. Die Anfragen werden in einem Ticket-System erfasst, das eine effiziente Nachverfolgung und Priorisierung ermöglicht. So können die Support-Mitarbeiter sicherstellen, dass alle Anfragen systematisch bearbeitet werden und keine Anliegen übersehen werden.

Zusätzlich zu diesen Kernfunktionen sammelt der Helpdesk Daten zu den häufigsten Fragen und Problemen, um Muster zu erkennen und proaktive Lösungen zu entwickeln. So kann TOLERANT Software nicht nur bestehende Probleme effizient lösen, sondern auch präventive Maßnahmen einführen, um ähnliche Probleme in Zukunft zu vermeiden. Diese Daten fließen außerdem in die Entwicklung von Schulungsmaterialien und FAQs ein, um Kunden bereits im Vorfeld eine Selbsthilfe anzubieten.

Durch die Einrichtung einer Support-Hotline und eines E-Mail-Supports kann TOLERANT Software sicherstellen, dass Kunden stets eine direkte Verbindung zu kompetenten Ansprechpartnern haben. Dies fördert nicht nur die schnelle und effiziente Problemlösung, sondern schafft auch ein Gefühl von Vertrauen und Zuverlässigkeit. Kunden wissen, dass sie sich auf den Support verlassen können, egal welches Problem auftritt.

Implementierung eines Ticket-Systems zur Nachverfolgung von Anfragen

Die Implementierung eines Ticket-Systems zur Nachverfolgung von Anfragen ist ein entscheidender Schritt, um sicherzustellen, dass der Kundensupport effizient und systematisch arbeitet. TOLERANT Software setzt auf ein solches System, um Anfragen zu erfassen, zu priorisieren und den Kunden stets eine transparente und schnelle Problemlösung zu bieten.

Ein Ticket-System ermöglicht es den Support-Mitarbeitern, jede Kundenanfrage strukturiert zu erfassen. Jeder Anfrage wird ein einzigartiger Identifikationscode zugewiesen, der als Ticketnummer dient. Diese Nummer erlaubt es, den Fortschritt der Anfrage von der ersten Kontaktaufnahme bis zur abschließenden Lösung nachvollziehbar zu verfolgen. Das System erfasst alle relevanten Details, wie das betroffene Produkt, die Art des Problems und die Dringlichkeit der Anfrage. Dies erleichtert es dem Support-Team, ein klares Bild des Problems zu erhalten und die Anfrage an den richtigen Spezialisten weiterzuleiten.

Die Priorisierung ist ein weiterer zentraler Aspekt des Ticket-Systems. Anfragen, die besonders dringend sind oder einen großen Einfluss auf die Geschäftstätigkeit des Kunden haben, können schnell identifiziert und sofort bearbeitet werden. Dies gewährleistet, dass kritische Probleme ohne Verzögerung gelöst werden, während weniger dringende Anfragen ebenfalls effizient abgearbeitet werden.

Das Ticket-System erlaubt es außerdem, die Kommunikation zwischen dem Support-Team und dem Kunden zu dokumentieren. Dadurch kann jeder Mitarbeiter den aktuellen Stand der Anfrage einsehen und bei Bedarf eingreifen. Diese Transparenz stellt sicher, dass Kunden jederzeit über den Fortschritt ihrer Anfrage informiert sind und die Support-Mitarbeiter nahtlos zusammenarbeiten können.

Darüber hinaus bietet das System einen umfassenden Überblick über die Support-Aktivitäten und erlaubt es TOLERANT Software, Schwachstellen und wiederkehrende Probleme zu erkennen. Durch die Analyse dieser Daten kann das Unternehmen proaktiv Lösungen entwickeln und Verbesserungen an den Produkten oder Schulungen vornehmen, um ähnliche Probleme in Zukunft zu vermeiden.

Insgesamt optimiert ein Ticket-System die Arbeit des Kundensupports erheblich. Es ermöglicht eine effiziente und strukturierte Bearbeitung von Anfragen, stellt sicher, dass keine Probleme übersehen werden, und bietet Kunden eine klare Übersicht über den Status ihrer Anfrage. Dies verbessert die Kundenzufriedenheit und schafft Vertrauen in die Zuverlässigkeit des Supports von TOLERANT Software.

FORTGESCHRITTENER TECHNISCHER SUPPORT

Bereitstellung von Fachwissen für komplexere Problemlösungen

Was passiert, wenn Standardlösungen an ihre Grenzen stoßen? Hier setzt der fortgeschrittene technische Support an, eine Dienstleistung, die weit über herkömmliche Hilfestellungen hinausgeht und speziell für komplexe Problemstellungen konzipiert ist.

Diese Ebene des Supports zeichnet sich durch die Bereitstellung von tiefgreifendem Fachwissen und spezialisierten Kenntnissen aus, die für die Lösung besonders schwieriger oder ungewöhnlicher technischer Probleme erforderlich sind. In einem typischen Szenario könnte ein Unternehmen mit einer fehlerhaften Softwareintegration konfrontiert sein, die ihre Betriebsabläufe stört. Während ein herkömmlicher Kundendienstmitarbeiter Anleitungen zur Fehlerbehebung bietet, geht ein Spezialist im fortgeschrittenen Support gezielt auf die individuellen technischen Rahmenbedingungen und die spezifische Architektur der Kundensysteme ein.

Der fortgeschrittene Support umfasst typischerweise auch die Zusammenarbeit mit Entwicklerteams, um kundenspezifische Anpassungen oder Patches zu entwickeln, die nicht nur den Einzelfall lösen, sondern auch präventiv wirken können, um ähnliche Probleme in der Zukunft zu vermeiden. Solche Teams setzen oft auf eine Kombination aus tiefem technischen Verständnis und kreativem Problemlösungsvermögen, um Lösungen zu entwickeln, die robust und nachhaltig sind.

Ein weiteres Kernelement dieses Supportniveaus ist die proaktive Betreuung und Beratung. Kunden, die Zugang zu fortgeschrittenem technischen Support haben, erhalten oft regelmäßige Systemanalysen und Berichte, die helfen, potenzielle Schwachstellen zu identifizieren, bevor diese zu echten Problemen werden. Darüber hinaus kann dieser Service Schulungen für die Kundenbelegschaft beinhalten, um diese mit dem nötigen Wissen zu versorgen, grundlegende Probleme selbstständig zu erkennen und zu lösen.

Abschließend lässt sich sagen, dass der fortgeschrittene technische Support eine entscheidende Rolle in der Strategie eines jeden technologiegetriebenen Unternehmens spielt. Er bietet nicht nur Lösungen für akute Probleme, sondern stärkt die technische Kompetenz der Kunden und schafft eine Basis für langfristige Betriebsstabilität und Zufriedenheit. In einer Welt, in der die Zuverlässigkeit von Technologien oft über den Geschäftserfolg entscheidet, ist ein solch umfassender Support unerlässlich.

Einsatz von Remote-Diagnosetools zur Fehlerbehebung

In der modernen Ära der Digitalisierung, wo Distanzen schrumpfen und Technologien nahtlos integriert sind, haben sich Remote-Diagnosetools als unverzichtbare Helfer in der Welt des technischen Supports etabliert. Sie ermöglichen es Support-Teams, Probleme zu diagnostizieren und zu beheben, ohne physisch vor Ort sein zu müssen. Dies revolutioniert die Art und Weise, wie Unternehmen auf technische Herausforderungen reagieren und bietet eine schnelle, effiziente Lösung für die Fehlerbehebung.

Remote-Diagnosetools arbeiten, indem sie eine sichere Verbindung zu den betroffenen Systemen des Kunden herstellen. Durch diese Verbindung können Techniker in Echtzeit Einblick in die Systeme erhalten, Leistungsdaten analysieren, Fehlerlogs durchsehen und Probleme identifizieren, die möglicherweise die Leistung beeinträchtigen. Dieser direkte Zugriff auf die Systeme ermöglicht eine präzise Analyse, die oft wesentlich detaillierter ist als die Informationen, die ein Kunde über Telefon oder E-Mail liefern könnte.

Ein entscheidender Vorteil dieser Tools liegt in ihrer Effizienz. Probleme, die früher möglicherweise einen Tag oder länger gedauert haben, um diagnostiziert und gelöst zu werden, können nun oft in Stunden oder sogar Minuten behoben werden. Dies ist besonders wertvoll in Umgebungen, wo Ausfallzeiten erhebliche finanzielle Verluste bedeuten können. Darüber hinaus ermöglichen es Remote-Diagnosetools den Unternehmen, ihre Ressourcen besser zu verwalten, da weniger Techniker zu weit entfernten Standorten reisen müssen.

Die fortschrittlichsten dieser Tools nutzen künstliche Intelligenz und maschinelles Lernen, um Muster in den Daten zu erkennen und vorherzusagen, wann und wo Probleme auftreten könnten. Dieser proaktive Ansatz hilft, Probleme zu vermeiden, bevor sie überhaupt entstehen. Diese Systeme können auch personalisierte Wartungspläne erstellen, die auf spezifischen Nutzungsmustern und der Historie der technischen Ausrüstung basieren.

Doch die Implementierung von Remote-Diagnosetools bringt auch Herausforderungen mit sich, insbesondere in Bezug auf die Datensicherheit. Da diese Tools tiefen Zugriff auf kritische Unternehmenssysteme haben, müssen robuste Sicherheitsprotokolle implementiert werden, um sicherzustellen, dass alle Datenübertragungen verschlüsselt sind und Zugriffe sorgfältig überwacht und kontrolliert werden.

Zusammenfassend lässt sich sagen, dass Remote-Diagnosetools eine transformative Technologie im Bereich des technischen Supports darstellen. Sie erhöhen nicht nur die Effizienz und Effektivität der Fehlerbehebung, sondern auch die Kundenzufriedenheit durch schnelle Reaktionszeiten und minimierte Ausfallzeiten. In einer Welt, in der schneller, effizienter Service oft der Schlüssel zum Erfolg ist, bieten diese Tools eine wertvolle Ressource, um technologische Herausforderungen meisterhaft zu navigieren.

4.3.3 Ressourcen und Dokumentation

BEREITSTELLUNG VON BENUTZERHANDBÜCHERN UND FAQS

Erstellung umfassender Benutzerdokumentationen

Die Bereitstellung umfassender Benutzerdokumentationen ist ein entscheidender Baustein für erfolgreiche Kundeninteraktionen und nachhaltigen Support. Diese Dokumentationen sollen als zuverlässige Informationsquelle dienen, die Nutzer Schritt für Schritt durch die Bedienung und Problemlösung bei Produkten oder Dienstleistungen führt. Sie sind mehr als nur Nachschlagewerke; sie fungieren als Bindeglied zwischen Entwicklern und Nutzern und können maßgeblich die Kundenzufriedenheit und -bindung verbessern.

Eine gute Benutzerdokumentation beginnt mit einer klaren Struktur. Die Inhalte müssen so gegliedert sein, dass Nutzer schnell die für sie relevanten Informationen finden. Dies erfordert eine sorgfältige Gliederung in logisch zusammenhängende Abschnitte, etwa Installation, Inbetriebnahme, Bedienung und Problemlösung. Eine gut durchdachte Gliederung hilft den Nutzern, genau zu dem Abschnitt zu navigieren, der ihnen am meisten weiterhilft.

Ebenfalls unerlässlich ist eine klare und präzise Sprache. Technische Begriffe und Abkürzungen sollten erläutert werden, um Missverständnisse zu vermeiden. Schritt-für-Schritt-Anleitungen mit erklärenden Bildern oder Grafiken sind besonders hilfreich, da sie komplizierte Prozesse verständlicher machen. Für komplexere Aufgaben können Videotutorials und interaktive Online-Anleitungen eine wertvolle Ergänzung sein.

Neben den grundlegenden Anleitungen sollten Benutzerdokumentationen auch häufig gestellte Fragen (FAQs) abdecken. Diese FAQs basieren idealerweise auf den gängigsten Fragen und Problemen, die Kunden in der Vergangenheit hatten. Indem diese Fragen proaktiv beantwortet werden, können Unternehmen den Supportbedarf reduzieren und Nutzern ermöglichen, Probleme schneller selbst zu lösen.

Die Erstellung einer umfassenden Dokumentation erfordert eine enge Zusammenarbeit zwischen Entwicklern, Supportteams und technischen Autoren. Entwickler liefern die notwendigen Informationen über die Funktionsweise des Produkts, während Supportteams praktische Einblicke in die häufigsten Kundenprobleme bieten. Technische Autoren übersetzen dieses Fachwissen schließlich in eine klare, leicht verständliche Sprache.

Regelmäßige Aktualisierungen der Dokumentation sind ebenfalls entscheidend. Software-Updates, neue Funktionen oder Änderungen in den Prozessen erfordern eine Anpassung der Handbücher. Auch das Feedback von Kunden kann dazu beitragen, Lücken in der Dokumentation zu schließen und die Inhalte weiter zu verbessern.

Abschließend lässt sich festhalten, dass umfassende Benutzerdokumentationen sowohl für Kunden als auch für Unternehmen von großem Nutzen sind. Sie reduzieren den Aufwand für den Support, indem sie Nutzern ermöglichen, Probleme eigenständig zu lösen, und stärken gleichzeitig die Kundenbindung, indem sie eine positive Nutzungserfahrung fördern. Ein klares, gut strukturiertes Benutzerhandbuch ist damit ein entscheidendes Werkzeug für jeden modernen Kundenservice.

Aktualisierung von FAQs und Problembehandlungsleitfäden

Die Aktualisierung von FAQs (Frequently Asked Questions) und Problembehandlungsleitfäden ist ein essenzieller Prozess, der kontinuierlich gepflegt werden muss, um den dynamischen Anforderungen der Nutzer gerecht zu werden. Moderne Technologien und Software entwickeln sich ständig weiter, was eine regelmäßige Anpassung und Verbesserung dieser Dokumente erfordert, damit sie den aktuellen Stand widerspiegeln und Nutzern zuverlässige Hilfestellungen bieten.

FAQs sind oft der erste Anlaufpunkt für Kunden, die nach schnellen Antworten auf gängige Fragen suchen. Ihre Aktualisierung ist daher entscheidend, um sicherzustellen, dass Nutzer nicht mit veralteten oder irrelevanten Informationen arbeiten. Neue Produktversionen, Updates oder Änderungen in den angebotenen Dienstleistungen können dazu führen, dass häufig gestellte Fragen nicht mehr zutreffen oder neue Fragen entstehen. Daher sollten Support- und Produktentwicklungsteams regelmäßig zusammenarbeiten, um sicherzustellen, dass die FAQs den aktuellen Wissensstand widerspiegeln.

Neben den FAQs müssen auch die Problembehandlungsleitfäden kontinuierlich überprüft und aktualisiert werden. Diese Leitfäden enthalten detaillierte Anleitungen zur Fehlerbehebung und zur Lösung spezifischer Probleme. Je genauer und aktueller diese Dokumente sind, desto mehr können sie dazu beitragen, die Zahl der Support-Anfragen zu reduzieren und Kunden eine schnellere Problemlösung zu ermöglichen. Dabei ist eine klare Struktur entscheidend: Kunden sollten mühelos erkennen können, welche Schritte sie zur Behebung eines Problems befolgen müssen.

Ein effektiver Ansatz für die Aktualisierung von FAQs und Problembehandlungsleitfäden ist die Einbindung von Kundenerfahrungen und Supportfeedback. Supportteams stehen in ständigem Kontakt mit den Kunden und erkennen daher, welche Fragen und Probleme am häufigsten auftreten. Dieses Wissen sollte direkt in die Dokumentation einfließen. Ebenso können Kundenumfragen und Feedback-Formulare dazu beitragen, Schwachstellen oder fehlende Informationen in den vorhandenen Dokumenten zu identifizieren.

Darüber hinaus sollten Unternehmen neue Formate in Betracht ziehen, um die Aktualisierungen zugänglicher zu machen. Videotutorials, interaktive Diagramme und Schritt-für-Schritt-Anleitungen können textbasierte FAQs und Leitfäden ergänzen und eine verständlichere Lösung für komplexe Probleme bieten. Auf diese Weise können Unternehmen ihren Kunden eine ansprechende und umfassende Hilfe bieten.

Letztendlich ist die Aktualisierung von FAQs und Problembehandlungsleitfäden ein fortlaufender Prozess. Unternehmen, die diese Ressourcen proaktiv pflegen, können nicht nur ihre Supportkosten senken, sondern auch die Kundenzufriedenheit und -bindung erheblich steigern. Klarheit, Präzision und Aktualität sind dabei die entscheidenden Faktoren für eine erfolgreiche Dokumentation.

ONLINE-RESSOURCEN UND COMMUNITY-SUPPORT

Entwicklung einer Online-Hilfe und eines Support-Forums

Die Entwicklung einer Online-Hilfe und eines Support-Forums ist ein zentraler Bestandteil moderner Kundenbetreuung, der die Selbsthilfe fördert und eine Plattform für den Austausch von Wissen schafft. In einer Zeit, in der Kunden zunehmend eigenständige Problemlösungen bevorzugen, sind solche Online-Ressourcen unverzichtbar geworden. Sie ermöglichen es den Nutzern, gezielte Informationen zu finden, mit anderen Anwendern in Kontakt zu treten und von einem kollektiven Wissenspool zu profitieren.

Eine gut strukturierte Online-Hilfe ist oft der erste Kontaktpunkt für Kunden, die Unterstützung suchen. Sie bietet detaillierte Informationen zur Produktnutzung, Tipps zur Fehlerbehebung und Anleitungen für komplexere Aufgaben. Das Layout und die Benutzerführung sollten intuitiv gestaltet sein, damit Kunden ohne Umwege zu den relevanten Inhalten gelangen. Dazu gehören ein klar strukturiertes Inhaltsverzeichnis, eine durchdachte Suchfunktion und eine Gliederung, die häufig auftretende Probleme und Fragen thematisch bündelt. Auch multimediale Inhalte wie Videoanleitungen oder Infografiken können hier nützlich sein, um komplexe Sachverhalte verständlicher zu machen.

Das Support-Forum ergänzt die Online-Hilfe, indem es eine interaktive Plattform für den Austausch von Wissen bietet. Hier können Kunden Fragen stellen, ihre Erfahrungen teilen und Lösungen mit anderen Nutzern diskutieren. Die direkte Interaktion mit der Community schafft ein Gefühl der Zugehörigkeit und ermöglicht es den Nutzern, sich gegenseitig zu unterstützen. Moderatoren, die ein hohes Maß an technischem Wissen besitzen, können Diskussionen leiten, bei Bedarf korrigieren und sicherstellen, dass die Antworten sachlich und hilfreich sind.

Eine besondere Stärke des Support-Forums ist die kollektive Intelligenz der Nutzerbasis. Oftmals haben erfahrene Anwender Lösungen für Probleme, die in der offiziellen Dokumentation nicht abgedeckt sind. Diese kollektiven Ressourcen können nicht nur Neulingen helfen, sondern auch als Inspirationsquelle für Unternehmen dienen, die ihre Produkte weiterentwickeln und an die Bedürfnisse der Nutzer anpassen möchten.

Die kontinuierliche Weiterentwicklung der Online-Hilfe und des Support-Forums ist entscheidend. Neue Funktionen oder Produktänderungen sollten zeitnah in die Dokumentation aufgenommen und in den Foren diskutiert werden. Regelmäßige Umfragen und Feedback-Formulare können dazu beitragen, die Nutzerzufriedenheit zu messen und Verbesserungspotenzial zu identifizieren.

Insgesamt sind Online-Hilfe und Support-Forum ein wesentlicher Bestandteil der heutigen Supportstrategie. Sie ermöglichen es Unternehmen, die Kundenbindung zu stärken, Supportkosten zu senken und wertvolle Einblicke in die Nutzerbedürfnisse zu gewinnen. Eine proaktive und strukturierte Herangehensweise bei der Entwicklung dieser Ressourcen ist der Schlüssel, um Kunden eine umfassende, effiziente und zufriedenstellende Unterstützung zu bieten.

Förderung einer Nutzer-Community zur gegenseitigen Unterstützung

Die Förderung einer Nutzer-Community zur gegenseitigen Unterstützung ist ein wesentlicher Faktor für eine erfolgreiche Kundeninteraktion und den langfristigen Erfolg einer Marke. Eine solche Community bietet eine Plattform, auf der Kunden nicht nur Antworten auf ihre Fragen finden, sondern auch ihre Erfahrungen teilen und von dem kollektiven Wissen anderer profitieren können. Eine lebendige Nutzer-Community schafft ein Umfeld des Vertrauens und des Engagements, in dem Kunden sowohl zu Ratgebenden als auch zu Lernenden werden.

Der erste Schritt zur Förderung einer Community besteht darin, eine freundliche und einladende Umgebung zu schaffen. Kunden sollten sich ermutigt fühlen, ihre Fragen und Probleme offen zu äußern, ohne das Gefühl zu haben, dass sie unerwünschte Kritik ernten könnten. Moderatoren spielen hierbei eine wichtige Rolle, indem sie Diskussionen lenken, hilfreiche Informationen hervorheben und sicherstellen, dass alle Beiträge respektvoll behandelt werden. Ein klar formulierter Verhaltenskodex kann ebenfalls dazu beitragen, ein angenehmes Klima zu bewahren.

Die Community sollte als Ort verstanden werden, an dem das gegenseitige Lernen gefördert wird. Dies kann durch die Bereitstellung von Belohnungen für hilfreiche Beiträge, spezielle Forenbereiche für unterschiedliche Erfahrungsstufen und durch die Anerkennung von Mitgliedern mit Expertenstatus erreicht werden. Solche Anerkennungssysteme ermutigen Nutzer, aktiv Wissen weiterzugeben und tragen zu einer positiven Feedbackschleife bei, die die gesamte Gemeinschaft stärkt.

Besonders wertvoll ist die Vielfalt der Perspektiven, die eine solche Community mit sich bringt. Unterschiedliche Kunden bringen unterschiedliche Erfahrungen und Fachkenntnisse ein, die sich in den Diskussionen widerspiegeln. Dadurch können oft unkonventionelle Lösungen für Probleme gefunden werden, die andernfalls möglicherweise unentdeckt geblieben wären.

Unternehmen sollten die Nutzer-Community aktiv fördern, indem sie exklusive Inhalte bereitstellen, wie beispielsweise frühzeitigen Zugang zu neuen Funktionen, detaillierten Einblicken in die Produktentwicklung oder speziellen Schulungsressourcen. Solche Anreize können nicht nur die Loyalität stärken, sondern auch dazu beitragen, dass Kunden sich als Teil eines exklusiven und geschätzten Netzwerks fühlen.

Abschließend ist es wichtig, die Entwicklung und das Feedback der Community genau zu beobachten und entsprechende Maßnahmen zu ergreifen. Regelmäßige Umfragen und Feedback-Sitzungen mit aktiven Mitgliedern können dabei helfen, die Bedürfnisse der Nutzer zu erkennen und die Community so weiterzuentwickeln, dass sie stets relevant und ansprechend bleibt. Die Förderung einer Nutzer-Community ist somit eine kontinuierliche Aufgabe, die sich langfristig in gesteigerter Kundenzufriedenheit, reduziertem Supportaufwand und einem wertvollen Wissensaustausch widerspiegelt.

4.3.4 Feedback und kontinuierliche Verbesserung

SAMMLUNG UND ANALYSE VON KUNDENFEEDBACK

Durchführung von Zufriedenheitsumfragen und Feedbackgesprächen

Die Durchführung von Zufriedenheitsumfragen und Feedbackgesprächen ist ein wesentlicher Bestandteil, um eine effektive Sammlung und Analyse von Kundenfeedback sicherzustellen. Sie ermöglichen es Unternehmen, direkt von den Nutzern zu erfahren, welche Aspekte ihrer Produkte oder Dienstleistungen gut funktionieren und in welchen Bereichen Verbesserungsbedarf besteht. Diese Erkenntnisse helfen dabei, kundenorientierte Lösungen zu entwickeln, die die Zufriedenheit und Loyalität steigern.

Zufriedenheitsumfragen sind eine effiziente Methode, um ein breites Spektrum an Rückmeldungen in kurzer Zeit zu erfassen. Die Fragen sollten sorgfältig formuliert und strukturiert sein, um sowohl quantitative als auch qualitative Informationen zu sammeln. Eine Mischung aus offenen und geschlossenen Fragen erlaubt es, sowohl spezifische Probleme zu identifizieren als auch allgemeine Stimmungen zu erfassen. Eine Skala von 1 bis 10 zur Bewertung der Zufriedenheit bietet eine quantitative Basis, während offene

Fragen den Nutzern Raum geben, detaillierte Kommentare zu hinterlassen.

Um eine hohe Beteiligung sicherzustellen, sollte die Umfrage kurz und prägnant sein und den Nutzern versichern, dass ihre Meinung zählt und in künftige Verbesserungen einfließt. Eine klare Kommunikation über den Zweck und die erwartete Dauer der Umfrage hilft ebenfalls, die Teilnahmebereitschaft zu erhöhen.

Feedbackgespräche bieten eine tiefere und persönlichere Perspektive auf die Kundenmeinung. Diese Gespräche, die entweder telefonisch, per Videokonferenz oder vor Ort geführt werden, ermöglichen es, spezifische Probleme oder Erfahrungen eingehender zu erkunden. Hier kann gezielt auf die Antworten aus den Zufriedenheitsumfragen eingegangen werden. Es bietet den Kunden auch die Gelegenheit, ihre Meinung detaillierter zu erläutern und etwaige Missverständnisse auszuräumen.

Eine erfolgreiche Feedbacksammlung endet jedoch nicht mit dem Einholen der Meinungen. Die gesammelten Daten müssen sorgfältig analysiert und ausgewertet werden. Dabei ist es wichtig, sowohl positive als auch negative Rückmeldungen in den Entscheidungsprozess einzubeziehen. Regelmäßige Berichte, die diese Ergebnisse an die relevanten Teams weiterleiten, können sicherstellen, dass die richtigen Maßnahmen ergriffen werden. Die Ergebnisse sollten in Produktverbesserungen, bessere Kundenkommunikation und optimierte Serviceprozesse einfließen.

Ein transparenter Umgang mit den Ergebnissen der Umfragen und Feedbackgespräche hilft zudem, Vertrauen bei den Kunden aufzubauen. Wenn sie sehen, dass ihre Rückmeldungen ernst genommen und Maßnahmen ergriffen werden, steigt die Bereitschaft, auch künftig aktiv an Umfragen teilzunehmen. So kann die Durchführung von Zufriedenheitsumfragen und Feedbackgesprächen ein kontinuierlicher Kreislauf sein, der zur ständigen Weiterentwicklung von Produkten und Dienstleistungen beiträgt.

Analyse von Support-Tickets zur Identifikation häufiger Probleme

Die Analyse von Support-Tickets ist ein entscheidender Schritt, um häufige Probleme zu identifizieren und gezielte Verbesserungen in Produkten oder Dienstleistungen zu erreichen. Support-Tickets enthalten wertvolle Informationen über die Anliegen, Herausforderungen und Frustrationen, mit denen Kunden im Umgang mit einem Produkt konfrontiert sind. Durch eine systematische Auswertung dieser Daten können Unternehmen nicht nur wiederkehrende Probleme erkennen, sondern auch ihre Supportprozesse optimieren und die Kundenzufriedenheit steigern.

Ein gut strukturiertes Ticketsystem sammelt Daten zu Kundenproblemen in Form von Kategorien, Prioritätsstufen und zugewiesenen Verantwortlichen. Diese Metadaten liefern eine erste Übersicht über den Umfang und die Dringlichkeit der gemeldeten Probleme. So können häufig auftretende Kategorien – wie etwa Installationsprobleme oder Fehler in bestimmten Softwareversionen – schnell erkannt werden.

Neben der Kategorisierung der Tickets ist eine detaillierte Analyse der individuellen Inhalte entscheidend. Diese können Hinweise auf tiefer liegende Probleme geben, die in den Kategorien nicht sofort ersichtlich sind. Textanalyse-Tools und maschinelles Lernen können hier helfen, Muster in der Sprache der Kunden zu erkennen und spezifische Probleme hervorzuheben, die in den Texten häufiger auftauchen.

Sobald wiederkehrende Probleme identifiziert sind, ist es wichtig, die Ursachen zu ermitteln. Treten die Probleme beispielsweise nur bei bestimmten Betriebssystemen oder in Verbindung mit be-

stimmten Hardwarekomponenten auf, können gezielte Produktverbesserungen entwickelt werden. Wenn Kundenbeschwerden auf
Missverständnisse oder Fehlinterpretationen der Dokumentation
hinweisen, sollte diese überarbeitet werden, um den Kunden eine
klarere Anleitung zu geben.

Ein weiterer Nutzen der Ticketanalyse liegt in der Optimierung des
Kundensupports selbst. Indem die am häufigsten auftretenden
Probleme erkannt werden, können proaktive Maßnahmen ergriffen werden, um diese im Vorfeld zu lösen. Eine umfassende FAQ-
Sektion oder ein Schritt-für-Schritt-Fehlerbehandlungsleitfaden
könnten beispielsweise dazu beitragen, den Supportbedarf zu
verringern.

Die Ergebnisse der Ticketanalyse sollten in regelmäßigen Berichten an Produktentwicklung, Marketing und Kundenservice weitergegeben werden, um eine abgestimmte Strategie zu entwickeln.
Dies kann zu neuen Produktfunktionen führen, die die identifizierten Probleme umgehen, oder zu Verbesserungen in der Benutzeroberfläche, die das Kundenerlebnis intuitiver gestalten.

Zusammenfassend ermöglicht die Analyse von Support-Tickets eine
fundierte und datengetriebene Entscheidungsfindung, die sowohl
den Supportprozess verbessert als auch die Produktentwicklung an
den tatsächlichen Bedürfnissen der Kunden ausrichtet. Unternehmen, die diesen Prozess kontinuierlich pflegen, können auf diese
Weise nachhaltige Verbesserungen erzielen und ihre Kundenbindung langfristig stärken.

Anpassung der Support-Strategien

Entwicklung von Maßnahmen zur Verbesserung des Kundenerlebnisses

Die Entwicklung von Maßnahmen zur Verbesserung des Kundenerlebnisses ist ein strategischer Ansatz, der entscheidend zur Anpassung der Support-Strategien beiträgt. In einer Welt, in der Kundenzufriedenheit zunehmend den Unterschied zwischen Erfolg und Misserfolg eines Unternehmens ausmacht, müssen Support-Teams kontinuierlich neue Wege finden, um das Kundenerlebnis zu optimieren.

Ein erster Schritt besteht darin, die Kundenperspektive zu verstehen. Mithilfe von Umfragen, Feedback-Tools und der Analyse von Support-Tickets können Unternehmen Einblicke in die größten Schmerzpunkte und Bedürfnisse ihrer Kunden gewinnen. Diese Daten bieten eine solide Grundlage, um gezielte Maßnahmen zu entwickeln. Dazu gehört etwa die Identifizierung wiederkehrender Probleme, die darauf hindeuten, dass bestimmte Produktmerkmale verbessert oder bestimmte Supportprozesse vereinfacht werden müssen.

Ein wichtiger Bereich für Verbesserungen liegt in der Zugänglichkeit der Support-Ressourcen. Kunden sollten in der Lage sein, schnell und unkompliziert Hilfe zu erhalten. Dies kann durch eine gut strukturierte Wissensdatenbank erreicht werden, die detaillierte Antworten auf häufige Fragen liefert. Die Integration von Chatbots oder automatisierten Antworten in die Support-Strategie ermöglicht es, grundlegende Fragen sofort zu beantworten, sodass Support-Teams mehr Zeit haben, sich auf komplexe Fälle zu konzentrieren.

Persönlicher Kontakt bleibt jedoch ein zentrales Element des Kundenerlebnisses. Es ist wichtig, sicherzustellen, dass Kunden bei Bedarf auf menschliche Unterstützung zählen können. Das Support-Team sollte geschult werden, damit es Kundenanliegen nicht nur technisch, sondern auch empathisch begegnet. Ein freundlicher, kompetenter Umgang sorgt dafür, dass Kunden trotz anfänglicher Probleme mit einem positiven Gefühl zurückbleiben.

Neben der direkten Interaktion ist auch die Prävention entscheidend. Proaktive Maßnahmen können Probleme im Vorfeld abfangen und so verhindern, dass Kunden überhaupt erst den Support kontaktieren müssen. Dazu gehören automatisierte Warnmeldungen oder Erinnerungen, Software-Updates und regelmäßige Leistungsberichte. Diese Maßnahmen zeigen den Kunden, dass das Unternehmen ihr Wohlbefinden aktiv im Blick behält und mögliche Schwierigkeiten frühzeitig löst.

Schließlich ist die Integration von Kundenfeedback in die Produktentwicklung ein effektiver Weg, um das Kundenerlebnis nachhaltig zu verbessern. Produkte und Dienstleistungen sollten stets weiterentwickelt werden, um den aktuellen Bedürfnissen der Kunden gerecht zu werden. Auf diese Weise können Unternehmen sicherstellen, dass ihre Angebote auch langfristig relevant und kundenfreundlich bleiben.

Insgesamt schafft die Entwicklung von Maßnahmen zur Verbesserung des Kundenerlebnisses eine solide Grundlage für die Anpassung der Support-Strategien. Sie bringt nicht nur eine Steigerung der Kundenzufriedenheit, sondern reduziert auch die Supportkosten, indem Probleme frühzeitig erkannt und behoben werden. Eine kundenorientierte Support-Strategie ist daher ein Schlüssel zum langfristigen Erfolg.

Implementierung von Schulungs- und Support-Updates basierend auf Nutzerfeedback

Die Implementierung von Schulungs- und Support-Updates basierend auf Nutzerfeedback ist eine Strategie, die sowohl die Qualität der Kundeninteraktion als auch die Effizienz der internen Prozesse deutlich verbessert. Indem Unternehmen auf das direkte Feedback ihrer Kunden hören, können sie Schulungsmaterialien und Supportstrategien entwickeln, die praxisnah und zielgerichtet sind.

Nutzerfeedback liefert einen unverfälschten Einblick in die tatsächlichen Herausforderungen und Bedürfnisse der Kunden. Support-Teams sollten daher eine Kultur der kontinuierlichen Verbesserung fördern, indem sie Feedbacksysteme einrichten, die den Kunden eine einfache und anonyme Übermittlung ihrer Anmerkungen ermöglichen. Dazu gehören etwa gezielte Umfragen nach Supportfällen oder ein Feedback-Formular direkt in der Wissensdatenbank.

Auf Grundlage dieser Informationen können Unternehmen ihren Schulungsbedarf präziser ermitteln. So könnten beispielsweise spezifische Schwierigkeiten mit neuen Softwarefunktionen darauf hinweisen, dass Kunden nicht ausreichend geschult sind. In diesem Fall können aktualisierte Schulungsmaterialien erstellt werden, die diese Funktionen ausführlicher erklären. Webinare, interaktive Tutorials und Benutzerhandbücher sollten alle aktualisiert werden, um die neuen Erkenntnisse widerzuspiegeln. Auch Schulungen für Supportmitarbeiter sollten angepasst werden, damit sie besser auf die Probleme eingehen können, die Kunden am häufigsten melden.

Support-Updates beziehen sich auf die Verbesserung der internen Prozesse. Das Feedback kann dazu beitragen, typische Engpässe im Support-Workflow zu identifizieren, wie beispielsweise lange Reaktionszeiten oder unnötige Eskalationen. Durch die Optimierung von Ticket-Systemen, die Zuweisung spezialisierter Mitarbeiter zu spezifischen Problemen oder die Einführung eines gestaffelten Supportsystems, bei dem die komplexeren Probleme von den erfahrensten Mitarbeitern behandelt werden, kann die Kundenzufriedenheit gesteigert und der Support effizienter gestaltet werden.

Darüber hinaus ist es wichtig, eine regelmäßige Kommunikation mit den Kunden aufrechtzuerhalten, um sie über die vorgenommenen Änderungen zu informieren. Das vermittelt ihnen das Gefühl, dass ihr Feedback ernst genommen wird und konkret zu Verbesserungen führt. Diese Transparenz baut Vertrauen auf und ermutigt Kunden, weiterhin ihr Feedback zu teilen.

Letztendlich ist die Implementierung von Schulungs- und Support-Updates ein fortlaufender Prozess, der eine kontinuierliche Anpassung an die wechselnden Bedürfnisse der Kunden ermöglicht. Durch diese Strategie können Unternehmen nicht nur ihren Support verbessern, sondern auch die Kundenbindung und das Markenimage stärken. Sie signalisiert den Kunden, dass ihre Meinungen wertgeschätzt werden und eine positive Auswirkung auf die Weiterentwicklung der Produkte und Dienstleistungen haben.

KAPITEL 5: FALLSTUDIEN UND ANWENDUNGSSZENARIEN

Inmitten der gigantischen Datenströme unserer digitalen Welt, wo täglich Milliarden von Informationen fließen, wird die Bedeutung von präziser Datenverarbeitung immer essentieller. Wie wichtig es ist, auf saubere und validierte Daten zurückgreifen zu können, zeigt der Fall eines renommierten E-Commerce-Giganten. In einer kürzlich durchgeführten Kampagne konnte durch den Einsatz spezialisierter Datenvalidierungswerkzeuge eine erhebliche Steigerung der Zielgenauigkeit in Marketingaktionen erreicht werden. Diese Fallstudie unterstreicht nicht nur den direkten Nutzen der Datenvalidierung, sondern liefert auch ein schlagendes Argument für Investitionen in fortschrittliche Technologien zur Datenpflege. In den folgenden Abschnitten werden wir tiefer in die Welt der Datenvalidierung eintauchen und ihre vielfältigen Anwendungsmöglichkeiten anhand realer Szenarien beleuchten.

5.1 Fallstudien zur effektiven Nutzung von TOLERANT Software

5.1.1 TOLERANT Post

VERBESSERUNG DER ADRESSQUALITÄT IN EINEM E-COMMERCE-UNTERNEHMEN

Ausgangssituation und Herausforderungen

Im Zuge der Digitalisierung sehen sich E-Commerce-Unternehmen stetig wachsenden Anforderungen an die Datenqualität gegenübergestellt, insbesondere bei der Adressverwaltung. Ein prägnantes Beispiel dafür liefert ein führendes E-Commerce-Unternehmen, das mit einer hohen Rate an fehlerhaften Kundenadressen konfrontiert war. Diese Problematik führte zu zahlreichen Herausforderungen, darunter unzustellbare Sendungen, Kundenunzufriedenheit und erhöhte Betriebskosten durch Rücksendungen und Neuauslieferungen.

Die Ausgangssituation war geprägt von einer inkonsistenten Datenbasis, in der Adressen häufig manuell in die Kundendatenbanken eingegeben wurden. Dies resultierte in einer Vielzahl von Fehlern, wie etwa Tippfehlern, falsch zugeordneten Postleitzahlen und veralteten Adressinformationen. Zudem erforderte das globale Geschäftsmodell des Unternehmens eine präzise Adresserfassung über verschiedene Länder und Sprachen hinweg, was die Komplexität der Datenverarbeitung weiter erhöhte.

Die Notwendigkeit einer Lösung war offensichtlich: Das Unternehmen benötigte ein Werkzeug, das nicht nur die Genauigkeit der Adressdaten erhöht, sondern auch die Effizienz der gesamten Lieferkette verbessert. Hier kam die TOLERANT Post Software ins Spiel, ein fortschrittliches Tool zur Adressprüfung und -bereinigung, das speziell darauf ausgelegt ist, Adressinformationen zu validieren, zu korrigieren und zu standardisieren.

Implementierung und Ergebnisse

Die Implementierung von TOLERANT Post in das System des E-Commerce-Unternehmens wurde strategisch geplant und durchgeführt, um eine nahtlose Integration in die bestehende IT-Infrastruktur zu gewährleisten. Der erste Schritt bestand darin, die Software in eine Testumgebung einzubetten, um die Effekte ohne Risiko für den laufenden Betrieb evaluieren zu können. Nach erfolgreicher Validierung wurde TOLERANT Post in die Produktionsumgebung überführt und in den bestehenden Workflow zur Kundendatenverarbeitung integriert.

Ein wesentlicher Bestandteil der Implementierung war die Schulung der Mitarbeiter, die mit der neuen Software arbeiten würden. Dazu zählten sowohl die Datenanalysten als auch das Kundenservice-Team, welche in der Anwendung der Software trainiert wurden, um die Vorteile vollständig ausschöpfen zu können. Dies umfasste Einweisungen in die Funktionsweise der automatischen Adresskorrektur, die Nutzung von Plausibilitätschecks und die manuelle Nachbearbeitung von Adressen, die von der Software als problematisch gekennzeichnet wurden.

Die Ergebnisse nach der Einführung von TOLERANT Post waren signifikant und messbar. Die Rate der unzustellbaren Sendungen reduzierte sich um über 30%, was zu einer erheblichen Kostensenkung bei den Versandprozessen führte. Zudem verbesserte sich die Kundenzufriedenheit deutlich, da die Pakete zuverlässiger und schneller ihre Empfänger erreichten. Ein weiterer positiver Effekt war die Reduzierung der Arbeitsbelastung der Mitarbeiter im Kundenservice, da weniger Beschwerden und Rückfragen bezüglich Lieferproblemen bearbeitet werden mussten.

Darüber hinaus ermöglichte die höhere Datenqualität verbesserte Analysen und gezieltere Marketingaktionen. Das Unternehmen konnte seine Werbemaßnahmen präziser ausrichten, da es nun auf eine verlässlichere Datenbasis zurückgreifen konnte. Dies führte nicht nur zu einer höheren Effektivität der einzelnen Kampagnen, sondern auch zu einer Steigerung des Return on Investment im Bereich des Marketings.

Zusammenfassend lässt sich sagen, dass die Implementierung von TOLERANT Post nicht nur die operativen Herausforderungen im E-Commerce-Unternehmen adressierte, sondern auch eine strategische Verbesserung in der gesamten Datenverwaltung und Kundenkommunikation bewirkte. Dieses Beispiel unterstreicht eindrucksvoll, wie kritisch die Rolle einer qualitativ hochwertigen Datenverarbeitung in der modernen Geschäftswelt ist.

EFFIZIENZSTEIGERUNG IM DIREKTMARKETING EINES VERSICHERUNGSUNTERNEHMENS

Vorherige Probleme und Zielsetzung

In der Welt des Versicherungsmarketings, in der individuelle Kundenansprache und zielgerichtete Kampagnen den entscheidenden Unterschied ausmachen können, hatte ein großes Versicherungsunternehmen mit Problemen bei der Adressgenauigkeit zu kämpfen. Diese führten zu ineffizienten Marketingkampagnen, hohen Streuverlusten und letztendlich zu unnötigen Kosten. Ein erheblicher Anteil der Adressdatenbank enthielt veraltete oder inkorrekte Informationen, was dazu führte, dass Briefe und Werbemaßnahmen ihre Zielgruppen nicht erreichten.

Das Kernproblem lag in den Datenquellen und der Art und Weise, wie die Adressen in die Datenbank integriert wurden. Manuelle Eingaben führten häufig zu Fehlern wie Tippfehlern oder falsch platzierten Postleitzahlen. Die fehlende automatische Validierung ermöglichte zudem die Aufnahme veralteter oder unvollständiger Adressen in die Datenbank, wodurch die Effizienz der Direktmarketing-Kampagnen beeinträchtigt wurde.

Die Zielsetzung des Unternehmens war klar: eine grundlegende Verbesserung der Adressqualität, um Streuverluste zu minimieren, die Erfolgsquote der Kampagnen zu steigern und die Kosten pro Kontakt zu senken. Zudem sollte die Kundenzufriedenheit durch eine präzisere und ansprechendere Kommunikation gesteigert werden. Dafür war eine Softwarelösung erforderlich, die Adressdaten effektiv validieren, standardisieren und korrigieren kann, um eine fehlerfreie Grundlage für die Marketingstrategie zu schaffen.

Die Implementierung von TOLERANT Post wurde daher als entscheidende Maßnahme betrachtet, um die Qualität der Kundendatenbank grundlegend zu verbessern und somit den Erfolg der zukünftigen Direktmarketing-Kampagnen nachhaltig zu steigern.

Anwendungsprozess und erzielte Verbesserungen

Die Einführung von TOLERANT Post in das Versicherungsunternehmen durchlief mehrere entscheidende Phasen, die sorgfältig geplant und umgesetzt wurden, um maximale Effizienz und Datenqualität sicherzustellen.

Initialisierungsphase: Zunächst führte das Unternehmen eine gründliche Bestandsaufnahme der vorhandenen Adressdaten durch. Dabei wurden Inkonsistenzen, veraltete Informationen und häufige Fehlerquellen identifiziert. Diese Analyse diente als Grundlage für die Konfiguration von TOLERANT Post, um sicherzustellen, dass die Software spezifisch auf die Herausforderungen und Anforderungen des Unternehmens zugeschnitten war.

Integration und Konfiguration: TOLERANT Post wurde nahtlos in die bestehenden CRM- und ERP-Systeme des Unternehmens integriert. Während der Integration konfigurierten die IT-Experten die Software so, dass sie automatisch neue und bestehende Adressdaten validiert, korrigiert und standardisiert. Die Konfiguration umfasste die Einrichtung von Regeln für die Adressprüfung, die auf den spezifischen Anforderungen des deutschen und internationalen Postsystems basierten.

Schulung der Mitarbeiter: Ein wesentlicher Aspekt des Implementierungsprozesses war die Schulung der Marketing- und Dateneingabeteams. Ihnen wurden die Funktionsweisen und Vorteile der neuen Software vermittelt, um eine korrekte Handhabung und maximale Nutzung der neuen Tools zu gewährleisten. Die Schulungen halfen dabei, das Bewusstsein für die Bedeutung qualitativ hochwertiger Daten zu schärfen und förderten die Akzeptanz der neuen Prozesse unter den Mitarbeitern.

Laufender Betrieb und Optimierung: Nach der Implementierung wurde der Betrieb von TOLERANT Post kontinuierlich überwacht und optimiert. Die IT-Abteilung führte regelmäßige Reviews durch, um die Leistung der Software zu bewerten und Anpassungen vorzunehmen, wo nötig. Dieser iterative Prozess half dabei, die Adressvalidierung weiter zu verfeinern und die Effizienz der Software zu maximieren.

Erzielte Verbesserungen:

- **Reduzierung der Fehlzustellungen:** Durch die verbesserte Adressqualität konnte das Unternehmen die Anzahl der Fehlzustellungen signifikant reduzieren, was zu Kosteneinsparungen und erhöhter Kundenzufriedenheit führte.
- **Steigerung der Kampagneneffektivität:** Die Marketingabteilung profitierte von einer präziseren Zielgruppenansprache, was die Response-Raten der Kampagnen deutlich erhöhte und den ROI verbesserte.
- **Operative Effizienz:** Die automatisierte Verarbeitung und Standardisierung der Adressdaten beschleunigte interne Prozesse und reduzierte den manuellen Korrekturaufwand erheblich.
- **Datenschutzkonformität:** Mit korrekten und aktuellen Daten minimierte das Unternehmen das Risiko von Datenschutzverletzungen, die durch inkorrekte Datenspeicherung und -verarbeitung entstehen könnten.

Die Einführung von TOLERANT Post veranschaulicht eindrucksvoll, wie durch den Einsatz spezialisierter Software zur Datenvalidierung erhebliche Verbesserungen in der Datenqualität und in den operativen Abläufen eines Versicherungsunternehmens erreicht werden können. Diese Maßnahmen führen nicht nur zu direkten finanziellen Einsparungen, sondern stärken auch das Vertrauen der Kunden in die Zuverlässigkeit und Professionalität des Unternehmens.

5.1.2 TOLERANT Name

OPTIMIERUNG DER KUNDENDATENBANK EINER BANK

Problemstellung und strategische Ziele

Eine der zentralen Herausforderungen im Bankwesen ist die präzise und korrekte Verwaltung von Kundendaten. Eine große deutsche Bank stand vor einem zunehmend drängenden Problem: Die Qualität ihrer Kundendatenbank ließ zu wünschen übrig. Es gab zahlreiche Inkonsistenzen in den Namenseinträgen, was nicht nur zu Schwierigkeiten in der Kundenkommunikation und -verwaltung führte, sondern auch das Risiko von Sicherheitslücken erhöhte, die durch die fehlerhafte Zuordnung von Kontoinformationen entstehen könnten.

Die Problemstellung war vielschichtig:

1. **Fehlerhafte Namenseinträge:** Durch Tippfehler, unterschiedliche Schreibweisen und veraltete Informationen waren die Datensätze oft unvollständig oder fehlerhaft.
2. **Compliance-Risiken:** Ungenaue Kundendaten erhöhten das Risiko von Verstößen gegen regulatorische Anforderungen, insbesondere im Hinblick auf die Geldwäscheprävention.

3. **Kundenzufriedenheit:** Inkonsistenzen in der Datenhaltung führten zu Problemen bei der Kundenansprache, was wiederum die Kundenzufriedenheit beeinträchtigte.

Angesichts dieser Herausforderungen setzte die Bank strategische Ziele, um die Situation zu verbessern:

- **Verbesserung der Datenqualität:** Die Bank strebte eine deutliche Erhöhung der Genauigkeit und Konsistenz der Kundendaten an, um die operationale Effizienz zu steigern und die Kundenzufriedenheit zu verbessern.
- **Compliance-Sicherstellung:** Eine weitere Priorität war die Einhaltung gesetzlicher und regulatorischer Vorgaben, die eine akkurate Kundendatenverwaltung erfordern.
- **Optimierung der Kundeninteraktion:** Durch präzisere Daten sollten personalisierte Marketing- und Kommunikationsstrategien verbessert werden, um so eine stärkere Kundenbindung zu erreichen.

Um diese Ziele zu erreichen, entschied sich die Bank für die Implementierung von TOLERANT Name, einer Softwarelösung, die speziell darauf ausgelegt ist, Namensdaten zu analysieren, zu standardisieren und zu strukturieren. Dies sollte nicht nur die Qualität der Daten verbessern, sondern auch die Prozesseffizienz steigern und letztlich zu einer besseren Kundenerfahrung beitragen.

Durchführung und Effekte der Integration

Die Integration von TOLERANT Name in die IT-Infrastruktur der Bank wurde sorgfältig geplant, um eine reibungslose Implementierung und den sofortigen Nutzen der verbesserten Datenqualität sicherzustellen. Der Prozess umfasste mehrere Schlüsselschritte, beginnend mit einer gründlichen Analyse der bestehenden Kundendatenbank, um die spezifischen Problembereiche und die Anforderungen für eine effektive Datenbereinigung zu identifizieren.

Schritt 1: Datenanalyse Die erste Phase der Integration bestand darin, die vorhandenen Daten zu analysieren und spezifische Muster in den Fehlerquellen zu identifizieren. Dies umfasste die Untersuchung von häufigen Tippfehlern, inkonsistenten Namenseingaben und veralteten Informationen. Auf Basis dieser Analyse wurden die Parameter für TOLERANT Name festgelegt, um eine optimale Abstimmung auf die speziellen Bedürfnisse der Bank zu gewährleisten.

Schritt 2: Pilotprojekt Bevor TOLERANT Name vollständig implementiert wurde, führte die Bank ein Pilotprojekt durch, bei dem eine begrenzte Menge an Datensätzen mit der Software bearbeitet wurde. Dies ermöglichte es dem Projektteam, die Wirksamkeit der Software in einer kontrollierten Umgebung zu testen und bei Bedarf Anpassungen vorzunehmen, bevor die Lösung bankweit ausgerollt wurde.

Schritt 3: Vollständige Integration Nach erfolgreichem Abschluss des Pilotprojekts wurde TOLERANT Name in die gesamte IT-Umgebung der Bank integriert. Die Software wurde mit den bestehenden CRM- und Datenbanksystemen verbunden, um eine nahtlose Datenverarbeitung und -aktualisierung zu ermöglichen. Die Integration umfasste auch die Einrichtung automatischer Updates und Wartungsprozesse, um die Datenqualität kontinuierlich hochzuhalten.

Schritt 4: Mitarbeitertraining Ein wesentlicher Aspekt der Implementierung war die Schulung der Bankmitarbeiter, die mit den Kundendaten arbeiten. Sie wurden in der Nutzung von TOLERANT Name geschult, um sicherzustellen, dass sie die Funktionen der Software vollständig verstehen und effektiv nutzen können.

Effekte der Integration Die Einführung von TOLERANT Name brachte signifikante Verbesserungen mit sich:

- **Erhöhung der Datenqualität:** Die Genauigkeit der Kundendaten verbesserte sich erheblich, was zu einer reduzierten Fehlerquote bei Kundenkommunikation und Transaktionen führte.
- **Compliance-Verbesserung:** Mit präziseren Daten konnte die Bank ihre Compliance bezüglich KYC (Know Your Customer) und AML (Anti-Money Laundering) Vorschriften stärken.
- **Effizienzsteigerung:** Automatisierte Prozesse reduzierten den manuellen Aufwand für die Datenpflege erheblich und ermöglichten es den Mitarbeitern, sich auf wertschöpfendere Aktivitäten zu konzentrieren.
- **Verbesserte Kundenbeziehungen:** Durch korrekte Anreden und Namen in der Kundenkommunikation konnte die Bank die Zufriedenheit und Bindung ihrer Kunden verbessern.

Die erfolgreiche Implementierung von TOLERANT Name illustriert, wie gezielte Investitionen in Technologie zur Datenvalidierung nicht nur operationelle Herausforderungen lösen, sondern auch strategische Vorteile für das gesamte Unternehmen schaffen können.

VERBESSERUNG DER KUNDENKOMMUNIKATION IN EINEM TELEKOMMUNIKATIONSUNTERNEHMEN

Initiale Schwierigkeiten und Projektplan

Ein führendes Telekommunikationsunternehmen kämpfte mit Herausforderungen in seiner Kundenkommunikation. Trotz einer umfassenden Kundendatenbank kam es immer wieder zu Unstimmigkeiten bei der Ansprache, was zu negativen Rückmeldungen von Kunden führte. Die initialen Schwierigkeiten lagen in der inkonsistenten Struktur und dem fehlerhaften Aufbau der Kundendatenbank, was eine korrekte Zuordnung und Personalisierung erschwerte.

Initiale Schwierigkeiten:

- **Inkorrekte Anrede:** In vielen Fällen wurden Kunden falsch adressiert, was auf unterschiedliche Schreibweisen, veraltete Informationen und fehlende Dateneinträge zurückzuführen war.
- **Dubletten:** Mehrfach angelegte Kundendatensätze führten zu doppelten oder mehrmaligen Zusendungen von Werbematerialien.
- **Veraltete Daten:** Kundenadressen und Kontaktinformationen waren oft nicht aktuell, was zu Zustellungsproblemen und ineffektiver Kommunikation führte.
- **Regulatorische Bedenken:** Die mangelnde Datenqualität führte zu potenziellen Compliance-Verstößen, insbesondere hinsichtlich Datenschutzrichtlinien und Kundeninformationen.

Projektplan: Um diese Schwierigkeiten zu beheben und eine qualitativ hochwertige Kundenkommunikation sicherzustellen, entwickelte das Telekommunikationsunternehmen einen umfassenden Projektplan zur Implementierung von TOLERANT Name:

1. **Datenanalyse und -bereinigung:** Die erste Phase bestand darin, eine detaillierte Bestandsaufnahme der aktuellen Datenbank durchzuführen. Dies ermöglichte es, die spezifischen Problembereiche zu identifizieren und klare Anforderungen für TOLERANT Name zu definieren.

2. **Pilotprojekt:** In einem begrenzten Pilotprojekt wurden erste Kundendatensätze mit TOLERANT Name bereinigt und standardisiert. Die Ergebnisse dieses Projekts halfen dabei, die Konfiguration der Software weiter zu verfeinern.

3. **Datenharmonisierung und -strukturierung:** TOLERANT Name wurde so eingerichtet, dass es die Namensdaten in der Kundendatenbank automatisch validiert, standardisiert und korrigiert. Gleichzeitig sollten Namensdubletten identifiziert und Zusammenführungen vorgeschlagen werden.

4. **Training und Prozessoptimierung:** Die Mitarbeiter, die für die Datenpflege und -verwaltung verantwortlich waren, erhielten Schulungen, um die neue Software effektiv zu nutzen. Zudem wurden Prozesse so angepasst, dass zukünftige Kundendatensätze bereits bei der Eingabe überprüft und korrekt strukturiert wurden.

5. **Kontinuierliche Verbesserung:** Nach der Integration überwachte ein dediziertes Team die Datenqualität und nutzte die Berichte von TOLERANT Name, um den Datenpflegeprozess kontinuierlich zu optimieren.

Durch diesen klaren Projektplan konnte das Telekommunikationsunternehmen die Voraussetzungen für eine präzise und effektive Kundenkommunikation schaffen und somit die Basis für eine stärkere Kundenbindung und gezieltere Marketingmaßnahmen legen.

Umsetzung und Nutzen der Lösung

Die Umsetzung von TOLERANT Name im Telekommunikationsunternehmen verlief in mehreren Phasen, um sicherzustellen, dass die neuen Prozesse nahtlos in den bestehenden Workflow integriert werden konnten. Der Fokus lag dabei auf einer nachhaltigen Verbesserung der Datenqualität, der Effizienzsteigerung in der

Kundenkommunikation und der Einhaltung regulatorischer Anforderungen.

Implementierungsprozess:

1. **Konfiguration und Integration:** Die Software wurde so konfiguriert, dass sie die spezifischen Anforderungen des Unternehmens erfüllt. Hierzu gehörte die Anpassung der Namensvalidierungsregeln und -standards an die regionalen und internationalen Besonderheiten der Kundendatenbank. TOLERANT Name wurde in die bestehenden CRM- und ERP-Systeme integriert, sodass die Daten aus verschiedenen Quellen automatisch geprüft und harmonisiert werden konnten.

2. **Automatisierte Datenbereinigung:** Nach der Integration übernahm TOLERANT Name die automatisierte Prüfung und Korrektur der bestehenden Kundendatensätze. Die Software identifizierte Dubletten, korrigierte inkorrekte Namen und adressierte inkonsistente Datenfelder, um eine einheitliche und präzise Kundendatenbank zu erstellen.

3. **Echtzeit-Validierung:** Für neue Kundendatensätze, die in das System eingetragen wurden, stellte TOLERANT Name eine Echtzeit-Validierung bereit. Dies gewährleistete, dass alle zukünftigen Einträge bereits bei der Dateneingabe standardisiert und korrekt strukturiert wurden.

4. **Berichterstattung und Monitoring:** Die Software generierte regelmäßig Berichte über den Zustand der Kundendatenbank, was dem Unternehmen half, potenzielle Fehlerquellen zu identifizieren und weitere Optimierungsmaßnahmen zu planen. Zudem wurden kontinuierlich die Fortschritte bei der Datenbereinigung und -standardisierung dokumentiert.

Nutzen der Lösung:

- **Verbesserte Kundenkommunikation:** Dank der präzisen Namensvalidierung konnte das Unternehmen die Kunden direkt und korrekt ansprechen, was zu einer deutlich höheren Kundenzufriedenheit führte. Personalisierte Anschreiben und Werbemaßnahmen wurden dadurch zielgerichteter und effektiver.

- **Effizienzsteigerung:** Die automatisierte Datenbereinigung reduzierte den manuellen Aufwand bei der Pflege der Kundendaten erheblich. Mitarbeiter konnten sich auf wertschöpfendere Aufgaben konzentrieren, was zu einer signifikanten Steigerung der Produktivität führte.

- **Reduzierte Kosten:** Durch die Vermeidung doppelter Zusendungen und fehlerhafter Adressierungen konnte das Unternehmen Versandkosten sparen und die Effizienz seiner Marketingkampagnen steigern.

- **Compliance-Sicherheit:** Die verbesserte Datenqualität trug zur Einhaltung regulatorischer Anforderungen bei und reduzierte das Risiko von Datenschutzverletzungen.

- **Optimiertes Marketing:** Dank der konsolidierten und fehlerfreien Kundendaten konnte das Unternehmen gezieltere Marketingstrategien entwickeln und besser segmentierte Kampagnen durchführen.

Insgesamt führte die Umsetzung von TOLERANT Name zu einer deutlichen Optimierung der Kundenkommunikation und stärkte die Effizienz des Unternehmens. Diese Investition in eine fortschrittliche Datenvalidierungslösung legte den Grundstein für eine langfristige und erfolgreiche Kundenbindung.

5.1.3 TOLERANT Sanction und TOLERANT PEP

COMPLIANCE-SICHERUNG IM INTERNATIONALEN HANDEL

Ausgangslage und Compliance-Anforderungen

Im internationalen Handel sind Compliance-Anforderungen ein komplexes und unverzichtbares Element des geschäftlichen Erfolgs. Ein weltweit tätiges Handelsunternehmen sah sich zunehmenden Herausforderungen bei der Einhaltung regulatorischer Vorschriften ausgesetzt, insbesondere aufgrund der sich ständig ändernden Gesetze und internationalen Sanktionen. Die Ausgangslage war von mehreren Faktoren geprägt:

1. **Vielfalt internationaler Vorschriften:** Die Handelsvorschriften unterscheiden sich je nach Region erheblich und erfordern ein tiefes Verständnis der jeweils gültigen Regelungen. Die Einhaltung von Sanktionslisten, Anti-Geldwäsche-Richtlinien und anderen Bestimmungen wurde durch die unterschiedlichen Anforderungen der jeweiligen Länder erschwert.

2. **Komplexität der Kundenbeziehungen:** Da das Unternehmen mit einer Vielzahl von internationalen Kunden zusammenarbeitete, mussten deren Hintergrund und Verbindungen sorgfältig geprüft werden. Politisch exponierte Personen (PEPs) sowie Firmen mit problematischen Geschäftsverbindungen konnten ein erhebliches Risiko für Compliance-Verstöße darstellen.

3. **Mangelnde Datenkonsistenz:** Die Kundendaten stammten aus unterschiedlichen Quellen und wiesen oft Inkonsistenzen auf, was die Überprüfung gegen internationale Sankti-

onslisten erschwerte. Fehlende oder unvollständige Informationen erhöhten das Risiko, mit sanktionierten Personen oder Organisationen Geschäfte zu machen.

4. **Rufschädigung und finanzielle Risiken:** Verstöße gegen Compliance-Vorschriften konnten zu empfindlichen Strafen, Handelsverboten und erheblichen Reputationsverlusten führen. Vor allem im internationalen Handel sind solche Verstöße ein beträchtliches Risiko für die Glaubwürdigkeit und die finanzielle Stabilität eines Unternehmens.

Compliance-Anforderungen:

- **Sanktionslistenprüfung:** Unternehmen müssen sicherstellen, dass sie keine Geschäftsbeziehungen zu Personen oder Organisationen unterhalten, die auf internationalen Sanktions- oder Embargolisten stehen.

- **Prüfung politisch exponierter Personen (PEP):** Eine strikte Prüfung von PEPs ist entscheidend, um Geldwäsche und andere finanzielle Risiken zu minimieren.

- **Anti-Geldwäsche-Richtlinien (AML):** Die Identifikation und Dokumentation von Kunden sowie die Überwachung verdächtiger Transaktionen sind wesentliche Anforderungen im internationalen Handel.

Um diesen Anforderungen gerecht zu werden, entschied sich das Unternehmen für den Einsatz von TOLERANT Sanction und TOLERANT PEP. Diese Lösungen sollten sicherstellen, dass alle Kunden und Geschäftspartner sorgfältig geprüft und mit internationalen Sanktions- und PEP-Listen abgeglichen werden. Damit wurde die Basis für eine zuverlässige Compliance-Sicherung im globalen Handel geschaffen.

Lösungsansatz und Erfolgsbeispiele

Die Implementierung von TOLERANT Sanction und TOLERANT PEP bot dem international tätigen Handelsunternehmen eine robuste Lösung zur Sicherstellung der Compliance in einem komplexen globalen Umfeld. Dieser strategische Ansatz umfasste mehrere Schlüsselkomponenten, die darauf ausgerichtet waren, das Risiko von Compliance-Verstößen effektiv zu minimieren und den Anforderungen internationaler Handelsvorschriften gerecht zu werden.

Lösungsansatz:

1. **Integration der Software-Lösungen:** TOLERANT Sanction und TOLERANT PEP wurden in die IT-Infrastruktur des Unternehmens integriert, einschließlich der CRM- und ERP-Systeme. Diese Integration ermöglichte es, automatisch und in Echtzeit alle Transaktionen und Kundenbeziehungen gegen aktuelle Sanktions- und PEP-Listen zu prüfen.

2. **Automatische Aktualisierung von Listen:** Da Sanktions- und PEP-Listen regelmäßig aktualisiert werden, nutzte das System automatische Updates, um stets die neuesten Daten zu verwenden. Diese Funktion reduzierte das Risiko, aufgrund veralteter Informationen fehlerhafte Entscheidungen zu treffen.

3. **Umfassende Schulungen:** Das Personal wurde intensiv in der Nutzung der neuen Systeme geschult, um ein tiefes Verständnis der Compliance-Prozesse und der technischen Funktionsweise der Software zu gewährleisten. Diese Schulungen halfen dabei, die Bedeutung von Compliance im täglichen Geschäftsbetrieb zu verankern.

4. **Dokumentation und Reporting:** Die Softwarelösungen boten detaillierte Berichtsfunktionen, die es dem Unterneh-

men ermöglichten, alle Überprüfungen und die entsprechenden Ergebnisse zu dokumentieren. Dies war besonders wichtig für den Nachweis der Compliance gegenüber Regulierungsbehörden und Partnern.

Erfolgsbeispiele:

- **Vermeidung von Compliance-Strafen:** Durch den effektiven Einsatz von TOLERANT Sanction konnte das Unternehmen mehrere potenzielle Verstöße identifizieren und verhindern, dass Geschäfte mit sanktionierten Entitäten oder Personen abgeschlossen wurden. Diese proaktive Maßnahme schützte das Unternehmen vor hohen Bußgeldern und Reputationsverlust.

- **Verbesserung der operativen Sicherheit:** Mit TOLERANT PEP gelang es dem Unternehmen, Risiken durch politisch exponierte Personen zu minimieren. Durch die frühzeitige Identifikation und gründliche Überprüfung von PEPs wurden zusätzliche Sicherheitsprüfungen eingeleitet, was zur Stärkung der internen Sicherheitsmaßnahmen beitrug.

- **Stärkung der Marktposition:** Die zuverlässige Compliance-Praxis wurde zu einem wichtigen Verkaufsargument gegenüber Partnern und Kunden. Das klare Bekenntnis zu ethischem Handeln und die Einhaltung internationaler Vorschriften stärkten das Vertrauen in das Unternehmen und verbesserten seine Position im globalen Markt.

Insgesamt demonstrieren diese Erfolgsbeispiele, wie TOLERANT Sanction und TOLERANT PEP das Unternehmen befähigten, effizient und effektiv auf die komplexen Herausforderungen der internationalen Compliance-Anforderungen zu reagieren. Durch die strategische Implementierung dieser Lösungen konnte das Unternehmen seine Compliance-Risiken erheblich reduzieren und gleichzeitig seine Wettbewerbsfähigkeit auf dem internationalen Markt steigern.

RISIKOMANAGEMENT IN EINER FINANZINSTITUTION

Im Finanzsektor gelten internationale Vorschriften als kritischer Bestandteil des Risikomanagements. Eine bedeutende europäische Finanzinstitution stand vor erheblichen Herausforderungen bei der Einhaltung dieser Vorgaben, da sie grenzüberschreitend agierte und Kunden weltweit betreute. Die Komplexität der regulatorischen Anforderungen und die Notwendigkeit einer genauen Kundenidentifikation machten das Risikomanagement zu einer schwierigen Aufgabe.

Herausforderungen im Umgang mit internationalen Vorschriften

1. **Vielfalt und Dynamik der Vorschriften:** Die Finanzinstitution musste sicherstellen, dass sie eine breite Palette an internationalen Vorschriften einhält, darunter die EU-Datenschutzgrundverordnung (DSGVO), Anti-Geldwäsche-Richtlinien (AML) und Sanktionsgesetze. Viele dieser Vorschriften ändern sich ständig und variieren je nach Rechtsgebiet.

2. **Kundenüberprüfung und -identifikation:** Die Prüfung der Kundenidentität war von entscheidender Bedeutung, um sicherzustellen, dass keine Geschäftsbeziehungen zu sanktionierten Personen oder Unternehmen bestanden. Bei Kunden aus Hochrisikoländern war eine umfassende Due-Diligence-Prüfung erforderlich, insbesondere bei politisch exponierten Personen (PEP).

3. **Datenqualität und -konsistenz:** Die Finanzinstitution hatte Probleme mit der Datenqualität, insbesondere bei der Aktualität und Vollständigkeit der Kundendaten. Unvollständige Datensätze erschwerten die effektive Überprüfung gegen internationale Sanktions- und PEP-Listen.

4. **Reporting und Dokumentation:** Die Vorschriften erfordern eine lückenlose Dokumentation aller Überprüfungen und die Erstellung von Berichten, um Compliance gegenüber Aufsichtsbehörden nachzuweisen. Dies stellte einen erheblichen Aufwand dar, insbesondere in Anbetracht der internationalen Kundenbasis.

5. **Rufrisiko:** Die Nichteinhaltung der Vorschriften hätte nicht nur zu finanziellen Strafen, sondern auch zu erheblichem Reputationsverlust führen können, der das Vertrauen von Kunden und Investoren nachhaltig beschädigen würde.

Um diesen Herausforderungen zu begegnen, entschied sich die Finanzinstitution für den Einsatz von TOLERANT Sanction und TOLERANT PEP, um sicherzustellen, dass Kunden- und Transaktionsdaten effizient und korrekt mit internationalen Vorschriften in Einklang gebracht werden können. Diese Lösungen ermöglichten eine schnelle und präzise Überprüfung gegen die relevanten Sanktions- und PEP-Listen, um Risiken effektiv zu identifizieren und zu minimieren.

Implementierung von TOLERANT-Tools und deren Wirkung

Die Implementierung von TOLERANT Sanction und TOLERANT PEP in der Finanzinstitution erfolgte strategisch und systematisch, um sicherzustellen, dass die neuen Tools nahtlos in die bestehende IT-Infrastruktur integriert werden und eine effektive Compliance-Prüfung gewährleisten. Der Prozess bestand aus mehreren entscheidenden Phasen:

1. Planung und Vorbereitung: Zu Beginn wurde eine detaillierte Analyse der bestehenden Datenverwaltungssysteme und Compliance-Prozesse durchgeführt. Dies ermöglichte eine genaue Definition der Anforderungen, die TOLERANT Sanction und TOLERANT PEP erfüllen sollten. Die Finanzinstitution legte besonderen Wert darauf, dass die neuen Tools sich nahtlos in die bestehenden CRM- und Transaktionssysteme einbinden lassen.

2. Pilotphase und Anpassung: Bevor die Tools vollständig implementiert wurden, wurden sie in einer Pilotphase getestet. Hierbei wurde ein begrenzter Satz von Kundendaten gegen die Sanktions- und PEP-Listen geprüft. Diese Testphase diente dazu, die Konfiguration der Tools zu optimieren und ihre Wirksamkeit im realen Umfeld zu überprüfen.

3. Vollständige Integration: Nach der erfolgreichen Pilotphase wurden TOLERANT Sanction und TOLERANT PEP vollständig in die IT-Systeme integriert. Die Softwarelösungen prüften nun automatisch alle neuen und bestehenden Kundendatensätze sowie Transaktionen gegen die Sanktions- und PEP-Listen. Dies geschah sowohl bei der manuellen Eingabe als auch bei der automatischen Aktualisierung von Daten.

4. Mitarbeiterschulung: Eine umfassende Schulung der Mitarbeiter stellte sicher, dass sie die neuen Tools effektiv nutzen konnten. Dies betraf insbesondere die Compliance- und Datenmanagement-Teams, die durch die Reports von TOLERANT Sanction und TOLERANT PEP in ihrer täglichen Arbeit unterstützt wurden.

5. Kontinuierliche Überwachung: Nach der Integration wurden die Tools kontinuierlich überwacht und angepasst, um sicherzustellen, dass sie stets mit den aktuellsten internationalen Sanktions- und

PEP-Listen arbeiten. Durch regelmäßige Berichte konnte die Finanzinstitution die Wirksamkeit der Tools genau verfolgen und bei Bedarf ihre Konfiguration optimieren.

Wirkung und Vorteile:

- **Verbesserte Compliance:** Die automatisierte Prüfung gegen Sanktions- und PEP-Listen ermöglichte es der Finanzinstitution, potenzielle Compliance-Risiken frühzeitig zu erkennen und zu verhindern. So konnte sie sicherstellen, dass keine Geschäftsbeziehungen mit sanktionierten Entitäten eingegangen wurden.

- **Erhöhte Effizienz:** Durch die automatisierte Überprüfung wurden die manuellen Prüfungen erheblich reduziert. Dies ermöglichte es den Compliance-Teams, sich auf die Analyse verdächtiger Fälle zu konzentrieren und effektiver zu arbeiten.

- **Risikominimierung:** Die konsistente Anwendung von TOLERANT Sanction und TOLERANT PEP führte zu einer erheblichen Reduzierung des Risikos von Verstößen gegen internationale Vorschriften. Dadurch wurden die finanziellen und reputationsbezogenen Risiken der Finanzinstitution minimiert.

- **Reporting und Dokumentation:** Die detaillierten Berichte von TOLERANT Sanction und TOLERANT PEP ermöglichten eine lückenlose Dokumentation aller Überprüfungen. Dies erleichterte es der Finanzinstitution, ihre Compliance gegenüber den Aufsichtsbehörden nachzuweisen.

Insgesamt führte die Implementierung der TOLERANT-Tools zu einer signifikanten Verbesserung der Compliance-Prüfungen und half der Finanzinstitution, sich in einem zunehmend anspruchsvollen regulatorischen Umfeld erfolgreich zu behaupten.

5.1.4 TOLERANT Bank

REDUZIERUNG VON TRANSAKTIONSFEHLERN IN EINER REGIONALEN BANK

Problembeschreibung und Ziele der Optimierung

Die Herausforderungen einer regionalen Bank bei der Verwaltung von Transaktionen und Zahlungsabwicklungen waren eng mit der Qualität ihrer Bankdaten verbunden. Die Problembeschreibung umfasste mehrere Aspekte, die sowohl die Effizienz des Betriebs als auch die Kundenzufriedenheit beeinträchtigten.

Problembeschreibung:

1. **Ungültige Kontodaten:** Die Bank hatte häufig mit ungültigen Kontodaten zu kämpfen, was zu Rücklastschriften und verweigerten Überweisungen führte. Diese Fehler entstanden durch falsche oder veraltete Kontonummern, ungenaue IBAN-Angaben und Tippfehler bei der Eingabe.

2. **Fehlende Bankverbindungsinformationen:** Oft waren die Bankverbindungsinformationen unvollständig, insbesondere in Bezug auf Bankleitzahlen, BIC-Codes und korrekte Banknamen. Dies führte zu Verzögerungen bei internationalen Transaktionen und zusätzlichen Überprüfungsschritten.

3. **Manuelle Korrekturen:** Das Korrigieren fehlerhafter oder unvollständiger Bankverbindungsdaten erforderte in vielen Fällen manuelle Eingriffe der Mitarbeiter, was den Bearbei-

tungsaufwand erhöhte und zu Verzögerungen bei der Durchführung von Transaktionen führte.

4. **Kundenzufriedenheit:** Die Rücklastschriften und verzögerten Überweisungen wirkten sich negativ auf die Kundenzufriedenheit aus. Kunden verloren das Vertrauen in die Bank, was zu einer sinkenden Loyalität und potenziellen Wechselabsichten führte.

Ziele der Optimierung:

Um diese Herausforderungen zu bewältigen und die Effizienz der Banktransaktionen zu steigern, wurden mehrere strategische Ziele definiert:

1. **Reduzierung von Transaktionsfehlern:** Durch eine gründliche Überprüfung und Korrektur der Bankverbindungsdaten sollten die Transaktionsfehler signifikant reduziert werden, um die Kundenzufriedenheit zu steigern und die Betriebskosten zu senken.

2. **Automatisierung der Datenkorrektur:** Die manuelle Korrektur von Bankdaten sollte durch automatisierte Prozesse ersetzt werden, um den Bearbeitungsaufwand zu verringern und die Effizienz zu steigern.

3. **Verbesserung der Datenqualität:** Die Bank strebte an, die Bankverbindungsdaten in ihren Systemen zu standardisieren und zu aktualisieren, um eine einheitliche und korrekte Datenbasis zu schaffen.

4. **Compliance-Sicherheit:** Die Optimierung der Bankdaten sollte dazu beitragen, die regulatorischen Anforderungen im Zahlungsverkehr zu erfüllen und sicherzustellen, dass alle Transaktionen den geltenden Vorschriften entsprechen.

Um diese Ziele zu erreichen, entschied sich die regionale Bank für den Einsatz von TOLERANT Bank, einem spezialisierten Tool zur Validierung und Standardisierung von Bankverbindungsdaten. Dieses Softwaretool sollte dazu beitragen, die Qualität der Bankdaten zu erhöhen, den Prüfaufwand zu reduzieren und die Kundenzufriedenheit wiederherzustellen.

Einsatz von TOLERANT Bank und erzielte Resultate

Die Implementierung von TOLERANT Bank in die IT-Infrastruktur der regionalen Bank stellte einen entscheidenden Schritt dar, um die anvisierten Ziele zu erreichen und die oben beschriebenen Probleme zu lösen. Dieser Prozess verlief in mehreren Schritten und führte zu signifikanten Verbesserungen in der Transaktionsverarbeitung und der allgemeinen Datenqualität.

Implementierungsprozess:

1. **Technische Integration:** TOLERANT Bank wurde nahtlos in die bestehenden Bankensysteme integriert, wobei besonderes Augenmerk auf die Verknüpfung mit dem Kernbankensystem gelegt wurde. Dies ermöglichte eine automatische Überprüfung und Korrektur von Bankdaten sowohl bei der Eingabe durch Kunden im Online-Banking als auch bei der internen Datenerfassung durch die Bankmitarbeiter.

2. **Datenbereinigung:** Nach der Integration wurden umfangreiche Datenbereinigungsaktionen durchgeführt. TOLERANT Bank analysierte den gesamten Bestand an Bankverbindungsdaten, identifizierte fehlerhafte, veraltete und unvollständige Einträge und korrigierte diese automatisch oder markierte sie für eine manuelle Überprüfung.

3. **Kontinuierliche Validierung:** TOLERANT Bank wurde so konfiguriert, dass es fortlaufend jede neue oder geänderte Bankverbindung überprüft. Dies gewährleistete, dass alle Bankdaten stets den aktuellen Standards entsprechen und mögliche Fehler sofort erkannt und behoben werden.

4. **Schulung und Unterstützung des Personals:** Die Bank führte Schulungsprogramme für das Personal durch, um sicherzustellen, dass jeder Mitarbeiter die Funktionsweise und Vorteile der neuen Software versteht. Zusätzlich wurde ein Support-Team etabliert, das bei Fragen oder Problemen zur Verfügung stand.

Erzielte Resultate:

- **Reduktion von Transaktionsfehlern:** Die Fehlerquote bei Transaktionen konnte drastisch reduziert werden. Rücklastschriften und fehlgeschlagene Überweisungen aufgrund von fehlerhaften Bankdaten sanken um über 50%, was zu einer erheblichen Kosteneinsparung führte.

- **Erhöhung der Kundenzufriedenheit:** Durch die verbesserte Zuverlässigkeit der Transaktionen und die korrekte Ansprache der Kunden stieg die Kundenzufriedenheit deutlich an. Die Bank verzeichnete einen Rückgang bei Beschwerden und eine höhere Kundenbindung.

- **Effizienzsteigerung:** Die Automatisierung der Datenprüfung und -korrektur beschleunigte die internen Abläufe erheblich und reduzierte den manuellen Aufwand für Mitarbeiter, was zu einer gesteigerten Produktivität führte.

- **Compliance und Risikomanagement:** Mit der Implementierung von TOLERANT Bank verbesserte die Bank ihre Compliance im Bereich des Zahlungsverkehrs und minimierte das Risiko regulatorischer Sanktionen.

Die erfolgreiche Implementierung und der laufende Einsatz von TOLERANT Bank ermöglichten es der regionalen Bank, ihre Transaktionsprozesse signifikant zu optimieren und gleichzeitig regulatorischen Anforderungen gerecht zu werden. Diese technologische Innovation führte zu einer nachhaltigen Verbesserung der Betriebsleistung und stärkte die Wettbewerbsposition der Bank im Finanzmarkt.

IMPLEMENTIERUNG VON **TOLERANT** BANK IN EINEM ZAHLUNGSDIENSTLEISTER

Anfangssituation und Verbesserungsbedarf

Ein internationaler Zahlungsdienstleister erkannte, dass die Qualität der Bankdaten für effiziente Transaktionen und eine zuverlässige Kundenansprache entscheidend ist. Die wachsende Zahl von Transaktionsfehlern führte zu Verzögerungen und zusätzlichen Kosten, was den Handlungsbedarf verdeutlichte.

Anfangssituation:

1. **Fehlerhafte Bankverbindungsdaten:** Der Zahlungsdienstleister kämpfte mit inkorrekten Kontonummern, BIC-Codes und IBANs, die zu Rücklastschriften und Verzögerungen bei internationalen Überweisungen führten. Diese Fehler resultierten häufig aus manuellen Eingabefehlern oder veralteten Informationen in der Kundendatenbank.

2. **Hoher manueller Korrekturaufwand:** Die Korrektur fehlerhafter Daten erforderte umfangreiche manuelle Prüfungen, die zeit- und kostenintensiv waren. Kundenbetreuer muss-

ten oft einzelne Datensätze überprüfen und korrigieren, was zu Verzögerungen und zusätzlichem Arbeitsaufwand führte.

3. **Unvollständige Bankverbindungsinformationen:** In vielen Fällen waren Bankverbindungsinformationen unvollständig oder ungenau. Dies erschwerte eine schnelle und reibungslose Abwicklung von Transaktionen, was zu Kundenbeschwerden und einem Vertrauensverlust führte.

4. **Regulatorische Herausforderungen:** Die internationalen Zahlungsprozesse erforderten eine strikte Einhaltung von Compliance-Vorgaben, insbesondere im Hinblick auf Geldwäscheprävention und Kundendatenschutz. Fehlerhafte Bankdaten erhöhten das Risiko von Verstößen gegen regulatorische Anforderungen.

Verbesserungsbedarf:

Um diesen Herausforderungen zu begegnen, setzte der Zahlungsdienstleister klare Ziele für die Implementierung einer effizienten Bankdatenvalidierungslösung:

1. **Automatisierte Datenvalidierung:** Die manuelle Korrektur sollte durch eine automatisierte Überprüfung von Bankverbindungsdaten ersetzt werden, um Fehlerquellen zu minimieren und die Effizienz der Transaktionsabwicklung zu steigern.

2. **Verbesserung der Datenqualität:** Die Datenbank sollte bereinigt und standardisiert werden, um sicherzustellen, dass alle Kontoinformationen korrekt und aktuell sind.

3. **Compliance-Sicherheit:** Die Bankverbindungsdaten sollten den geltenden regulatorischen Standards entsprechen und potenzielle Risiken im Zahlungsverkehr minimiert werden.

4. **Kosteneinsparungen:**
   Die Verringerung von Transaktionsfehlern sollte die Betriebskosten reduzieren und zu einer schnelleren Abwicklung von internationalen Zahlungen führen.

Diese Herausforderungen und Anforderungen bildeten die Basis für die Entscheidung des Zahlungsdienstleisters, TOLERANT Bank zu implementieren. Das Tool sollte sicherstellen, dass Bankverbindungsdaten in Echtzeit validiert, korrigiert und standardisiert werden, um eine effiziente Zahlungsabwicklung und Compliance-Sicherheit zu gewährleisten.

Prozessablauf und Ergebnisse nach der Einführung

Die Einführung von TOLERANT Bank bei einem internationalen Zahlungsdienstleister erfolgte sorgfältig geplant und mit klaren Zielen. Der Implementierungsprozess wurde in mehreren Schritten durchgeführt, um eine nahtlose Integration in die bestehende IT-Infrastruktur zu gewährleisten und sofortige Ergebnisse zu erzielen.

Prozessablauf:

1. **Initiale Datenanalyse:** Die erste Phase der Implementierung bestand in einer detaillierten Analyse der vorhandenen Bankdaten. Dadurch konnte der Zahlungsdienstleister die häufigsten Fehler und Unstimmigkeiten identifizieren, was dazu diente, die Konfiguration von TOLERANT Bank optimal abzustimmen.

2. **Integration und Testphase:** TOLERANT Bank wurde in die bestehenden Systeme integriert und durchlief eine Testphase, in der eine Stichprobe von Bankverbindungsdaten analysiert wurde. Die Ergebnisse halfen dabei, die Konfiguration der Software weiter zu verfeinern und Anpassungen vorzunehmen.

3. **Datenbereinigung:** Nach erfolgreicher Testphase führte TOLERANT Bank eine umfassende Bereinigung der vorhandenen Bankverbindungsdaten durch. Fehlerhafte Datensätze wurden korrigiert oder für eine manuelle Überprüfung markiert. Darüber hinaus standardisierte die Software alle Kontodaten nach internationalen Richtlinien.

4. **Automatisierte Überprüfung:** Die Software wurde so konfiguriert, dass sie bei der Eingabe von neuen Bankverbindungsdaten automatisch eine Echtzeitprüfung durchführt. Dies garantierte, dass alle neu erfassten Daten korrekt und vollständig sind.

5. **Schulung und Anpassung:** Die Mitarbeiter des Zahlungsdienstleisters erhielten umfassende Schulungen zur Nutzung von TOLERANT Bank. Dies gewährleistete, dass sie die Software effektiv anwenden und die neuen Prozesse verstehen. Gleichzeitig wurden interne Arbeitsabläufe an die automatisierten Prozesse angepasst.

Ergebnisse nach der Einführung:

• **Reduktion der Transaktionsfehler:** Durch die automatisierte Datenprüfung konnte der Zahlungsdienstleister die Rate der Transaktionsfehler erheblich reduzieren. Die Zahl der Rücklastschriften und verweigerten Zahlungen sank um über 60%, was die Zuverlässigkeit und Effizienz der Zahlungsabwicklung steigerte.

- **Kosteneinsparungen:** Die Verringerung von Fehltransaktionen führte zu erheblichen Kosteneinsparungen, da weniger manuelle Korrekturen und Rückabwicklungen erforderlich waren. Die Effizienzsteigerung wirkte sich positiv auf die Betriebsabläufe aus.

- **Verbesserung der Kundenzufriedenheit:** Die präzisen Bankverbindungsdaten ermöglichten es dem Zahlungsdienstleister, seine Kunden korrekt anzusprechen und eine zuverlässige Zahlungsabwicklung zu gewährleisten. Dies führte zu einem deutlichen Anstieg der Kundenzufriedenheit und stärkte die Kundenbindung.

- **Compliance-Sicherheit:** Mit TOLERANT Bank konnte der Zahlungsdienstleister sicherstellen, dass die Bankverbindungsdaten den internationalen Compliance-Standards entsprechen. Dies minimierte das Risiko regulatorischer Verstöße und erhöhte das Vertrauen von Kunden und Partnern in die Sicherheitsstandards des Unternehmens.

Insgesamt führte die Einführung von TOLERANT Bank zu einer nachhaltigen Verbesserung der Datenqualität und der operativen Effizienz. Der Zahlungsdienstleister konnte nicht nur seine Geschäftsprozesse optimieren, sondern auch seine Position als zuverlässiger Partner im globalen Zahlungsverkehr stärken.

5.2 Anpassung der Tools an spezifische Branchenanforderungen

5.2.1 Finanzsektor

ANFORDERUNGEN

Der Finanzsektor steht in besonderem Maße vor der Herausforderung, strenge Compliance- und Sicherheitsstandards einzuhalten. Diese Anforderungen sind sowohl durch nationale als auch internationale Regulierungsbehörden vorgegeben und betreffen alle Aspekte der Kundendatenverarbeitung, des Zahlungsverkehrs und der internen Sicherheit. Die strikten Vorgaben haben den Zweck, den Sektor vor Geldwäsche, Betrug und anderen Formen krimineller Aktivitäten zu schützen und sicherzustellen, dass die Banken und Finanzinstitute im Einklang mit den Gesetzen agieren.

Anforderungen zur Einhaltung strenger Compliance- und Sicherheitsstandards:

1. **Kundenidentifikation und KYC-Prüfung:** Eine der grundlegenden Anforderungen im Finanzsektor ist die ordnungsgemäße Identifikation der Kunden, oft als Know Your Customer (KYC) bezeichnet. Finanzinstitute müssen in der Lage sein, die Identität ihrer Kunden eindeutig festzustellen und zu verifizieren. Dies erfordert die Überprüfung von Personendaten wie Name, Adresse und Ausweisdokumente. Auch die Herkunft von Finanzmitteln muss nachvollziehbar sein, um Geldwäsche und Terrorismusfinanzierung zu verhindern.

2. **Sanktions- und PEP-Listenprüfung:** Finanzinstitute müssen sicherstellen, dass sie keine Geschäftsbeziehungen zu

Personen oder Organisationen pflegen, die auf internationalen Sanktionslisten oder als politisch exponierte Personen (PEPs) geführt werden. Diese Prüfungen sind essenziell, um hohe Bußgelder und Reputationsverluste zu vermeiden.

3. **Datensicherheit und Schutz vor Cyberangriffen:** De hohe Sensibilität der Kundendaten macht den Finanzsektor zu einem beliebten Ziel für Cyberkriminalität. Institute sind verpflichtet, ihre IT-Infrastruktur zu schützen und regelmäßige Sicherheitsüberprüfungen durchzuführen. Dies umfasst die Verschlüsselung sensibler Daten, den Schutz vor unbefugtem Zugriff und die Implementierung sicherer Authentifizierungsverfahren.

4. **Transparenz und Reporting:** Die Finanzinstitute müssen in der Lage sein, detaillierte Berichte über ihre Compliance-Aktivitäten zu erstellen, um den Regulierungsbehörden die Einhaltung der Vorschriften nachzuweisen. Dies betrifft insbesondere die Dokumentation aller Kundenprüfungen, Sanktionsabgleiche und verdächtigen Transaktionen.

5. **Risikobewertung und kontinuierliche Überwachung:** Ein umfassendes Risikomanagementsystem ist erforderlich, um potenzielle Gefahren für das Unternehmen frühzeitig zu erkennen und zu minimieren. Dazu gehören automatisierte Überwachungssysteme, die verdächtige Aktivitäten in Echtzeit erkennen und melden.

Um diese Anforderungen zu erfüllen, benötigen Banken und Finanzinstitute spezialisierte Software-Tools, die auf die komplexen Compliance- und Sicherheitsstandards zugeschnitten sind. TOLERANT Software bietet Lösungen, die diese Anforderungen im Finanzsektor abdecken, darunter TOLERANT Sanction, TOLERANT

PEP und TOLERANT Bank. Diese Tools helfen dabei, Kundendaten zu prüfen und zu validieren, Compliance-Risiken zu minimieren und eine zuverlässige Berichterstattung zu gewährleisten.

Der Finanzsektor operiert mit enormen Transaktionsvolumina, die täglich bearbeitet und geprüft werden müssen. Dies stellt eine erhebliche Herausforderung dar, insbesondere in Bezug auf Effizienz und Genauigkeit. Finanzinstitute müssen große Mengen an Transaktionsdaten in kürzester Zeit verarbeiten, um sowohl den Anforderungen ihrer Kunden gerecht zu werden als auch die strengen Compliance-Vorgaben einzuhalten. Hier sind Software-Tools von entscheidender Bedeutung, um diese Effizienz sicherzustellen.

Effizienzanforderungen bei der Verarbeitung großer Transaktionsvolumina:

1. **Automatisierte Datenverarbeitung:** Ein effektives System zur automatischen Validierung und Korrektur von Transaktionsdaten ist unerlässlich. Es muss in der Lage sein, Fehler in Kontonummern, IBANs und anderen Bankverbindungsdaten zu erkennen und zu beheben, bevor sie zu fehlerhaften Transaktionen führen. Automatisierte Prozesse ermöglichen eine schnelle und konsistente Verarbeitung großer Datenmengen, ohne die Notwendigkeit manueller Überprüfungen.

2. **Echtzeitprüfung:** Die Echtzeitprüfung von Transaktionen ist entscheidend, um mögliche Probleme sofort zu erkennen und zu beheben. Durch den Einsatz fortschrittlicher Algorithmen können Software-Tools wie TOLERANT Bank Transaktionen in Millisekunden validieren und so sicherstellen, dass fehlerhafte oder verdächtige Vorgänge rechtzeitig erkannt werden.

3. **Lastverteilung und Skalierbarkeit:** Die Verarbeitungsarchitektur muss skalierbar sein, um auch Spitzenlasten bewältigen zu können. Eine optimale Lastverteilung stellt sicher, dass alle Transaktionen gleichmäßig auf die verfügbaren Ressourcen verteilt werden und das System keine Engpässe erlebt. Dies ist besonders wichtig während Stoßzeiten, in denen ein hohes Transaktionsvolumen verarbeitet werden muss.

4. **Fehlertoleranz:** Bei großen Transaktionsvolumina ist eine fehlertolerante Verarbeitung entscheidend. Selbst wenn einige Daten unvollständig oder inkorrekt sind, sollte das System in der Lage sein, diese Fehler zu erkennen, zu korrigieren oder alternative Lösungswege vorzuschlagen. Dies minimiert das Risiko von Ausfällen oder Unterbrechungen im Zahlungsverkehr.

5. **Berichterstattung und Monitoring:** Um eine effiziente Verarbeitung sicherzustellen, muss das System regelmäßig Berichte und Analysen zur Performance liefern. Dies ermöglicht eine kontinuierliche Überwachung der Prozesse und die Identifikation von Engpässen oder ineffizienten Abläufen. Diese Informationen helfen dabei, den Verarbeitungsprozess weiter zu optimieren und die Effizienz zu steigern.

6. **Integration mit bestehenden Systemen:** Eine nahtlose Integration mit den bestehenden Kernbanksystemen und CRM-Anwendungen ist essenziell. Nur so können Transaktionen direkt aus den bestehenden Datenbanken validiert und verarbeitet werden, ohne dass Daten von einem System in ein anderes übertragen werden müssen.

Mit diesen Anforderungen vor Augen ermöglichen die TOLERANT-Tools eine effiziente Verarbeitung großer Transaktionsvolumina, indem sie die Vorteile der Automatisierung, Echtzeitprüfung und Fehlertoleranz voll ausschöpfen. Diese Kombination steigert nicht nur die Produktivität und Effizienz der Banken, sondern minimiert auch Risiken, verbessert die Kundenzufriedenheit und sichert die Einhaltung der regulatorischen Vorgaben.

ANPASSUNGEN

Die Integration von Anti-Geldwäsche- (AML) und Sanktionsprüfungsfunktionen in den Finanzsektor ist entscheidend, um sicherzustellen, dass Banken und Finanzinstitute nicht unwissentlich an kriminellen Aktivitäten teilnehmen. Mit zunehmenden globalen Vorschriften zur Geldwäscheprävention und strengen Sanktionslisten ist die Anpassung bestehender Systeme an diese Anforderungen unverzichtbar.

Integration von AML- und Sanktionsprüfungsfunktionen:

1. **Kundenüberprüfung (KYC):** Die Einhaltung von Know-Your-Customer (KYC)-Richtlinien ist der erste Schritt bei der AML-Integration. Banken müssen Kundendaten, einschließlich ihrer Identität und Herkunft der Gelder, gründlich prüfen. Eine starke KYC-Prüfung verhindert, dass Kriminelle gefälschte Identitäten verwenden, um Geldwäsche zu betreiben.

2. **Automatisierte Sanktionsprüfung:** Die Prüfung der Kundendaten gegen internationale Sanktionslisten ist eine Kernfunktion von AML-Programmen. Diese automatisierten Prüfungen identifizieren Kunden, die auf Listen wie den OFAC- oder EU-Sanktionslisten stehen. Mit der Integration von TOLERANT Sanction können Banken Kundendaten regelmäßig und in Echtzeit gegen diese Listen prüfen und potenziell riskante Transaktionen identifizieren.

3. **Erkennung verdächtiger Aktivitäten:** AML-Systeme müssen in der Lage sein, ungewöhnliche oder verdächtige Aktivitäten im Transaktionsverhalten der Kunden zu erkennen. Dies beinhaltet z. B. plötzliche Anstiege bei Geldtransfers, ungewöhnlich große Einzahlungen oder eine ungewöhnlich hohe Anzahl von Transaktionen. Eine enge Integration mit den Bankensystemen ermöglicht es AML-Tools, diese Muster in Echtzeit zu erkennen.

4. **Prüfung politisch exponierter Personen (PEPs):** PEPs gelten als besonders risikobehaftet für Geldwäscheaktivitäten, da sie durch ihre politische Position oft Zugang zu erheblichen Finanzmitteln haben. TOLERANT PEP ermöglicht die Überprüfung von Kunden gegen internationale PEP-Listen und hilft dabei, verdächtige Verbindungen zu erkennen.

5. **Berichterstattung und Compliance-Nachweis:** Die Integration von AML- und Sanktionsprüfungsfunktionen sollte umfassende Berichtsfunktionen beinhalten. Diese Berichte sind wichtig, um Compliance gegenüber Regulierungsbehörden nachzuweisen. Sie müssen alle Überprüfungen dokumentieren und Informationen über verdächtige Aktivitäten detailliert erfassen.

6. **Risikobasierte Ansätze:** Die Systeme sollten in der Lage sein, risikobasierte Ansätze zu unterstützen. Dies bedeutet, dass Kunden, die ein höheres Risiko darstellen, intensiver geprüft werden müssen als solche mit einem geringeren Risiko. Diese Ansätze ermöglichen eine effizientere Ressourcenallokation.

7. **Nahtlose Integration:** Die AML- und Sanktionsprüfungsfunktionen müssen nahtlos mit den bestehenden Bankensystemen integriert werden, um eine kontinuierliche Über-

wachung aller Transaktionen zu gewährleisten. Diese Integration sorgt dafür, dass alle Aktivitäten, von Kundeneinzahlungen bis zu Auslandsüberweisungen, effektiv überprüft werden können.

Durch die Integration von AML- und Sanktionsprüfungsfunktionen in bestehende Systeme können Banken sicherstellen, dass sie die globalen Standards und regulatorischen Anforderungen erfüllen. TOLERANT Sanction und TOLERANT PEP bieten spezialisierte Lösungen, die diese kritischen Aufgaben automatisieren und optimieren, was zu einer sicheren, effizienten und konformen Geschäftsabwicklung beiträgt.

Im Finanzsektor ist die sichere Datenverarbeitung und -speicherung ein zentrales Anliegen, um sensible Kundendaten vor Cyberangriffen, Datenverlust und unbefugtem Zugriff zu schützen. Banken und Finanzinstitute stehen daher vor der Herausforderung, hochsichere Lösungen zu entwickeln und in ihre IT-Infrastruktur zu integrieren, die den strengen regulatorischen Anforderungen und branchenspezifischen Sicherheitsstandards entsprechen. TOLERANT Software bietet hierfür maßgeschneiderte Lösungen.

Hochsichere Datenverarbeitungs- und Speicherlösungen:

1. **Datenverschlüsselung:** Die Verschlüsselung sensibler Daten ist eine der wichtigsten Maßnahmen zur Datensicherheit. Hochsichere Datenverarbeitungslösungen von TOLERANT Software verschlüsseln Kundendaten sowohl bei der Übertragung als auch bei der Speicherung, wodurch selbst im Falle eines Datenverlustes keine lesbaren Informationen preisgegeben werden.

2. **Zugriffskontrolle:** Ein striktes System zur Zugriffskontrolle sorgt dafür, dass nur autorisierte Mitarbeiter auf sensible Informationen zugreifen können. Dies beinhaltet die Einrichtung von Rollen und Berechtigungen, sodass jeder Mitarbeiter nur die Daten einsehen kann, die für seine Arbeit relevant sind. Multi-Faktor-Authentifizierung und regelmäßige Passwortänderungen sind zusätzliche Sicherheitsmaßnahmen.

3. **Sichere Transaktionsverarbeitung:** Die Transaktionsverarbeitung muss vor Cyberangriffen und Manipulationen geschützt werden. Durch Echtzeitüberwachung und Protokollierung können ungewöhnliche oder unautorisierte Transaktionen sofort erkannt und blockiert werden. Eine nahtlose Integration mit bestehenden Zahlungs- und Compliance-Systemen gewährleistet die sichere Verarbeitung großer Transaktionsvolumina.

4. **Datensicherung und Wiederherstellung:** Im Falle eines Datenverlustes oder einer Störung des Systems ist eine schnelle Wiederherstellung entscheidend. Hochsichere Lösungen umfassen regelmäßige Backups und Notfallpläne, die sicherstellen, dass die Kundendaten im Ernstfall schnell wieder verfügbar sind. Diese Pläne sind in regelmäßigen Abständen zu testen und zu aktualisieren.

5. **Monitoring und Auditing:** Ein umfassendes Monitoring- und Auditing-System ermöglicht es, alle Zugriffe und Aktivitäten in der Datenverarbeitung lückenlos zu protokollieren. So können verdächtige Aktivitäten schnell erkannt und untersucht werden. Die Auditberichte dienen als Nachweis für die Einhaltung der Compliance-Vorschriften und tragen dazu bei, Sicherheitslücken aufzudecken.

6. **Schulungen und Sensibilisierung:** Neben technischen Maßnahmen ist auch das Bewusstsein der Mitarbeiter für Sicherheitsrisiken von entscheidender Bedeutung. Regelmäßige Schulungen und Sensibilisierungskampagnen stellen sicher, dass die Mitarbeiter sichere Passwörter verwenden, Phishing-Versuche erkennen und keine sensiblen Daten preisgeben.

7. **Zusammenarbeit mit Behörden und Partnern:** Die Zusammenarbeit mit Regulierungsbehörden, Branchenverbänden und externen Sicherheitsdienstleistern ist ein weiterer wichtiger Aspekt, um stets über die neuesten Bedrohungen und Sicherheitsanforderungen informiert zu sein. Dieser Austausch ermöglicht die kontinuierliche Verbesserung der Sicherheitsprozesse.

Durch die Kombination dieser Elemente bieten die hochsicheren Datenverarbeitungs- und Speicherlösungen von TOLERANT Software ein umfassendes Sicherheitsnetz für den Finanzsektor. Sie gewährleisten die Integrität und Verfügbarkeit sensibler Daten und minimieren gleichzeitig die Risiken durch interne und externe Bedrohungen.

5.2.2 Gesundheitswesen

ANFORDERUNGEN

Im Gesundheitswesen ist der Schutz sensibler Patientendaten von höchster Priorität. Die hohe Sensibilität der Informationen, die im medizinischen Bereich verarbeitet werden, und die zunehmenden Bedrohungen durch Cyberkriminalität erfordern eine strenge Umsetzung von Datenschutzmaßnahmen. Darüber hinaus unterliegen Gesundheitseinrichtungen strengen gesetzlichen Anforderungen, die den Umgang mit Patientendaten regeln.

Schutz sensibler Patientendaten:

1. **Datenschutzanforderungen (DSGVO und HIPAA):** Die EU-Datenschutzgrundverordnung (DSGVO) und der US-amerikanische Health Insurance Portability and Accountability Act (HIPAA) legen strenge Regeln für die Verarbeitung und Speicherung von Patientendaten fest. Gesundheitsdienstleister müssen sicherstellen, dass personenbezogene Daten nur im Rahmen der medizinischen Behandlung oder mit ausdrücklicher Zustimmung des Patienten verwendet werden.

2. **Verschlüsselung und Anonymisierung:** Patientendaten sollten sowohl bei der Speicherung als auch bei der Übertragung verschlüsselt werden, um den Zugriff durch Unbefugte zu verhindern. Bei der Weitergabe von Daten zu Forschungszwecken oder für statistische Analysen müssen die Informationen anonymisiert werden, um eine Identifizierung der Patienten zu verhindern.

3. **Zugriffsrechte und -kontrollen:** Der Zugriff auf medizinische Daten muss streng kontrolliert werden, sodass nur berechtigte medizinische Fachkräfte und Verwaltungsmitarbeiter Zugang zu bestimmten Informationen haben. Rollenbasierte Zugriffskontrollen und Multi-Faktor-Authentifizierung sind notwendig, um sicherzustellen, dass nur autorisierte Personen auf sensible Daten zugreifen können.

4. **Datensicherheit bei vernetzten medizinischen Geräten:** Die zunehmende Vernetzung medizinischer Geräte wie Herzmonitore oder Insulinpumpen schafft neue Sicherheitsrisiken. Diese Geräte können von Cyberkriminellen als Einfallstor genutzt werden. Daher müssen diese Systeme regelmäßig aktualisiert und durch Firewalls sowie sichere Kommunikationsprotokolle geschützt werden.

5. **Sichere Datenverarbeitung in der Cloud:** Da viele Gesundheitsdienstleister Cloud-Dienste zur Speicherung und Verarbeitung von Patientendaten nutzen, müssen sie sicherstellen, dass die Cloud-Anbieter angemessene Sicherheitsmaßnahmen ergreifen. Dazu gehören verschlüsselte Übertragungen, geografisch getrennte Rechenzentren und ISO-Zertifizierungen.

6. **Schulung und Sensibilisierung des Personals:** Ein Großteil der Datenschutzverletzungen im Gesundheitswesen resultiert aus menschlichen Fehlern, wie der versehentlichen Offenlegung von Patientendaten. Regelmäßige Schulungen sind erforderlich, um das medizinische und administrative Personal für den korrekten Umgang mit sensiblen Informationen zu sensibilisieren.

7. **Regelmäßige Audits und Risikobewertung:** Gesundheitsdienstleister müssen regelmäßige Audits und Risikobewertungen durchführen, um potenzielle Schwachstellen in ihrer IT-Infrastruktur zu identifizieren. Diese Audits sollten alle Aspekte der Datenverarbeitung, des Netzwerks und der Zugriffsrechte umfassen.

Der Schutz sensibler Patientendaten ist für den Ruf und die Vertrauenswürdigkeit von Gesundheitseinrichtungen von entscheidender Bedeutung. Mit einem klaren Fokus auf Datenschutz, Sicherheit und die Einhaltung gesetzlicher Vorschriften können Gesundheitsdienstleister sicherstellen, dass sie den Anforderungen des modernen Datenmanagements gerecht werden.

Die Schnittstellenkompatibilität mit klinischen Systemen ist ein entscheidender Faktor für die effiziente Datenverarbeitung im Gesundheitswesen. Gesundheitsdienstleister nutzen eine Vielzahl von Systemen, um Patientendaten zu erfassen, zu verwalten und zu analysieren. Um einen reibungslosen Informationsaustausch zwischen diesen Systemen zu gewährleisten, ist es unerlässlich, dass Softwarelösungen auf standardisierten Schnittstellen basieren und sich nahtlos in die bestehenden klinischen Systeme integrieren lassen.

Schnittstellenkompatibilität mit klinischen Systemen:

1. **HL7- und FHIR-Standards:** Health Level Seven (HL7) ist ein weit verbreiteter Standard zur Strukturierung von Daten in klinischen Informationssystemen. FHIR (Fast Healthcare Interoperability Resources) ergänzt HL7 um moderne Web-Technologien. Diese Standards sind entscheidend für die nahtlose Integration und ermöglichen den Datenaustausch zwischen unterschiedlichen Systemen wie Laborinformationssystemen (LIS), Radiologieinformationssystemen (RIS) und Krankenhausinformationssystemen (KIS).

2. **Anbindung elektronischer Patientenakten:** Die elektronische Patientenakte (EPA) wird zunehmend zum zentralen Bestandteil der medizinischen Dokumentation. Eine kompatible Softwarelösung muss sicherstellen, dass alle relevanten Patientendaten aus verschiedenen Quellen in einem einheitlichen Format integriert werden können, um eine ganzheitliche Sicht auf den Patienten zu ermöglichen.

3. **Labordaten und Diagnostik:** Labordaten und diagnostische Ergebnisse müssen mit den klinischen Systemen verknüpft sein, damit Ärzte jederzeit Zugang zu aktuellen Informationen haben. Eine kompatible Schnittstelle ermöglicht den Austausch dieser Daten, unabhängig von der Art des Labors oder der diagnostischen Einrichtung.

4. **Medizinische Geräte:** Vernetzte medizinische Geräte, wie Herzmonitore, Infusionspumpen oder Beatmungsgeräte, generieren kontinuierlich Daten. Diese Daten müssen in Echtzeit in die klinischen Systeme integriert werden, um den Ärzten eine fundierte Entscheidungsgrundlage für die Behandlung zu bieten.

5. **Terminplanung und Ressourcenmanagement:** Die Kompatibilität von Softwarelösungen mit Systemen zur Terminplanung und dem Ressourcenmanagement ist wichtig, um eine effiziente Nutzung von medizinischem Personal und Geräten sicherzustellen. Durch eine einheitliche Datenbasis können Engpässe bei Ressourcen erkannt und Behandlungsprozesse optimiert werden.

6. **Interoperabilität in der Telemedizin:** Die Telemedizin ermöglicht eine Fernbehandlung von Patienten und erfordert eine sichere Kommunikation zwischen verschiedenen Systemen. Die Kompatibilität mit klinischen Systemen gewährleistet, dass Patientendaten aus der Ferndiagnose direkt in die Patientenakte integriert werden.

7. **Datenschutz und Sicherheit:** Die Schnittstellen müssen so gestaltet sein, dass sie den strengen Datenschutz- und Sicherheitsstandards im Gesundheitswesen entsprechen. Daten sollten nur verschlüsselt übertragen werden, und der Zugriff sollte durch Authentifizierungsmechanismen geschützt sein.

Die Schnittstellenkompatibilität mit klinischen Systemen gewährleistet eine effiziente und sichere Kommunikation zwischen den verschiedenen Komponenten der Gesundheits-IT. Sie ermöglicht nicht nur eine optimierte Patientenversorgung, sondern auch eine bessere Zusammenarbeit zwischen den medizinischen Fachkräften.

Dies führt zu schnelleren, fundierteren medizinischen Entscheidungen und einer höheren Qualität der Versorgung.

Anpassungen

Die Implementierung von Datenschutz- und Sicherheitsprotokollen gemäß HIPAA (Health Insurance Portability and Accountability Act) ist im Gesundheitswesen von zentraler Bedeutung. Der US-amerikanische HIPAA-Standard legt strenge Anforderungen fest, um die Vertraulichkeit und Sicherheit elektronischer Gesundheitsdaten zu gewährleisten. Für medizinische Einrichtungen und Dienstleister bedeutet dies eine sorgfältige Anpassung ihrer Systeme und Prozesse, um sicherzustellen, dass alle Bestimmungen der HIPAA-Vorschriften eingehalten werden.

Implementierung von Datenschutz- und Sicherheitsprotokollen gemäß HIPAA:

1. **Bewusstseinsbildung und Schulung:** Ein wichtiger erster Schritt bei der Implementierung von HIPAA-Standards ist die Schulung des Personals. Mitarbeiter in medizinischen Einrichtungen müssen umfassend über die Anforderungen des Standards informiert sein und verstehen, wie sie diese im Alltag umsetzen. Dies hilft, menschliche Fehler zu vermeiden, die zu Datenverletzungen führen könnten.

2. **Risikobewertung:** Ein gründlicher Risikobewertungsprozess ist entscheidend, um potenzielle Schwachstellen in den IT-Systemen und Prozessen der Organisation zu identifizieren. Diese Bewertungen sollten regelmäßig durchgeführt werden, um die Wirksamkeit der Sicherheitsmaßnahmen zu überprüfen und kontinuierliche Verbesserungen zu ermöglichen.

3. **Zugriffskontrolle:** HIPAA verlangt eine strenge Zugriffskontrolle auf elektronische Gesundheitsdaten (ePHI). Medizinische Einrichtungen müssen sicherstellen, dass nur autorisiertes Personal Zugang zu den Daten hat. Dies erfordert rollenbasierte Zugriffsbeschränkungen, Authentifizierungsverfahren und regelmäßige Überprüfungen der Zugriffsrechte.

4. **Datenverschlüsselung:** HIPAA empfiehlt, dass alle elektronischen Gesundheitsdaten sowohl bei der Übertragung als auch bei der Speicherung verschlüsselt werden. Die Verschlüsselung sollte mit modernen Algorithmen durchgeführt werden, um sicherzustellen, dass die Daten auch im Falle eines unbefugten Zugriffs nicht gelesen werden können.

5. **Auditierung und Protokollierung:** Medizinische Einrichtungen müssen sicherstellen, dass alle Zugriffe auf ePHI protokolliert und regelmäßig auditiert werden. Dies ermöglicht es, verdächtige Aktivitäten schnell zu erkennen und nachzuverfolgen. Detaillierte Protokolle sind auch ein wichtiger Nachweis für die Einhaltung der HIPAA-Standards.

6. **Vorfallmanagement und -meldung:** Ein effektives Vorfallmanagementsystem muss sicherstellen, dass Datenschutzverletzungen schnell erkannt und gemeldet werden. Einrichtungen sollten klare Verfahren für die Reaktion auf Datenverletzungen festlegen, einschließlich der Benachrichtigung betroffener Personen und der zuständigen Behörden.

7. **Notfallplanung:** Um den kontinuierlichen Betrieb und den Schutz sensibler Daten im Falle eines Systemausfalls sicherzustellen, müssen Notfallpläne erstellt werden. Diese Pläne

sollten Backups und Wiederherstellungsverfahren umfassen und regelmäßig getestet werden.

8. **Geschäftspartnervereinbarungen:** HIPAA schreibt vor, dass medizinische Einrichtungen auch bei der Zusammenarbeit mit externen Partnern die Einhaltung der Datenschutzstandards sicherstellen. Geschäftspartnervereinbarungen (BAAs) sollten sicherstellen, dass alle beteiligten Unternehmen die gleichen Sicherheitsmaßnahmen anwenden.

Durch die Implementierung dieser Datenschutz- und Sicherheitsprotokolle gemäß HIPAA können medizinische Einrichtungen die Vertraulichkeit, Integrität und Verfügbarkeit der Gesundheitsdaten gewährleisten und gleichzeitig das Risiko von Datenschutzverletzungen und Compliance-Verstößen minimieren. Dies stärkt das Vertrauen der Patienten in das Gesundheitssystem und schützt medizinische Organisationen vor rechtlichen Konsequenzen.

Die Anbindung an elektronische Patientenakten (EPA) und klinische Datenbanken ist für Gesundheitsdienstleister von entscheidender Bedeutung, um eine effiziente und umfassende Patientenversorgung zu gewährleisten. Durch die Integration dieser Systeme können medizinische Fachkräfte relevante Informationen schnell und gezielt abrufen, was eine bessere Entscheidungsfindung ermöglicht und die Qualität der Versorgung erheblich steigert.

Anbindung an elektronische Patientenakten und klinische Datenbanken:

1. **Interoperabilität durch Standards:** Die Anbindung an elektronische Patientenakten und klinische Datenbanken erfordert die Verwendung von Interoperabilitätsstandards wie

HL7 (Health Level Seven), FHIR (Fast Healthcare Interoperability Resources) und DICOM (Digital Imaging and Communications in Medicine). Diese Standards stellen sicher, dass Informationen in einem einheitlichen Format gespeichert und von verschiedenen Systemen verstanden werden können.

2. **Zentrale Datenspeicherung:** Durch die zentrale Speicherung von Patienteninformationen in elektronischen Patientenakten erhalten medizinische Fachkräfte einen umfassenden Überblick über die Krankengeschichte des Patienten, aktuelle Diagnosen und Behandlungspläne. Dies erleichtert die Zusammenarbeit zwischen verschiedenen Fachärzten und Kliniken und ermöglicht eine nahtlose Übertragung der Patientenversorgung.

3. **Sicherer Datenaustausch:** Der sichere Austausch von Daten ist für die Anbindung an EPA und klinische Datenbanken von entscheidender Bedeutung. Verschlüsselte Kommunikationskanäle und rollenbasierte Zugriffskontrollen gewährleisten, dass nur autorisiertes medizinisches Personal auf sensible Patienteninformationen zugreifen kann.

4. **Integration mit Labor- und Diagnosesystemen:** Die Anbindung an Laborinformationssysteme (LIS) und Radiologieinformationssysteme (RIS) ermöglicht es, diagnostische Ergebnisse direkt in die Patientenakten zu integrieren. Dadurch erhalten Ärzte alle relevanten Informationen, um eine fundierte Diagnose zu stellen und Behandlungspläne anzupassen.

5. **Medikamentenmanagement:** Die Integration von klinischen Datenbanken mit elektronischen Verschreibungs- und Medikationssystemen hilft, Wechselwirkungen zu erkennen und die Medikation zu optimieren. Ärzte können auf voll-

ständige Medikationshistorien zugreifen und unerwünschte Nebenwirkungen vermeiden.

6. **Bessere Patientenbeteiligung:** Durch die Bereitstellung eines Portals, das mit der EPA verbunden ist, können Patienten selbst auf ihre Gesundheitsinformationen zugreifen. Dies verbessert die Patientenbeteiligung und ermöglicht es ihnen, informierte Entscheidungen über ihre Gesundheit zu treffen.

7. **Datenschutz und Compliance:** Die Anbindung an EPA und klinische Datenbanken muss den strengen Datenschutz- und Sicherheitsstandards im Gesundheitswesen entsprechen, wie z. B. der EU-Datenschutzgrundverordnung (DSGVO) und dem US-amerikanischen Health Insurance Portability and Accountability Act (HIPAA). Dies gewährleistet, dass sensible Gesundheitsinformationen geschützt und nur mit Zustimmung des Patienten verwendet werden.

8. **Analyse und Forschung:** Die Integration ermöglicht eine systematische Analyse von Gesundheitsdaten, die zu verbesserten Behandlungsstrategien und Forschungsprojekten führen kann. Durch die standardisierte Datenspeicherung in EPAs können klinische Studien effizienter durchgeführt und neue medizinische Erkenntnisse schneller gewonnen werden.

Die Anbindung an elektronische Patientenakten und klinische Datenbanken bietet medizinischen Fachkräften eine umfassende Datenbasis, um informierte Entscheidungen zu treffen und die Patientenversorgung zu optimieren. Gleichzeitig stärkt sie das Vertrauen der Patienten in die moderne Medizin und ermöglicht eine bessere Zusammenarbeit zwischen verschiedenen Fachgebieten im Gesundheitswesen.

5.2.3 Einzelhandel

ANFORDERUNGEN

Management von Kundeninformationen für personalisiertes Marketing

Die Kunst des personalisierten Marketings im Einzelhandel beginnt mit einer effektiven Verwaltung von Kundeninformationen. Wer seine Kunden wirklich kennt, kann nicht nur Produkte zielgerichtet anbieten, sondern auch die Kundenbindung stärken und Umsätze steigern. Ein erfolgreiches Management von Kundeninformationen setzt jedoch voraus, dass man Zugriff auf relevante und präzise Daten hat und diese geschickt zu nutzen weiß.

Der erste Schritt besteht darin, eine solide Datenbasis zu schaffen. Hierbei geht es nicht nur um die Erfassung der üblichen demografischen Daten wie Alter, Geschlecht oder Wohnort, sondern auch um das Verhalten und die Präferenzen der Kunden. Welche Produkte kaufen sie am häufigsten? Zu welchen Zeiten sind sie besonders aktiv? Welche Marketingansprachen haben in der Vergangenheit die größte Resonanz gefunden? Diese Informationen sind Gold wert, wenn es darum geht, maßgeschneiderte Marketingkampagnen zu entwickeln.

Technologien spielen eine zentrale Rolle bei der Sammlung und Analyse dieser Daten. Moderne CRM-Systeme (Customer Relationship Management) ermöglichen es Einzelhändlern, detaillierte Kundenprofile zu erstellen und zu pflegen. Durch die Integration von Kassensystemen, Online-Shops und Kundenkartenprogrammen entsteht ein umfassendes Bild jedes einzelnen Kunden.

Die Herausforderung liegt jedoch nicht nur in der technischen Umsetzung, sondern auch im Datenschutz. Die DSGVO (Datenschutz-

Grundverordnung) setzt strenge Rahmenbedingungen für die Verarbeitung personenbezogener Daten in der EU. Einzelhändler müssen sicherstellen, dass sie die Einwilligung ihrer Kunden für die Sammlung und Nutzung dieser Daten einholen und jederzeit eine transparente Auskunft über die gespeicherten Daten und deren Verwendung geben können.

Doch wenn diese Hürden einmal genommen sind, öffnet das Management von Kundeninformationen die Tür zu einem neuen Level des Marketings: dem personalisierten Marketing. Hierbei werden Angebote und Nachrichten speziell auf die Bedürfnisse und Interessen des einzelnen Kunden zugeschnitten. Ob durch personalisierte E-Mails, maßgeschneiderte Rabatte oder individuelle Produktempfehlungen – die Möglichkeiten sind vielfältig und versprechen eine hohe Effektivität.

Abschließend lässt sich sagen, dass das Management von Kundeninformationen im Einzelhandel eine disziplinierte Datenpflege, den Einsatz moderner Technologien und ein starkes Bewusstsein für Datenschutz erfordert. Sind diese Elemente jedoch einmal erfolgreich integriert, steht dem Erfolg personalisierter Marketingstrategien nichts mehr im Wege.

Effiziente Abwicklung großer Datenmengen für Kundenbindungsprogramme

Die effiziente Abwicklung großer Datenmengen ist der Dreh- und Angelpunkt für den Erfolg von Kundenbindungsprogrammen im Einzelhandel. In einem Zeitalter, in dem Daten als das neue Gold gelten, sind Fähigkeiten im Big Data Management entscheidend, um Kunden nicht nur zu gewinnen, sondern auch langfristig an sich zu binden.

Einzelhändler stehen vor der Herausforderung, aus der Flut an Daten, die täglich durch Online-Einkäufe, Kundeninteraktionen in sozialen Medien und über Loyalty-Apps generiert werden, relevante Informationen zu extrahieren und nutzbar zu machen. Die Lösung liegt in der Implementierung leistungsstarker Datenverarbeitungssysteme, die in der Lage sind, Daten schnell zu erfassen, zu analysieren und in handlungsorientierte Einblicke umzuwandeln.

Moderne Datenmanagement-Plattformen nutzen fortschrittliche Algorithmen und maschinelles Lernen, um Muster und Trends in den Daten zu erkennen. Diese Technologien ermöglichen es, personalisierte Angebote zu erstellen, die auf den bisherigen Kaufgewohnheiten und Präferenzen der Kunden basieren. Beispielsweise kann ein Einzelhändler vorhersagen, welche Produkte ein Kunde möglicherweise interessant findet und ihm entsprechende Angebote machen, bevor der Kunde selbst aktiv wird.

Cloud-basierte Lösungen sind hierbei oft die erste Wahl, da sie skalierbar, kosteneffizient und in der Lage sind, riesige Datenmengen in Echtzeit zu verarbeiten. Diese Systeme erlauben es Einzelhändlern, Spitzenzeiten im Datenverkehr, wie sie beispielsweise während großer Verkaufsaktionen auftreten, ohne Leistungsverlust zu managen.

Datenschutz und Datensicherheit spielen eine entscheidende Rolle bei der Abwicklung von Kundendaten. Es muss gewährleistet sein, dass alle gesammelten Daten sicher gespeichert und verarbeitet werden und dass die Privatsphäre der Kunden unter Einhaltung aller gesetzlichen Vorschriften geschützt ist. Transparente Datenschutzrichtlinien und die Einholung von Kundeneinwilligungen sind dabei unerlässlich.

Letztlich ermöglicht eine effiziente Datenabwicklung nicht nur eine verbesserte Kundenansprache und -bindung durch maßgeschneiderte Angebote, sondern auch eine Optimierung der betrieblichen Abläufe. Lagerbestände können besser verwaltet, Marketingkampagnen zielgerichteter gestaltet und Kundenserviceprozesse optimiert werden, was allesamt zu einer Steigerung der Kundenzufriedenheit und -treue führt.

In der Welt des Einzelhandels bedeutet die Fähigkeit, große Datenmengen effizient zu verarbeiten, daher nicht weniger als einen entscheidenden Wettbewerbsvorteil.

ANPASSUNGEN

Anpassung von Tools zur Kundendatenanalyse und Segmentierung

Die Anpassung von Tools zur Kundendatenanalyse und Segmentierung ist ein zentraler Bestandteil der modernen Einzelhandelsstrategie. Da Kunden immer anspruchsvoller und ihre Bedürfnisse vielfältiger werden, müssen Einzelhändler in der Lage sein, Datenanalysetools flexibel an ihre spezifischen Anforderungen anzupassen, um präzise Kundensegmente zu bilden und effektive Marketingstrategien zu entwickeln.

Der erste Schritt in diesem Prozess ist die Auswahl der richtigen Software. Analysetools, die ein hohes Maß an Flexibilität und Anpassbarkeit bieten, ermöglichen es Einzelhändlern, die Software optimal an ihre Datenquellen und Geschäftsprozesse anzupassen. Solche Tools unterstützen eine Vielzahl von Datenquellen, darunter Kundenbindungsprogramme, Online- und Offline-Einkaufsdaten, Social Media und Marktforschungsergebnisse. Diese Integration sorgt dafür, dass ein vollständiges Bild des Kundenverhaltens entsteht.

Ein weiterer wichtiger Aspekt der Anpassung ist die Konfiguration von Segmentierungsstrategien. Nicht jeder Kunde passt in die gleichen Schubladen, und daher müssen Einzelhändler ihre Kundensegmente regelmäßig überprüfen und aktualisieren. Dies gelingt am besten durch die flexible Konfiguration von Analysetools, die es ermöglichen, neue Segmente zu definieren oder bestehende zu verfeinern. Beispielsweise können Kunden anhand ihres Einkaufsverhaltens, ihrer demografischen Daten oder ihres geografischen Standorts in Segmente eingeteilt werden. Mit diesen Segmenten können Einzelhändler gezieltere Marketingkampagnen entwerfen.

Die Nutzung maschinellen Lernens und künstlicher Intelligenz verbessert den Anpassungsprozess weiter. Diese Technologien ermöglichen es den Tools, Muster und Anomalien im Kundenverhalten zu erkennen, die für das menschliche Auge schwer zu identifizieren sind. Einzelhändler können dadurch Vorhersagemodelle erstellen, die sie in die Lage versetzen, Kundensegmente automatisch zu aktualisieren und die effektivsten Strategien für jedes Segment zu identifizieren.

Es ist auch wichtig, die Segmentierungsstrategie regelmäßig zu überprüfen und anzupassen. Veränderungen in der Wirtschaft, im Wettbewerb oder in der Technologie können die Kundenerwartungen beeinflussen, was eine kontinuierliche Anpassung der Segmentierungsstrategien erforderlich macht. Tools, die leicht konfigurierbar sind und auf Veränderungen im Datenstrom reagieren können, sind daher unerlässlich.

Zusammenfassend lässt sich sagen, dass die Anpassung von Tools zur Kundendatenanalyse und Segmentierung eine kritische Rolle bei der Entwicklung eines effektiven, personalisierten Marketings spielt. Mit den richtigen Tools können Einzelhändler fundierte Entscheidungen treffen, die Kundenbindung erhöhen und die Markentreue stärken, indem sie gezielte Angebote und Kampagnen erstellen, die auf die spezifischen Bedürfnisse und Vorlieben ihrer Kunden abgestimmt sind.

Integration mit CRM- und ERP-Systemen

Die Integration von Kundendatenanalyse-Tools mit CRM- (Customer Relationship Management) und ERP-Systemen (Enterprise Resource Planning) ist im modernen Einzelhandel ein entscheidender Erfolgsfaktor. Diese Verbindung ermöglicht eine umfassende und einheitliche Sicht auf Kundeninteraktionen, Einkaufsgewohnheiten und betriebliche Abläufe, was die Grundlage für zielgerichtete Marketingstrategien und effiziente Betriebsprozesse bildet.

CRM-Systeme dienen als zentrales Lager für alle Kundendaten, die während ihrer Interaktionen mit dem Einzelhändler gesammelt werden. Sie enthalten Informationen wie Kontaktdaten, Einkaufsverhalten, Präferenzen und die Historie der Kundenkommunikation. ERP-Systeme dagegen decken das gesamte Spektrum betrieblicher Prozesse ab, einschließlich Bestandsmanagement, Buchhaltung und Lieferkettenverwaltung. Die Integration dieser Systeme mit spezialisierten Kundendatenanalyse-Tools führt zu einer effektiven Nutzung von Informationen, um fundierte Geschäftsentscheidungen zu treffen.

Diese Integration ermöglicht es Einzelhändlern, Kunden in Echtzeit zu verfolgen und basierend auf aktuellen Daten zu agieren. Beispielsweise kann das Marketingpersonal gezielte Kampagnen entwickeln, die auf den letzten Einkäufen oder der aktuellen Kundenkategorie basieren, während das Vertriebsteam die Kundenkommunikation durch personalisierte Ansprachen optimiert.

Auf der betriebswirtschaftlichen Seite sorgt die Integration dafür, dass Bestände, Lieferketten und Verkauf effizienter gemanagt werden können. Wenn etwa ein Kunde ein bestimmtes Produkt wiederholt kauft, kann die Kundendatenanalyse Vorhersagen über künftige Bestellungen treffen, was eine optimierte Lagerhaltung ermöglicht. So wird das Einkaufserlebnis des Kunden verbessert, während der Einzelhändler Lagerkosten minimiert.

Eine erfolgreiche Integration erfordert jedoch eine sorgfältige Planung und Implementierung. Es ist wichtig, dass die Daten aus verschiedenen Systemen korrekt synchronisiert und kombiniert werden, um eine konsistente und genaue Darstellung zu erhalten. Dies erfordert in der Regel eine leistungsstarke Datenmanagement-Plattform, die in der Lage ist, Daten aus verschiedenen Quellen zu konsolidieren.

Darüber hinaus müssen Datenschutz- und Sicherheitsrichtlinien strikt eingehalten werden, um die Vertraulichkeit sensibler Kundendaten zu gewährleisten. Die Einhaltung der Datenschutz-Grundverordnung (DSGVO) ist hierbei unerlässlich. Datenverschlüsselung, Zugriffsbeschränkungen und die transparente Kommunikation mit den Kunden über die Verwendung ihrer Daten sind entscheidende Schritte, um das Vertrauen der Kunden zu gewinnen und aufrechtzuerhalten.

Insgesamt ermöglicht die Integration von CRM- und ERP-Systemen mit Kundendatenanalyse-Tools eine nahtlose Zusammenarbeit aller Abteilungen eines Einzelhändlers. Dadurch wird nicht nur ein einheitliches Bild des Kunden geschaffen, sondern auch eine Grundlage, um auf Kundenbedürfnisse gezielt einzugehen und betriebliche Prozesse effizienter zu gestalten. Dies bringt dem Einzelhändler einen klaren Wettbewerbsvorteil, da er besser auf die Anforderungen des Marktes reagieren und eine stärkere Kundenbindung aufbauen kann.

5.2.4 Telekommunikation

ANFORDERUNGEN

Verwaltung von Kundendaten über multiple Servicekanäle

In der dynamischen Welt der Telekommunikation stehen Anbieter vor der Herausforderung, Kundendaten über eine Vielzahl von Servicekanälen effizient zu verwalten. Kunden erwarten heute nahtlose Interaktionen über verschiedene Kanäle, sei es über den Online-Self-Service, Telefon-Hotlines, soziale Medien oder physische Shops. Um ein konsistentes und personalisiertes Kundenerlebnis zu bieten, ist die Verwaltung der Kundendaten über diese multiplen Kanäle hinweg entscheidend.

Ein zentrales Element dabei ist die Sicherstellung, dass alle Servicekanäle auf einheitliche und aktuelle Informationen zugreifen. Wenn ein Kunde beispielsweise online eine Frage zu seinem Vertrag stellt und später denselben Fall telefonisch oder im Shop weiterverfolgt, müssen die Mitarbeiter sofortigen Zugriff auf den gesamten Kommunikationsverlauf haben. Dies vermeidet Frustration auf Kundenseite und erhöht die Effizienz der Serviceabwicklung.

Eine konsistente Datenbasis wird durch ein leistungsfähiges CRM-System (Customer Relationship Management) gewährleistet. Dieses System sammelt und verwaltet alle relevanten Kundendaten und stellt sicher, dass jede Interaktion erfasst wird. Moderne CRM-Plattformen sind dabei in der Lage, Daten in Echtzeit zu aktualisieren und gleichzeitig umfangreiche Analysewerkzeuge bereitzustellen, die helfen, das Verhalten und die Bedürfnisse der Kunden zu verstehen.

Datenschutz und Sicherheit sind in diesem Kontext ebenfalls von zentraler Bedeutung. Telekommunikationsanbieter müssen sicherstellen, dass sensible Kundendaten über alle Kanäle hinweg sicher verarbeitet werden und dass Kunden die volle Kontrolle über ihre persönlichen Informationen behalten. Dies erfordert nicht nur die Einhaltung strenger Datenschutzbestimmungen wie der DSGVO, sondern auch eine transparente Kommunikation mit den Kunden darüber, wie ihre Daten genutzt werden.

Darüber hinaus müssen Analysetools eingesetzt werden, die in der Lage sind, große Datenmengen effizient zu verarbeiten und fundierte Einblicke in das Kundenverhalten zu liefern. Maschinelles Lernen und künstliche Intelligenz können hierbei helfen, individuelle Präferenzen und potenzielle Kundenprobleme frühzeitig zu erkennen, sodass personalisierte Lösungen und Angebote entwickelt werden können.

Die Herausforderung bei der Verwaltung von Kundendaten über multiple Servicekanäle besteht somit darin, eine nahtlose Integration aller Interaktionspunkte zu schaffen und diese mit einer zentralen Datenbasis zu verbinden. Dies ermöglicht Telekommunikationsunternehmen, ihren Kunden ein erstklassiges, personalisiertes Erlebnis zu bieten, die Effizienz ihrer Support- und Verkaufsprozesse zu steigern und letztendlich die Kundenbindung zu erhöhen.

Schnelle und effiziente Datenverarbeitung zur Unterstützung von Netzwerkdiensten

In der Telekommunikationsbranche spielt die schnelle und effiziente Datenverarbeitung eine wesentliche Rolle, um Netzwerkdienste zuverlässig und effektiv bereitzustellen. Kunden erwarten eine ständige Verfügbarkeit, hohe Geschwindigkeiten und stabile Verbindungen, was eine hohe Belastung auf die Netzwerke und Dateninfrastruktur ausübt. Daher ist es entscheidend, dass Telekommunikationsunternehmen in der Lage sind, große Mengen an Netzwerk- und Kundendaten schnell zu erfassen, zu analysieren und zu verwalten.

Der erste Schritt in der effizienten Datenverarbeitung ist die Implementierung einer Infrastruktur, die hohe Datenvolumen in Echtzeit verarbeiten kann. Moderne Datenmanagementsysteme und Big-Data-Technologien ermöglichen es Unternehmen, Netzwerkverkehr zu überwachen, Kundenaktivitäten zu analysieren und technische Probleme oder Anomalien schnell zu erkennen. Durch diese Systeme können Telekommunikationsanbieter sicherstellen, dass Netzwerkdienste jederzeit verfügbar und stabil bleiben, indem sie mögliche Probleme proaktiv angehen, bevor diese den Kundenservice beeinträchtigen.

Ein weiterer wichtiger Aspekt der Datenverarbeitung zur Unterstützung von Netzwerkdiensten ist die Analyse des Nutzerverhaltens und der Netzwerkbelastung. Unternehmen können dadurch erkennen, welche Dienste zu welchen Zeiten am meisten genutzt werden und wie die Infrastruktur auf Nachfrageschwankungen reagiert. Diese Erkenntnisse helfen, Netzwerkkapazitäten effizient zu planen, Überlastungen zu vermeiden und Engpässe gezielt zu beseitigen.

Durch die Kombination von Datenverarbeitung und maschinellem Lernen können Telekommunikationsanbieter zudem Netzwerkausfälle oder Serviceunterbrechungen vorhersehen und ihre Wartung entsprechend planen. Predictive Analytics, also die vorausschauende Analyse, ermöglicht es, Wartungsarbeiten oder Upgrades so zu planen, dass die Auswirkungen auf die Kunden minimiert werden.

Die schnelle und effiziente Datenverarbeitung ist zudem unerlässlich, um personalisierte Angebote und Dienstleistungen zu entwickeln. Durch die Analyse von Kundendaten können Telekommunikationsunternehmen zielgerichtete Dienste und Tarife anbieten, die auf die individuellen Bedürfnisse und Nutzungsgewohnheiten der Kunden zugeschnitten sind. Dies fördert nicht nur die Kundenzufriedenheit, sondern ermöglicht auch eine effizientere Nutzung der Netzwerkressourcen.

Schließlich ist der Datenschutz bei der Datenverarbeitung von entscheidender Bedeutung. Telekommunikationsunternehmen müssen sicherstellen, dass sensible Kundendaten sicher gespeichert und verarbeitet werden, insbesondere bei der Übertragung zwischen verschiedenen Netzwerkknoten und Systemen. Die Einhaltung der Datenschutz-Grundverordnung (DSGVO) und anderer gesetzlicher Anforderungen ist dabei unerlässlich, um das Vertrauen der Kunden zu bewahren.

Insgesamt bildet die schnelle und effiziente Datenverarbeitung das Rückgrat moderner Telekommunikationsdienste. Sie stellt sicher, dass die Netzwerke stabil und zuverlässig bleiben, personalisierte Dienste angeboten werden und das Unternehmen sich agil auf die wechselnden Anforderungen des Marktes einstellen kann.

ANPASSUNGEN

Entwicklung von Lösungen für die dynamische Datenverwaltung und -sicherung

In der Telekommunikationsbranche stehen Unternehmen vor der ständigen Herausforderung, Lösungen für die dynamische Datenverwaltung und -sicherung zu entwickeln. Mit dem exponentiellen Wachstum digitaler Kommunikation entstehen täglich riesige Datenmengen, die effizient verwaltet und geschützt werden müssen. Dies erfordert flexible, skalierbare und sichere Systeme, die auf die sich ständig ändernden Anforderungen dieser Branche reagieren können.

Die dynamische Datenverwaltung beginnt mit einem modernen Datenmanagement, das in der Lage ist, strukturierte und unstrukturierte Daten aus verschiedenen Quellen zu integrieren. Telekommunikationsunternehmen erfassen Daten aus Netzwerken, Kundeninteraktionen und Gerätedaten in Echtzeit. Diese Daten müssen analysiert und verarbeitet werden, um Trends im Nutzungsverhalten zu erkennen, die Netzwerkleistung zu optimieren und personalisierte Dienste zu entwickeln.

Die Flexibilität der Datenverwaltung ist entscheidend, da Kunden ihre Kommunikationsgewohnheiten ändern und neue Technologien die Anforderungen an die Netzwerkinfrastruktur ständig verändern. Cloud-basierte Systeme bieten hier den Vorteil, dass sie sich je nach Bedarf skalieren lassen und Unternehmen auf Daten von jedem Ort aus zugreifen können. Sie ermöglichen zudem die nahtlose Integration verschiedener Datenquellen und bieten eine hohe Verfügbarkeit und Ausfallsicherheit.

Neben der effizienten Verwaltung spielt die Datensicherung eine entscheidende Rolle. Telekommunikationsunternehmen müssen nicht nur sicherstellen, dass sensible Kundendaten vor unbefugtem Zugriff geschützt sind, sondern auch die Integrität der Netzwerkdaten gewährleisten. Dies erfordert eine mehrschichtige Sicherheitsarchitektur, die Firewalls, Verschlüsselung und Zugriffsmanagement umfasst. Die Implementierung von Backup- und Disaster-Recovery-Lösungen ist dabei unerlässlich, um Datenverluste bei Systemausfällen oder Cyberangriffen zu verhindern.

Zudem müssen Unternehmen sicherstellen, dass ihre Datensicherungsstrategien die strengen Datenschutzbestimmungen der DSGVO und anderer internationaler Vorschriften einhalten. Dies bedeutet, dass Datenzugriffsprotokolle regelmäßig überprüft, Datenanfragen sorgfältig bearbeitet und die Kunden transparent über die Nutzung ihrer Daten informiert werden.

Die Entwicklung von Lösungen für die dynamische Datenverwaltung und -sicherung wird durch künstliche Intelligenz und maschinelles Lernen weiter unterstützt. Diese Technologien können automatisch Anomalien erkennen, Netzwerkengpässe vorhersagen und Schutzmaßnahmen in Echtzeit optimieren. Darüber hinaus ermöglichen sie eine effiziente Ressourcenverteilung, indem sie vorhersehen, welche Netzwerkbereiche in Zukunft einer höheren Belastung ausgesetzt sein werden.

Zusammengefasst erfordert die dynamische Datenverwaltung und -sicherung ein intelligentes, flexibles und sicheres System, das sich schnell an die sich ändernden Anforderungen des Telekommunikationsmarktes anpassen kann. Unternehmen, die in der Lage sind, solche Lösungen zu entwickeln und umzusetzen, haben einen klaren Wettbewerbsvorteil, da sie nicht nur die Netzwerkeffizienz steigern, sondern auch das Vertrauen und die Zufriedenheit ihrer Kunden langfristig sichern können.

Anpassung an spezifische Protokolle und Standards der Telekommunikationsbranche

Die Telekommunikationsbranche ist von spezifischen Protokollen und Standards geprägt, die sicherstellen, dass Netzwerke, Dienste und Geräte effizient und zuverlässig funktionieren. Die Anpassung an diese Protokolle und Standards ist für Telekommunikationsunternehmen entscheidend, um eine nahtlose Kommunikation, Interoperabilität und Konformität mit Branchenvorgaben zu gewährleisten.

Ein zentraler Aspekt sind Kommunikationsprotokolle wie das Internet Protocol (IP), das Transmission Control Protocol (TCP) und das User Datagram Protocol (UDP). Diese Protokolle ermöglichen den Austausch von Datenpaketen über Netzwerke und stellen sicher, dass Informationen zuverlässig und korrekt ankommen. Unternehmen müssen ihre Systeme so konfigurieren, dass sie diese Protokolle unterstützen und die Datenübertragung reibungslos funktioniert.

Darüber hinaus spielen Standards eine wichtige Rolle. Organisationen wie die International Telecommunication Union (ITU) und das European Telecommunications Standards Institute (ETSI) setzen Maßstäbe für die Branche, von der Netzwerkinfrastruktur bis hin zu Sicherheitsrichtlinien. Standards wie LTE (Long-Term Evolution), 5G und VoIP (Voice over IP) ermöglichen es Anbietern, Dienste auf globaler Ebene einheitlich bereitzustellen. Die Einhaltung dieser Standards ist unerlässlich, um Kompatibilität und Qualität sicherzustellen.

Ein weiteres wichtiges Thema ist die Netzwerksicherheit. Protokolle und Standards in diesem Bereich, wie IPsec (Internet Protocol Security), SSL/TLS (Secure Sockets Layer/Transport Layer Security) und IEEE 802.1X, stellen sicher, dass Daten sicher übertragen und unbefugte Zugriffe verhindert werden. Telekommunikationsunternehmen müssen ihre Systeme so anpassen, dass sie diese Sicherheitsstandards einhalten und eine robuste Infrastruktur schaffen.

Die Branche entwickelt sich ständig weiter, und neue Technologien wie 5G und das Internet der Dinge (IoT) bringen zusätzliche Protokolle und Standards mit sich. 5G-Netzwerke erfordern etwa eine spezifische Netzwerkarchitektur, die Netzwerk-Slicing ermöglicht, um die unterschiedlichen Anforderungen an Latenz, Bandbreite und Verfügbarkeit zu erfüllen. IoT-Standards wiederum stellen sicher, dass Milliarden von Geräten sicher und effizient miteinander kommunizieren können.

Telekommunikationsunternehmen müssen ihre Systeme daher flexibel gestalten, um mit diesen Entwicklungen Schritt zu halten. Das bedeutet, dass die Netzwerkinfrastruktur modular und skalierbar sein muss, damit neue Protokolle und Standards einfach integriert werden können. Darüber hinaus sollten Unternehmen in die Weiterbildung ihrer Mitarbeiter investieren, um sicherzustellen, dass sie über das Wissen und die Fähigkeiten verfügen, diese neuen Technologien zu implementieren.

Zusammengefasst ist die Anpassung an spezifische Protokolle und Standards der Telekommunikationsbranche unerlässlich, um mit den sich ständig ändernden Anforderungen Schritt zu halten. Durch die Einhaltung dieser Vorgaben können Telekommunikationsunternehmen eine hohe Servicequalität gewährleisten, die Sicherheit ihrer Netzwerke erhöhen und die Kompatibilität mit anderen Anbietern sicherstellen.

5.2.5 Öffentlicher Sektor

ANFORDERUNGEN

Compliance mit öffentlichen Datenschutz- und Sicherheitsvorgaben

Im öffentlichen Sektor spielt die Einhaltung strenger Datenschutz- und Sicherheitsvorgaben eine entscheidende Rolle, da Regierungsbehörden eine enorme Menge an personenbezogenen Daten verwalten. Diese Daten betreffen Millionen von Bürgern und enthalten sensible Informationen über Gesundheit, Finanzen und persönliche Angelegenheiten. Die Gewährleistung der Compliance mit den Datenschutzbestimmungen ist daher nicht nur eine gesetzliche Verpflichtung, sondern auch eine Frage des Vertrauens in staatliche Einrichtungen.

Eines der wichtigsten Rahmenwerke ist die Datenschutz-Grundverordnung (DSGVO), die für den Umgang mit personenbezogenen Daten in der EU verbindlich ist. Öffentliche Institutionen müssen sicherstellen, dass sie alle Aspekte dieser Verordnung erfüllen, insbesondere die Prinzipien der Datenminimierung, Zweckbindung und Transparenz. Dies bedeutet, dass sie nur die Daten erheben, die für einen bestimmten Zweck erforderlich sind, diesen Zweck klar kommunizieren und die Daten nur so lange speichern, wie sie benötigt werden.

Darüber hinaus sind Behörden verpflichtet, sicherzustellen, dass die gesammelten Daten korrekt und aktuell sind. Fehlerhafte Daten können zu Fehlentscheidungen führen und das Vertrauen der Bürger in staatliche Dienstleistungen untergraben. Die regelmäßige Überprüfung und Aktualisierung von Datensätzen ist daher ein wesentlicher Bestandteil der Compliance.

Ein weiterer wichtiger Aspekt ist die Datensicherheit. Behörden müssen ihre IT-Infrastruktur so gestalten, dass sensible Daten vor unbefugtem Zugriff, Verlust oder Manipulation geschützt sind. Dies erfordert eine mehrschichtige Sicherheitsstrategie, die Firewalls, Verschlüsselung, Zugangskontrollen und regelmäßige Sicherheitsüberprüfungen umfasst. Darüber hinaus sollten die Mitarbeiter im öffentlichen Sektor regelmäßig in Bezug auf Datenschutzbestimmungen und Sicherheitsverfahren geschult werden, um menschliches Fehlverhalten oder versehentliche Datenlecks zu vermeiden.

Die Rolle des Datenschutzbeauftragten ist ebenfalls entscheidend. Öffentliche Institutionen müssen einen Datenschutzbeauftragten ernennen, der sicherstellt, dass die Organisation die Datenschutzrichtlinien einhält und als Ansprechpartner für interne und externe Datenschutzfragen fungiert. Der Datenschutzbeauftragte ist auch dafür verantwortlich, Datenschutzverletzungen zu melden und entsprechende Maßnahmen zur Vermeidung solcher Vorfälle zu empfehlen.

Spezifische Anforderungen für den öffentlichen Sektor können sich auch aus nationalen Gesetzen und internationalen Richtlinien ergeben. Beispielsweise müssen Behörden bei der Verwaltung von Gesundheits- oder Steuerdaten zusätzliche Maßnahmen ergreifen, um die Vertraulichkeit und Sicherheit dieser Daten zu gewährleisten.

Insgesamt erfordert die Compliance mit den Datenschutz- und Sicherheitsvorgaben im öffentlichen Sektor eine klare Strategie, die sowohl technische als auch organisatorische Maßnahmen umfasst. Nur so können Behörden das Vertrauen der Bürger in staatliche Institutionen stärken und den gesetzlichen Verpflichtungen gerecht werden.

Transparenz und Zugänglichkeit für Bürgerdaten

Im öffentlichen Sektor ist die Bereitstellung von Transparenz und Zugänglichkeit bei Bürgerdaten von zentraler Bedeutung. Behörden und öffentliche Einrichtungen sammeln, verarbeiten und speichern große Mengen sensibler Informationen über die Bevölkerung. Dies reicht von steuerlichen Daten bis hin zu Gesundheitsinformationen. Die Gewährleistung der Transparenz und Zugänglichkeit dieser Daten erfordert eine sorgfältige Balance zwischen dem Schutz der Privatsphäre der Bürger und ihrem Recht auf Informationen.

Transparenz bedeutet in diesem Zusammenhang, dass öffentliche Institutionen offenlegen müssen, welche Daten sie sammeln und zu welchem Zweck diese genutzt werden. Die Datenschutz-Grundverordnung (DSGVO) schreibt vor, dass Bürger das Recht haben, zu wissen, welche ihrer Daten gespeichert werden und wie diese verwendet werden. Öffentliche Einrichtungen müssen daher klare und verständliche Richtlinien zur Datennutzung und zum Datenschutz veröffentlichen, damit Bürger leicht nachvollziehen können, wie ihre Informationen verarbeitet werden.

Zugänglichkeit bedeutet, dass Bürger das Recht haben, auf ihre eigenen Daten zuzugreifen und diese zu korrigieren, wenn sie Fehler enthalten. Die DSGVO legt detaillierte Anforderungen fest, wie Behörden auf Anfragen zur Auskunft, Berichtigung oder Löschung von Daten reagieren müssen. Behörden sind daher verpflichtet, Bürgern einen einfachen und sicheren Zugang zu ihren Informationen zu ermöglichen. Digitale Portale sind hier ein wichtiges Instrument, da sie Bürgern die Möglichkeit bieten, Datenanfragen bequem online zu stellen.

Die Herausforderung besteht darin, die Zugänglichkeit zu verbessern, ohne die Sicherheit und den Datenschutz zu beeinträchtigen. Online-Portale müssen sorgfältig geschützt werden, um sicherzustellen, dass nur autorisierte Personen Zugriff auf die Daten erhalten. Zudem müssen diese Systeme vor Cyberangriffen und Datenlecks geschützt sein.

Ein weiterer wichtiger Aspekt ist die Schulung der Mitarbeiter im öffentlichen Sektor. Diese müssen darin geschult werden, Anfragen der Bürger zu ihren Daten korrekt zu beantworten und sensible Informationen sicher zu handhaben. Dies stellt sicher, dass Datenschutzverletzungen und Fehlinterpretationen der gesetzlichen Anforderungen minimiert werden.

Zusätzlich zu den gesetzlichen Anforderungen spielen auch ethische Erwägungen eine Rolle. Die Gewährleistung von Transparenz und Zugänglichkeit stärkt das Vertrauen der Bürger in staatliche Institutionen. Wenn die Bevölkerung den Umgang mit ihren Daten versteht und ein gewisses Maß an Kontrolle darüber hat, fühlen sich die Menschen in ihrer Interaktion mit dem Staat sicherer und respektierter.

Insgesamt erfordert die Sicherstellung von Transparenz und Zugänglichkeit bei Bürgerdaten eine gut durchdachte Strategie, die sowohl die gesetzlichen Anforderungen erfüllt als auch das Vertrauen der Bürger fördert. Indem öffentliche Einrichtungen die richtige Balance zwischen Informationszugang und Datenschutz finden, können sie den Bedürfnissen der Bürger gerecht werden und gleichzeitig den Schutz ihrer Daten gewährleisten.

ANPASSUNGEN

Einrichtung von Systemen zur öffentlichen Datenabfrage und -meldung

Die Einrichtung von Systemen zur öffentlichen Datenabfrage und -meldung ist für Behörden im öffentlichen Sektor eine wichtige Anpassungsmaßnahme, um die Anforderungen der modernen Informationsgesellschaft zu erfüllen. Diese Systeme ermöglichen Bürgern einen transparenten und bequemen Zugang zu ihren Daten und erleichtern die Kommunikation mit öffentlichen Einrichtungen. Sie spielen eine entscheidende Rolle dabei, das Vertrauen in staatliche Institutionen zu stärken und die Effizienz der öffentlichen Verwaltung zu verbessern.

Ein grundlegendes Ziel solcher Systeme ist die Bereitstellung eines sicheren und einfach zu bedienenden Portals, über das Bürger ihre Daten einsehen, aktualisieren und Anfragen stellen können. Ein solches Portal muss sicherstellen, dass nur autorisierte Nutzer Zugang zu den Daten erhalten und dass die Informationen korrekt und aktuell sind. Dazu ist eine sichere Identitätsüberprüfung erforderlich, die beispielsweise über Zwei-Faktor-Authentifizierung oder den digitalen Personalausweis erfolgen kann.

Ein weiterer zentraler Aspekt ist die klare Strukturierung der angebotenen Informationen. Bürger sollten leicht erkennen können, welche Daten verfügbar sind und welche Möglichkeiten sie haben, Informationen abzufragen oder zu melden. Dies umfasst beispielsweise die Einsicht in persönliche Dokumente, den Stand von Anträgen oder die Überprüfung von Steuer- und Sozialversicherungsdaten.

Zusätzlich müssen die Systeme Funktionen bieten, die den Bürgern eine direkte Kommunikation mit den zuständigen Behörden ermöglichen. Durch Online-Formulare oder Chats können sie schnell Antworten auf Fragen erhalten oder notwendige Korrekturen an ihren Daten melden. Die Antwortzeiten der Behörden sollten dabei möglichst kurz sein, um das Vertrauen der Bürger zu stärken.

Die technische Infrastruktur solcher Systeme muss robust und skalierbar sein, um den wachsenden Anforderungen gerecht zu werden. Da die Zahl der Anfragen und die Menge der zu verarbeitenden Daten stetig zunehmen, ist eine flexible und leistungsfähige Serverarchitektur erforderlich. Cloud-basierte Lösungen bieten hier oft die beste Skalierbarkeit und Verfügbarkeit.

Der Datenschutz spielt eine entscheidende Rolle, da die Systeme sensible Informationen wie Sozialversicherungsnummern, Steuerdaten und persönliche Gesundheitsinformationen enthalten. Behörden müssen sicherstellen, dass die Daten verschlüsselt gespeichert und übertragen werden und dass nur autorisierte Mitarbeiter Zugriff darauf haben.

Die Einrichtung dieser Systeme ist ein komplexer Prozess, der sorgfältige Planung und Umsetzung erfordert. Behörden müssen sicherstellen, dass sie die technischen, rechtlichen und ethischen

Aspekte gleichermaßen berücksichtigen. Außerdem ist die regelmäßige Schulung der Mitarbeiter notwendig, um eine korrekte und effiziente Bearbeitung der Anfragen zu gewährleisten.

Durch die Einrichtung solcher Systeme zur Datenabfrage und -meldung können Behörden den Informationsfluss zwischen Regierung und Bürgern verbessern und so die Effizienz und Transparenz der öffentlichen Verwaltung steigern. Dies führt zu einer besseren Kommunikation, erhöht das Vertrauen in die staatlichen Institutionen und ermöglicht eine flexiblere Reaktion auf die Bedürfnisse der Bürger.

Sicherstellung der Barrierefreiheit und Nutzerfreundlichkeit

Die Sicherstellung der Barrierefreiheit und Nutzerfreundlichkeit bei öffentlichen Datensystemen ist von zentraler Bedeutung, um allen Bürgern den Zugang zu staatlichen Dienstleistungen und Informationen zu ermöglichen. Eine barrierefreie Gestaltung stellt sicher, dass Menschen mit Behinderungen oder eingeschränkten technischen Fähigkeiten problemlos auf öffentliche Dienstleistungen zugreifen können, während eine hohe Nutzerfreundlichkeit den Zugang für die gesamte Bevölkerung erleichtert und die Effizienz des öffentlichen Dienstes verbessert.

Barrierefreiheit beginnt mit der Entwicklung von Websites und Portalen, die internationalen Standards entsprechen, wie den Web Content Accessibility Guidelines (WCAG). Diese Standards geben Empfehlungen für die Gestaltung von Webseiten, damit sie von Menschen mit visuellen, auditiven oder motorischen Einschränkungen genutzt werden können. Dazu gehört die Verwendung von Alternativtexten für Bilder, klare Navigationsstrukturen, die Unterstützung von Bildschirmlesegeräten und kontrastreiche Farbpaletten. Inhalte sollten zudem in leichter Sprache oder mit Übersetzungen in Gebärdensprache bereitgestellt werden, um auch Personen mit kognitiven Einschränkungen den Zugang zu erleichtern.

Neben der Barrierefreiheit ist die Nutzerfreundlichkeit ein entscheidender Faktor, der allen Bürgern ein positives Erlebnis bietet. Ein intuitives Design, klare Menüs und verständliche Anweisungen sind entscheidend, damit Nutzer schnell die gewünschten Informationen finden oder Formulare korrekt ausfüllen können. Die Bereitstellung von Hilfetexten, Chatbots oder Hotlines für technische Unterstützung kann dazu beitragen, eventuelle Hürden abzubauen und die Akzeptanz des Systems zu erhöhen.

Ein weiterer wichtiger Aspekt ist die Kompatibilität der Systeme mit verschiedenen Geräten. Da immer mehr Bürger öffentliche Dienste über mobile Geräte nutzen, müssen Portale für Smartphones und Tablets optimiert werden. Mobile-First-Designs und responsive Weblayouts stellen sicher, dass die Benutzeroberfläche auf jedem Bildschirm klar und leicht navigierbar ist.

Die Barrierefreiheit und Nutzerfreundlichkeit öffentlicher Datensysteme müssen durch kontinuierliche Überwachung und Tests gewährleistet werden. Feedback von Bürgern und Nutzern mit Behinderungen sollte aktiv eingeholt und berücksichtigt werden, um Schwachstellen zu identifizieren und die Systeme stetig zu verbessern. Usability-Tests, Umfragen und direkte Interviews können dabei helfen, reale Nutzungsprobleme zu erkennen und Lösungen zu entwickeln.

Die Sicherstellung von Barrierefreiheit und Nutzerfreundlichkeit erfordert zudem eine ständige Sensibilisierung und Schulung der Entwickler, Designer und Behördenmitarbeiter. Sie müssen ein Bewusstsein für die vielfältigen Bedürfnisse der Nutzer entwickeln und technisches Wissen anwenden, um diese Anforderungen in die Praxis umzusetzen.

Insgesamt profitieren nicht nur Menschen mit Behinderungen von barrierefreien und nutzerfreundlichen Systemen. Eine gut durchdachte Gestaltung verbessert das Benutzererlebnis für alle Bürger, fördert die Nutzung der digitalen Angebote und stärkt letztlich das Vertrauen in die öffentlichen Dienste.

5.3 Erfolgsgeschichten

5.3.1 Erfolgsgeschichten nach Produkt

TOLERANT POST

Erfolgsbericht eines Online-Einzelhändlers

TOLERANT Post, eine hochmoderne Softwarelösung für Adressprüfung und -bereinigung, hat sich als entscheidendes Werkzeug für die Optimierung der Versandprozesse und die Verbesserung der Kundenzufriedenheit in vielen Branchen erwiesen. Eine der beeindruckendsten Erfolgsgeschichten kommt von einem großen Online-Einzelhändler, der durch die Implementierung von TOLERANT Post signifikante Verbesserungen in seiner Lieferkette und im Kundenservice erzielen konnte.

Herausforderung: Der Online-Einzelhändler stand vor erheblichen Herausforderungen in Bezug auf unvollständige und fehlerhafte Lieferadressen, die zu häufigen Lieferverzögerungen und einem Anstieg der Kundenbeschwerden führten. Diese Probleme beeinträchtigten nicht nur die Kundenzufriedenheit, sondern führten auch zu erhöhten Kosten für Rücksendungen und erneute Zustellungen.

Lösung: Die Implementierung von TOLERANT Post ermöglichte es dem Einzelhändler, Adressdaten bereits bei der Eingabe in den Online-Checkout-Prozess automatisch zu überprüfen und zu korrigieren. Die Software nutzt fortschrittliche Algorithmen und eine umfassende Datenbank, um Fehler sofort zu erkennen und zu beheben. Durch die automatische Korrektur von Tippfehlern, die Ergänzung fehlender Adressbestandteile und die Validierung der Adressen gegen aktuelle Postdatenbanken konnte eine hohe Genauigkeit der Lieferdaten gewährleistet werden.

Ergebnisse: Die Ergebnisse waren beeindruckend. Nach der Implementierung von TOLERANT Post reduzierte der Online-Einzelhändler die Rate der fehlerhaften Lieferadressen um über 50%. Dies führte zu einer deutlichen Verringerung der Lieferverzögerungen und der damit verbundenen Kundenbeschwerden. Darüber hinaus konnte das Unternehmen erhebliche Einsparungen bei den Kosten für Rücksendungen und erneute Zustellungen realisieren.

Durch die verbesserte Adressqualität und die effizienteren Lieferprozesse steigerte der Einzelhändler auch die Kundenzufriedenheit signifikant. Kundenbewertungen und Feedback zeigten eine merkliche Verbesserung in der Zufriedenheit mit dem Lieferprozess, was letztlich zu einer höheren Kundenbindung und einer Steigerung der Wiederkaufsrate führte.

Zukunftsausblick: Ermutigt durch diesen Erfolg plant der Online-Einzelhändler, die Funktionen von TOLERANT Post weiter auszubauen, um zusätzliche Verbesserungen in anderen Bereichen des Kundenmanagements und der Logistik zu erzielen. Die Fähigkeit der Software, Adressdaten effizient zu verwalten und zu optimieren, hat sie zu einem unverzichtbaren Bestandteil der betrieblichen Infrastruktur des Unternehmens gemacht.

Diese Erfolgsgeschichte unterstreicht die Bedeutung präziser Datenverwaltung und zeigt, wie durch den Einsatz von spezialisierter Software wie TOLERANT Post erhebliche operative Verbesserungen und eine Steigerung der Kundenzufriedenheit erreicht werden können. Sie dient als überzeugendes Beispiel dafür, wie technologische Innovationen die Effizienz steigern und das Kundenerlebnis im E-Commerce verbessern können.

TOLERANT Name

Erfolgsbericht einer Bank

Die präzise und strukturierte Verwaltung von Kundendaten ist im Bankwesen von entscheidender Bedeutung. Eine Bank, die TOLERANT Name implementierte, konnte damit ihre Prozesse optimieren und die Qualität ihrer Kundendaten erheblich steigern. Diese Fallstudie zeigt, wie die Bank durch die Nutzung der Namensprüfungs- und Strukturierungsfunktionen von TOLERANT Name ihre internen Abläufe straffen und die Kundenkommunikation verbessern konnte.

Herausforderung: Die Bank hatte mit inkonsistenten Kundendaten zu kämpfen, die aus unterschiedlichen Quellen zusammengeführt wurden und oft unvollständig oder fehlerhaft waren. Fehlerhafte Anreden und Titel führten zu peinlichen Missverständnissen in der Kundenansprache, was die Professionalität der Bank beeinträchtigte und zu Frustration auf Kundenseite führte. Darüber hinaus erschwerte die unzureichende Strukturierung von Namen und Titeln die Suche nach Kundendaten in den internen Systemen.

Lösung: Durch die Implementierung von TOLERANT Name konnte die Bank eine zuverlässige und effiziente Lösung zur Überprüfung, Standardisierung und Strukturierung ihrer Namensdaten einführen. Die Software analysiert und korrigiert inkonsistente Daten, indem sie fehlende Titel ergänzt, Anreden überprüft und Namensbestandteile wie Vor- und Nachnamen korrekt zuordnet. Dank der umfangreichen Datenbank mit gängigen Namen und Titeln sowie der Fähigkeit zur fehlertoleranten Suche bietet TOLERANT Name eine hohe Genauigkeit bei der Datenbereinigung.

Ergebnisse: Die Implementierung führte zu einer drastischen Verbesserung der Datenqualität. Die Bank konnte fehlerhafte Anreden und Titel um über 70% reduzieren, was die Professionalität und Effizienz der Kundenansprache deutlich steigerte. Die strukturierte Verwaltung von Namensdaten erleichterte die Kundensuche erheblich, sodass die Mitarbeiter schneller und präziser auf Kundenanfragen reagieren konnten.

Darüber hinaus trug die verbesserte Datenqualität dazu bei, die Effektivität von Marketingkampagnen zu erhöhen, da die Kunden jetzt mit korrekten Anreden und personalisierten Botschaften angesprochen werden. Dies führte zu einer deutlichen Steigerung der Kundenbindung und des Vertrauens in die Bank.

Zukunftsausblick: Die Bank plant, die TOLERANT-Name-Software weiter in ihre IT-Systeme zu integrieren, um andere Bereiche des Datenmanagements zu optimieren. Die positive Erfahrung hat die Bank davon überzeugt, dass eine zuverlässige und automatisierte Datenbereinigung ein entscheidender Faktor für die Verbesserung ihrer internen Prozesse und der Kundenzufriedenheit ist.

Diese Erfolgsgeschichte zeigt, wie TOLERANT Name es Banken ermöglicht, inkonsistente Kundendaten zu korrigieren und zu strukturieren. Durch die Verbesserung der Datenqualität können Banken eine professionelle und personalisierte Kundenansprache sicherstellen, interne Prozesse straffen und letztendlich das Vertrauen und die Loyalität ihrer Kunden stärken.

TOLERANT Sanction

Erfolgsbericht einer international tätigen Bank

Eine international tätige Bank stand vor der Herausforderung, die Sanktionslistenprüfung effektiv in ihre Compliance-Prozesse zu integrieren, um globale regulatorische Anforderungen zu erfüllen und gleichzeitig Kundenrisiken zu minimieren. Die Implementierung von TOLERANT Sanction ermöglichte es der Bank, ihre Compliance-Ziele zu erreichen und eine robuste Sanktionslistenprüfung zu etablieren. Der folgende Bericht zeigt, wie die Bank mithilfe dieser Lösung ihre Geschäftsprozesse optimierte.

Herausforderung: In ihrer Tätigkeit auf globalen Finanzmärkten musste die Bank sicherstellen, dass ihre Kunden und Partner nicht auf internationalen Sanktionslisten geführt werden. Aufgrund der sich ständig ändernden regulatorischen Rahmenbedingungen und der Vielzahl von Sanktionslisten weltweit bestand die Herausforderung darin, diese Daten aktuell zu halten und effizient in die Geschäftsprozesse zu integrieren. Fehlerhafte oder lückenhafte Prüfungen führten zu erheblichen Risiken, die den Ruf und die Finanzen der Bank bedrohen konnten.

Lösung: Mit TOLERANT Sanction konnte die Bank eine zuverlässige und automatisierte Lösung implementieren, um die Daten ihrer Kunden und Partner gegen alle relevanten Sanktionslisten abzugleichen. Die Software unterstützt verschiedene internationale Sanktionslisten wie die EU- und US-Listen sowie Listen anderer wichtiger Länder. Sie arbeitet mit einem fehlertoleranten Matching-Verfahren, das auch bei unterschiedlichen Schreibweisen zuverlässige Ergebnisse liefert. Die Lösung wurde sowohl in den Onboarding-Prozess als auch in die regelmäßigen Überprüfungen bestehender Kunden integriert.

Ergebnisse: Nach der Implementierung von TOLERANT Sanction konnte die Bank die Effizienz ihrer Sanktionslistenprüfung drastisch steigern. Die automatisierte Lösung prüft in Echtzeit neue Kunden gegen die Sanktionslisten und kennzeichnet mögliche Treffer sofort. Auch große Bestandsdatenbanken werden regelmäßig im Batch-Modus überprüft. Dadurch konnte die Bank potenzielle Risiken schnell identifizieren und entsprechende Maßnahmen ergreifen.

Die Trefferquote bei Sanktionslistenprüfungen wurde durch das fehlertolerante Matching verbessert, wodurch die Bank in der Lage war, potenzielle Risiken sicher zu erkennen und gleichzeitig Fehlalarme zu reduzieren. Dies führte zu einer signifikanten Steigerung der Compliance und einer Verringerung des Risikos, mit sanktionierten Organisationen oder Personen in Geschäftsbeziehung zu treten.

Zukunftsausblick: Die Bank plant, TOLERANT Sanction weiterhin zu nutzen und den Einsatz der Software auszubauen, um auch die Überwachung von Lieferanten und Partnern einzubeziehen. Dies wird die Compliance-Strategie der Bank weiter stärken und dazu beitragen, die strengen internationalen Vorschriften noch besser zu erfüllen.

Insgesamt zeigt dieser Erfolgsgeschichte, wie TOLERANT Sanction es Banken ermöglicht, globale Compliance-Anforderungen effizient umzusetzen und die Risiken in Bezug auf Sanktionslisten zu minimieren. Mit der Implementierung einer automatisierten, zuverlässigen Lösung kann die Bank ihre Geschäftsprozesse optimieren und ihr Ansehen als vertrauenswürdiger Partner auf den globalen Finanzmärkten weiter festigen.

TOLERANT PEP

Erfolgsbericht einer Versicherungsgesellschaft

Eine große Versicherungsgesellschaft sah sich mit der Herausforderung konfrontiert, politisch exponierte Personen (PEPs) sicher und zuverlässig zu identifizieren. Durch die Implementierung von TOLERANT PEP konnte sie diese Anforderungen nicht nur erfüllen, sondern auch ihre Compliance-Prozesse stärken und die Risiken von Geschäftsbeziehungen mit potenziell hochriskanten Personen minimieren. Hier ist der Erfolgsbericht dieser Gesellschaft:

Herausforderung: Die Versicherungsgesellschaft operierte in einem Umfeld strenger internationaler Vorschriften zur Prävention von Geldwäsche und Korruption. Sie musste sicherstellen, dass keine ihrer Kunden auf PEP-Listen stehen, um sich vor rechtlichen Risiken und Reputationsschäden zu schützen. Da weltweit rund 650.000 politisch exponierte Personen gelistet sind und diese Liste ständig wächst, war die manuelle Prüfung von Kundendaten weder effizient noch umfassend genug, um den Anforderungen gerecht zu werden.

Lösung: TOLERANT PEP wurde implementiert, um eine automatisierte, fehlertolerante Überprüfung der Kundendaten gegen die PEP-Listen durchzuführen. Die Software nutzt spezielle Algorithmen, um auch bei unterschiedlichen Schreibweisen valide Ergebnisse zu erzielen. Darüber hinaus können Bestandsdaten regelmäßig im Batch-Modus überprüft werden, während neue Kunden direkt bei der Datenerfassung abgeglichen werden. Das System war in der Lage, auch bei Abweichungen in der Namensschreibweise zuverlässige Treffer zu erzielen.

Ergebnisse: Die Einführung von TOLERANT PEP ermöglichte es der Versicherungsgesellschaft, ihre Kunden schnell und zuverlässig gegen PEP-Listen abzugleichen. Dadurch konnte sie potenzielle Risiken bereits beim Onboarding neuer Kunden identifizieren und bestehende Datenbanken regelmäßig überprüfen. Dies führte zu einer deutlichen Reduzierung des Risikos von Geschäftsbeziehungen mit politisch exponierten Personen, die eine hohe Compliance-Gefahr darstellen könnten.

Die automatisierte Überprüfung beschleunigte zudem die internen Prozesse erheblich. Die Mitarbeiter konnten potenzielle PEP-Treffer direkt bearbeiten und dadurch die Effizienz der Compliance-Abteilung steigern. Dank der zuverlässigen und umfassenden Datenbank mit PEP-Informationen konnte die Versicherungsgesellschaft außerdem ihre Sorgfaltspflicht besser erfüllen.

Zukunftsausblick: Nach diesem Erfolg plant die Versicherungsgesellschaft, die Nutzung von TOLERANT PEP weiter auszubauen. Künftig soll die Software auch dazu verwendet werden, Partner und Lieferanten besser zu überwachen und so die gesamte Compliance-Strategie des Unternehmens weiter zu stärken.

Dieser Erfolgsbericht zeigt, wie TOLERANT PEP Versicherungen dabei unterstützt, politisch exponierte Personen effizient zu identifizieren und damit die Einhaltung internationaler Vorschriften sicherzustellen. Durch die automatische Überprüfung und den Abgleich mit PEP-Listen wird nicht nur die Compliance verbessert, sondern auch die Effizienz der internen Prozesse gesteigert.

5.3.2 Erfolgsgeschichten nach Branche

FINANZSEKTOR

Verbesserung der Compliance-Prozesse

Im Finanzsektor spielt die Compliance eine zentrale Rolle, da Banken und Versicherungen mit strengen regulatorischen Anforderungen konfrontiert sind. Die Einhaltung dieser Vorschriften ist entscheidend, um Geldwäsche, Betrug und andere kriminelle Aktivitäten zu verhindern. Die Einführung moderner Softwarelösungen hat den Compliance-Prozess erheblich verbessert. Erfolgsgeschichten aus der Branche zeigen, wie diese Technologien Banken und Versicherungen dabei helfen, effizienter und sicherer zu arbeiten.

Herausforderungen: Finanzinstitute stehen vor der Herausforderung, ständig wachsende regulatorische Anforderungen zu erfüllen. Dazu gehören die Prüfung von Kunden gegen internationale Sanktionslisten, die Identifizierung politisch exponierter Personen (PEPs) und die Überwachung verdächtiger Transaktionen. Manuelle Prozesse und veraltete Technologien waren dabei oft ineffizient und fehleranfällig, was zu Compliance-Verstößen und erheblichen Strafen führen konnte.

Lösung: Die Einführung von TOLERANT Software-Produkten wie TOLERANT Sanction, TOLERANT PEP und TOLERANT Match bot eine umfassende Lösung für die Compliance-Herausforderungen im Finanzsektor. TOLERANT Sanction führte automatisierte Überprüfungen gegen alle relevanten internationalen Sanktionslisten durch. TOLERANT PEP ermöglichte die zuverlässige Identifizierung von politisch exponierten Personen, während TOLERANT Match für eine systemübergreifende Konsolidierung von Kundendaten sorgte.

Die Kombination dieser Tools ermöglichte eine umfassende Überprüfung neuer und bestehender Kunden sowie ihrer Transaktionen in Echtzeit. Durch fehlertolerante Suchalgorithmen und regelmäßige Aktualisierungen der Datenbanken wurden Fehler minimiert und potenzielle Compliance-Risiken effektiv identifiziert.

Ergebnisse: Die Implementierung dieser Softwarelösungen führte zu einer signifikanten Verbesserung der Compliance-Prozesse im Finanzsektor. Finanzinstitute konnten potenzielle Risiken und Verstöße viel schneller identifizieren und passende Gegenmaßnahmen ergreifen. Automatisierte Überprüfungen minimierten den manuellen Aufwand und steigerten die Effizienz der Compliance-Abteilungen erheblich.

Durch die Integration mit bestehenden Systemen wurden Kundendaten konsolidiert, was eine einheitliche und aktuelle Sicht auf jeden Kunden ermöglichte. Dies führte zu einer klareren Identifikation von PEPs und sanktionierten Personen, die ein potenzielles Risiko für das Institut darstellen könnten.

Zukunftsausblick: Mit dem Erfolg dieser Lösungen planen Finanzinstitute, die Technologien weiter zu nutzen und die Systeme noch enger in ihre Compliance-Strategie einzubinden. Durch die kontinuierliche Überwachung und Verbesserung der Compliance-Prozesse können Banken und Versicherungen das Vertrauen ihrer Kunden stärken und den steigenden regulatorischen Anforderungen gerecht werden.

Insgesamt zeigen diese Erfolgsgeschichten, wie innovative Softwarelösungen dazu beitragen, die Compliance im Finanzsektor zu optimieren und den Herausforderungen des globalen Marktes effektiv zu begegnen. Automatisierte und fehlertolerante Prozesse sind entscheidend, um den Überblick über immer komplexer werdende regulatorische Anforderungen zu behalten und Risiken frühzeitig zu erkennen.

Steigerung der Effizienz bei Kundentransaktionen

Im Finanzsektor ist die effiziente Abwicklung von Kundentransaktionen ein entscheidender Faktor für den Erfolg. Banken, Versicherungen und andere Finanzinstitute müssen in der Lage sein, Zahlungen schnell, sicher und korrekt durchzuführen, um die Zufriedenheit der Kunden zu gewährleisten und wettbewerbsfähig zu bleiben. Die Einführung moderner Softwarelösungen hat hier entscheidend dazu beigetragen, die Effizienz dieser Prozesse zu steigern. Erfolgsgeschichten zeigen, wie Finanzinstitute durch den Einsatz dieser Technologien ihre Transaktionsprozesse optimiert haben.

Herausforderungen: Die manuelle Bearbeitung von Transaktionen war oft fehleranfällig und zeitaufwändig, insbesondere bei hohen Transaktionsvolumina. Fehlerhafte Kundendaten, uneinheitliche Formate und fehlende Verifizierung führten zu Verzögerungen und erhöhten Kosten. Gleichzeitig stiegen die Anforderungen an den Datenschutz und die Datensicherheit. Finanzinstitute mussten daher Lösungen finden, um Transaktionen schneller und zuverlässiger abzuwickeln.

Lösung: Moderne Softwaretools wie TOLERANT Bank und TOLERANT Match erwiesen sich als entscheidend, um die Effizienz bei Kundentransaktionen zu steigern. TOLERANT Bank validiert Bankverbindungsdaten in Echtzeit und korrigiert unvollständige oder fehlerhafte Informationen. Diese Überprüfung reduziert Rücklastschriften und Rückweisungen erheblich. Darüber hinaus ermöglicht TOLERANT Match eine konsolidierte Sicht auf die Kundendaten, was eine schnellere Verifizierung und bessere Überwachung von Transaktionen ermöglicht.

Die Softwarelösungen sind flexibel und skalierbar, sodass sie sich leicht in bestehende Systeme integrieren lassen und auch bei großen Transaktionsvolumina hohe Leistung erbringen. Durch die Verbindung von Echtzeitverarbeitung und Batch-Überprüfungen konnte die Fehlerquote drastisch reduziert und die Abwicklungszeit beschleunigt werden.

Ergebnisse: Die Implementierung dieser Softwaretools führte zu einer deutlichen Steigerung der Effizienz bei Kundentransaktionen. Rücklastschriften und Fehlerquoten wurden signifikant reduziert, was die Abwicklungszeit und die Kosten pro Transaktion erheblich senkte. Kunden erhielten schneller und zuverlässiger den gewünschten Service, was die Zufriedenheit und die Loyalität der Kunden steigerte.

Darüber hinaus wurden Compliance- und Sicherheitsanforderungen besser erfüllt. Die automatisierte Überprüfung von Transaktionen ermöglichte es, verdächtige Aktivitäten schneller zu erkennen und rechtzeitig Maßnahmen zu ergreifen.

Zukunftsausblick: Finanzinstitute planen, die Nutzung dieser Technologien weiter auszubauen, um die Effizienz ihrer Transaktionsprozesse weiter zu steigern. Die Möglichkeit, Bankdaten in Echtzeit zu validieren und Kundendaten systemübergreifend zu konsolidieren, wird zunehmend wichtiger, da Transaktionsvolumina weiter steigen und die Anforderungen an die Datensicherheit zunehmen.

Insgesamt verdeutlichen diese Erfolgsgeschichten, wie moderne Softwarelösungen zur Steigerung der Effizienz bei Kundentransaktionen beitragen. Sie bieten eine klare, konsolidierte Sicht auf die Kundendaten und ermöglichen Finanzinstituten, ihre Abwicklungsprozesse zu optimieren, Fehler zu minimieren und den Kundenservice erheblich zu verbessern.

GESUNDHEITSWESEN

Optimierung der Patientendatenverwaltung

Die Optimierung der Patientendatenverwaltung im Gesundheitswesen ist eine dringende Notwendigkeit, da medizinische Einrichtungen täglich mit einer Vielzahl von sensiblen Informationen umgehen. Eine effektive Verwaltung dieser Daten ist entscheidend, um die Qualität der Patientenversorgung zu gewährleisten, die Effizienz der klinischen Prozesse zu steigern und die Einhaltung strenger Datenschutzbestimmungen sicherzustellen. Erfolgsgeschichten zeigen, wie die Einführung moderner Softwarelösungen in diesem Bereich die Verwaltung von Patientendaten revolutioniert hat.

Herausforderungen: Medizinische Einrichtungen wie Krankenhäuser, Kliniken und Arztpraxen stehen vor der Herausforderung, große Mengen an Patientendaten effizient zu verwalten. Dabei kommt es häufig zu Inkonsistenzen durch unterschiedliche Dateneingabesysteme, veraltete oder unvollständige Daten sowie durch den mangelnden Austausch von Informationen zwischen verschiedenen Abteilungen und Einrichtungen. Diese Probleme führen zu Verzögerungen bei der Patientenversorgung und gefährden die Genauigkeit der medizinischen Aufzeichnungen.

Lösung: Die Implementierung spezialisierter Softwarelösungen wie TOLERANT Match und TOLERANT Name bietet eine umfassende Antwort auf diese Herausforderungen. TOLERANT Match ermöglicht es, Patientendaten systemübergreifend zu konsolidieren und Dubletten zu identifizieren. Dies sorgt für eine einheitliche Sicht auf jeden Patienten, was die Bereitstellung von Informationen für medizinisches Fachpersonal erleichtert und sicherstellt, dass Behandlungen auf korrekten und aktuellen Daten basieren.

TOLERANT Name wiederum überprüft und strukturiert die Schreibweise von Patientennamen, um sicherzustellen, dass jeder Patient eindeutig identifiziert wird. Die Software gleicht verschiedene Schreibweisen ab und korrigiert Tippfehler, um Inkonsistenzen zu vermeiden und Verwechslungen auszuschließen.

Ergebnisse: Die Einführung dieser Softwarelösungen führte zu erheblichen Verbesserungen bei der Patientendatenverwaltung. Durch die Beseitigung von Dubletten und die Standardisierung von Namen konnten medizinische Einrichtungen eine höhere Genauigkeit und Konsistenz in den Aufzeichnungen erreichen. Dies erleichtert es dem medizinischen Personal, schnell auf die benötigten Informationen zuzugreifen und fundierte Entscheidungen zu treffen.

Die optimierte Verwaltung der Patientendaten trug außerdem zu einer effizienteren Patientenversorgung bei, indem die Wartezeiten und Verzögerungen bei der Behandlung reduziert wurden. Patienten wurden schneller und genauer identifiziert, was die Zusammenarbeit zwischen verschiedenen Abteilungen und Einrichtungen verbesserte.

Darüber hinaus ermöglichten die Lösungen eine bessere Einhaltung der Datenschutzbestimmungen. Die Datenüberprüfung und -bereinigung reduzierte das Risiko von Datenschutzverletzungen durch falsche oder veraltete Informationen.

Zukunftsausblick: Angesichts des steigenden Bedarfs an digitaler Patientenverwaltung planen Gesundheitseinrichtungen, die Nutzung dieser Softwarelösungen weiter auszubauen. Ziel ist es, die Patientendatenverwaltung noch stärker zu automatisieren und die Effizienz weiter zu steigern.

Zusammengefasst zeigen diese Erfolgsgeschichten, wie innovative Softwarelösungen eine grundlegende Rolle bei der Optimierung der Patientendatenverwaltung spielen können. Durch die Verbesserung der Genauigkeit und Zugänglichkeit der Daten können Gesundheitseinrichtungen die Qualität der Versorgung erhöhen, klinische Prozesse straffen und die Einhaltung von Datenschutzbestimmungen gewährleisten.

Sicherung der Datenintegrität und -schutz

Im Gesundheitswesen sind die Sicherung der Datenintegrität und der Datenschutz von entscheidender Bedeutung, da medizinische Einrichtungen große Mengen sensibler Patientendaten verwalten. Diese Daten sind nicht nur für die Qualität der medizinischen Versorgung entscheidend, sondern unterliegen auch strengen Datenschutzbestimmungen, insbesondere im Hinblick auf die Vertraulichkeit und Genauigkeit. Die Sicherung der Datenintegrität und der Schutz dieser Informationen erfordern sorgfältig durchdachte Strategien und Technologien, die sich den wachsenden Herausforderungen des digitalen Zeitalters anpassen.

Herausforderungen: Gesundheitseinrichtungen stehen vor einer Vielzahl von Herausforderungen, wenn es um die Sicherung von Patientendaten geht. Cyberangriffe und Datenlecks sind eine zunehmende Bedrohung, die den Ruf und das Vertrauen von Patienten in Gefahr bringen können. Gleichzeitig kann es durch fehlerhafte oder veraltete Datensätze zu Diagnosefehlern und Behandlungsverzögerungen kommen. Die Einhaltung gesetzlicher Vorschriften, wie der DSGVO und HIPAA, erhöht den Druck auf die Verantwortlichen, robuste Datenschutz- und Integritätsprotokolle zu implementieren.

Lösung: Moderne Softwarelösungen wie TOLERANT Post, TOLERANT Match und TOLERANT Secure bieten eine umfassende Antwort auf diese Herausforderungen. TOLERANT Post ermöglicht die Verifizierung und Aktualisierung von Adressdaten, sodass Patienten zuverlässig kontaktiert werden können und veraltete Informationen auf ein Minimum reduziert werden. TOLERANT Match sorgt für eine systemübergreifende Konsolidierung von Patientendaten, wodurch die Genauigkeit der medizinischen Aufzeichnungen gewährleistet wird.

TOLERANT Secure bietet zusätzliche Schutzmaßnahmen, um sicherzustellen, dass sensible Daten nur für autorisierte Personen zugänglich sind. Dazu gehören Verschlüsselung, Zugriffskontrollen und Protokollierung, die dazu beitragen, unbefugten Zugriff zu verhindern und den Überblick darüber zu behalten, wer auf welche Daten zugreift. Die Lösungen sind flexibel genug, um an die individuellen Anforderungen jeder Einrichtung angepasst zu werden, und können so nahtlos in bestehende Systeme integriert werden.

Ergebnisse: Die Implementierung dieser Softwarelösungen führte zu einer signifikanten Verbesserung der Datenintegrität und des Datenschutzes. Durch die systemübergreifende Verifizierung und Konsolidierung von Patientendaten konnte die Genauigkeit der Aufzeichnungen erheblich gesteigert werden, was die Qualität der medizinischen Versorgung erhöhte. Gleichzeitig wurden Datenschutzverletzungen minimiert, da nur autorisierte Mitarbeiter Zugriff auf sensible Daten erhielten.

Die Lösungen halfen auch dabei, die Compliance-Anforderungen zu erfüllen. Die Verschlüsselung sensibler Informationen und die Protokollierung von Zugriffen ermöglichten es, den Anforderungen der DSGVO, HIPAA und anderer Datenschutzgesetze gerecht zu werden.

Zukunftsausblick: Gesundheitseinrichtungen planen, diese Lösungen weiter auszubauen und den Datenschutz sowie die Integrität ihrer Daten kontinuierlich zu verbessern. Die Weiterentwicklung von Verschlüsselungstechnologien und die Einführung strengerer

Zugangskontrollen sollen dazu beitragen, Patientendaten noch sicherer zu verwalten.

Insgesamt zeigt diese Erfolgsgeschichte, wie innovative Softwarelösungen im Gesundheitswesen dazu beitragen können, die Datenintegrität und den Datenschutz zu gewährleisten. Die Kombination aus Verifizierung, Verschlüsselung und Zugriffskontrolle ermöglicht es, Patientendaten zuverlässig zu verwalten und die Effizienz der medizinischen Versorgung zu steigern.

EINZELHANDEL

Verbesserung der Kundendatenqualität

Im Einzelhandel spielt die Qualität der Kundendaten eine entscheidende Rolle bei der Entwicklung effektiver Marketingstrategien, dem Aufbau langfristiger Kundenbeziehungen und der Optimierung von Verkaufsprozessen. Eine hohe Datenqualität ermöglicht es Einzelhändlern, Kundenbedürfnisse genauer zu verstehen und maßgeschneiderte Angebote zu erstellen. Die Verbesserung der Kundendatenqualität stellt jedoch eine Herausforderung dar, da Daten aus verschiedenen Quellen oft unvollständig, veraltet oder inkonsistent sind.

Herausforderungen: Einzelhändler stehen häufig vor dem Problem, dass Kundendaten aus verschiedenen Kanälen stammen und in unterschiedlichen Systemen gespeichert sind. Dies führt zu Inkonsistenzen, Dubletten und veralteten Informationen, die die Effektivität von Marketingkampagnen und die Kundenzufriedenheit beeinträchtigen. Beispielsweise können Kunden durch falsche Anreden oder fehlerhafte Kontaktdaten verärgert werden, was zu negativen Erfahrungen und einer geringeren Kundenbindung führt.

Lösung: Moderne Softwarelösungen wie TOLERANT Post, TOLERANT Name und TOLERANT Match bieten umfassende Möglichkeiten, um die Qualität von Kundendaten zu verbessern. TOLERANT Post überprüft und korrigiert Adressdaten, um sicherzustellen, dass Kundenpost an die richtige Adresse gesendet wird und unnötige Rücksendungen vermieden werden. TOLERANT Name strukturiert und standardisiert Namensdaten, um Fehler bei Anreden und Titeln zu reduzieren. TOLERANT Match gleicht Kundendaten aus verschiedenen Quellen ab und konsolidiert diese, um Dubletten zu entfernen und eine einheitliche Sicht auf jeden Kunden zu gewährleisten.

Ergebnisse: Die Implementierung dieser Softwarelösungen führte zu erheblichen Verbesserungen bei der Kundendatenqualität. Einzelhändler konnten die Richtigkeit ihrer Adress- und Namensdaten deutlich steigern, was zu einer effizienteren Kundenkommunikation und einer Verringerung der Retourenquote führte. Durch die Bereinigung von Dubletten und die Konsolidierung von Kundendaten konnten Marketingkampagnen zielgerichteter und personalisierter gestaltet werden.

Die verbesserte Kundendatenqualität ermöglichte es Einzelhändlern zudem, die Kundenansprache zu personalisieren und relevante Angebote zu erstellen. Dies führte zu einer höheren Kundenbindung und einer Steigerung der Umsätze.

Zukunftsausblick: Angesichts des Erfolgs planen Einzelhändler, die Nutzung dieser Lösungen weiter auszubauen. Die kontinuierliche Aktualisierung und Verifizierung von Kundendaten ist entscheidend, um auch zukünftig eine hohe Datenqualität sicherzustellen.

Diese Erfolgsgeschichten zeigen, wie innovative Softwarelösungen dazu beitragen, die Qualität der Kundendaten im Einzelhandel zu verbessern. Durch die Bereinigung, Standardisierung und Konsolidierung von Kundendaten können Einzelhändler eine präzisere Kundenansprache, effizientere Marketingstrategien und eine stärkere Kundenbindung erreichen.

Erfolgreiche Marketingkampagnen durch präzise Zielgruppenansprache

Erfolgreiche Marketingkampagnen sind im Einzelhandel maßgeblich von einer präzisen Zielgruppenansprache abhängig. Nur durch ein klares Verständnis der Kundenbedürfnisse, Präferenzen und Kaufgewohnheiten können Einzelhändler Kampagnen entwickeln, die sowohl die Kundenbindung als auch den Umsatz steigern. Moderne Datenanalyse und Softwarelösungen haben in diesem Bereich eine entscheidende Rolle gespielt und ermöglicht, zielgerichtete Marketingstrategien zu erstellen, die die richtigen Botschaften an die richtigen Personen senden.

Herausforderungen: Einzelhändler stehen vor der Herausforderung, große Mengen an Kundendaten aus verschiedenen Quellen zu sammeln und zu konsolidieren. Kunden nutzen mehrere Verkaufskanäle, von physischen Geschäften über Online-Shops bis hin zu mobilen Apps. Dies führt oft zu unvollständigen, veralteten oder inkonsistenten Datensätzen. Ohne ein klares Bild der Zielgruppe laufen Marketingkampagnen Gefahr, ineffektiv zu sein und Kunden mit irrelevanten oder unpassenden Angeboten zu konfrontieren.

Lösung: Die Einführung von Softwarelösungen wie TOLERANT Match und TOLERANT MPM (Marketing Permission Management) hat es Einzelhändlern ermöglicht, ihre Kundendaten präzise zu analysieren und effizienter zu nutzen. TOLERANT Match gleicht Kundendaten aus verschiedenen Quellen ab und konsolidiert diese zu einem einheitlichen Profil. Dies ermöglicht eine klare Segmentierung der Zielgruppen basierend auf demografischen Daten, Einkaufsgewohnheiten und Vorlieben.

TOLERANT MPM verwaltet Einwilligungen und Präferenzen der Kunden im Bereich des Marketings, um sicherzustellen, dass jede Kommunikation den gesetzlichen Bestimmungen entspricht und personalisiert ist. Die Lösung sorgt dafür, dass Kunden nur Angebote erhalten, die für sie relevant und von Interesse sind.

Ergebnisse: Durch die Kombination dieser Lösungen konnten Einzelhändler ihre Marketingkampagnen signifikant verbessern. Die präzise Zielgruppenansprache führte zu einer höheren Relevanz der Angebote, was die Öffnungs- und Klickraten von E-Mail-Kampagnen erhöhte. Kunden erhielten Botschaften, die besser auf ihre individuellen Bedürfnisse zugeschnitten waren, was zu einer stärkeren Bindung und höheren Conversion-Raten führte.

Die konsolidierten und bereinigten Kundendaten ermöglichten zudem eine detailliertere Segmentierung und eine effizientere Ressourcenverteilung. Kampagnen konnten zielgerichteter und kostenbewusster geplant werden, da Einzelhändler genau wussten, welche Produkte für welche Zielgruppe relevant sind.

Zukunftsausblick: Einzelhändler planen, diese Lösungen weiter auszubauen, um ihre Marketingkampagnen weiter zu optimieren. Künftige Kampagnen werden stärker auf Datenanalysen und KI-basierte Vorhersagen setzen, um Zielgruppen noch präziser anzusprechen und eine noch persönlichere Kundenkommunikation zu erreichen.

Zusammengefasst zeigen diese Erfolgsgeschichten, wie innovative Softwarelösungen durch die präzise Zielgruppenansprache die Effektivität von Marketingkampagnen steigern können. Einzelhändler profitieren von einer höheren Kundenbindung, gesteigerten

Umsätzen und einer effizienteren Nutzung ihrer Marketingressourcen.

ÖFFENTLICHER SEKTOR

Verbesserung der Bürgerdienste durch effiziente Datenverarbeitung

Die Verbesserung der Bürgerdienste durch effiziente Datenverarbeitung ist für den öffentlichen Sektor von entscheidender Bedeutung. Die Daten, die von staatlichen Stellen verwaltet werden, beeinflussen die Bereitstellung verschiedener Dienstleistungen, von der Steuerverwaltung bis zur Gesundheitsversorgung. Effiziente Datenverarbeitung gewährleistet, dass Bürger die benötigten Dienstleistungen schnell und präzise erhalten, während Behörden ihre Ressourcen effektiver nutzen können.

Herausforderungen: Behörden im öffentlichen Sektor müssen riesige Mengen an Daten verwalten, die oft aus verschiedenen Quellen stammen und in unterschiedlichen Formaten vorliegen. Dies führt häufig zu veralteten, inkonsistenten oder unvollständigen Informationen, die die Bearbeitung von Anträgen verlangsamen und zu Missverständnissen oder Fehlern führen können. Darüber hinaus unterliegen staatliche Stellen strengen Datenschutzbestimmungen, die eine sichere und vertrauenswürdige Verwaltung der Bürgerdaten erfordern.

Lösung: Moderne Softwarelösungen wie TOLERANT Match, TOLERANT Index und TOLERANT Post bieten umfassende Ansätze zur Verbesserung der Bürgerdienste durch effizientere Datenverarbeitung. TOLERANT Match konsolidiert Daten aus verschiedenen Systemen und eliminiert Dubletten, um eine einheitliche Sicht auf jeden Bürger zu ermöglichen. Dies vereinfacht den Zugriff auf relevante Informationen für Behördenmitarbeiter und beschleunigt die Bearbeitung von Anfragen.

TOLERANT Index erleichtert die zentrale Speicherung und Verwaltung der Daten, indem es Informationen aus verschiedenen Abteilungen und Systemen zusammenführt. Dadurch erhalten Behörden einen zentralen Zugriffspunkt, was eine konsistente und schnelle Auskunft ermöglicht.

TOLERANT Post validiert und bereinigt Adressdaten, um sicherzustellen, dass Bürgerpost korrekt zugestellt wird und unnötige Rücksendungen vermieden werden. Dies verbessert die Kommunikation zwischen Bürgern und Behörden erheblich.

Ergebnisse: Die Implementierung dieser Lösungen führte zu einer deutlichen Verbesserung der Bürgerdienste. Die konsolidierte und bereinigte Datenbasis ermöglichte es Behörden, Anfragen schneller zu bearbeiten und Bürgern genauere Auskünfte zu geben. Die Reduzierung von Dubletten und veralteten Daten senkte zudem den Verwaltungsaufwand und führte zu Kosteneinsparungen.

Durch die verbesserte Datenverarbeitung konnten Behörden zudem den Datenschutz stärken, da sensible Informationen nur von autorisierten Mitarbeitern abgerufen werden konnten. Die zentrale Verwaltung erleichterte zudem die Einhaltung gesetzlicher Vorschriften, indem Zugriffe protokolliert und überwacht wurden.

Zukunftsausblick: Behörden planen, diese Lösungen weiter auszubauen, um die Effizienz der Datenverarbeitung noch weiter zu steigern. Neue Technologien wie künstliche Intelligenz und maschinelles Lernen können bei der Vorhersage von Anfragen und der weiteren Verbesserung der Datenkonsolidierung helfen.

Zusammengefasst zeigen diese Erfolgsgeschichten, wie innovative Softwarelösungen dazu beitragen können, die Bürgerdienste durch effizientere Datenverarbeitung zu verbessern. Durch eine zentrale und konsolidierte Datenbasis können Behörden die Qualität ihrer Dienstleistungen steigern, die Kommunikation verbessern und die Zufriedenheit der Bürger erhöhen.

Transparenz und Zugänglichkeit von öffentlichen Daten

Transparenz und Zugänglichkeit von öffentlichen Daten sind wesentliche Voraussetzungen für eine funktionierende Demokratie und ein effektives Verwaltungssystem. Der öffentliche Sektor steht vor der Herausforderung, Informationen zugänglich und verständlich zu machen, ohne den Datenschutz und die Sicherheit zu gefährden. Moderne Technologien und Softwarelösungen haben es ermöglicht, die Verfügbarkeit und Qualität öffentlicher Daten erheblich zu verbessern, was nicht nur die Transparenz stärkt, sondern auch die Bürgerdienste und das Vertrauen der Öffentlichkeit in staatliche Institutionen.

Herausforderungen: Behörden verwalten eine Fülle von Daten, die für die Öffentlichkeit von Interesse sein können, etwa Informationen über Genehmigungen, Bauprojekte, Gesundheitsdaten oder Umweltschutzmaßnahmen. Die Herausforderung liegt darin, diese Daten zugänglich zu machen, ohne Datenschutzgesetze zu verletzen oder sensible Informationen zu gefährden. Darüber hinaus müssen die Daten in einer Form bereitgestellt werden, die für die Bürger leicht verständlich und nutzbar ist.

Lösung: Moderne Softwarelösungen wie TOLERANT Index und TOLERANT Match haben dazu beigetragen, die Transparenz und Zugänglichkeit öffentlicher Daten zu verbessern. TOLERANT Index bietet eine zentrale Plattform zur Konsolidierung und Standardisierung von Daten aus verschiedenen Abteilungen und Systemen. Diese Plattform ermöglicht es den Behörden, Daten strukturiert und benutzerfreundlich darzustellen, was den Bürgern eine klare und umfassende Sicht auf öffentliche Informationen ermöglicht.

TOLERANT Match konsolidiert Bürgerdaten und entfernt Dubletten, um sicherzustellen, dass Informationen korrekt und aktuell sind. Die Konsolidierung verschiedener Quellen ermöglicht es, komplexe Datenstrukturen zu vereinfachen und Bürgern einen klaren Überblick über die relevanten Informationen zu bieten.

Ergebnisse: Die Implementierung dieser Softwarelösungen führte zu einer erheblichen Verbesserung der Transparenz und Zugänglichkeit öffentlicher Daten. Bürger konnten schneller und einfacher auf die benötigten Informationen zugreifen, was das Vertrauen in die staatlichen Einrichtungen stärkte. Die zentralisierte Datenverwaltung ermöglichte es den Behörden, Anfragen effizienter zu bearbeiten und die Bereitstellung öffentlicher Daten zu standardisieren.

Durch die konsolidierte und aktuelle Datenbasis wurden Fehler und Inkonsistenzen minimiert, was die Qualität der bereitgestellten Informationen erheblich verbesserte. Bürger erhielten detailliertere Einblicke in öffentliche Projekte, Finanzen und Dienstleistungen, was die Verantwortlichkeit und das Vertrauen in die Verwaltung erhöhte.

Zukunftsausblick: Behörden planen, die Transparenz und Zugänglichkeit weiter zu verbessern, indem sie noch fortschrittlichere Technologien zur Datenanalyse und -darstellung einsetzen. Künstliche Intelligenz und maschinelles Lernen können bei der Erkennung von Informationslücken und der Vorhersage von Bürgeranfragen helfen.

Zusammengefasst zeigen diese Erfolgsgeschichten, wie innovative Softwarelösungen dazu beitragen, die Transparenz und Zugänglichkeit von öffentlichen Daten zu verbessern. Durch die konsolidierte Datenverwaltung können Behörden nicht nur effizienter arbeiten, sondern auch das Vertrauen und die Beteiligung der Bürger an öffentlichen Projekten stärken.

5.3.3 Langzeitwirkungen und nachhaltige Erfolge

LANGFRISTIGE PARTNERSCHAFTEN MIT TOLERANT SOFTWARE

Entwicklung von maßgeschneiderten Lösungen

Langfristige Partnerschaften zwischen Unternehmen und TOLERANT Software haben zu maßgeschneiderten Lösungen geführt, die Unternehmen in verschiedenen Branchen dabei helfen, ihre Datenverarbeitungsprozesse zu optimieren und nachhaltige Erfolge zu erzielen. Die Zusammenarbeit basiert auf einem tiefen Verständnis der individuellen Bedürfnisse jedes Unternehmens und hat sich als entscheidend erwiesen, um komplexe Herausforderungen im Datenmanagement und in der Compliance zu bewältigen.

Herausforderungen: Viele Unternehmen kämpfen mit der Verwaltung riesiger Datenmengen aus unterschiedlichen Quellen, die oft nicht miteinander kompatibel sind. Veraltete, unvollständige oder inkonsistente Daten führen zu Ineffizienzen, Compliance-Verstößen und verlorenen Geschäftsmöglichkeiten. Darüber hinaus erfordern regulatorische Rahmenbedingungen, insbesondere in sensiblen Bereichen wie Finanzen und Gesundheit, eine präzise Datenverarbeitung und umfassende Berichterstattung.

Lösungsansatz: Durch langfristige Partnerschaften mit TOLERANT Software haben Unternehmen Zugriff auf eine Reihe spezialisierter Tools und Dienstleistungen, die speziell auf ihre Bedürfnisse zugeschnitten sind. Die Partnerschaft beginnt mit einer detaillierten Analyse der vorhandenen Datenmanagement-Systeme, um Schwachstellen und Möglichkeiten zur Verbesserung zu identifizieren. Auf dieser Grundlage entwickelt TOLERANT Software maßgeschneiderte Lösungen, die bestehende Prozesse optimieren und die Effizienz steigern.

Beispielsweise ermöglicht die Integration von TOLERANT Post die Validierung und Bereinigung von Adressdaten, wodurch fehlerhafte Postzustellungen und damit verbundene Kosten minimiert werden. TOLERANT Match konsolidiert Daten aus verschiedenen Quellen, um eine einheitliche Sicht auf Kunden und Partner zu gewährleisten, während TOLERANT Sanction und TOLERANT PEP bei der Einhaltung von Compliance-Anforderungen durch automatisierte Überprüfungen gegen Sanktions- und PEP-Listen helfen.

Langzeitwirkungen: Die langfristige Zusammenarbeit hat den Unternehmen erhebliche Vorteile gebracht. Durch die kontinuierliche Anpassung der Softwarelösungen an sich ändernde Geschäftsanforderungen und regulatorische Rahmenbedingungen konnten die Unternehmen ihre Datenverarbeitungsprozesse agiler und effizienter gestalten. Die Fähigkeit, maßgeschneiderte Lösungen zu entwickeln, bedeutet, dass jede Implementierung einzigartig und optimal auf die spezifischen Bedürfnisse der Kunden zugeschnitten ist.

Die genaue Konsolidierung von Daten hat zu besseren Marketingkampagnen, einer höheren Kundenzufriedenheit und einer klareren Entscheidungsfindung geführt. Unternehmen konnten schneller auf Marktveränderungen reagieren und ihre Ressourcen effizienter einsetzen, was zu nachhaltigem Wachstum und Wettbewerbsvorteilen führte.

Zukunftsausblick: Die Zusammenarbeit zwischen TOLERANT Software und seinen Partnern wird weiter vertieft, um auch in Zukunft maßgeschneiderte Lösungen zu entwickeln, die auf neuen Technologien und datengesteuerten Erkenntnissen basieren. Die fortschreitende Integration von künstlicher Intelligenz und maschinellem Lernen wird eine noch präzisere Datenanalyse und Prozessoptimierung ermöglichen.

Zusammengefasst zeigen diese langfristigen Partnerschaften, wie TOLERANT Software Unternehmen dabei unterstützt, ihre Datenmanagement-Prozesse kontinuierlich zu verbessern. Durch die Entwicklung maßgeschneiderter Lösungen können Unternehmen nicht nur aktuelle Herausforderungen meistern, sondern auch die Basis für nachhaltige Erfolge und eine starke Marktposition legen.

Kontinuierliche Unterstützung und Updates

Die kontinuierliche Unterstützung und die regelmäßigen Updates von TOLERANT Software sind ein entscheidender Faktor für die nachhaltigen Erfolge, die Unternehmen mit ihren Datenmanagement-Lösungen erzielen. In einer Welt, in der sich die Technologie ständig weiterentwickelt und sich regulatorische Anforderungen ändern, ist es von größter Bedeutung, dass Softwarelösungen auf dem neuesten Stand bleiben und den Kunden dabei helfen, ihre Geschäftsziele zu erreichen.

Herausforderungen: Unternehmen stehen vor der Herausforderung, sicherzustellen, dass ihre Datenmanagement-Systeme stets mit den aktuellen regulatorischen Rahmenbedingungen und den technologischen Entwicklungen Schritt halten. Veraltete Software führt zu Sicherheitsrisiken, Ineffizienzen und möglicherweise zu Compliance-Verstößen. Gleichzeitig benötigen die Kunden schnellen und kompetenten Support, um ihre Systeme optimal nutzen und auftretende Probleme schnell lösen zu können.

Lösung: TOLERANT Software bietet einen umfassenden Support-Service, der darauf abzielt, Kunden kontinuierlich bei der Nutzung der Software zu unterstützen und sicherzustellen, dass alle Lösungen stets auf dem neuesten Stand sind. Das Support-Team arbeitet eng mit den Kunden zusammen, um deren Bedürfnisse und Herausforderungen genau zu verstehen und maßgeschneiderte Lösungen zu bieten.

Regelmäßige Updates sind ein zentraler Bestandteil dieser Unterstützung. TOLERANT Software entwickelt kontinuierlich neue Funktionen und Verbesserungen, die in die Produkte integriert werden, um die Leistungsfähigkeit und Sicherheit zu erhöhen. Diese Updates sind darauf ausgelegt, den Kunden stets Zugang zu den neuesten Technologien und den sich ändernden gesetzlichen Anforderungen zu geben.

Langzeitwirkungen: Die kontinuierliche Unterstützung und die regelmäßigen Updates haben dazu geführt, dass Unternehmen ihre Datenmanagement-Prozesse kontinuierlich verbessern konnten. Mit jeder neuen Version profitieren die Kunden von erhöhter Sicherheit, zusätzlichen Funktionen und verbesserten Arbeitsabläufen. Dies führte zu einer gesteigerten Effizienz, einer verbesserten Einhaltung von Datenschutz- und Compliance-Richtlinien und einer stärkeren Anpassungsfähigkeit an sich ändernde Marktbedingungen.

Die schnelle Behebung von Problemen durch den Support und die regelmäßigen Schulungen ermöglichen es den Kunden, die Softwarelösungen optimal zu nutzen. Unternehmen haben so eine zuverlässige Grundlage, um ihre Datenmanagement-Strategie auf langfristigen Erfolg auszurichten.

Zukunftsausblick: TOLERANT Software plant, den Support weiter auszubauen und die Updates künftig noch stärker auf die individuellen Bedürfnisse der Kunden zuzuschneiden. Die Integration neuer Technologien wie künstlicher Intelligenz und maschinellem Lernen in zukünftige Versionen wird den Kunden helfen, ihre Datenverarbeitungsprozesse weiter zu optimieren.

Zusammengefasst zeigt dieser Ansatz, wie die kontinuierliche Unterstützung und die regelmäßigen Updates von TOLERANT Software dazu beitragen, die Effizienz und Sicherheit von Datenmanagement-Prozessen nachhaltig zu steigern. Unternehmen können sich darauf verlassen, dass ihre Software stets auf dem neuesten Stand ist und ihnen dabei hilft, sich in einem komplexen und sich ständig wandelnden Umfeld erfolgreich zu behaupten.

AUSWIRKUNGEN AUF DIE GESCHÄFTSSTRATEGIE UND -ENTWICKLUNG

Beitrag zur strategischen Geschäftsentwicklung

Die strategische Geschäftsentwicklung ist für jedes Unternehmen entscheidend, um langfristiges Wachstum und eine starke Marktposition zu gewährleisten. TOLERANT Software leistet mit seinen Datenmanagement-Lösungen einen bedeutenden Beitrag zur strategischen Geschäftsentwicklung, indem es Unternehmen ermöglicht, datenbasierte Erkenntnisse in klare Geschäftsstrategien umzuwandeln und ihre Ziele effektiver zu erreichen.

Herausforderungen: Unternehmen stehen vor der Herausforderung, in einem zunehmend datengesteuerten Marktumfeld fundierte Entscheidungen zu treffen. Inkonsistente, veraltete oder unvollständige Daten behindern die Fähigkeit, Chancen zu erkennen und Risiken zu vermeiden. Ohne ein klares Bild der Kundenpräferenzen und Markttrends laufen Unternehmen Gefahr, Geschäftsmöglichkeiten zu verpassen und ineffektive Strategien zu verfolgen.

Lösung: Die Lösungen von TOLERANT Software, wie TOLERANT Match, TOLERANT Index und TOLERANT Post, bieten ein umfassendes Datenmanagement, das die Genauigkeit und Vollständigkeit der Informationen gewährleistet. TOLERANT Match konsolidiert Daten aus verschiedenen Quellen, um eine einheitliche Sicht auf Kunden und Geschäftspartner zu ermöglichen. TOLERANT Index zentralisiert Daten, wodurch eine klare und übersichtliche Datenstruktur geschaffen wird. TOLERANT Post verbessert die Adressdatenqualität, um Kunden präzise zu erreichen und Kommunikationsprozesse zu optimieren.

Durch diese Lösungen erhalten Unternehmen eine präzise und aktuelle Datenbasis, die als Grundlage für strategische Geschäftsentscheidungen dient. Die Identifizierung von Trends, die Segmentierung von Zielgruppen und die Vorhersage von Marktveränderungen werden deutlich erleichtert, was es den Unternehmen ermöglicht, strategische Geschäftsziele mit größerer Präzision zu verfolgen.

Langzeitwirkungen: Durch den verbesserten Zugriff auf konsolidierte und bereinigte Daten konnten Unternehmen ihre strategische Geschäftsentwicklung nachhaltig verbessern. Sie erhielten detaillierte Einblicke in Kundenbedürfnisse und Markttrends, die ihnen halfen, neue Geschäftsmöglichkeiten zu erkennen und Risiken zu minimieren. Dies führte zu einer besseren Ressourcenverteilung, zielgerichteteren Marketingkampagnen und einer stärkeren Kundenbindung.

Die verbesserte Datenbasis trug auch dazu bei, die operative Effizienz zu steigern. Geschäftsprozesse konnten gestrafft und automatisiert werden, was zu Kosteneinsparungen und einer schnelleren Entscheidungsfindung führte.

Zukunftsausblick: Die kontinuierliche Weiterentwicklung dieser Datenmanagement-Lösungen durch TOLERANT Software wird es Unternehmen ermöglichen, sich weiterhin agil an Marktveränderungen anzupassen. Durch die Integration von künstlicher Intelligenz und maschinellem Lernen in zukünftige Lösungen werden Unternehmen noch präzisere Prognosen und Analysen erhalten.

Zusammenfassend zeigt dieser Beitrag zur strategischen Geschäftsentwicklung, wie TOLERANT Software Unternehmen dabei hilft, ihre Daten in wertvolle Erkenntnisse umzuwandeln. Mit verbesserten Datenmanagement-Prozessen können Unternehmen fundierte Geschäftsstrategien entwickeln und sich eine nachhaltige Marktposition sichern.

Verstärkung der Marktstellung und Wettbewerbsfähigkeit

Die Verstärkung der Marktstellung und Wettbewerbsfähigkeit ist für Unternehmen von entscheidender Bedeutung, um in einem dynamischen und wettbewerbsintensiven Umfeld erfolgreich zu bleiben. TOLERANT Software bietet eine breite Palette von Datenmanagement-Lösungen, die Unternehmen dabei unterstützen, ihre Marktposition zu festigen und ihre Wettbewerbsfähigkeit durch präzise Datenanalyse und -verwaltung zu steigern.

Herausforderungen: Unternehmen stehen im Wettbewerb vor verschiedenen Herausforderungen, wie der Erkennung neuer Marktchancen, der Bewältigung sich ändernder Kundenbedürfnisse und der schnellen Anpassung an regulatorische Anforderungen. Ohne eine konsistente und verlässliche Datenbasis kann es schwierig sein, Markttrends vorherzusehen, Kundenbedürfnisse zu verstehen und auf Veränderungen angemessen zu reagieren. Dies kann zu verpassten Chancen und ineffektiven Strategien führen.

Lösung: Die Datenmanagement-Lösungen von TOLERANT Software, wie TOLERANT Match, TOLERANT Index und TOLERANT Sanction, wurden entwickelt, um Unternehmen eine präzise und konsolidierte Sicht auf ihre Daten zu bieten. TOLERANT Match ermöglicht das Zusammenführen von Daten aus verschiedenen Quellen, was eine genaue Segmentierung und Analyse der Kundenpräferenzen ermöglicht. TOLERANT Index zentralisiert die Daten, um eine klare und übersichtliche Struktur zu schaffen, die die Entscheidungsfindung erleichtert. TOLERANT Sanction hilft Unternehmen, Compliance-Anforderungen zu erfüllen, indem sie Sanktions- und PEP-Listen automatisch überprüft.

Durch diese Lösungen können Unternehmen ihre Datenbasis kontinuierlich aktualisieren, bereinigen und analysieren. Dies ermöglicht eine verbesserte Marktsegmentierung, eine klarere Zielgruppenansprache und eine genauere Vorhersage von Trends und Chancen. Unternehmen können somit schneller auf Marktveränderungen reagieren und ihre Strategien gezielt anpassen.

Langzeitwirkungen: Die Implementierung dieser Datenmanagement-Lösungen hat Unternehmen dabei geholfen, ihre Marktstellung zu stärken. Sie erhielten einen klaren Überblick über ihre Kunden, Märkte und potenziellen Risiken, was zu effizienteren Geschäftsstrategien und gezielteren Marketingkampagnen führte. Dies steigerte die Kundenbindung, reduzierte die Kosten und erhöhte die Umsätze.

Die konsolidierte Datenbasis ermöglichte es Unternehmen außerdem, neue Märkte zu erschließen, innovative Produkte und Dienstleistungen zu entwickeln und sich von der Konkurrenz abzuheben. Dies führte zu einer stärkeren Wettbewerbsfähigkeit und einem nachhaltigen Wachstum.

Zukunftsausblick: Durch die kontinuierliche Weiterentwicklung ihrer Datenmanagement-Lösungen plant TOLERANT Software, Unternehmen dabei zu unterstützen, ihre Marktposition weiter zu stärken. Fortschritte in den Bereichen künstliche Intelligenz und maschinelles Lernen werden den Kunden noch genauere und datengestützte Einblicke bieten.

Insgesamt zeigt sich, dass Unternehmen durch den Einsatz moderner Datenmanagement-Tools von TOLERANT Software ihre Wettbewerbsfähigkeit erheblich steigern können. Eine präzise und konsolidierte Datenbasis ermöglicht es ihnen, fundierte Entscheidungen zu treffen, sich an den Markt anzupassen und strategische Vorteile zu nutzen, um langfristigen Erfolg zu sichern.

KAPITEL 6: DATENSCHUTZ-COMPLIANCE ZUKUNFTSSICHER GESTALTEN

In einer Ära, in der Datenschutzverletzungen fast täglich Schlagzeilen machen und das Vertrauen der Öffentlichkeit in die digitale Sicherheit zunehmend erschüttern, steht die Notwendigkeit einer robusten Datenschutz-Compliance mehr denn je im Zentrum unternehmerischer Strategien. Kapitel 6 öffnet die Tür zu einer umfassenden Diskussion darüber, wie Unternehmen die Weichen für eine zukunftssichere Datenschutz-Compliance stellen können. Inmitten neuer regulatorischer Anforderungen und einer sich ständig wandelnden Technologielandschaft, bietet dieses Kapitel nicht nur einen Fahrplan zur Navigation durch komplexe Datenschutzgesetze, sondern unterstreicht auch die Rolle innovativer Technologien und Strategien, die die Einhaltung dieser Vorschriften unterstützen und gleichzeitig die Datenintegrität sichern. Hier wird entschlüsselt, wie man in der digitalen Ära nicht nur überlebt, sondern gedeiht, indem man Datenschutz und Compliance als Eckpfeiler des geschäftlichen Erfolgs neu definiert.

6.1 Zukünftige Herausforderungen im Datenschutz

Der Datenschutz steht vor einer Reihe zukünftiger Herausforderungen, die von technologischen Innovationen, sich wandelnden Gesetzen und neuen Risiken geprägt sind. Unternehmen müssen sich kontinuierlich an diese Veränderungen anpassen, um sicherzustellen, dass sie den gesetzlichen Anforderungen entsprechen und die Privatsphäre ihrer Kunden respektieren. Diese Herausforderungen betreffen viele Bereiche, von der technischen Infrastruktur bis zur Unternehmenskultur.

Technologische Entwicklungen:

Neue Technologien wie künstliche Intelligenz, maschinelles Lernen und das Internet der Dinge (IoT) eröffnen enorme Möglichkeiten, bringen aber auch erhebliche Datenschutzrisiken mit sich. Künstliche Intelligenz ermöglicht die Analyse riesiger Datenmengen und könnte sensible Informationen preisgeben, wenn die Daten nicht ordnungsgemäß geschützt sind. IoT-Geräte sammeln Daten im Alltag und können bei unzureichendem Schutz leicht zur Zielscheibe für Cyberkriminelle werden.

Regulatorische Komplexität:

Der rechtliche Rahmen für den Datenschutz wird immer komplexer. Vorschriften wie die DSGVO setzen strenge Standards, doch in verschiedenen Ländern und Regionen gibt es unterschiedliche Anforderungen. Dies erfordert von Unternehmen, die international tätig sind, eine sorgfältige Anpassung ihrer Compliance-Strategien, um globale Vorschriften korrekt zu interpretieren und umzusetzen.

Datentransparenz und Einwilligung:

Bürger fordern zunehmend Transparenz über die Verwendung ihrer Daten. Unternehmen stehen vor der Herausforderung, klare Einwilligungsmechanismen zu schaffen und Kunden darüber zu informieren, wie ihre Daten gesammelt, verarbeitet und genutzt werden. Dies erfordert neue Ansätze zur Einholung von Einwilligungen, um den gesetzlichen und ethischen Anforderungen gerecht zu werden.

Cyberangriffe und Datenlecks:

Angesichts zunehmender Cyberangriffe müssen Unternehmen sicherstellen, dass ihre Daten vor unbefugtem Zugriff geschützt sind. Datenlecks können schwerwiegende Folgen haben, darunter rechtliche Sanktionen, finanzielle Verluste und erhebliche Reputationsschäden. Die Implementierung starker Verschlüsselungs- und Sicherheitsprotokolle ist daher unerlässlich.

Mitarbeiterbewusstsein und Unternehmenskultur:

Der Mensch bleibt ein schwaches Glied in der Datenschutzkette. Mitarbeiter müssen sensibilisiert und geschult werden, um Datenschutzrichtlinien korrekt zu verstehen und umzusetzen. Eine starke Datenschutzkultur innerhalb des Unternehmens kann dazu beitragen, potenzielle Risiken zu minimieren und die Compliance zu stärken.

Insgesamt erfordern diese Herausforderungen von Unternehmen eine flexible und proaktive Herangehensweise. Sie müssen ihre technischen Fähigkeiten ausbauen, ihre rechtlichen Kenntnisse erweitern und die Datenschutzpraktiken kontinuierlich verbessern, um den Anforderungen der Zukunft gerecht zu werden. Eine klare Strategie, kombiniert mit innovativen Lösungen, wird entscheidend sein, um die Datenintegrität zu sichern und die Privatsphäre der Kunden zu schützen.

6.2 Wie TOLERANT Software weiterhin unterstützen kann

TOLERANT Software kann Unternehmen weiterhin bei der Bewältigung der immer komplexeren Anforderungen an Datenschutz und Compliance unterstützen, indem es innovative Lösungen für ein effektives Datenmanagement bereitstellt. Die Expertise des Unternehmens in der Entwicklung und Implementierung spezialisierter Softwaretools ermöglicht es, Datenintegrität, -sicherheit und -qualität auf höchstem Niveau zu gewährleisten.

Datenqualität und -konsolidierung:

Eine der Kernkompetenzen von TOLERANT Software liegt in der Konsolidierung und Bereinigung von Daten. Tools wie TOLERANT Match und TOLERANT Post ermöglichen die Integration und Standardisierung von Daten aus verschiedenen Quellen. Diese Prozesse sorgen dafür, dass Datensätze frei von Dubletten, Tippfehlern und Inkonsistenzen sind, was zu einer verbesserten Datenqualität und präziseren Analysen führt. Mit klaren und aktuellen Datensätzen sind Unternehmen besser gerüstet, gesetzliche Anforderungen zu erfüllen und Datenschutzverletzungen zu vermeiden.

Compliance und Risikomanagement:

TOLERANT Sanction und TOLERANT PEP sind speziell darauf ausgerichtet, Unternehmen bei der Identifizierung von Hochrisikokunden zu unterstützen. Durch den Abgleich von Kundendaten mit internationalen Sanktions- und PEP-Listen können Unternehmen ihre Compliance-Strategien verbessern und regulatorische Risiken minimieren. Diese Tools helfen, Compliance-Verstöße zu verhindern und die Einhaltung globaler Datenschutzvorschriften sicherzustellen.

Marketing Permission Management (MPM):

TOLERANT MPM hilft Unternehmen dabei, die Einwilligungen und Präferenzen ihrer Kunden im Bereich Marketing zu verwalten. Die Software bietet eine zentrale Plattform, auf der Unternehmen alle Marketingfreigaben speichern und sicherstellen können, dass nur genehmigte und relevante Informationen an Kunden gesendet werden. Dies trägt nicht nur zur Einhaltung der DSGVO und anderer Datenschutzgesetze bei, sondern erhöht auch die Kundenbindung durch personalisierte Kommunikation.

Datenschutz- und Sicherheitsfeatures:

TOLERANT Software bietet eine Vielzahl von Sicherheitsfeatures, die darauf abzielen, die Datensicherheit zu gewährleisten und Datenschutzverletzungen zu verhindern. Verschlüsselung, Zugriffskontrollen und Protokollierung ermöglichen es, sensible Informationen zu schützen und unbefugten Zugriff zu verhindern. Diese Funktionen sind entscheidend, um Datenverluste und rechtliche Sanktionen zu vermeiden.

Beratung und Schulung:

Neben den Softwarelösungen bietet TOLERANT Software Beratung und Schulungen an, um Unternehmen bei der Implementierung und Optimierung ihrer Datenmanagement-Strategien zu unterstützen. Die Schulung der Mitarbeiter im Umgang mit den Tools und in Datenschutzbestimmungen trägt dazu bei, eine solide Datenschutzkultur zu schaffen.

Insgesamt zeigt TOLERANT Software durch diese vielfältigen Unterstützungsmöglichkeiten, wie Unternehmen ihre Datenintegrität und Compliance nachhaltig stärken können. Die Kombination aus innovativen Softwarelösungen, Beratung und Schulung sorgt dafür, dass Unternehmen die Herausforderungen des modernen Datenschutzes bewältigen und ihre Geschäftsziele sicher und effizient erreichen können.

6.3 Ausblick auf technologische Entwicklungen im Bereich Datenschutz

Die technologischen Entwicklungen im Bereich Datenschutz schreiten rasant voran und sind maßgeblich von Trends wie künstlicher Intelligenz, Blockchain-Technologie und erweiterten Verschlüsselungsmethoden geprägt. Unternehmen müssen sich an diese Veränderungen anpassen, um die wachsenden Anforderungen der Datensicherheit zu erfüllen und gleichzeitig innovative Möglichkeiten zu nutzen.

Künstliche Intelligenz und maschinelles Lernen:

KI und maschinelles Lernen werden zunehmend in Datenschutzsystemen eingesetzt, um komplexe Muster in Datenflüssen zu erkennen und Anomalien frühzeitig zu identifizieren. Mit fortschrittlichen Algorithmen können diese Technologien verdächtige Aktivitäten automatisch erkennen, die auf potenzielle Datenschutzverletzungen hindeuten, und sofortige Gegenmaßnahmen einleiten. Darüber hinaus ermöglicht KI eine bessere Segmentierung und Analyse großer Datenmengen, was die Einhaltung von Datenschutzrichtlinien erleichtert und Fehler bei der Verarbeitung minimiert.

Blockchain-Technologie:

Die dezentrale und manipulationssichere Natur der Blockchain bietet enormes Potenzial für den Datenschutz. Durch die Speicherung von Daten in verschlüsselten Blöcken, die nur über kryptografische Schlüssel zugänglich sind, können Unternehmen sicherstellen, dass personenbezogene Daten sicher gespeichert und nur von autorisierten Personen abgerufen werden. Darüber hinaus können Smart Contracts genutzt werden, um den Zugriff auf Daten automatisch zu regulieren und die Einhaltung von Datenschutzrichtlinien zu gewährleisten.

Homomorphe Verschlüsselung:

Homomorphe Verschlüsselung ist eine vielversprechende Technologie, die es ermöglicht, verschlüsselte Daten zu verarbeiten, ohne sie vorher entschlüsseln zu müssen. Dies ist besonders nützlich für Unternehmen, die sensible Daten in Cloud-Umgebungen speichern, da sie so sicherstellen können, dass Informationen jederzeit geschützt sind. Diese Verschlüsselungsmethode ermöglicht es Unternehmen, komplexe Berechnungen durchzuführen, während die Daten verschlüsselt bleiben, was das Risiko von Datenschutzverletzungen deutlich reduziert.

Zero-Knowledge-Proofs:

Diese kryptografische Methode ermöglicht es, eine Aussage zu überprüfen, ohne dabei sensible Informationen preiszugeben. Unternehmen können so beispielsweise die Identität einer Person bestätigen, ohne direkt auf persönliche Daten zugreifen zu müssen. Diese Technologie bietet großes Potenzial, um den Zugriff auf sensible Informationen sicherer zu gestalten und gleichzeitig die Privatsphäre zu wahren.

Datenschutz-Management-Plattformen:

Mit dem wachsenden Bedarf an Compliance und effizienter Datenverwaltung entwickeln sich Datenschutz-Management-Plattformen rasant weiter. Diese Plattformen integrieren eine Vielzahl von Tools, die Unternehmen dabei unterstützen, den gesamten Lebenszyklus von Daten zu verwalten. Sie bieten Funktionen wie Einwilligungsmanagement, Datenmaskierung, Risikoanalyse und Berichterstattung, was es Unternehmen erleichtert, die Einhaltung von Datenschutzrichtlinien zu überwachen und sicherzustellen.

Fazit:

Der Ausblick auf die technologischen Entwicklungen im Bereich Datenschutz zeigt, dass innovative Lösungen die Fähigkeit von Unternehmen erheblich stärken werden, personenbezogene Daten sicher zu verwalten und gesetzliche Vorgaben einzuhalten. Die Kombination verschiedener Technologien wird es ermöglichen, Datenschutzprozesse zu automatisieren und Datenintegrität auf einem noch nie dagewesenen Niveau zu gewährleisten. Unternehmen, die sich frühzeitig auf diese Entwicklungen einstellen, werden einen klaren Vorteil bei der Bewältigung zukünftiger Datenschutzherausforderungen haben.

KAPITEL 7: ZUSAMMENFASSUNG UND SCHLUSSFOLGERUNGEN

7.1 Kernpunkte der Datenschutz-Compliance mit TOLERANT

Die Kernpunkte der Datenschutz-Compliance mit TOLERANT Software bestehen aus einem umfassenden Ansatz zur Sicherung und Verwaltung von Daten, der Unternehmen dabei hilft, gesetzliche Anforderungen zu erfüllen und die Privatsphäre ihrer Kunden zu schützen. Diese Softwarelösungen decken mehrere Aspekte der Datenverarbeitung ab, von der Datensicherheit bis zur Qualität und Konsistenz der Daten.

Datenqualität und -konsistenz:

Die Tools TOLERANT Match und TOLERANT Post sind entscheidend, um sicherzustellen, dass alle Kundendaten korrekt, konsistent und aktuell sind. TOLERANT Match konsolidiert Daten aus verschiedenen Quellen, um eine einheitliche Sicht auf Kunden zu ermöglichen. TOLERANT Post überprüft und korrigiert Adressdaten, was die Kommunikation zwischen Unternehmen und Kunden verbessert und unnötige Kosten durch fehlerhafte Daten vermeidet.

Datenbereinigung und Dublettenprüfung:

Die Dublettenprüfung ist ein wesentlicher Bestandteil der Datenqualität. TOLERANT Match entfernt doppelte Datensätze, um sicherzustellen, dass alle Informationen eindeutig und korrekt sind. Dies vereinfacht die Datenverarbeitung und minimiert das Risiko von Fehlern, insbesondere bei Compliance-Audits.

Risikomanagement und Compliance:

Mit TOLERANT Sanction und TOLERANT PEP können Unternehmen ihre Kundendaten mit internationalen Sanktions- und PEP-Listen abgleichen. Dies hilft dabei, Compliance-Risiken zu minimieren und die Einhaltung gesetzlicher Vorschriften sicherzustellen. Die automatisierte Prüfung reduziert den manuellen Aufwand und ermöglicht eine schnelle Identifizierung von Hochrisikokunden.

Marketing Permission Management (MPM):

TOLERANT MPM ermöglicht es Unternehmen, die Marketing-Einwilligungen ihrer Kunden zentral zu verwalten. Durch das Speichern und Überwachen von Kundenpräferenzen gewährleistet die Software, dass nur relevante und genehmigte Marketingnachrichten versendet werden. Dies sorgt nicht nur für die Einhaltung der DSGVO und anderer Datenschutzgesetze, sondern stärkt auch die Kundenbindung durch gezielte und personalisierte Kommunikation.

Datensicherheit und -zugriff:

TOLERANT Secure sorgt für den Schutz sensibler Daten durch Verschlüsselung, Zugriffskontrollen und Protokollierung. Diese Sicherheitsmaßnahmen gewährleisten, dass nur autorisierte Mitarbeiter Zugriff auf die Daten haben, und ermöglichen es Unternehmen, Zugriffe zu überwachen und bei Bedarf nachzuverfolgen. Dies ist ein entscheidender Bestandteil, um Datenschutzverletzungen zu verhindern und die Datenintegrität zu gewährleisten.

Beratung und Schulung:

Neben den Softwarelösungen bietet TOLERANT Software Beratung und Schulungen an, um Unternehmen bei der Implementierung effektiver Datenschutzstrategien zu unterstützen. Die Schulung von Mitarbeitern stellt sicher, dass Datenschutzrichtlinien korrekt verstanden und umgesetzt werden, was das Risiko von Datenschutzverletzungen durch menschliche Fehler minimiert.

Durch diese Kernpunkte bietet TOLERANT Software Unternehmen einen umfassenden Ansatz zur Datenschutz-Compliance. Die Kombination aus innovativen Softwarelösungen, Beratung und Schulungen stellt sicher, dass Unternehmen ihre Daten effizient verwalten und schützen können, während sie die gesetzlichen Anforderungen erfüllen und das Vertrauen ihrer Kunden stärken.

7.2 Empfehlungen für Unternehmen zur Optimierung ihrer Datenschutzstrategien

Die Optimierung der Datenschutzstrategien ist für Unternehmen in einer Zeit wachsender digitaler Bedrohungen und immer strengerer regulatorischer Anforderungen von zentraler Bedeutung. Durch einen strukturierten Ansatz und die Einhaltung bewährter Praktiken können Organisationen ihre Datenschutzstrategien verbessern und sich gleichzeitig auf zukünftige Entwicklungen vorbereiten.

Datenschutzkultur und Schulung:

Eine starke Datenschutzkultur ist das Fundament jeder Strategie. Unternehmen sollten sicherstellen, dass ihre Mitarbeiter in Datenschutzfragen geschult und über die geltenden Vorschriften informiert sind. Regelmäßige Schulungen und Sensibilisierungsprogramme helfen dabei, das Bewusstsein für Datenschutzbestimmungen zu schärfen und die Einhaltung interner Richtlinien zu gewährleisten.

Datenerfassung und -klassifizierung:

Ein effektives Datenmanagement beginnt mit einer klaren Strategie zur Datenerfassung und -klassifizierung. Unternehmen sollten genau definieren, welche Daten sie sammeln, warum sie diese benötigen und wie lange sie aufbewahrt werden. Die Klassifizierung der Daten nach Sensibilität und Verwendungszweck hilft, sie entsprechend zu schützen und den Zugriff zu kontrollieren.

Einwilligungsmanagement:

Unternehmen müssen sicherstellen, dass sie die ausdrückliche Zustimmung der Kunden zur Erfassung und Nutzung ihrer Daten einholen. Ein effizientes Einwilligungsmanagement ermöglicht es, die Präferenzen der Kunden zu erfassen, zu speichern und zu respektieren. Dies ist besonders wichtig für Marketingzwecke, um personalisierte Kampagnen zu ermöglichen und die gesetzlichen Anforderungen zu erfüllen.

Datenminimierung:

Der Grundsatz der Datenminimierung bedeutet, dass Unternehmen nur die Daten erheben und speichern, die unbedingt notwendig sind. Dies reduziert das Risiko von Datenschutzverletzungen, senkt die Kosten für die Datenspeicherung und erleichtert die Verwaltung.

Datenintegrität und -qualität:

Die Qualität und Konsistenz der Daten ist entscheidend für den Datenschutz. Unternehmen sollten regelmäßig ihre Datenbanken bereinigen, Dubletten entfernen und sicherstellen, dass alle Informationen korrekt und aktuell sind. Dies ermöglicht nicht nur eine bessere Analyse, sondern trägt auch zur Vermeidung von Fehlern und rechtlichen Risiken bei.

Sicherheitsmaßnahmen:

Technische Sicherheitsmaßnahmen wie Verschlüsselung, Zugriffskontrollen und Protokollierung sind entscheidend, um Daten vor unbefugtem Zugriff zu schützen. Unternehmen sollten diese Maßnahmen regelmäßig überprüfen und aktualisieren, um neuen Bedrohungen gerecht zu werden.

Risikomanagement und Audits:

Ein proaktives Risikomanagement ist unerlässlich, um Schwachstellen zu identifizieren und zu beheben. Regelmäßige Audits und Datenschutz-Folgenabschätzungen ermöglichen es, Risiken zu erkennen und geeignete Maßnahmen zu ergreifen. Dies hilft auch bei der Einhaltung von Compliance-Vorgaben.

Zusammenarbeit und Transparenz:

Die Einhaltung von Datenschutzrichtlinien erfordert die Zusammenarbeit aller Abteilungen eines Unternehmens. Datenschutzbeauftragte sollten eng mit dem Management, der IT-Abteilung und anderen Bereichen zusammenarbeiten, um eine ganzheitliche Strategie zu entwickeln. Transparenz gegenüber Kunden in Bezug auf Datennutzung und Datenschutzrichtlinien ist entscheidend, um das Vertrauen in die Marke zu stärken.

Durch die Umsetzung dieser Empfehlungen können Unternehmen ihre Datenschutzstrategien optimieren, Compliance-Risiken minimieren und eine nachhaltige Grundlage für den verantwortungsvollen Umgang mit Daten schaffen.

KAPITEL 7: ZUSAMMENFASSUNG UND SCHLUSSFOLGERUNGEN